중국 시가이론의 장을 연
建安文學論 硏究

문승용 지음

序文

 漢代 마지막 황제 獻帝의 연호인 建安年間은 春秋戰國時代에 이어서 다시 한번 대혼란을 예고하며 새로운 영웅의 탄생을 기다리고 있었다. 建安文學은 後漢 말기 黃巾賊이 난리 치고 曹操와 劉備 같은 영웅들이 등장하여 천하를 다투던 시절의 문학을 말한다. 소설 三國志로 세상에 널리 알려진 이 시기는 당시 中原의 패권을 차지하기 위해 영웅들이 세상을 호령하던 때였지만, 문학사에 있어서도 참으로 의의가 있는 한 시대라고 할 수 있다. 建安時期는 치열한 통일전쟁의 소용돌이 속에서 중국문학사상 처음으로 문인 집단이 형성되고, 당시 어지러웠던 사회의 모습과 피폐한 백성들의 생활상이 문학에 반영되는 등 시대 현실을 인식한 문인들이 자신의 이름을 내걸고 본격적으로 문학 활동을 전개하였던 때였다.
 이 建安時期에 활동하던 작가를 중국문학사에서는 흔히 三曹와 建安七子라고 하는데, 이들에 의해서 중국문학사에서 비로소 문학의 자각기라 할 만큼 문학에 대한 의식이 깨이며, 당시 시대상을 핍진하게 잘 반영하였던 그들의 독특한 문학 특징을 建安風骨이라고 부른다.
 이렇듯 문학의 흥성기인 建安文學을 이끌었던 이가 소설 三國志에서 奸雄으로만 잘못 알려진 曹操이다. 뿐만 아니라 그의 아들인 曹丕는 최초의 문학비평서를 지었으며, 또 曹植은 李白·杜甫에 버금가는 최고의 시인이라고 일컬어질 만큼 이들 三曹와 그들이 이끈 建安七子에 의해서 주도되었던 建安文壇은 중국문학사에 있어서 참으로 빛나는 문학 중흥의 서

막을 열었다고 할 수 있다.

이 책은 '建安風骨'로 특징지어지는 建安時期의 문학을 주요 연구 범주로 정하고, 그것의 성격이 무엇인지를 규명하되, 주된 작업으로는 建安文學의 주요 작가로서 三曹와 建安七子의 작품 내용과 형식상의 특징을 파악함으로써 어찌하여서 후대에 '建安風骨'이라는 문학이론 용어가 나오게 되었는가를 검토해 보며, 그것의 개념과 예로부터 있어 왔던 여러 문인학자들의 견해를 살펴봄으로써 建安文學의 작가와 그들의 고유한 문학 특징인 建安風骨의 의의를 밝혀 보고, 建安風骨의 개념이 중국문학사에서 어떻게 발전해 왔는가를 살펴보고자 했다.

建安文學은 중국문학사에서 나름의 지위와 몫을 차지하고 있는 만큼 연구 가치가 충분하다고 할 수 있다. 그래서 일찍부터 建安文學에 관련한 연구 작업이 누구에서든 반드시 이루어져야 한다는 생각을 가지고 있었기 때문에 박사학위의 연구과제로 삼아 나름대로 자료를 준비하고 끙끙대며 겨우 학위과정은 마칠 수 있었지만, 아무래도 모자라고 좀더 보충했어야 했던 것들이 하나 둘이 아니어서 지난 몇 년 동안에도 建安文學과 관련한 소논문을 몇 편 써내며 학위논문에서 미흡했던 부문을 나름대로 보완하는 것으로 스스로 위안을 삼았다. 그런데 한 치도 되지 않는 실력에다가 그나마 얼마 되지 않는 기간 동안 공부해왔던 것을 우연히 기회가 되어서 누추하나마 한 권의 책으로 엮고자 하니 참으로 몸 둘 바를 모르겠다. 다만 이 책을 통해서 建安文學에 관한 공부의 중간결산 정도로 삼고, 앞으로 좀더 깊고 넓은 연구의 준비를 위한 작은 마무리 정도라도 될 수 있기를 바랄 뿐이다.

청류헌에서
2004년 4월 씀

目次

序文・3

제1장 建安文學의 槪念

1. 建安文學의 定義와 研究 槪況・9
   (1) 建安文學의 定義・9
   (2) 建安文學에 관한 旣存 研究의 槪況・12
2. 建安年間의 社會와 文學 樣相・25
   (1) 建安年間의 社會相과 文風의 變化・26
   (2) 建安文學의 時期 區分과 文學 樣相・43
3. 謝靈運이 評한 建安文學 後期의 文壇 樣相・53
   (1)『擬魏太子鄴中集詩』와 建安文壇・53
   (2)『擬魏太子鄴中集詩』가 지어진 目的・58
   (3)『擬魏太子鄴中集詩』에 나타난 謝靈運의 文學 意識・74

제2장 建安文壇의 主要 作家

1. 建安文壇의 領袖 — 三曹와 曹叡・83
   (1) 建安文壇의 창시자 — 曹操・83
   (2) 建安文壇의 실질적인 영도자 — 曹丕・87
   (3) 建安文壇의 집대성자 — 曹植・90
      가. 文體 方面의 評・93

나. 創作 修辭 方面의 評·99
　　다. 文學 批評 方面의 評·105
　(4) 建安文壇의 또 다른 領袖 ― 曹叡·113
2. 建安文壇의 代表 作家 集團 ― 建安七子·117
　(1) 建安六子와 孔融·117
　(2) 建安七子의 代表 ― 王粲과 劉楨·128
　(3) 王粲 詩文의 風格論·138
　　가. 曹丕가 評한 "體弱, 不足起其文"·140
　　나. 劉勰이 評한 "兼善雅潤淸麗"·145
　　다. 鍾嶸이 評한 "文秀質羸"·148
　　라. 沈約이 評한 "氣質爲體"·152

제3장 文學論의 發興과 建安風骨

1. 曹丕 文氣論의 形成과 發展·167
　(1) 文氣論의 淵源·169
　(2) 文氣의 感物論·174
　(3) 文氣의 個性論·179
　(4) 文氣의 風格論·183
2. 阮瑀와 應瑒의「文質論」·189

제4장 建安風骨論의 形成

1. 風骨 槪念의 來源·205
　(1) 人物 品評 方面에서의 風骨·205

(2) 書畵 方面에서의 風骨・209
  (3) 文學 方面에서의 風骨・212
2. 建安風骨의 形成 背景・218
  (1) 思想 方面・218
    가. 三曹・221
    나. 建安七子・226
  (2) 文學 方面・229
    가. 內容面・229
    나. 形式面・239

제5장 建安風骨論의 發展

1. 『文心雕龍』의 風骨論・258
  (1) 風骨 槪念의 淵源과 定義・258
  (2) 風骨과 風格의 關係・264
  (3) 「風骨」의 文學 創作論・269
    가. 言語 文字의 運用・273
    나. 風骨의 學習法・277
  (4) 三曹와 七子의 風骨에 대한 評・280
2. 鍾嶸『詩品』의 建安風力論・296
  (1) 風力의 槪念과 淵源・296
  (2) 建安風力의 作用・299
  (3) 建安風力의 風格上 特徵・304
  (4) 三曹와 七子의 風力에 대한 評・313

제6장 建安風骨論의 變遷 樣相

1. 唐代・332
   (1) 陳子昂의 漢魏風骨論・332
   (2) 高適과 李白의 建安骨論・340
   (3) 殷璠의 『河嶽英靈集』・346
2. 宋代 ― 嚴羽의 『滄浪詩話』・351
3. 金元代 ― 元好問의 『論詩絶句』・358
4. 明代 ― 楊愼의 『升庵詩話』・363
5. 淸代 ― 沈德潛의 『說詩晬語』・369

後記・377
찾아보기・383

제1장 建安文學의 槪念

1. 建安文學의 定義와 硏究 槪況

(1) 建安文學의 定義

漢나라 말기 중국은 극심한 혼란의 시대에 접어들었다. 이러한 혼란기를 연 시기가 바로 漢의 마지막 황제인 獻帝의 建安年間(196~220)이다. 그러므로 建安文學이란 바로 이 시기 문학을 말한다.

이 시기에는 三曹라 일컫는 曹操·曹丕와 曹植 그리고 建安七子라 불리는 魯國의 孔融·廣陵의 陳琳·山陽의 王粲·北海의 徐幹·陳留의 阮瑀·汝南의 應瑒·東平의 劉楨 등 7명이 建安文學을 대표한다.

이들은 曹操가 권력을 잡은 鄴에 모여, 曹丕·曹植 형제와 더불어 중국문학사에서 가장 일찍이 자각적인 문학 집단을 형성하였다. 그들은 그때까지 문인들이 주로 짓던 賦 대신 五言詩를 문학의 주류로 삼았다. 그들은 五言詩를 통해 漢末 당시 전란으로 피폐한 사회현실을 悲憤慷慨한 필치로 잘 묘사하였으니, 이러한 문학 특징을 建安風骨이라고 부른다.

중국 문학사에서 建安年間은 魏晉南北朝時代의 서막이랄 수 있는데, 魯迅은 이 시기를 '문학의 自覺期'[1]라고 했다. 魯迅이 말한 문학의 自

---

1) 魯迅 著,「而已集·魏晉風度及文章與藥及酒之關係」『魯迅全集』 제3권 504쪽,

覺期란 구체적으로 '曹丕의 시대'로서 바로 曹丕가 『典論·論文』에서 建安時期의 문학을 처음으로 비평하였기 때문에 曹丕의 시대라고 했던 것이다. 靑木正兒는 『支那文學思想史』에서 魏晉南北朝時代의 文學思想을 논하면서 이 시대의 문학 특징을 '文藝至上時代'[2)]로서 순수 문학평론이 興起하였다고 했다. 이것은 建安時期 문학의 연구가 중국문학의 연구에 있어서 매우 의미 있는 작업이라는 것을 시사하는 것이라고 할 수 있다.[3)] 建安時期 문학의 문학사적 가치는 曹丕가 『典論·論文』[4)]에서 말한 것처럼, 建安時期에 비로소 문학의 가치를 인식하게 되었다는 것에 그 연구 의의를 찾을 수 있다. 建安文學은 漢代까지 문학이 儒家經學의 부속물이자 사회 교화를 위한 수단이었던 것에서 벗어나 새로운 시대를 열었다. 이 時期부터 문학이 그 자신의 가치와 독립적인 지위를 갖게 되었던 것이다.

建安文學은 내용면에서 당시의 사회와 긴밀한 연계 속에서 漢代 樂府民歌의 전통을 계승하여 사실적이면서도 작가 개인의 敍情的인 작품도 많이 나왔으며, 형식면에 있어서는 漢代 樂府民歌에서 생겨난 五言의 詩歌 형식이 建安時期의 시인들에 의해 魏晉南北朝詩歌의 가장 기본적인 詩歌 형식이 되었다는 것이다. 樂府民歌의 언어 風格도 建安詩

　　人民文學出版社, 1989 : "曹丕的一個時代可說是文學的自覺時代。或如近代所說是爲藝術而藝術(Art for Art.s sake)的一派."
2) 靑木正兒 著, 『支那文學思想史』 40쪽, 春秋社, 1979
3) 毛炳生 著, 「曹子建詩的詩經淵源硏究」 1쪽, 文史哲出版社, 1985 : 중국문학사에 있어서 建安時期가 갖는 문학사적인 의의에 대하여, 중국문학의 발전에는 3개의 중요한 시기로 첫째는 建安時期이고, 둘째는 唐代이고, 셋째는 五四運動인데, 五四運動은 전통을 떨쳐버리고, 대규모로 변화하여 현대문학을 일궜으며, 唐代는 훌륭한 전통을 흡수하여 兩宋代는 물론 淸代까지 그 영향을 끼쳤다. 建安時期는 上古時代를 마무리 짓고 六朝를 열었으며, 唐詩를 키운 요람이라고 했다.
4) 曹丕 撰, 張溥 編, 『魏文帝集』 卷1 (『漢魏六朝百三名家集』 제1책 734쪽, 江蘇廣陵古籍出版社, 1990) : "文章經國之大業, 不朽之盛事."

人들에게 뚜렷한 영향을 끼쳤으며, 樂府의 詩題와 題材를 따라 쓴 것 또한 적지 않다.

그런데, 建安時期라고 해서 모두 위와 같은 詩文風만 있었던 것도 아니다. 그러므로 建安風骨만이 建安文壇의 문학적인 특징이 될 수도 없다. 따라서 建安風骨로 특징지어지는 建安時期에 대한 새로운 시대인식이 필요하다. 그리고 建安時期 문학에 있었던 수많은 문인들 가운데,5) 三曹와 建安七子만이 建安文壇을 주도한 것처럼 인식되어 있는데, 建安文學 전반에 걸친 새로운 이해를 통해서 建安時期 문학의 내용과 형식상 특징인 建安風骨 개념에 대한 이해도 다시 할 필요가 있다고 본다.

建安風骨이란, 대체로 建安詩人들이 漢代 말기와 魏代 초기까지의 전란과 민란으로 인해 닥친 어지러운 사회상과 백성의 질곡을 다룬 시편을 통해서 그들의 이상을 慷慨한 風格으로 나타냈던 것이라는 것이 일반적인 인식이다. 建安風骨을 처음 언급한 것은 宋代 嚴羽의 『滄浪詩話·詩評』에서이기는 하지만, 그 이전에도 建安文學의 風格上의 특성을 鍾嶸은 '建安風力'이라 했고, 陳子昻은 '漢魏風骨'이라 했고, 李白은 '建安骨'이라 했고, 殷璠은 '氣骨'이라 하여 盛唐 시인들을 품평하는 데에 주요 기준으로 삼았던 것처럼, 建安風骨은 建安文學의 전형적인 風格 특징을 가리키는 문학이론 술어가 되었다. 이 建安風骨의 개념은 南朝에서 唐에 이르기까지 줄곧 사람들이 문학을 비평하는 중요한 표준이 되었으며,6) 金元代에는 元好問의 시문에서 建安風骨의 특성이 계승 발전되었으며, 明代에는 復古運動의 기치 아래에서 建安風骨의 '意氣駿爽'한 특성이 주목받았고, 建安時期 문인과 작품에 대한 평

---

5) 鍾嶸 撰, 高木正一 譯註, 『詩品』 43쪽, 東海大學出版會 1978 : 序曰, "降及建安, 曹公父子, 篤好斯文, 平原兄弟, 鬱爲文棟, 劉楨王粲, 爲其羽翼. 次有攀龍託鳳. 自致於屬車者, 蓋將百計, 彬彬之盛, 大備于時矣."
6) 駱玉明 著, 『古典文學三百題』 146쪽, 上海古籍出版社, 1987

가도 시도되었다. 그리고 楊愼·梅慶生·李夢陽·胡應麟 등이 風骨과 格調에 대하여 단편적이나마 그것의 상관관계에 대한 견해를 편 것에 이어 淸代에 이르러서는 沈德潛이 형식으로서의 格調와 내용면으로서의 詩敎를 주장한 溫柔敦厚한 儒家的 시론은 사회교화를 중시한 建安風骨의 사상적 연원과 직접적으로 뿌리가 같다고 할 수는 없지만, 그들 사이에는 일정한 관련이 있었다.

이렇듯 建安風骨은 중국문학사에서 그것이 사상적 문학적 연원이 매우 깊으며, 建安風骨論의 형성과 발전에 즈음해서는『文心雕龍』·『詩品』·『滄浪詩話』와 같은 주요 詩文論書에서 주요 언급 대상이었으며, 金元明淸代에서는 완전히 새로운 양상으로 변천하고 발전하지는 않았다 하더라고 중국 시문학사에서 중요한 역할을 담당했던 것은 분명하다. 따라서 이 연구는 建安時期 문학의 주류인 三曹와 建安七子의 문학과 그들 시문의 주요 특징인 建安風骨의 개념을 파악하고, 그것의 논의인 建安風骨論의 연원 및 형성과 발전 그리고 변형되어 간 발자취를 살펴보는 것을 목표로 한다.

(2) 建安文學에 관한 旣存 硏究의 槪況

建安文學에 대한 논평을 처음으로 시도한 이는 曹丕이다. 曹丕는 그의『典論·論文』에서 建安七子가 建安文壇에 일정한 역할을 하고 있다고 하고, 그들의 문학적인 특징을 서술하였으며,7) 曹丕의 동생인 曹植도 그의「與楊德祖書」에서 아비인 曹操가 세상의 훌륭한 문인들을 불러 모아다가 문단을 일으켰던 것과 그것을 주도했던 七子들의 문학 활

---

7) 曹丕 撰, 張溥 編,『魏文帝集』卷1 (『漢魏六朝百三名家集』제1책 734쪽) : "斯七子者, 於學無所遺, 於辭無所假, 咸以自騁驥騄於千里, 仰齊足而幷馳, 以此相服, 亦良難矣. … 王粲長於辭賦, 徐幹時有齊氣, 然粲之匹也. … 琳瑀之表章書記, 今之雋也. 應瑒和而不壯, 劉楨壯而不密. 孔融體氣高妙, 有過人者, 然不能持論, 理不勝辭, 以至乎雜以嘲戲. 及其所善, 揚班儔也."

동에 대하여 말하였다.8)

이후 建安時期 문학에 대한 평가를 한 이는 沈約이다. 그가 『宋書·謝靈運傳論』에서 편 논지는 이후 중국문학사에서 거의 정론으로 이어져 내려왔다고 할 수 있는데,

> 建安年間에 이르러 曹氏 일가가 나라를 세웠다. 曹操·曹丕와 陳思王 曹植은 모두 글재주가 뛰어나 감정으로 문장을 지었는데, 文體로서 내용을 압도했다. 漢代 이래 魏에 이르기까지 400여 년간 작가들의 문체가 3번 변했다. … 曹植·王粲은 자신의 기질로써 문체를 이루어서 재능을 마음껏 펼쳤으니, 당시 문단을 환히 비추었다고 할 수 있다.(至於建安, 曹氏基命, 二祖9)陳王, 咸蓄盛藻, 甫乃以情緯文, 以文被質, 自漢至魏, 四百餘年, 辭人才子, 文體三變. … 子建仲宣以氣質爲體, 幷標能擅美, 獨映當時.)10)

라고 하여, 建安詩가 『詩經』의 國風과 「離騷」의 전통을 이었다고 하여 긍정적인 평가를 하고 있다. 이것에서 建安年間으로부터 200여 년이 지난 이때에도 建安文壇에 대한 평가가 높았다는 것을 알 수 있다.

建安文學의 문학사적 위치에 대하여, 『文心雕龍·時序』에서 이 시대의 문학적 특징을 논의하면서,

---

8) 曹植 撰, 張溥 編, 『陳思王集』 卷1(『漢魏六朝百三名家集』제2책 38쪽) : "然今世作者, 可略而言也. 昔仲宣獨步於漢南, 孔璋鷹揚於河朔, 偉長擅名於靑土, 公幹振藻於海隅, 德璉發跡於北魏, 足下高視於上京."
9) 李徽敎 著, 『詩品彙注』 188쪽, 嶺南大學出版部 1983 : 옛날 책 가운데 三을 二라고 잘못된 것이 많다. 이것은 『宋書·謝靈運傳論』에 二祖라고 되어 있기 때문인데, 만약 이것이 잘못이 아니라면, 二祖는 바로 曹操와 曹丕이겠지만, 許學夷가 "武帝, 太祖. 文帝, 高祖. 明帝, 烈祖."라고 한 것에 근거하여 二祖가 아니라 三祖가 옳다고 하였으니, 여기에서는 三祖, 즉 曹操·曹丕·曹叡를 말한다고 봐야 적절하겠다.
10) 沈約 撰, 郭紹虞 主編, 『中國歷代文論選』 제1책 215쪽, 上海古籍出版社, 1986

後漢의 獻帝가 내란 때문에 여기저기 떠돌아다니게 되었고, 문학은 어지러운 상황에 놓이게 되었다. 建安末이 되어서는 세상이 안정을 회복했다. 魏武帝 曹操는 漢의 丞相이라는 높은 지위에 있으면서 詩文을 좋아했고, 魏文帝 曹丕는 丞相副의 중책에 있으면서 辭賦를 잘 지었고, 陳思王 曹植은 귀족 자제들의 우두머리로서 붓을 들면 주옥같은 명작을 지어냈다. 그들 모두는 유능한 인사를 존중했기 때문에 우수한 인재들이 구름처럼 모여들었다.⋯ 이 시대의 문학을 잘 살피면, 워낙 慷慨한 격정을 좋아했다. 오래도록 내란이 계속되어서 사람들은 헤어지는 슬픔을 겪고, 풍속이 쇠미해지고, 불만이 쌓였기 때문에 누구나 생각에 깊이 잠기고, 그것을 내내 써댔다. 그래서 이 시대의 작품은 격앙되고 기력이 넘친다.(自獻帝播遷, 文學遂轉. 建安之末, 區宇方輯. 魏武以相王之尊, 雅愛詩章, 文帝以副君之重, 妙善辭賦, 陳思以公子之豪, 下筆琳瑯. 幷體貌英逸, 故俊才雲蒸. ⋯ 觀其時文, 雅好慷慨. 良由世積亂離, 風衰俗怨, 幷志深而筆長. 故梗槪而多氣也.)11)

라고 개괄한 것처럼, 『文心雕龍』의 여러 편에서 建安文學의 특징과 당시 문인들의 개인 특징까지 구체적으로 밝혔다. 특히 『文心雕龍・風骨』에서는 建安風骨 개념의 이해에 있어서 중요한 실마리가 되는 風骨 개념을 설명하였고, 鍾嶸은 그의 詩品評書인 『詩品』에서 建安風力의 개념을 가지고 시 품평을 했다. 이후 唐代에 이르러서는 陳子昻과 李白 그리고 殷璠이 建安文學의 연구자라고 할 수 있으며, 宋代에는 嚴羽가 『滄浪詩話』에서 '建安風骨'이라는 용어를 처음으로 써서 建安과 風骨이 묶여서 불리기 시작했다. 元代 元好問은 「論詩絶句」에서 建安風骨을 논했으며, 明代에는 楊愼의 『升庵詩話』와 胡應麟의 『詩藪』 등

---

11) 劉勰 撰, 戶田浩曉 譯註, 『文心雕龍』 600쪽, 明治書院, 1983 : 「明詩」(85쪽)에서도 建安年間 문단 상황에 대하여 이르기를, "暨建安之初, 五言騰踊. 文帝陳思, 縱轡以聘節, 王徐應劉, 望路而爭驅, 並憐風月, 狎池苑, 述恩榮, 敍酣宴, 慷慨以任氣. 磊落以使才. 造懷指事, 不求纖密之巧, 驅辭逐貌, 唯取昭晰之能. 此其所同也."라고 했다.

에서 建安文學을 논의하였고, 淸代의 沈德潛은 風骨의 개념을 확장하여 格調論을 폈으며, 翁方綱의 『石洲詩話』와 毛先舒의 『詩辯坻』에서는 風骨의 개념을 시 비평의 주요한 기준으로 삼기도 했으니, 이들은 모두 建安文學 연구의 대표라고 할 수 있다. 劉師培가 『中國中古文學史』에서 建安文學의 특질을 淸峻·通脫·華靡·騁詞라고 하였으며, 魯迅은 「魏晉風度及文章與藥及酒之關係」에서 建安文學의 특질을 淸峻·通脫·華麗·壯大·慷慨라고 개괄하였으니, 劉師培와 魯迅이 현대 建安文學 연구의 시작이라고 할 수 있다.

이를 바탕으로 현대의 연구자들은 좀더 전문적인 연구를 가하였는데, 建安文學 전반에 걸친 연구 논문집,[12] 三曹 시문집의 역주,[13] 建安

---

12) 藝譚編輯部, 『建安文學硏究文集』, 黃山書社, 1984
    張可禮 著, 『建安文學論稿』, 山東教育出版社, 1986
    王巍 著, 『建安文學槪論』, 遼寧教育出版社, 1991
    王巍 著, 『建安文學硏究史論』, 吉林大學出版社, 1994
    李景華 著, 『建安文學述評』, 首都師範大學出版社, 1994
    劉知漸 著, 『建安文學編年史』, 重慶出版社, 1985
13) 黃節 注, 『魏武帝魏文帝詩注』, 商務印書館, 1961
    鍾京鐸 著, 『曹氏父子詩硏究』, 學海出版社 1977
    李寶玉 著, 『曹氏父子和建安文學』, 上海古籍出版社, 1978
    趙福壇 選註, 『曹魏父子詩選』, 三聯書店 1991
    任昭坤 著, 『曹操』, 軍事科學出版社, 1990
    張亞新 著, 『曹操大傳』, 中國文學出版社, 1994
    張揚 標点, 『曹操集』, 時代文藝出版社, 1995
    夏傳才 注, 『曹操集注』, 中州古籍出版社, 1986
    章新建 著, 『曹丕』, 安徽人民出版社, 1982
    鍾優民 著, 『曹植新探』, 黃山書社, 1984
    毛炳生 著, 『曹子建詩的詩經淵源硏究』, 文史哲出版社, 1985
    趙幼文 校注, 『曹植集校注』, 明文書局, 1985
    張可禮 著, 『三曹年譜』, 齊魯社, 1983
    李景華 主編, 『三曹詩文賞析集』, 巴蜀書社, 1988
    殷義祥 譯注, 『三曹詩選譯』, 巴蜀書社, 1989
    王巍 著, 『三曹評傳』, 遼寧出版社, 1995
       ?   , 『三曹資料彙編』, 中華書局, 1980

七子 시문집의 역주14) 등 많은 연구 논문과 그 밖의 관련 연구들이 나와서 建安文學 연구의 거대한 줄기를 이루었다고 할 수 있다. 그래서 80년대 이후에만도 비교적 큰 규모의 建安文學硏究 토론회가 4차례나 열렸다.15) 이렇듯 建安文學 일반에 관한 연구가 활발한 것은 물론이고, 建安風骨의 개념 정립을 위한 논의도 많이 나왔다고 할 수 있다.

우선 風과 骨 그리고 風骨이 무엇인지에 대한 이제까지의 논의 주장들을 살피고, 建安風骨의 개념은 어떻게 정립되었는지를 알아 볼 필요가 있겠다. 建安文學에 대한 논평을 처음 시작한 이가 曹丕라면, 建安과 風骨의 개념 정립을 시도한 이는 劉勰이다. 그래서 이후 여러 文論家들에 의해서 劉勰의「風骨」에 대한 여러 방면의 비유와 해설이 나왔다.16) 이 가운데 明代 曹學佺이 "風은 骨을 포괄할 수 있으며, 骨은 반드시 風에 의존해야 한다.(風可以包骨, 而骨必待乎風也.)"라고 한 것처럼, 風骨 가운데에서 風이 주가 된다고 하여 風과 骨 개념의 상관

? ,『三曹集』, 岳麓書社, 1992
14) 江建俊 著,『建安七子學術』, 文史哲出版社, 1982
吳雲·唐紹忠 著,『王粲集注』, 中州書畵社, 1984
郁賢皓 著,『建安七子詩箋』, 巴蜀書社, 1988
吳雲 著,『建安七子作品選』, 中州古籍出版社, 1987
李文祿·王巍 著,『建安詩文鑑賞』, 吉林文學出版社, 1987
俞紹初 輯校,『建安七子集』, 新華書店, 1989
吳雲 著,『建安七子集校註』, 天津古籍出版社, 1989
韓格平 著,『建安七子詩文集校注譯析』, 吉林文史出版社, 1991
王巍·李文祿 著,『建安詩文鑑賞辭典』, 東北師範大學出版社, 1994
15) 孫明君 著,『建安文學硏究的現況與展望』89쪽 : 1983년 5월 安徽亳州, 1988년 11월 河南許昌, 1991년4월 河北邯鄲, 1993년 5월 安徽亳州
16) 涂光社 著,『文心十論』38·9쪽, 春風文藝出版社, 1986 : 明代 楊愼은 "左氏論女色曰, 美而艶, 美猶骨, 艶猶風也. 文章風骨兼全, 如女色之美艶兩致矣."라고 하였고,『文心雕龍·風骨』의 "使文明以健"을 평하여, "明卽風也, 健卽骨也, 詩有格有調, 格猶骨也, 調猶風也."라고 하였다. 그리고 역시 明代 曹學佺은 "風骨之字雖是分重, 然畢竟以風爲主. 風可以包骨, 而骨必待乎風也. 故此篇以風發端, 而貴重于氣, 氣屬風也."라고 했다.

관계에 대한 분석을 시도했다.
근대에 들어와서 黃侃은 風骨의 개념에 대하여,

> 風骨이라는 것은 둘 다 사물에 비유한 것이다. 글에 뜻이 있으므로, 작가 생각을 전달할 수 있으며, 전편의 뜻을 다 아우를 수 있는 것이니, 마치 바람과 같은 것이다. 글에는 글월이 있으므로 가슴 속의 뜻을 다 펼 수 있어서 분명하고 조리 있게 되는 것이다. 사물에 비유컨대, 뼈와 같은 것이다. 風은 글의 뜻이며, 骨은 글의 文辭라는 것을 반드시 알아야 공허한 폐단을 밟지 않게 되는 것이다. 또는 글의 뜻은 버리고 따로 風骨을 찾는 것이다.(風骨二者皆仮於物以爲喩. 文之有意, 所以宣達思理, 綱維全篇. 譬之於物, 則猶風也. 文之有辭, 所以攄寫中懷, 顯明條貫. 譬之於物, 則猶骨也. 必知風卽文意, 骨卽文辭, 然後不蹈空虛之弊. 或者舍辭意而別求風骨.)[17]

라고 하였는데, 黃侃의 이 논의 역시 비록 소략하기는 하지만, 요점은 "風은 문장에서의 뜻이고, 骨은 문장에서의 글월이다.(風卽文意, 骨卽文辭.)"라는 것이다. 黃叔琳은 黃侃의 의견에 찬동하여,

> 風은 文意이고, 骨은 文辭라고 한 黃선생의 논의는 매우 상세한 것이다. 그 뜻을 다시 나름대로 새겨 보자면, 이 편에서 말하는 風·情·氣·意는 실제로는 한 가지로서 세상에서 역시 보이지 않고(虛) 보이는 (實) 구분이 있을 뿐이다. 風은 보이지 않는 것이고, 氣는 보이는 것이며, 風氣는 보이지 않는 것이고, 情意는 보이는 것이니, 이 편 가운데에서 깨달을 수 있다. 文辭와 骨의 관계를 보자면, 文辭는 보이는 것이고, 骨은 보이지 않는 것이다. 글귀가 바르고 곧은 것을 文辭라고 하며, 번잡한 말만 늘어놓은 것도 역시 文辭라고 하지만, 앞의 것이 문장에서 骨을 얻었다고 일컬을 만한 것이며, 번잡한 말만 늘어놓은 것은 거기에 포함되지 않는다.(風卽文意, 骨卽文辭, 黃先生論之詳矣. 竊復推明其義曰,

---

17) 黃侃 著, 『文心雕龍札記』 101쪽, 文史哲出版社, 1973

> 此篇所云風情氣意, 其實一也, 而四名之間, 又有虛實之分. 風虛而氣實, 風氣虛而情意實, 可於篇中體會得之. 辭之與骨, 則辭實而骨虛. 辭之端直者謂之辭, 而肥辭繁雜亦謂之辭, 惟前者始得文骨之稱, 肥辭不與焉.)18)

라고 하여, 風은 文意이고, 骨은 文辭라고 한 黃侃의 견해를 따랐다. 이들 논의는 이후 風骨論의 정립에 있어서 매우 선구적인 역할을 했다고 할 수 있다. 왜냐하면, 이것을 계기로 1960년대를 즈음해서 風骨에 관한 토론이 한창 일어났기 때문이다.

黃侃의 의견에 이의를 제기한 이로는 廖仲安과 劉國盈이다.19) 이들은 風은 黃侃이 말한 대로 文意라고 하는 데에는 이의가 없지만, 骨이 文辭라고 한 것에는 이의를 달았다. 「風骨」에서 "감정을 서술하는 데에는 반드시 風에서 시작할 것이며, 고심해서 글월을 표현하기에는 骨이 우선이다. 그러므로 글월은 骨에 의지해야 한다.(怊悵述情, 必始乎風. 沈吟鋪辭, 莫先於骨, 故辭之待骨)"20)라고 한 것과 劉勰이 다른 편21)에서 들었던 風骨에 관한 논점이 風骨을 文意와 文辭로 나눈 것이 아니라, 風骨과 辭彩와의 관계를 대비하여 든 것이라고 하여, 風骨이란 문장 안에 담겨 있는 생명이자 骨幹을 말하며, 辭彩는 문장의 밖에 있는 것으로 그 둘은 주종의 관계에 있는 것으로 나누어서 봐서는 안 된다고 했다. 그러므로 黃侃이 "風卽文意, 骨卽文辭."라고 하여, 風骨을 문장에서 안과 밖에 존재하는 것으로 나누어 설명한 것은 옳지 못하다고 했다.

---

18) 劉勰 撰, 范文瀾 注, 『文心雕龍注』 卷6 15쪽, 開明書局, 1985
19) 廖仲安·劉國盈 著, 「釋風骨」, 『文學評論』 1962年 1期
20) 劉勰 撰, 戶田浩曉 譯註, 『文心雕龍』 417쪽
21) 劉勰 撰, 戶田浩曉 譯註, 『文心雕龍』: "必以情志爲神明, 事義爲骨髓, 辭采爲肌膚, 宮商爲聲氣."(「附會」 568쪽) "觀其骨鯁所樹, 肌膚所附. 雖取鎔經意, 亦自鑄偉辭."(「辨騷」 72쪽) "搆位之始, 宜明大體. 樹骨於訓典之區, 選言於宏富之路. 使意古而不晦於深, 文今而墜於淺. 義吐光芒, 辭成廉鍔, 則爲偉矣."(「封禪」 324쪽)

潘辰은 廖仲安과 劉國盈의 설에 찬동하여,[22] '骨指事意'라는 說에 보충하여서, 劉勰이 「風骨」에서 「冊魏公九錫文」을 평하여,

　　　예전에 潘勖이 曹操에게 써 보낸 「九錫文」은 의식적으로 聖人의 문장을 모방한 것인데, 그때의 문장가들이 이것을 보고 붓을 던졌던 것은 그의 骨髓가 뛰어나서이다.(昔潘勖錫魏, 思摹經典, 群才韜筆, 乃其骨髓峻也.)[23]

라고 하여, 한 마디로 '其骨髓峻'하다고 한 평에 대하여 「九錫文」의 묘사가 반드시 '結言端直'하기 때문만이 아니라, 文風의 立論이 정확하며, 潘勖의 문장이 사실에 근거하였기 때문에 '其骨髓峻'이라고 劉勰이 칭찬한 것이며, 또 劉勰이 『文心雕龍・檄移』에서 "陳琳이 豫州의 劉備에게 보낸 檄文은 굳세면서도 뼈대가 튼튼하다.(陳琳之檄豫州, 壯有骨鯁.)"라고 하여, '壯有骨鯁'하다고 했는데, 이 문장도 실제로 사실에 바탕을 두어 쓴 문장이기 때문에 독자를 감동시킬 수 있는 것이어서 '骨指事意'한 것이라고 했다.

그런데 필자는 '風卽文意'라는 견해에도 문제가 있다고 본다. 왜냐하면, 文意라 함은 '문장의 내용'이라는 뜻인데, 風이 곧 문장의 내용은 아니며, 風은 작가의 사상이나 감정이 문학 작품 가운데에 나타나서 독자에게 감동을 일으킬 수 있도록 하는 역량인 것이다. 그리고 骨에 대해서도 「風骨」에서,

　　　내용이 빈약한 데도 수사가 지나치고, 번잡해서 체계가 없는 작품은 骨이 없다는 증거인 것이며, 사색이 불충분하고 삭막해서 精氣가 부족한 작품은 風이 부족하다는 증거이다.(若瘠義肥辭, 繁雜失統, 則無骨之徵也. 思不環周, 索莫乏氣, 則無風之驗也.)[24]

---

22) 潘辰 著,「關於文心雕龍風骨的 '骨'字」39・40쪽,『文心雕龍增刊』11輯 197?
23) 劉勰 撰, 戶田浩曉 譯註,『文心雕龍』420쪽

라고 한 것에서 미루어 보더라도, 骨은 文辭에 작가의 사상 감정을 적절하게 표현함으로써 독자에게 감동을 줄 수 있도록 하는 힘을 가리키는 것이라고 보아야 할 것이다. 그러므로 黃侃이 '風卽文意, 骨卽文辭'라고 풀이한 것은 風이 바로 文意이고, 骨이 바로 文辭라고 해석할 것이 아니라 風은 文意와, 骨은 文辭와 깊은 관련이 있다는 것으로 봐야 할 것이다. 즉 風이라 함은 문학 창작에 있어서 작품의 주제내용이 되는 思想感情이나 情緖를 제대로 전달시키는 작용을 의미하며, 骨이란 작가의 사상 감정이나 정서를 문자를 통해서 문학작품이 되게 하는 것과 같은 전체적인 구성을 말한다고 봐야 할 것이다.

이밖에 舒直은 이와 상반되게 「體性」에서 "文辭는 문장의 피부이며, 뜻이 골수가 된다.(辭爲膚根, 志實骨髓.)"라고 한 것을 들어서, 風은 문장의 형식이고, 骨은 문장의 내용으로서 骨(내용)이 風(형식)을 결정한다고 했다.25) 이것에 대하여 楊增華는 劉勰이 氣를 대신해서 風骨이라는 용어를 썼던 것이며, 風骨의 뜻은 작품의 내용을 가리키지만, 작품의 형식도 겸하여서 오늘날 말하는 風格과 같은 의미이며, 내용과 형식의 통일을 말한다고 했다.26)

陳飛之는 風은 情思이고, 骨은 辭意로서, 情思가 風이나 氣처럼 풍부한 감정이 있어야 하는 것처럼, 辭意는 '結言端直'과 '析辭必精'이 필수 조건이라고 했다.27)

唐躍은 風骨이 구체적인 논리성을 갖춘 비평 개념은 아니며, 문학 작품 가운데 審美感을 실현시키는 조건으로서 風은 일종의 '飛動하게 하는 힘'이며, 骨은 '바르면서 내용을 갖추게(端實) 하는 힘'이라고 했다.28) 이러한 측면에서 王力堅은 建安風骨은 고정된 개념이 아니라

---

24) 劉勰 撰, 戶田浩曉 譯註, 『文心雕龍』 418쪽
25) ?, 「文心雕龍硏究論文選」, 齊魯書社, 1988 (原載 『光明日報』 1959年8月16日)
26) 楊增華 著, 「從養氣說到風骨論」, 『文學遺産增刊』 8輯 197?.
27) 陳飛之 著, 「論曹操詩歌的藝術成就」, 『文學遺産』 1983年 5期

서 曹操의 '悲凉慷慨, 雄建蒼勁', 曹丕의 '便娟婉約', '洋洋淸綺', 曹植의 '骨氣奇高, 詞彩華茂'도 모두 포괄한다고 했다.29)

그밖에 周振甫는 建安風骨의 형성 원인을 밝히는 데에 주력하여, '世積亂離, 風衰俗怨'한 시대 배경과 이로 인해 생겨난 慷慨한 심정으로 나라에 은혜를 갚으려는 建安時期 작가들의 情緖, 그리고 『詩經』 『楚辭』와 樂府詩의 우량한 전통을 계승하여 建安風骨이 형성되었다고 했다.30)

傅生文은 建安風骨이란 建安時期 문학이 갖는 문학 특징으로서의 성격에 중시하여 뚜렷한 시대성과 다양한 작가 개성에 의하여 당시의 시대 상황이 진실되게 문학에 반영된 것이 바로 建安風骨이라고 하였다.31) 이 이외에도 여러 논문들이32) 그들 나름의 논지를 펴고 있다.

다음으로 建安文學 연구에 있어서 주요한 연구 저서의 내용들을 간단히 소개하기로 한다.

① 鈴木修次 著, 『漢魏詩の硏究』, 大修館書店 1967 : 제1장은 「楚歌・新聲考」이고, 제2장은 「樂府・古歌・古詩考」이고, 제3장이 「建安詩

---

28) 唐躍 著, 「"建安風骨"是對建安文學美學特性的槪括」, 『建安文學硏究文集』, 黃山書社, 1984
29) 王力堅 著, 「從三曹的詩風看"建安風骨"的嬗變與發展-兼論曹植的文學史地位」, 『學術論壇』, 1988年 2期
30) 周振甫 著, 「釋"建安風骨"」, 『文學評論』 1983年 5期
31) 傅生文 著, 「建安風骨淺嘗」, 『建安文學硏究文集』, 黃山書社, 1984
32) 陸侃如 著, 「文心雕龍述語用法擧例-書釋"風骨"後」, 『文學評論』, 62年 2期
   許善述 著, 「"建安風骨"趨議」, 『安慶師院學報』, 1984年 4期
   王許林 著, 「"建安風骨"的再認識」, 『許昌師專學報』, 1985年 4期
   常振國 著, 「也談"建安風骨"」, 『許昌師專學報』, 1985年 4期
   張可禮 著, 「如何理解"建安風骨"」, 『文史哲』, 1986
   王欣・劉德容 著, 「"風骨"新解」, 『湖北大學學報』, 1988年 2期
   王少良 著, 「建安風骨的原始意義」, 『遼寧師範大學報』, 1990
   沈季林 著, 「"建安風骨"簡論」, 『靑島大學師範學院報』, 1995
   楊崇生 著, 「"風骨"辨」, 『學術硏究』, 1995年 4期

考」인 것에서도 알 수 있듯이, 제1·2장은 建安詩歌의 형성 배경으로서 漢代 시가의 발전 정황을 밝힌 것이고, 제3장에서는 建安詩歌의 題材와 賦, 建安詩人의 各論과 建安 문인들의 시와 그들의 문학론 등을 살핌에 있어서 그들의 시편을 소개하면서 분석하고 있다.

② 江建俊 著,『建安七子學術』, 文史哲出版社, 1982 : 이 책은 크게 서론과 본론으로 구분되어 있다. 서론에서는 漢魏文學의 변천을 조망하였고, 曹氏 부자와 建安七子와의 관계 등을 서술하였다. 본론에서는 建安七子 각 인물마다 그들의 生平·시문의 風格 및 기타 관련 사실을 언급하였다. 그래서 建安年間 즈음의 문단 상황의 이해와 三曹 및 建安七子의 개인록에 관한 자료가 매우 자세하다.

③ 『藝譚』編輯部編,『建安文學硏究文集』, 黃山書社, 1984 : 이 책 역시 建安文學에 관련된 여러 학자들의 연구 논문을 싣고 있는데, 특히 본고에서도 建安風骨論의 연원으로서 규명해 보았던 曹丕의 文氣論에 관련된 연구 논문으로「從文氣論看建安詩歌」·「曹丕文氣說淺析」·「論曹丕文氣說的歷史淵源」·「典論論文中的兩個問題」에서는 文氣論에 관련된 여러 방면의 연구가 잘 반영되어 있고, 曹操에 관련된 것들 가운데「論曹操詩歌現實主義精神」·「曹操詩歌藝術剖析」등과 曹丕에 관련된 논문 가운데「論曹丕詩歌的現實主義精神」및 曹植에 관련된 것 가운데「論曹植詩的藝術成就」·「試說曹植作品的華麗與壯大」그리고 建安七子의 개인 연구 논문으로「論孔融」·「王粲傳論」·「阮瑀略論」에서는 그들의 개인록을 자세히 살펴볼 수 있다.

④ 張可禮 著,『建安文學論稿』, 山東敎育出版社, 1986 : 이 책은 저자가 이때까지 발표하였던 建安文學과 관련된 논문들을 모아서 발표한 것들이다.「建安文學的發展段階」·「建安文學思想」·「建安時期思想解放與文學的發展」·「建安作家的修養」·「建安文學和它以前的文學傳統」·

「建安文學在唐詩的傳播」 등 편에서는 建安文壇의 상황을 다각도로 이해할 수 있는 자료를 제공해 주었고, 특히 「建安詩歌的新特點」・「如何理解"建安風骨"」은 建安時期의 시가와 그것의 風格上의 특징으로서 建安風骨과의 연관 관계를 이해하는 데에 중요한 자료가 되며, 그밖에 부록에서는 「建安論文硏究論著索引」에서는 이때까지 발표되었던 建安文學 관련 논문과 저서들의 색인을 싣고 있어서 본고의 진행에 여러 모로 도움이 되었다.

⑤ 王巍 著, 『建安文學槪論』, 遼寧敎育出版社, 1991 : 이 책은 建安文學에 관련된 자신의 연구 논문을 모은 것으로, 「建安文學與建安時代」・「建安文學繁榮發展的原因」 등 建安의 文學과 시기의 연관관계에 대하여 언급한 논문과 三曹・七子 이외에 建安時期의 기타 작가들에 관한 연구 논문도 싣고 있는데, 그들의 시가 뿐 아니라 辭賦나 소설 산문에 관한 연구 논문도 있다.

⑥ 王巍 著, 『建安文學硏究史論』, 吉林大學出版社, 1994 : 이 책은 建安文學 연구에 관련된 문제점들을 거론하였으며, 劉勰・鍾嶸 이래 이루어졌던 建安文學에 관한 연구 업적들 및 隋唐代・宋金元代・明淸代 및 근대 이후의 建安文學 연구 정황을 通時的으로 살펴보고 있다.

⑦ 李景華 著, 『建安文學述評』, 首都師範大學出版社, 1994 : 이 책은 '建安文學的背景'편이나 '建安文學的陣容'편에서는 建安文壇의 형성 배경이나 그것의 발전 정황이 자세하며, 특히 '建安詩的成就'에서는 建安詩歌의 형성과 漢代 樂府民歌와 五言詩의 관계를 자세히 밝히고 있으며, 五言詩의 예술적 특색을 밝힘으로써 五言詩가 建安風骨을 담는 역할을 할 수 있게 된 이유를 밝히고 있다.

⑧ 汪涌豪 著,『中國古典美學風骨論』, 中國人民大學出版社, 1994 : 이 책은 人物品評・書法美學・繪畵美學・詩歌美學 등의 분야에서 風骨論이 어떻게 작용하고 발전해 왔는가를 밝히고 있어서 風骨論이 중국의 예술 전반에 걸쳐서 어떠한 역할을 담당하며 발전해 왔는가에 대하여 논지를 펴고 있다.

2. 建安年間의 社會와 文學 樣相

建安文學이라 함은 建安時期의 문학이라 하겠으나, 建安文學이 갖는 문학 특징은 흔히 중국문학사에서 建安年間과 그 이후의 시기까지 포함해서 일컫는 것이 일반적이다.33) 그러나 建安年間의 문학 특징은 고정되어 있는 것이 아닌데, 기존의 문학사에서처럼 建安年間 이후 黃初·正始年間에까지도 建安文學의 餘風이 끼쳤다고 해서 建安文學의 범주에 단순하게 포함시켜도 안 된다. 그러므로 建安文學에서 '建安'이 갖는 의미를 정확히 파악하는 것은 建安文學을 이해하는 데에 매우 중요하리라 본다. 왜냐하면 建安時期에서 建安의 시기 범주 여하에 따라서 이 시대가 갖는 문학 특징으로서 建安風骨의 개념 정의가 이루어질 수 있기 때문이다.

이 장에서는 역사적인 시기 구분으로서의 建安年間과 중국문학사에서 일컫는 建安時期가 서로 어떤 관계를 갖는지 밝힘으로써 建安年間의 문학 특징과 문학사에서의 黃初·正始年間까지 아우르는 建安文學의 특징이 서로 어떻게 다른지 밝히고자 한다. 이러한 작업을 바탕으로 이 시기를 대표하던 문인집단인 三曹와 建安七子의 시편에 建安風骨이 어떻게 발현되고 발전하였으며, 그들을 중심으로 한 建安文壇의 형성 연원과 발전 양상도 다시 검토되어야 한다고 본다.

---

33) 鈴木修次 著, 『漢魏詩の研究』 458쪽, 大修館書店, 1967 : "建安詩라고 하는 말 가운데에는 黃初年間의 詩도 포함시켜서 이해하는 것이 좋을 듯싶다. 따라서 建安詩라 함은 建安年代를 주요한 활동 時期로 하는 曹氏 일족을 중심으로 한 시인들의 漢魏 兩代에 걸친 시작품 활동을 의미한다고 봐야 하겠다." / 劉大杰 著, 『中國文學發展史』 上卷 251쪽, 上海古籍出版社, 1984 : "建安雖是漢獻帝的年號, 而這時期的政治大權, 完全掌握在曹操的手裏, 并且當時的文學領袖, 都是曹家人物. 建安七子, 雖大都死於建安年間, 除孔融以外, 也都是曹家的幕客, 因此把建安文學放在這一時期, 是較爲合理的."

(1) 建安年間의 社會相과 文風의 變化

建安은 後漢 獻帝의 연호로서, 서기 196년부터 220년까지 25년 간을 일컫는다. 220년(建安 25)은 魏文帝 曹丕가 禪讓의 형식을 빌어서 황위를 빼앗아 즉위한 해로서 黃初年間 元年이기도 하다. 그러므로 建安年間이라 함은 後漢 末에서 魏가 세워질 때까지이다. 그렇지만 앞에서 지적한 것처럼 문학사에서는 일반적으로 建安文學이라 함은 後漢 말기 獻帝의 建安年間의 문학에만 제한하지 않고, 黃初年間에 魏의 궁정에서 활동하던 曹氏 휘하의 문인들의 작품까지를 말한다고 했다.

그리고 三曹는 建安文壇의 영수이며, 建安七子는 建安時期 중요한 문인이라고 하는데, 孔融은 建安 13년(208)에, 阮瑀는 建安 17년(212)에, 王粲은 建安 22년(217)에, 徐幹·陳琳·應瑒·劉楨은 建安 22년(217)[34]에 모두 죽었고, 曹操는 建安 25년(220)에, 曹丕는 黃初 7년(226)에, 曹植은 太和 6년(232)에 죽었다. 이로써 建安年間을 마치면서 曹操와 그의 휘하에 있던 이른바 建安七子도 모두 죽었고, 曹丕와 曹植은 建安年間 이후 黃初·太和年間까지 살았으니, 三曹와 建安七子로 대표되는 建安文壇은 後漢 獻帝 建安年間과 黃初·太和年間에 있었던 문인 활동이라 해야 한다는 것이다.

그런데 앞 절에서 建安年間에서만도 문학 풍격이 慷慨와 吟風弄月的인 성격이 함께 있었다고 밝힌 만큼 建安·黃初·太和年間에까지 포함된 建安文學 시문의 풍격은 여러 양상으로 나타날 수 있다고 가정할 때, 흔히 문학사에서 建安文學의 시문 풍격을 建安風骨이라고[35] 단정하는 것은 매우 잘못된 시각일 수 있는 것이다. 따라서 이 절에서는

---

34) 曹丕「與吳質書」, "昔年疾疫, 親故多離其災, 徐陳應劉, 一時俱逝. 痛可言邪."
35) 章培恒·駱玉明 主編,『中國文學史』上卷 310쪽 : "人們在談到建安詩歌的時候, 常常稱譽'建安風骨'". / 劉大杰 著,『中國文學發達史』上卷, 252쪽 : "建安詩的特色, …. 前人以'建安風力'·'建安風骨', 或以情緯文, 以文被質'這些語言來贊揚建安詩歌, 我們只有從這方面來考察, 才能理解建安文學的特質."

建安文學이라는 용어에서 '建安'이라는 개념의 이해는 建安文學의 시기 구분에 있어서 매우 중요한 단서가 되리라고 본다.

建安이라는 연호를 써서 建安時期의 문학을 처음으로 논한 것은 摯虞(서기 ?~311)의 「文章流別論」에서이다.36) 이후 沈約(서기 441~513)은 『宋書·謝靈運傳論』에서 建安年間 문단의 상황에 대하여 서술하면서,37) 建安時期에 활동하던 이로는 '三祖' 즉 曹操·曹丕·曹叡와 曹植을 들었고, 曹植과 王粲을 병칭하여 建安時期를 대표하는 문인이라 했다.

「文章流別論」이나 『宋書·謝靈運傳論』에서 建安時期의 문학을 논한 것에 비하여 보다 구체적으로 논의하고 있는 것은 劉勰(서기 465년쯤~520년쯤)의 『文心雕龍·明詩』38)에서이며, 그 밖의 논의도 비교적 구체적이다.39) 이후에는 梁代 鍾嶸이 『詩品·序』에서 建安年間의 문학 양상을 밝혔고40), 宋代의 詩論書인 魏慶之의 『詩人玉屑』에서는 각 시대의 詩體를 논하면서 建安詩를 建安年間과 魏代까지의 시를 포괄하여서 말하였다.41)

위와 같은 논의들의 공통된 입장은 역사에서 일컫는 時期 구분을

---

36) 摯虞 著, 郭紹虞 主編, 『中國歷代文論選』 제1책 192쪽 : "建安中, 文帝與臨淄侯各失雄子, 命徐幹劉楨等爲之哀辭."
37) 沈約 撰, 郭紹虞 主編, 『中國歷代文論選』 제1책 215쪽 : "至于建安, 曹氏基命, 二(三)祖陳王, 咸蓄盛藻, 甫乃以情緯文, 以文被質, 自漢至魏四百餘年, 辭人才子, 文體三變. …"
38) "暨建安之初, 五言騰踊. 文帝陳思, 縱轡以騁節, 王徐應劉, 望路而爭驅."
39) 그밖에 다른 편에서도 여러 차례 建安文學에 대하여 언급하고 있다. 劉勰 撰, 戶田浩曉 譯註, 『文心雕龍』 : 「時序」曰, "自獻帝播遷, 文學蓬轉, 建安之末, 區宇方輯."(600쪽) / 「詔策」曰 "建安之末, 文理代興."(291쪽) / 「哀弔」曰 "建安哀辭, 惟偉長差善, 行女一篇, 時有惻怛."(191쪽)
40) "降及建安, 曹公父子, 篤好斯文, 平原兄弟, 鬱爲文棟, 劉楨王粲, 爲其羽翼."
41) 魏慶之 撰, 王重民 校勘, 『詩人玉屑』 224쪽, 世界書局, 1984 : "建安詩辯而不華, 質而不俚, 風調高雅, 格律遒壯, 其言直致而少對偶, 指事情而綺麗, 得風雅騷人之氣骨, 最爲近古者也. 一變而爲晉宋, 再變而爲齊梁…"

그대로 따르지 않고 있다는 것이다. 曹操가 세상을 떠난 후 曹丕가 魏를 건국하고서 年號는 黃初로 바뀌었으니, 魏 건국 이후의 문학사도 建安時期라 할 수 있느냐 하는 것이 문제가 될 수 있겠다. 즉 建安年間의 문학은 建安文學이지만 建安年間이 끝나고 黃初年間이 되었으니, 黃初文學이라 해야 맞는 것이 아닌가 하는 것이다. 게다가 문학 양상도 달라졌다면 더더욱 建安文學과 黃初文學을 구분 지어야 할 것이다.

이렇듯 曹操와 建安七子의 時期를 建安體로, 曹丕와 曹植의 시대인 黃初 年間의 문학을 黃初體로 봐야 하는가 하는 문제의 인식은 南宋代 嚴羽에게서 시작되었다. 嚴羽는 『滄浪詩話・詩體』에서 각 시대별로 詩體의 특징을 설명하면서 建安年間과 黃初年間의 詩體에 대해서 논하기를, "時期로 논하자면, 建安體・黃初體・正始體 … 가 있다.(以時而論, 則有建安體・黃初體・正始體…)"42)라고 하였고, 이것에 대해서 嚴羽가 '建安體'에 대해서 스스로 주하여, "漢末의 年號이다. 曹植 부자와 建安七子의 시이다.(漢末年號. 曹子建父子及業中七子之詩.)"43)라고 했고, '黃初體'에 대해서는, "魏의 年號이다. 建安年間과 맞대어 있으니, 그 詩體는 하나이다.(魏年號. 與建安相接. 其體一也.)"44)라고 하여서, 詩體에 있어서 建安體와 黃初體의 구분을 시도하였으면서도, "그것들의 성격이 같다.(其體一也.)"라고 하여, 다소 애매한 입장을 가지고 있다고 할 수 있다.45) 이렇듯 각 시대별로 詩體를 논한 嚴羽나 이것을 설명한 馮班의 의견을 미루어 볼 때, 建安體와 黃初體를 따로 구분할 필요성을 언급하면서도, 결국은 그들 시체의 성격이 비슷하니, 建安年間은 建安體이고 黃初年間은 黃初體라는 식으로 구분 지을 것까지는 없다고

---

42) 嚴羽 著, 郭紹虞 校釋, 『滄浪詩話校釋』 52쪽, 人民文學出版社, 1983
43) 嚴羽 著, 郭紹虞 校釋, 『滄浪詩話校釋』 52쪽
44) 嚴羽 著, 郭紹虞 校釋, 『滄浪詩話校釋』 52쪽
45) 嚴羽 著, 郭紹虞 校釋, 『滄浪詩話校釋』 53쪽 : 馮班은 嚴羽의 이러한 견해에 찬동하여서 「嚴氏糾謬」에서 이르기를 "至黃初之年, 諸子凋謝不存, 止有子建兄弟, 不必更贅言又有黃初體也."라고 하였다.

한 것이다. 그러나 『滄浪詩話·詩評』에서, "黃初年間 이후에는 오로지 阮籍의 「詠懷」만이 매우 高古하여, 建安風骨이 담겨있다.(黃初之後, 惟阮籍詠懷之作, 極爲高古, 有建安風骨.)"46)라고 한 것에서, 建安體와 黃初體를 구분하여 비평하고 있는 것으로 보아 嚴羽는 建安體와 黃初體가 완전히 같다고 한 것이 아니므로 역시 建安體와 黃初體의 구분을 인정한 것이라 해야겠다.47)

더구나 三曹와 建安七子의 詩 경향과 曹丕와 曹植만이 활동하던 黃初年間의 시의 성격이 다르다면 建安體와 黃初體를 분리해야 하며, 曹植만이 살았던 太和年間의 詩文 風格도 그 성격을 새로이 규정해 볼 여지가 있다고 본다. 아니면 흔히 문학사에서 규정한 포괄적인 建安文學의 시기에 대한 다양한 고찰을 통해서 建安文學의 시기와 성격에 대하여 새로이 설정해야겠다.

牛維鼎은 역사적인 사실을 기준으로 建安文學의 時期를 前期와 後期로 구분하였다.48) 牛維鼎의 견해는, 建安年間이 '世積亂離, 風衰俗怨'하게 된 것은 漢末에 黃巾賊의 난이 일어난 때문이며, 이로써 建安文學에 '雅好慷慨'한 風格이 생겨나게 된 것이니, 建安文學의 시작은 黃巾賊의 난이 일어난 서기 184년부터이고, 吟風弄月의 後期 風格의 시작은 전쟁으로 인한 처참한 시대 상황이 어느 정도 진정이 되는 時期인 建安 13년 赤壁大戰이 끝나고 三國이 정립되어 각 국이 비교적 안

---

46) 嚴羽 著, 郭紹虞 校釋, 『滄浪詩話校釋』 115쪽
47) 許學夷 著, 杜維沫 校點, 『詩源辯體』 71쪽 : "漢魏五言, 滄浪見其同而不見其異, 元瑞見其異而不見其同. 愚按..魏之於漢, 同者十之三, 異者十之七, 同者爲正, 而異者始變矣. 漢魏同者, 情興所至, 以不意得之, 故其體皆委婉, 而語皆悠圓, 有天成之妙.…"
48) 牛維鼎 著, 「建安文學的分期問題」, 『阜陽師院學報』 1982年 2期 : 『文心雕龍·時序』에서 "自獻帝播遷, 文學蓬轉, 建安之末, 區宇方輯. … 觀其時文, 雅好慷慨, 良由世積亂離, 風衰俗怨, 并志深而筆長."라고 建安年間의 시대상황에 의거하여 建安時期를 구분하였다.

정기에 접어들면서 새로운 평화의 시대가 열리게 되면서부터라는 것이다. 이와 같은 견해는 문학이 변화하는 사회 양상을 반영하는 거울이라는 측면에서 말한 것이다.

이 절에서는 建安·黃初·太和年間을 살았고, '獨冠群才', '群才之俊也', '公子之豪', '建安之傑'로 불려서 명실상부한 建安文學의 대표자[49]인 曹植의 입장에서 建安文學의 時期 구분을 시도해 보고자 한다. 흔히 문학사에서는 曹植의 문학 특징을 논할 때, 전후 2期로 나누는데, 그 분기의 시점은 曹丕의 文帝 등극을 기준으로 하는 것이 일반적이다.[50]

그러나 좀더 세분하자면, 曹植이 맞는 주변 환경의 큰 변화에 따라서 그의 인생 역정도 크게 4기로 구분해 볼 수 있겠다. 그가 初平 3년(192)에 태어나서 赤壁大戰이 있던 建安 13년(208)까지를 1기, 建安 25년(220)에 曹操가 죽고 曹丕가 등극하기 전까지를 2기로, 이후 黃初 7년(226)에 曹丕가 죽고 曹叡가 등극하기까지를 3기로, 그리고 太和 6년(232)에 曹植이 죽을 때까지를 4기로 나누어서 보아야 타당하리라 본다.

문학 양상도 曹植의 인생역정과 함께 변화했다고 할 수 있는데, 1기는 그의 나이가 겨우 한창 10대에 불과하여 그의 이상이 특별히 드러났다고 할 수 없으니, 2기와 함께 보는 것도 무리가 없겠다.

---

49) 劉勰 撰, 戶田浩曉 譯註, 『文心雕龍』:「章表」"陳思之表, 獨冠群才."(332쪽) /「指瑕」"陳思之文, 群才之俊也."(548쪽) /「時序」"陳思以公子之豪, 下筆琳瑯."(600쪽) / 鍾嶸 撰, 高木正一譯註, 『詩品』 60쪽: "陳思爲建安之傑, 公幹仲宣爲輔."

50) 章培恒·駱玉明 主編, 『中國文學史』 上卷 317쪽: "曹植的生活和創作, 可以公元二二○年曹丕稱帝爲界, 分爲兩个時期. 其前後期的作品, 內容與風格均有明顯不同." / 劉大杰 著, 『中國文學發展史』 上卷 257·8쪽: "曹丕簒位以前, 他的生活比較自由, 正和鄴下文人們度着飮宴唱和的生活. 這時期作品中的情感比較平和. … "

다시 개괄하자면, 1期는 184년 黃巾賊의 난 이후 삼국이 정립되기 전 전쟁이 中原을 휩쓸었던 時期와 208년 赤壁大戰이 끝나고 일단의 안정을 구가하던 時期이다. 이 時期의 시편으로는 혼란스런 사회 현실과 그러한 암흑상을 구출해 보고자 하는 내용을 읊는 시와 한편으로는 鄴下 문인들과 연회하며, 唱和하는 시편들로 나누어서 볼 수 있다. 이 時期 曹植은 귀공자의 지위였으니 만큼 무엇 하나 거칠 것이 없던 時期였다고 할 수 있다. 이 時期 曹植의 시 가운데「送應氏」제2수에서,

淸時難屢得,	태평의 시대 만나기 어렵고,
嘉會不可常.	즐거운 때 항상 되지 못한다.
天地無終極,	하늘과 땅은 끝이 없고,
人命若朝霜.	사람의 운명 아침 이슬과도 같도다.
願得展嬿婉,	화목함 펴고자 하지만,
我友之朔方.	내 벗은 북방으로 떠나간다.
親昵竝集送,	가까운 벗 모였다가 헤어지니,
置酒此河陽.	이 河陽의 땅에서 술자리를 마련한다.
中饋豈獨薄,	음식 장만 어찌 허술히 하나.
賓飮不盡觴.	손님 마시지만 잔 비우지 못한다.
愛至望苦深,	사랑이 깊어 바램은 괴롭고도 힘겨워,
豈不愧中腸.	어찌 온 마음으로 고달프지 않겠나.
山川阻且遠,	산과 내로 가로막혀 멀기도 하고,
別促會日長.	헤어질 날 바로 닥쳐 만난 날 까마득하다.
願爲比翼鳥,	두 날개 나란한 새처럼 함께 하고프지만,
施翮起高翔.	깃을 푸드득 치며 높이 날아오른다.[51]

라고 하였으니, 이 시는 建安 16년(211)에 지어진 것으로 이 해 7월에 曹植은 曹操를 따라 馬超를 치려고 鄴城을 떠나 洛陽을 거쳐 여기에 잠시 머물렀다. 이때 應瑒이 曹植의 막료로 같이 있었는데, 마침 應瑒

---
51) 曹植 撰, 張溥 編,『陳思王集』卷2 (『漢魏六朝百三名家集』제2책 87쪽)

이 五官將文學을 제수 받아 떠나게 되었다. 이에 曹植이 應瑒에게 송별시를 지어준 것인데, 東漢의 도읍이었던 洛陽이 董卓의 난을 거치면서 폐허가 되어 버린 황량한 풍경을 묘사하여서 한창 전란에 휩싸였던 시대상에 대한 感慨를 표현하였다. 曹植의 이러한 感慨한 정서는 바로 혼란한 세상을 바로 잡고자 하는 의지에서 나온 것이다. 曹植은 일찍이 「求自試表」에서도,

  신 曹植은 말씀을 올립니다. 제가 듣건대, 남자는 세상에 나서 안으로는 부모를 섬기며, 밖으로는 임금을 섬긴다고 했습니다. 부모를 섬기는 데에는 부모를 영광되게 해드리는 것만 한 것이 없고, 임금을 섬기는 데에는 나라를 일으키는 것보다 귀한 것이 없다고 했습니다. 그래서 자애로운 부모라도 이익이 되지 않는 자식은 아끼지 않으며, 어진 임금이라도 쓸모없는 신하는 거두지 않는다고 했습니다.(臣植言, 臣聞士之生世, 入則事父, 出則事君. 事父尙於榮親, 事君貴於興國. 故慈父不能愛無益之子, 仁君不能畜無用之臣.)[52]

라고 한 것처럼, 曹植은 일찍부터 정치적인 꿈을 키우고 있었음을 시사하는 대목이다. 이때까지는 아비 曹操의 보살핌이 있었기 때문에 정치적인 좌절을 맞을 기회가 없었으니, 그의 정치적인 꿈도 가장 왕성했을 때이다. 그러니 난리 때문에 황폐한 옛 수도를 보면서 느끼는 그의 감회는 남달랐을 것이다. 「送應氏」가 曹植의 정치적인 이상 실현을 위한 야망을 드러낸 시라면 「公宴」은 귀공자의 지위에 있으면서 鄴下의 문인들과 연회를 즐기는 내용이다.

  이렇듯 曹丕가 등극하기 이전 曹植의 생활은 비교적 자유롭게 여러 문인들과 즐기기도 하며, 당시 혼탁한 시대를 걱정하며 자신의 정치적인 꿈을 다져나아가던 시대라고 할 수 있다. 그런데, 曹丕가 등극하고

---

52) 曹植 撰, 張溥 編, 『陳思王集』 卷1 (『漢魏六朝百三名家集』 제2책 25쪽)

黃初年間이 열리면서 曹丕의 曹植에 대한 정치적인 핍박이 시작되고, 자연히 曹植의 문학 경향도 달라졌다.53)

제2기는 曹丕가 曹植의 측근인 丁儀·丁廙 형제와 孔桂 등을 죽이고, 자신의 왕권의 강화를 위해서 曹植과 다른 형제들에게 죄를 엮어 지방으로 좌천을 보내면서 시작되었다.54) 그래서 劉大杰은 이 時期의 曹植 시편에 대하여 평하기를, 통치계급 내부의 모순과 암흑의 상황을 폭로했으며, 압박 받는 자신의 억울함과 이에 대해서 벗어나고자 하는 강렬한 정신을 표현해 내고 있다고 했다.55) 그러나 劉大杰의 이와 같은 평은 좀 지나친 면이 있다.

당시 曹植의 이런 형편을 잘 나타내 주는 「野田黃雀行」에서는 소년이 그물에 걸린 참새를 칼로 그물을 찢고 구해준다는 이야기를 통해서 덫에 걸려 죽게 된 黃雀을 자유롭게 하늘을 날려 보내지 못하는 안타까운 심정을 자신의 불우한 처지에 빗대어 읊고 있으며, 「贈白馬王彪」에서는,

......
歸鳥赴喬林, 둥지에 돌아오는 새는 높은 나무로 달려가려고
翩翩厲羽翼. 너풀너풀 날개짓 한다.
孤獸走索群, 길 잃은 짐승도 무리를 찾느라
銜草不遑食. 풀을 뜯고는 삼키지도 못한다.
感物傷我懷, 세상사에 내 마음 아프기만 하니,

---

53) 郭紹虞編選, 富壽蓀 校點『淸詩話續編』27쪽 : 毛先舒의『詩辯坻』卷第2 曰 "子建黃初以後, 頗搆嫌忌, 數遭徙國, 故作吁嗟篇, 又作怨歌行, 俱極悲愴."
54) 徐天祥著,「論曹植的政治悲劇及其對創作的影響」100쪽,『江淮論壇』(合肥) 1994 : 黃初二年, 曹植由平原侯"貶爵安鄕侯", 當年又"改封鄄城侯", 三年"立之爲鄄城王", 四年又"徙封雍丘王", 使之遷徙無常, 疲于奔命, 遭受着精神的折磨.
55) 劉大杰 著,『中國文學發展史』上卷 258쪽 : "曹丕稱帝以後, 他感受着嚴重的壓迫, 幾位好朋友也都遇害了… 在他這一時期的詩篇裏, 暴露出統治階級內部的矛盾與黑暗, 表現出對於壓迫者的憤恨和要求解放的强烈精神."

撫心長太息.　가슴을 쓰다듬으며 길게 한 숨 쉰다.
……
王其愛玉體,　왕께선 옥체를 소중히 여기서서,
俱享黃髮期.　머리가 누렇게 되도록 함께 누리소서.
收淚卽長路,　눈물 닦으며, 긴 여정 나서며,
援筆從此辭.　붓을 들어 이렇게 씁니다.56)

라고 하였는데, 서문57)에서 이 시를 짓게 된 경위와 배경에 대하여 밝히기를, '憤而成篇'이라 했다. 격앙된 글귀를 써서 曹丕가 자신에게 가하는 압박을 지적하고, 그러한 고통이 다른 이에게까지 미치고 있음을 거듭 밝히고, 자신의 불우한 처지에 대한 慷慨한 울분이 나타나 있다. 그러나 시의 마무리에 "왕께선 옥체를 소중히 여기셔서, 머리가 누렇게 되도록 함께 누리소서."라고 한 것처럼, 결코 드러내 놓고 자신의 불우를 하소연한다든지 그의 형 曹丕에 대하여 겉으로 비난하지는 않았다. 오히려 曹丕에 대한 충성을 아끼지 않았다. 또 黃初年間 초기에 지은 曹植의「慶文帝受禪表」에서도,

폐하께선 聖德으로써 용처럼 나셔서 하늘이 명을 바꾸시는 데에 따르셨습니다. 정말로 하늘의 부름에 답하시어 백성의 주인으로 탄생하셨습니다. 이에 조상 대대로 덕과 어짊을 쌓으셔서 세상에서 모두 그 아름다움을 칭송하였으니, 이미 선왕의 덕을 이루셨습니다. … 옛날의 文王과 武王의 뛰어난 업적을 이어 받으셔서 큰 공을 완성하셨습니다. 온 천하가 하나가 되었으니, 어찌 훌륭하지 않다고 할 수 있겠습니까!(陛下以聖德龍飛, 順天革命, 允答神符, 誕作民主. 乃祖先后, 積德累仁, 世濟其美, 以曁於先王. … 襲文武之懿德, 保大定功, 海內爲一, 豈不休哉.)58)

---

56) 曹植 撰, 張溥 編,『陳思王集』卷2 (『漢魏六朝百三名家集』제2책 86쪽)
57) 曹植 撰, 張溥 編,『陳思王集』卷2(『漢魏六朝百三名家集』제2책 86쪽): "黃初四年五月, 白馬王任城王與俱朝京師, 會節氣. 到洛陽, 任城王薨. 至七月, 與白馬王還國. 後有司以二王歸藩, 道路宜異宿止, 意每恨之. 蓋以大別在數日, 是用自剖, 與王辭焉, 憤而成篇."

라고 한 것에서 알 수 있듯이, 자신이 예전에 가졌던 정치적인 야망은
감추고 정치에 관한 논의나 대책 같은 것은 펴지 않은 채 曹丕를 칭송
하며, 몸 사리기에만 여념이 없었다. 이 시기는 曹植에게 귀공자로 지
내던 이전과는 다른 상황이 전개되던 때였으니, 그 자신도 이에 대한
울분은 있지만, 그 울분을 제대로 펴지는 못하던 시기라고 할 수 있다.
　제3기는 黃初 7년에 文帝 曹丕가 죽으면서 曹植에게는 또 다른 문
학적 전기를 맞는다. 曹丕의 아들 曹叡가 明帝로 등극하면서 太和年間
을 열었을 때 明帝는 아비 曹丕에 뒤를 이어서 曹植을 여전히 탄압하
였다. 그러나 처음에 曹植은 明帝에게 자신이 예전에 가졌던 정치적인
야망을 펼 기회가 다시 왔다고 생각했다. 「喜雨詩」는 曹叡가 등극한
다음 해인 太和 2년에 큰 가뭄이 들었을 때 쓴 것으로 曹植이 새로운
시대를 맞아 예전과 다른 정치적인 변화가 있기를 기대하는 내용이다.
「喜雨詩」에서,

　　　天覆何彌廣,　하늘은 참으로도 넓기도 넓어서
　　　苞育此群生.　이 세상의 뭇 생명체를 다 길러준다.
　　　棄之必憔悴,　내버려두면 반드시 말라 버리지만,
　　　惠之則滋榮.　거두어 주면 잘도 자란다.
　　　慶雲從北來,　경사스런 구름이 북쪽에서 오고,
　　　鬱述西南征.　서남쪽으로 가득히 흘러간다.
　　　時雨中夜降,　때마침 기다리딘 비가 내려,
　　　長雷周我庭.　긴 우뢰소리가 마당을 맴돈다.
　　　嘉種盈膏壤,　기름진 땅에 곡식을 잘 심었으니,
　　　登秋畢有成.　가을에는 수확을 기대할 수 있으리라.[59]

라고 하였는데, 이 시에 대하여 趙幼文이 논평한 것처럼,[60] 曹植은 새

---

58) 曹植 撰, 張溥 編, 『陳思王集』 卷2(『漢魏六朝百家三名集』 제2책 32쪽)
59) 曹植 撰, 張溥 編, 『陳思王集』 卷2(『漢魏六朝百家三名集』 제2책 89쪽)

로운 정치적 환경에 대한 기대를 표현한 것이라 할 수 있다. 그래서 「白馬篇」에서

>   ......
>   名編壯士籍, 이름이야 대장부의 기록에 올랐으니,
>   不得中顧私. 마음으로도 사사로움을 돌볼 수 있나.
>   捐軀赴國難, 몸을 던져 나라의 곤궁에 뛰어들어,
>   視死忽如歸. 죽음은 마치 당연히 그래야 하는 듯 여긴다.⁶¹⁾

라고 하였으니, 여기에서는 당시 강성했던 鮮卑族이 쳐들어와서 나라가 곤경에 처한 시대 상황 아래에서 격앙되고 호매한 글귀를 써서 자신이 몸을 던져 나라를 곤궁에서 구해 내고자 하는 뜻과 공업을 세워야겠다는 강한 의지를 표현하고 있다. 이렇듯 용맹과 기지로 나라에 충성하고자 하는 시풍은 바로 그의 1기 시편에서 보이던 風格이 살아난 듯한 느낌이다. 그러나 이 時期의 시편 가운데 「美女篇」⁶²⁾에서 보이는 것처럼, 불행하게도 좋은 짝을 만나지 못해 나이가 차도 시집가지 못하는 여자의 슬픔을 통해서 때를 만나지 못해 자신의 큰 뜻을 전혀 펼 수 없는 분한 정서를 미녀에 빗대서 표현해야만 했다.

결국 太和 5년(231)에 쓴 「怨歌行」⁶³⁾에서 말한 것처럼, 曹植은 그의 정치적인 야망을 끝내 이루지 못하고, 결국 太和 6년(232)에 세상을 떠나고 만다.

---

60) 趙幼文 校注, 『曹植集校注』 367쪽, 明文書局, 1985 : "曹植此篇通過喜雨的描寫, 象徵對曹叡的希望, 而祈求能如天之無私覆. 棄之惠之, 含意深廣."
61) 曹植 撰, 張溥 編, 『陳思王集』(『漢魏六朝百家三名集』 제2책 79쪽)
62) 曹植 撰, 張溥 編, 『陳思王集』(『漢魏六朝百家三名集』 제2책 78쪽) : 「美女篇」 "… 媒氏何所營, 玉帛不時安. 佳人慕高義. 求賢良獨難. 衆人徒嗷嗷. 安知彼所觀. 盛年處房室. 中夜起長歎."
63) 曹植 撰, 張溥 編, 『陳思王集』(『漢魏六朝百家三名集』 제2책 74쪽) : "爲君旣不易, 爲臣良獨難, 忠信事不顯, 乃有見疑患.… "

위와 같이 曹植을 통해서 建安文學의 흐름을 살펴보았는데, 그를 鍾嶸이 『詩品』에서 '建安之杰'이라고 한 것처럼, 그의 문학 경향의 변화 양상은 당시의 문단 상황을 이해하는 데에 매우 중요하다.
그런데 중국문학사에서 建安文學의 특징인 '建安風骨'에 대하여,

> 漢代 民間 樂府의 전통인 현실주의 정신을 이어 받아, 풍부한 사회생활을 반영하여, 새로운 시대정신을 표현해서 '慷慨悲凉'한 독특한 風格을 갖추었으며, 아울러서 '建安風骨'이라는 우량한 전통을 만들었다.[64]

라고 하였는데, 이러한 인식은 劉勰에게서 시작된 것으로, 建安年間의 雅好慷慨한 시풍은 '世積亂離, 風衰俗怨'에서 연유한다고 했다.
그렇다면 曹植에게 있어서 劉勰이 말한 建安風骨의 風格을 띠고 있는 시편은 위에서 밝힌 曹植의 1기 즉 黃巾賊의 난을 겪고 中原의 정권을 차지하기 위해 三國이 치열하게 싸우던 때의 작품들이 해당된다고 할 수 있다. 그러므로 建安文學의 時期를 논할 때 漢 光和 7년 (184) 黃巾賊의 난 이후 建安·黃初·太和·正始年間까지를 단순하게 포괄해서 보는 경향은 옳지 않다. 아니면 위에서 정의한 慷慨한 성격의 建安風骨 외에 다른 형태의 문학 風格이 建安文學에 존재한다는 것을 밝혀야 한다.
즉 漢末 光和年間 이래 建安·黃初·太和·正始年間의 문학 특징이 建安文學의 특징을 띠고 있다고는 하지만, 위에서 建安七子와 曹植의 경우를 미루어 보더라도 문학 양상이 각 시대별로 서로 차이가 얼마만큼은 존재하는 한 建安文學의 時期 범주에 대한 정의가 새로이 이루어져야 하리라 본다. 建安文學의 양상을 세 가지로 분류하여 보자면, 다음과 같다.
첫째, 劉勰이 말했던 建安年間의 문학 특징으로서 '慷慨'한 建安風骨

---

64) 游國恩 等編, 『中國文學史』 제1책 207쪽, 中國圖書刊行社, 1987

을 가장 잘 드러낸 것이 있는데, 이것의 대표는 曹操라고 봐야 할 것이다. 曹操는 난세에 태어나 평생을 전장에서 보냈다. 그래서 그의 詩歌에는 漢末의 전쟁으로 인한 고통과 병사들의 고향에 대한 정감 같은 것을 잘 반영하고 있다. 曹操는 「蒿里行」에서,

    ……
    鎧甲生蟣虱,   갑옷에는 이와 좀이 생기고,
    萬姓以死亡.   온 백성은 죽는다.
    白骨露於野,   백골이 들판에 나뒹굴고,
    千里無雞鳴.   천 리를 가도록 닭 우는 소리 없다.
    生民百遺一,   백 사람 가운데 한 사람만 살아남았다.
    念之斷人腸.   생각하니 사람 속을 끓이기만 한다.65)

라고 했는데, 이 시는 漢代 말기 董卓을 토벌한 군웅이 할거하는 바람에 매일같이 전쟁을 하느라, 힘겹게 고통 받는 백성들의 모습을 잘 반영하고 있으며, 그들에 대한 동정도 함께 나타나 있다. 이렇듯 曹操의 시편은 '世積亂離' 때문에 생겨난 慷慨한 시풍을 잘 드러내고 있다고 할 수 있으니, 慷慨한 詩風의 建安文學을 대표하는 이는 曹操라고 할 수 있다.

둘째, 劉勰은 『文心雕龍·風骨』에서 "슬픈 감정을 서술하는 데에는 반드시 風에서 시작해야 하는 것이다.(怊悵述情, 必始乎風.)"라고 하여, '怊悵'의 표현이 風骨 가운데 風이 갖는 특성이라고 했다. 앞에서 曹操의 경우가 세상을 평정하고자 하는 굳센 기상을 표출한 것이라면, 이것은 개인적인 불평과 불우의 표현도 建安風骨의 한 모습이 될 수 있다고 할 수 있겠다. 앞에서 밝혔듯이 이것은 曹植의 시편에 잘 나타나 있다고 할 수 있다. 曹植은 형 曹丕에 정치적으로 밀려난 이후, 그리고

---

65) 曹操 撰, 張溥 編, 『魏武帝集』(『漢魏六朝百三名家集』 제1책 675쪽)

曹丕가 죽고 조카인 明帝가 등극하여서도 줄곧 정치적으로 불우한 나날을 보내야만 했고, 그러한 울분의 정서가 시편에 직접 혹은 간접적으로 잘 나타나 있다. 때문에 鍾嶸도 그의 시편을 평하여서 '情兼雅怨' 하다고 했다.

셋째, 建安時期에 비로소 자연에 대한 인식이 시작되어서 山水詩가 태동하기 시작했다고 할 수 있다. 이와 같은 논의는 晉代 陸機의 「文賦」에 이르러서 비로소 체계적으로 거론되기 시작했다. 「文賦」에서,

> 계절의 변화와 함께 하여 세월이 흘러감을 탄식하고, 온갖 사물을 바라보니 생각이 어지럽다. 깊은 가을날 떨어지는 낙엽에 슬프고, 꽃피는 봄날 새로 돋아나는 새싹에 기쁘다.(遵四時以嘆逝, 瞻萬物而思紛, 悲落葉於勁秋, 喜柔條於芳春.)66)

라고 했듯이, 문학이란 자연계의 생태변화(四時)와 다양하게 변화하는 사회의 모습(萬物)을 반영할 수 있는 것이어야 함을 논의하고 있다. 이러한 인식은 魏晉南北朝時代에 새롭게 일반화한 것으로 『文心雕龍』에서도 그와 같은 논의를 찾아 볼 수 있다. 그러나 『文心雕龍』의 전체 내용을 살펴볼 때, 劉勰은 陸機에 비하여 작가가 사회생활 속에서 체험한 것을 반영한다는 측면보다는 작가와 자연과의 관계를 더욱 중시했다.67)

한편, 이러한 입장에서 鍾嶸도 『詩品·序』에서,

---

66) 陸機 著, 郭紹虞 主編, 『中國歷代文論選』 제1책 170쪽
67) 劉勰 撰, 戶田浩曉 譯註, 『文心雕龍』: 「物色」 "春秋代序, 陰陽慘舒, 物色之動, 心亦搖焉. … 山林皐壤, 實文思之奧府."(618쪽) / 「神思」 "故思理爲妙, 神與物遊, 神居胸臆, 而志氣統其關鍵, 物沿耳目, 而辭令管其樞機"(395쪽) / 「明詩」 "人稟七情, 應物斯感, 感物吟志, 莫非自然."(83쪽) / 「詮賦」 "至於草區禽族, 庶品雜類, 則觸興致情, 因變取會."(122쪽), "原夫登高之旨, 盖覩物興情, 情以物興, 故義必明雅, 物以情觀, 故詞必巧麗."(129쪽).

> 봄바람·봄 새, 가을 달·가을 매미, 여름 구름·여름 비, 겨울 달·
> 매서운 추위 같은 이러한 사계절의 풍물이 시적 감응을 일으키는 것이
> 다.(若乃春風春鳥, 秋月秋蟬, 夏雲暑雨, 冬月祁寒, 斯四候之感諸詩者也.)68)

라고 하여, 문학이 사회(萬物)와 자연계(四時)의 감응에 의해서 창작된 다는 것을 인정했다. 陸機 역시 「文賦」에서,

> 글 짓고자 하는 감응이 생기는 것과 그것이 잘 풀리거나 막히는 법
> 칙은 닥쳐 올 때는 막을 수 없으며, 가버릴 때도 어쩔 수 없다.(若夫應
> 感之會, 通塞之紀, 來不可遏, 去不可止.)69)

라고 하여, 바깥 사물에 대한 감응의 중요성을 거론하고 있기는 하지만, 陸機에게 있어서 감응은 劉勰에게서 보이는 것처럼 자연계에 치우친 것이 아닌 일반의 모든 사물에 대한 감응이라는 점이 다르다고 할 수 있다.

陸機와 劉勰 그리고 鍾嶸에게 있어서 창작에서 자연계는 매우 중요한 소재거리였다는 것을 인정한 것이다. 실제로 이러한 논의 주장은 자연에 대한 魏晉南北時代의 대체적인 경향으로서,

> 陶淵明과 謝靈運으로 대표되는 宋代에는 이미 山水詩의 개화기였으
> 며, 자연의 묘사가 나타나기 시작한 山水詩의 배양기는 魏晉時代이다.
> 당시는 자연계나 자연현상으로서의 자연에 대한 개념이 성립한 時期로
> 서 자연의 묘사를 임무로 하는 抒景詩가 나타나기 시작했으며, 正始年
> 間(240~248)에는 淸談의 유행과 老莊思想이 만연한 가운데 嵇康과 阮籍
> 은 玄風을 찬미하면서 자연경물을 읊기도 하였다. 그러던 것이 東晉時
> 代(317~400)에는 老莊思想을 구가하고 雕琢에 주력한 抒景風의 玄言詩
> 가 나타났고, 이것이 다음 시대에 꽃피우는 山水詩의 발전에 직접적인

---

68) 鍾嶸 撰, 高木正一譯註, 『詩品』 72쪽
69) 鍾嶸 撰, 高木正一譯註, 『詩品』 174쪽

영향을 주었다.[70]

이렇듯 陸機와 劉勰 그리고 鍾嶸은 여기에 착안하여 자연 만물이 작가에게 창작정신을 불러일으키는 중요한 요소가 된다는 감응의 문제를 언급했다고 볼 수 있다. 魏晉時期가 山水詩의 배양기라면, 그 연원은 建安時期의 문학에서 찾을 수 있다.

建安時期의 山水詩는 확실히 뒤에 나오는 山水詩의 초보적인 형태였다. 建安時期의 宴會詩는 일반적으로 연회의 내용, 연회의 환경, 연회의 느낌 등 세 부분으로 나누어져 구성되어 있는데, 이러한 3단 구성 형식은 뒷날 자연 산수가 묘사대상이 되는 山水詩에 깊은 영향을 끼친 것이다.[71]

그래서 『文心雕龍·比興』에서도,

> 揚雄·班固의 무리와 曹植·劉楨 이후의 작가들은 자연을 그리고, 세상을 묘사함에 늘 比의 기법을 써서 화려한 문장을 펼치고 사람의 이목을 놀라게 하는 효과를 이 방법을 빌려서 일으켰다.(至於揚班之倫, 曹劉以下, 圖狀山川, 影寫雲物, 莫不織綜比義, 以敷其華, 驚聽回視, 資此效績.)[72]

라고 하였으니, 이것은 揚雄·班固·曹植·劉楨 때부터 산수자연이 시 창작의 묘사 대상이 되기 시작했다는 것을 말한 것이다. 이 중에서 劉楨은 「公讌詩」에서,

> 永日行遊戲,　하루 종일 놀러 다니고 보니,
> 歡樂猶未央.　즐거움이 다 가시지 않는다.

---

70) 小尾郊一 著, 『中國文學に現られた自然と自然觀』 제1장, 岩波書店, 1969
71) 王利鎖 著, 「詩論建安時期的宴遊詩」 58쪽, 『江漢論壇』 1990年 11期
72) 劉勰 撰, 戶田浩曉 譯註, 『文心雕龍』 487쪽

遺思在玄夜,	깊은 밤 생각에 잠겨서는,
相與復翱翔.	새처럼 여기저기 함께 날아다닌다.
輦車非素蓋,	인력거 덮개 희지 않고,
從者盈路傍.	따르는 이들 길가에 가득하다.
月出照園中,	달이 떠 정원을 비추니,
珍木鬱蒼蒼.	진귀한 나무는 짙푸르다.
淸川過石渠,	맑은 내는 돌다리를 지나,
流波爲魚防.	물결치며 흘러서 고기들 넘어오지 못하게 한다.
芙蓉散其華,	부용은 그 꽃을 흐트러뜨리고,
菡萏溢金塘.	연꽃이 金塘에 넘치는 듯하다.
靈鳥宿水裔,	영험한 새는 물가에서 묵고,
仁獸遊飛梁.	어린 짐승은 나는 듯 솟은 다리에서 노닌다.
華館寄流波,	화려한 정자는 물길의 곁에 있고,
豁達來風凉.	탁 트인 곳에서 바람 서늘하게 분다.
生平未始聞,	이제껏 들어보지 못했으니,
歌之安能詳.	노래 불러도 어찌 자세히 알 수 있나.
投翰長嘆息,	붓을 던지고는 긴 한숨을 쉬지만,
綺麗不可忘.	아름다운 풍경 잊을 수는 없더라.[73]

라고 하였는데, 실제로 이것은 순수하게 자연 경물을 읊기 위해 지은 것이 아니기는 했지만, 이러한 宴會詩 이외에 순수하게 자연 경물을 묘사한 시편이 있다. 曹操의「碣石篇」제1수인「觀滄海」가 대표적이다. 여기에서,

東臨碣石,	동쪽으로 碣石山을 향해 서서,
以觀滄海.	푸른 바다를 바라본다.
水何澹澹,	물은 하도 맑고,
山島竦峙.	섬이 쫑긋 선 듯하다.
樹木叢生,	나무들이 무성하게 나 있고,

---

73) 劉楨 撰,『劉公幹集』(『漢魏六朝百三名家集』제2책 160쪽)

 百草豊茂.　뭇 풀들이 그득하다.
 秋風蕭瑟,　가을바람이 소스라치게 불고,
 洪波湧起.　큰 물결 힘차게 일어난다.
 日月之行,　해와 달이 운행하기를,
 若出其中.　그 가운에서 나오는 듯싶다.
 星漢燦爛,　별들이 훤히 비추는 것이,
 若出其裏.　그 무늬 사이로 나오는 것 같다.
 幸甚至哉,　아하 정말 다행이로다.
 歌以詠志.　노래 불러 내 뜻을 펴네.74)

라고 했다. 이것은 曹操가 烏桓을 칠 때 산에 올라 바다를 보면서 느꼈던 감회를 적은 것으로, 자신의 웅혼한 기상이 듬뿍 담겨 있다. 이러한 敍景詩가 이후 山水詩의 모태가 되었다고 할 수 있다. 이 시는 다른 曹操 시의 특징이 그렇듯 기백이 뛰어나고 상상력이 풍부한 면에서 전쟁으로 피폐해진 사회 현실을 다루지 않은 것이 다른 시편들과는 다른 면모의 建安風骨을 띠고 있는 것이 특징이랄 수 있다.

 이러한 鍾嶸의 시품평 태도 역시 劉勰이 정립한 建安文學 개념에 대한 계승이며, 陸機 → 劉勰 → 鍾嶸에 이어지면서 建安時期부터 시작된 詩文學에서 山水自然이 묘사대상이 되기 시작했다는 것을 인식하고 논의를 편 것은 매우 의미있는 인식이었다고 할 수 있다.

(2) 建安文學의 時期 區分과 文學 樣相

 문학이 시대의 반영이라는 측면에서 劉勰은 『文心雕龍·時序』에서 문학과 시대와의 관계를 논하면서 建安時期의 사회상에 대하여,

  이 시대의 문학을 살펴보면, 慷慨한 격정을 즐겼다. 오래도록 내란이 계속되고 사람들은 뿔뿔이 흩어져서, 풍속이 쇠퇴하고, 세상에 원망이

---

74) 曹操 撰, 張溥 編, 『魏武帝集』(『漢魏六朝百三名家集』 제1책 678쪽)

쌓였다. 모두들 마음에 깊은 시름이 있어 내내 붓에 의지해 풀었다.(觀其時文, 雅好慷慨. 良由世積亂離, 風衰俗怨, 幷志深而筆長.)[75]

라고 하였다. 『三國志·魏書·武帝紀』의 評에서도 漢代 末期를 '天下大亂'의 시기라고 하였듯이, 建安年間이 시작되기 전 黃巾賊의 난리가 일어났던 184년 이후 董卓이 洛陽을 불 지르고, 208년 赤壁大戰 이후 어느 정도 평화의 시대가 열리기까지 특히 黃河 유역은 마치 도살장과 같았다. 建安時期는 한마디로 전쟁의 시대로서 정권은 분열되고 백성은 고통 받는 시대였던 때문에, 이 시기에 지어졌던 시편들을 통해서 이 시기의 시대상을 살펴볼 수 있으며, 그 문학적 특징으로서 建安風骨의 양상을 이해할 수 있겠다.

앞에서 鈴木修次나 劉大杰이 말했던 것처럼, 建安文學을 曹氏와 휘하 문인들의 문학이라고 했듯이, 이 절에서는 漢末 黃巾賊의 난에서부터 三曹의 마지막 인물인 曹植이 죽을 때까지의 시대상을 살펴보면 다음과 같다.

後漢이 종말을 고하는 계기는 黃巾賊의 난에서 비롯되었다고 할 수 있다. 黃巾賊의 난 이후에 수많은 지방 실력자들이 할거하여 각축하는 가운데에서 가장 두각을 나타냈던 이는 曹操이다.

建安 1년(196), 董卓에 이어 세력을 떨치던 袁紹를 물리친 曹操는 재빠르게 어린 황제 獻帝를 맞아들여 수도를 許[76]로 옮기고 스스로 대장군에 올랐다.

建安 13년(208)에 스스로 승상에 올라 중국통일의 꿈을 지녔던 曹操의 백만 대군이 赤壁에서 諸葛亮과 吳의 周瑜에게 대패하고, 曹操는

---

75) 劉勰 撰, 戶田浩曉 譯註, 『文心雕龍』 600쪽
76) 河南省 中部에 있다. 본래 周의 國名이었는데, 曹操가 吳와 蜀을 견제하기 위해 이곳으로 옮겼는데, 曹操가 죽고 曹丕가 등극한 다음해(黃初 2)에 許昌이라고 고침.

휘하의 군대를 거의 잃고 목숨만 보전하여 도망하고 만다. 이것이 바로 赤壁大戰이다.

曹操의 군대는 대부분 정복민인데다가 북방 출신으로서 오랜 동안 원정길에 지쳐 있었으며, 水戰에는 그리 익숙지 못했다는 것과 당시 曹操 軍에 급성 전염병이 크게 돌았다는 것이 패전의 주된 원인이었다.77) 이 赤壁大戰은 정치적으로 魏・吳・蜀 三國이 정립하게 되는 중요한 계기가 되기도 했지만, 문학사에 있어서도 매우 중요한 의의를 가지고 있다.

이것은 建安時期가 종결되었을 수도 있었던 계기가 없어져 버린 결과이기도 하지만, 이 이후 벌어지는 建安文壇의 양상을 결정한 중요한 사건이랄 수 있겠다. 왜냐하면, 원래 獻帝가 許로 播遷하였을 때에 북방의 문인들은 대개 荊州로 가서 난을 피하여 劉表에게 의지하고 있었다. 때문에 이때 荊州는 문화와 학술의 중심지였다. 그런데 建安 13년 赤壁大戰 이후에 많은 문인들이 曹操에게로 귀의하였다.78) 그래서 이 시기를 즈음하여 建安文壇이 활발하게 펼쳐지게 되었다.

建安 18년(213)에 曹操는 魏公이 되었고, 建安 21년(216)에는 魏王이 되어 천자와 같은 수레와 의복을 착용하고, 그의 둘째아들 曹丕를 王

---

77) 陳壽 撰, 裵松之 注, 『三國志』, 中華書局, 1982 : 『三國志・魏書・武帝紀』曰 "公至赤壁, 與備戰, 不利. 於是大疫, 吏士多死者, 乃引軍還."(31쪽) / 『三國志・蜀書・先主傳』曰 "先主遣諸葛亮自結於孫權, 權遣周瑜程普等水軍數萬, 與先主幷力, 與曹公戰於赤壁, 大破之, 焚其舟船. 先主與吳軍水陸幷進, 追到南郡, 時又疾疫, 北軍多死, 曹公引歸."(878쪽) / 『三國志・吳志・吳主傳』曰 "瑜普爲左右督, 各領萬人, 與備俱進, 遇於赤壁, 大破曹公軍. 公燒其餘船引退, 士卒飢疫, 死者大半."(1118쪽)

78) 『中國文學史大事年表』(吳文治 編, 黃山書社, 1996)에 의하면, 建安七子는 이 시기보다 일찍 曹操의 휘하에 귀의해 있었다. 孔融은 196년에 曹操가 許로 불렀고, 陳琳은 204년에, 王粲은 208년에 曹操에게 항복하여 귀의했고, 徐幹과 阮瑀는 204년에 각각 司空軍謨祭酒掾屬이 되었고, 應瑒과 劉楨은 208년에 丞相掾屬에 임명되었다고 했다.

太子에 올렸다.

建安 25년(220)에 曹操가 66세로 죽자, 曹丕가 獻帝를 강압해서 禪讓의 형식을 빌어 새로운 왕조 魏를 세웠다. 연호를 黃初로 하고, 도읍을 洛陽에 두었다. 이것으로 명맥만 유지해 오던 漢이 마침내 완전히 막을 내리게 되었다.

黃初 7년(226)에 曹丕가 죽자, 아들 曹叡가 그 뒤를 이었고, 太和 6년(232)에 曹植이 죽자 이른바 建安文壇을 대표하던 建安七子와 三曹가 모두 세상을 떠났다. 이로서 建安文壇도 종말을 고했다고 할 수 있다. 이렇듯 196년, 曹操가 獻帝를 옹립하면서 建安年間을 열었고, 建安 25년(220)에 曹操가 죽고, 뒤를 이은 曹丕가 黃初 7년에 죽고 마지막으로 曹植이 太和 6년(232)에 죽기까지 이어졌던 時期가 建安文學의 시기라는 것이 문학사에서 말하는 建安文學의 시기라고 할 수 있겠다.

위와 같이 建安年間을 즈음한 시기는 민란과 전쟁의 시기라고 할 수 있다. 즉 초기는 黃巾賊과 董卓의 난이 그러했고, 이후에는 魏·吳·蜀 三國으로 분열되어 서로 中原의 패권다툼에 여념이 없던 시기였던 것이다. 그렇지만 이 시기에 언제나 혼란스런 양상만 전개되었던 것은 아니다. 즉 208년 赤壁大戰을 계기로 中原에 전쟁이 예전보다는 잦아든 평화 시대가 열리기 시작하면서 당시 이름 있는 문인학자들이 曹操에게로 귀의하게 되었고, 曹操를 이은 曹丕가 魏를 열어 통치하면서 사회의 안정을 꾀함은 물론 문학계에도 이전과는 다른 양상이 펼쳐지게 되었다.

당시 魏는 일종의 소작제도인 屯田制를 실시하여 국가의 재정 기반을 다져서 中原을 장악해 나아갔다. 이 屯田制는 몰락한 농민들에게 황폐한 농지를 할당하여 정착시키는 제도로서 예전에 군인들에게 전쟁이 아닌 때에는 경작을 하게 하여 변방에서 자급자족을 위해 실시하던 것을 民間에 적용시킨 것이다. 그리고 관리 추천제인 九品中正制와 같은 여러 제도도 시행했는데, 이러한 제도를 통해서 魏는 국가로서의 틀을 완성해 갔다.

그리고 魏의 도읍은 鄴城으로 지금의 河北省 臨漳縣 남서쪽이다. 鄴城은 官渡의 싸움에서 袁紹에게 크게 승리한 曹操가 黃河 유역의 잔존 세력을 쳐부수고 점령했던 곳으로 중국통일을 목표로 하여 이곳을 도읍으로 삼아 16년 간 거점으로 삼았던 곳으로 魏의 정치·경제·문화의 중심지였으며, 建安文學의 꽃을 활짝 피운 곳이다.

鄴城은 본래 春秋時代 이후 불규칙하고 난잡스러웠던 구조였는데, 曹操가 다시 설계하여 이후 都城 건설의 모델이 된 곳이다. 여기에 曹操는 당시 문인 학자들을 불러 모았으며, 建安七子와 曹操의 문학적 재능을 이어받은 두 아들 曹丕와 曹植을 중심으로 이전에는 없었던 建安文學을 꽃피운다. 그러므로 建安文學은 크게 前後期로 나누어 볼 수 있다. 즉 전기는 민란과 전란의 시기이고, 후기는 전기에서 보였던 혼란한 양상이 어느 정도 해소되어 나타난 평화의 시기라고 할 수 있다. 그래서 『文心雕龍·時序』에서,

> 後漢의 獻帝가 내란으로 떠돌게 되자 문학도 불안정하게 되었다. 建安 말기에야 세상이 안정되었다. 이에 魏武帝 曹操는 丞相의 존귀한 위치에서 늘 詩文을 즐겼다.(自獻帝播遷, 文學蓬轉, 建安之末, 區宇方輯. 魏武帝以相王之尊, 雅愛詩章)[79]

라고 한 것처럼, 建安年間에서만 해도 두 가지 서로 다른 양상의 시대적 배경을 통한 상반된 성격의 문학이 있었다는 것을 알 수 있다. 그러므로 建安風骨로 특징지어지는 建安文壇의 형성은 전기에 이루어졌던 것이며, 建安年間 후기 建安七子들이 曹氏 일가에 귀의한 이후 얻은 안정된 환경은 그들 시편에 왕의 덕을 송축·찬양하거나 연회의 즐

---

79) 劉勰 撰, 戶田浩曉 譯註, 『文心雕龍』 600쪽

거움을 노래한 연회시가 많아지게 했다.
 그러나『文心雕龍·明詩』에서,

> 建安年間 초기가 되자, 五言詩가 성행했다. 魏文帝와 陳思王 曹植 두 사람은 마치 마차의 고삐를 쥐고 내달리듯 했다. 王粲·徐幹·應瑒·劉楨 등도 서로 앞을 다투듯 내달았다. 그들은 세월을 아끼고 못에 핀 꽃을 즐겼으며, 그들이 받은 은혜와 영광을 서술하고, 연회도 묘사했다. 격앙되어서는 의기에 따라 노래 부르고, 자질구레한 것에는 대범하게 개의치 않고 자신의 재주를 뽐냈다. 가슴 속의 뜻을 펼치고 눈앞의 일들을 서술할 때에는 하나하나 세밀한 기교를 부리지 않았으며, 글을 써 대면서 모습을 묘사할 때에는 단지 글 뜻을 밝힐 수 있느냐를 중시했다. 이것이 그들의 공통점이다.(暨建安之初, 五言騰踊. 文帝陳思, 縱轡以騁節, 王徐應劉, 望路而爭驅, 並憐風月, 狎池苑, 述恩榮, 敍酣宴, 慷慨以任氣, 磊落以使才. 造懷指事, 不求纖密之巧, 驅辭逐貌, 唯取昭晣之能. 此其所同也.)[80]

 라고 밝혔듯이, 五言詩가 建安 초기 이후 성행한 이후 曹丕·曹植 및 建安時期 문인들에게 '述恩榮, 敍酣宴'으로 생겨난 吟風弄月의 文風이 있다고 했으니, 建安年間에 있어서 시문풍의 특성은 위에서처럼 확연히 구분 지을 수 있는가 하는 것 역시 문제로 남는다.
 위와 같이 劉勰은 三曹와 建安七子의 문학적인 특징을 여러 방면에서 서술하고 있다. 그들이 처해 있던 생활상이 서로 비슷했던 때문에 그들의 문학 성향 또한 함께 변화했다고 할 수 있다. 그들이 曹操에게로 귀의한 이후 그들은 새로운 양상으로 시를 지었던 것이다. 왜냐하면, 曹操에게 귀의하고 난 그들의 정치적인 환경은 이전보다 상당히 좋아졌고, 그들이 보고 느끼는 사물도 달라졌기 때문에, 자신의 감회를 옮긴 그들 시편의 風格이 변화했으리라는 것을 쉽사리 짐작할 수 있

---
80) 劉勰 撰, 戶田浩曉 譯註,『文心雕龍』85쪽

다. 그러나 아쉬운 것은 현재 建安七子의 시가가 충분히 남아 있지 못해 그러한 사정을 분명히 밝혀내는 데에 무리가 있다는 것이다. 그러나 한 마디로 요약한다면, 前期가 '憂國憂民'과 '불우한 자신에 대한 恨歎'의 정서가 잘 나타나 문학 특징으로서 建安風骨이 잘 나타나 있다면, 후기 즉 曹操에게로 귀의한 이후에는 功名心의 앙양과 曹氏 父子에 대한 칭송으로 이어져서 주제 내용 방면에서 예전에 가졌던 建安風骨의 면모는 사라졌거나 설령 있다고 하더라도 그것은 어디까지나 현실 사회의 반영에서가 아니라 개인적인 不平과 不遇로부터 온 것이라서 그 양상은 사뭇 다르다고 할 수 있다.

  그러한 변화를 대표적으로 보여주는 이가 陳琳이다. 陳琳의 前期作인「飮馬長城窟行」에서,

飮馬長城窟,	長城의 움에서 말에 물을 먹이는데,
水寒傷馬骨.	물이 차서 말의 뼈 속까지 엔다.
往謂長城吏,	長城의 관리에게 가서 말하기를,
愼莫稽留太原卒.	제발 병역 나온 자를 오래 머물게 하지 말아 달라고
官作自有程,	맡은 일은 일정한 기한이 있는 것이어서,
擧築諧汝聲.	성 쌓는 것이 너희들 함성과 잘 어울린다.
男兒寧當格鬪死,	남자라면 차라리 전쟁 나가 싸우다가 죽는 것인데,
何能怫鬱築長城.	어찌 長城 쌓느라고 마음 썩여야 하는가.
長城何連連,	長城은 참으로 끝없이 이어져서,
連連三千里.	연이은 거리가 3000리나 된다.
邊城多健少,	변방의 성에는 젊고 건장한 이 많고,
內舍多寡婦.	고향집에는 홀로 된 여인네 많다.
作書與內舍,	편지를 써서 고향집에 보내기를,
便嫁莫留住.	더 이상 남아 있지 말고 빨리 시집가서,
善侍新姑嫜,	새로운 시부모나 잘 모시고,
時時念我故夫子.	가끔 우리 옛 남편이나 생각해 주오.
報書往邊地,	집에서는 답장을 써서 변방에 보내기를,

君今出語一何鄙.	당신 말씀 참으로 야속합니다.
身在禍難中,	이 몸 재난 속에 빠져 있으나,
何爲稽留他家子.	어찌 남의 집 사람에게 가 있겠는가.
生男愼莫擧,	아들 낳으면 아무쪼록 키우지 말고,
生女哺用脯.	딸 낳으면 포 먹여 키우시오.
君獨不見長城下,	그대만 長城 밑을 보지 못했는가.
死人骸骨相撑拄.	죽은 이의 骸骨들이 서로 엉켜 있다네.
結髮行事君,	결혼하여 그대를 모셔 오기를,
慊慊心意關.	그런 대로 마음 다했지만 아쉬움에 불안했습니다.
明知邊地苦,	변방의 고통 잘 알고 있는데,
賤妾何能久自全.	천한 첩만이 어찌 오래도록 온전하리오.[81]

라고 하였는데, 이것은 建安文學에 있어서 사회 현실을 아주 핍진하게 잘 그려낸 시로서 당시 백성들이 과중한 부역으로 인한 가족 간의 헤어짐을 처절하게 그린 시로서 예술성도 뛰어나다고 평가받는 民歌의 색채가 다분한 시이다. 이 시는 獻帝 初平 2년에 지어졌을 것이라고 추정되는데,[82] 그가 曹操에게 귀의한 이후의 시로 보이는 「遊覽詩」에 서는,

高會時不娛,	좋은 모임 때마침 별 재미없어,
羈客難爲心.	떠도는 나그네 마음 편안치 않다.
殷懷從中發,	걱정스러움 마음에서 솟아나니,
悲感激淸音.	슬픈 감상 맑은 노래되어 울려 퍼진다.
投觴罷歡坐,	잔을 던져서 기쁜 연회 마치고는,
逍遙步長林.	긴 숲길을 편안하게 걷는다.
肅肅山谷風,	산 계곡 바람 거세고,
默默天路陰.	하늘까지 뻗은 길 어둡고 아무 소리 없다.

---

81) 陳琳 撰, 『陳記室集』(『漢魏六朝百三名家集』 제2책 113쪽)
82) 江建俊 著, 「建安七子學術」 61쪽, 文史哲出版社, 1982

惆悵忘旋反,	애달파 돌아설 줄 모르고,
歔欷涕沾襟.	슬피 우짖는 눈물에 소매가 젖는다.
節運時氣舒,	절기의 변화로 날씨 마침 풀려서,
秋風凉且淸.	가을바람 싸늘하면서도 맑다.
閒居心不娛,	하는 일 없지만 마음은 편치 못해,
駕言從友生.	수레 내어 친구 生과 놀러 나갔다.
翶翔戱長流,	왔다 갔다 하며 긴 내에서 장난치고,
逍遙登高城.	높은 성에 천천히 올라간다.
東望看疇野,	동쪽으로는 넓은 들판이 보이고,
廻顧覽園庭.	머리 돌려 정원 뜰을 살펴본다.
嘉木凋綠葉,	좋은 나무에 푸른 잎 떨어져 있고,
芳草纖紅榮.	향기 나는 풀 붉은 꽃으로 풍성하다.
騁哉日月逝,	내닫는구나, 세월 가는 것이,
年命將西傾.	사람 목숨이란 해가 서쪽으로 기울듯 하는 것이다.
建功不及時,	공을 세웠으나 시대의 요구에는 미치지 못해,
鐘鼎何所銘.	쇠종과 세발솥에 어찌 새겨 놓겠는가.
收念還房寢,	생각들을 접어두고 침실로 돌아오니,
慷慨詠墳經.	격앙되게 옛 전적들을 읊어본다.
庶幾及君在,	임금의 곁에 함께 하면서
立德垂功名.	덕을 세워 공명 이루기를 바란다.83)

라고 하여, 예전에「飮馬長城窟行」에서 보여주었던 처절한 현실 인식에 따른 시대정신은 오간 데 없이 그저 공을 세우기만을 바라는 공명심만이 보인다. 이러한 성향은 그의「宴會」84)를 통해서, 그의 문학 창

---

83) 陳琳 撰,『陳記室集』(『漢魏六朝百三名家集』제2책 114쪽)
84) 陳琳 撰,『陳記室集』(『漢魏六朝百三名家集』제2책 114쪽)
  凱風飄陰雲, 南方의 온화한 바람 짙은 구름 내몰고,
  白日揚素暉. 밝은 태양 맑은 햇빛을 뿜는다.
  良友招我遊, 좋은 친구 놀자고 나를 부르기를,
  高會宴中闈. 좋은 모임이 대궐 안에서 벌어진다고 한다.
  玄鶴浮淸泉, 검은 학은 맑은 샘에 떠 있고,

작 태도가 변화된 양상을 뚜렷하게 볼 수 있다. 이러한 모습은 "문을 나서면 보이는 것은 없고, 白骨만이 들판을 덮었다.(出門無所見, 白骨蔽平原.)"라고 하여, 전란의 참혹함을 잘 묘사했던 「七哀詩」를 쓴 王粲, "뼈가 썩고 살점은 뭉그러져, 몸이 마른 나무에 거죽 씌운 듯하다.(骨消肌肉盡, 體若枯樹皮.)"라고 하여 口語體의 필치로 가족을 잃은 어린 아이의 참상을 그려서 읽는 이의 마음을 뜨겁게 한 阮瑀, "甄氏를 얕보았다.(平視甄氏.)"라고 하여, 曹操에게 처형당할 만큼 성격이 剛健했고, 「贈從弟」에서는 전편에 骨氣가 넘치며 상징적인 수법을 써서 아무 것도 두려워할 줄 몰랐던 劉楨, 그리고 「別詩」에서 외지를 떠다녀야만 하는 이의 괴로운 심정을 잘 그렸던 應瑒에게도 모두 「公讌詩」가 있는데, 그것들의 내용은 대체로 曹氏 일가의 위대함을 찬탄하는 내용과 자신들이 누리는 은혜의 고마움을 표현한 것들이다.

  그들 建安七子 가운데 孔融을 뺀 나머지들이 曹氏 일가에 귀의한 이후의 문학 창작 태도와 당시 분위기를 잘 알 수 있는 것으로는 謝靈運이 建安年間 당시의 문단 상황을 추정하여 지은 『擬魏太子鄴中集詩』 八首이다.

  綺樹煥靑蕤. 화려한 나무는 무성한 풀숲에서 빛난다.

3. 謝靈運이 評한 建安文學 後期의 文壇 樣相

(1) 『擬魏太子鄴中集詩』와 建安文壇

『擬魏太子鄴中集詩』는 謝靈運이 지은 擬作詩 8수이다. 『初學記』에서 "『魏文帝集』에 '태자였을 때, 北園과 東閣의 강당에서 함께 시를 지으며, 王粲·劉楨·阮瑀·應瑒 등에게 함께 지으라고 명하였다.'라고 하였다.(魏文帝集曰, 爲太子時, 北園及東閣講堂, 幷賦詩, 命王粲劉楨阮瑀應瑒等同作.)"[85]라고 한 것처럼, 이 시 제목에서 말하는 魏太子는 魏武帝 曹操의 뒤를 이어 文帝가 되는 曹丕이며, 『鄴中集』은 曹丕가 鄴城에서 여러 문인들과 함께 주고받은 시문을 엮은 것이다. 鄴中은 魏의 수도로서 鄴京을 말하며, 擬作 대상은 曹丕·王粲·陳琳·徐幹·劉楨·應瑒·阮瑀·曹植의 순서로 되어 있으니, 문학사에서 흔히 일컫는 二曹와 建安七子 중 孔融만이 빠진 8인이다. 『擬魏太子鄴中集詩』의 구성 방식은 맨 앞에 曹丕를 가탁하여 지은 이 시 전체의 서문에 해당되는 大序가 있고, 王粲 이하로는 각 시마다 각 시인들의 이력이나 문학 특징을 간략히 소개한 小序가 있다.

曹丕는 曹操의 둘째 아들로서 建安 22년(217)에 태자가 되었는데, 『三國志·魏書·文帝紀』의 注에 "나이 8세에 글을 잘 지을 정도로 뛰어난 재주를 가졌으니, 고금의 경전과 여러 학자의 글을 두루 꿰고 있었다.(年八歲, 能屬文. 有逸才, 遂博貫古今經傳諸子百家之書.)"[86]라고 하였고, 또

> 원래 文帝는 문학을 좋아하여 글 쓰는 것에 힘써서 스스로 지은 것이 백여 편이나 되었다. 그리고 여러 학자들을 시켜서 經傳을 편찬하게 했고, 좋아하는 이들과 함께 어울리며 글을 지은 것이 천여 편이나 되

---
85) 唐 徐堅 等撰, 楊家駱 主編, 『初學記』 230쪽, 鼎文書局, 1976
86) 陳壽 撰, 裵松之 注, 『三國志』 57쪽, 中華書局, 1982

는데, 「皇覽」이라고 일컬었다. 評하기를 '文帝는 천부적으로 문학적인 수사에 뛰어나서 붓을 들면, 문장이 이루어졌으니, 널리 배우고 열심히 익혀 재주와 능력을 모두 갖추었다.'라고 하였다.(初, 帝好文學, 以著述爲務, 自所勒成垂百篇. 又使諸儒撰集經傳, 隨類相從, 凡千餘篇, 號曰皇覽. 評曰, 文帝天資文藻, 下筆成章, 博聞彊識, 才藝兼該.)[87]

라고 한 만큼, 曹丕는 어려서부터 글을 즐겨 문인들과 널리 교유하면서 연회를 베풀어 시문을 주고받아 당시 鄴下 문인집단의 영수 역할을 맡고 있었다고 할 수 있다[88]. 그런데 이 시 8수는 曹丕의 『鄴中集』에 있는 8명에 대하여 각각 擬作하여 지은 시로서 『文選』 '雜擬類'에 들어 있어서, '擬古詩' 또는 '仿古詩'라고도 부르는데, 주로 옛 시의 내용과 형식에 따라서 자신의 심정을 읊은 것들이다.[89] 따라서 이 시 8수는 본인들이 직접 지은 것은 아니지만 각각 1인칭을 주어로 하여 각 시인들의 입장에 가탁해서 쓰여진 만큼 그들의 개인적인 사정과 문학 특징 그리고 당시 문단의 상황까지도 시사하고 있다고 하겠다.

謝靈運은 曹丕의 입장이 되어서 다음과 같이 서문을 써서 8수의 의작시를 지은 취지를 자세히 밝히고 있다.

> 建安時期 말에 나는 그때 鄴의 궁궐에 있었다. 아침에는 나가서 놀고 저녁에는 안에서 연회가 벌어졌다. 이런 지극한 즐거움이 계속되었다. 이 세상에서 이토록 즐거운 때와 아름다운 풍광을 감상하면서 마음에 맞는 이와 이것들을 즐기는, 이 네 가지는 함께 하기 어려운 것이다. 오

---

87) 陳壽 撰, 裵松之 注, 『三國志·文帝紀』 88·9쪽
88) 曹丕「又與吳質書」(張溥 編, 『魏文帝集』 卷1, 『漢魏六朝百三名家集』 제1책 727쪽)에서도 "昔日游處, 行則連輿, 止則接席, 何曾須臾相失. 每至觴酌流行, 絲竹幷奏, 酒酣耳熱, 仰而賦詩. 當此之時, 忽然不自知樂也. 謂百年已分, 長共相保, 何圖數年之間, 零落略盡. 言之傷心."라고 한 것에서 알 수 있듯이, 曹丕는 당시 建安文壇의 영수라고 할 수 있다.
89) 이와 같은 擬作은 일찍이 樂府體에서 많이 쓰여졌으며, 晉代에 들어와서는 이러한 경향이 두드러져서 謝靈運에게는 이것 이외에 「擬魏中散詠詩」가 있다.

늘날 형제와 벗들, 게다가 두세 명의 뛰어난 문사들과 함께 이것을 즐기는구나. 예부터 이러한 즐거움을 글귀에서는 아직 보지 못했다. 어째서인가? 楚襄王 때에는 宋玉이나 唐勒·景差가 있었고, 梁孝王 때에는 鄒陽·枚乘·嚴忌·司馬相如와 같이 주변에 있던 자들은 훌륭하였으나, 그 왕이 문학을 좋아하지 않았다. 漢 武帝 때에는 徐樂 같이 재능이 있는 자가 말로 應對를 잘하였지만, 武帝는 성격이 사납고 의심하고 꺼리는 것이 많았다. 그러니 어찌 마음에 딱 맞는 즐거움을 얻을 수 있겠는가. 거짓되지 않음이 이토록 성대하였으니, 아마도 지금보다 훌륭하였을 것이다. 세월이 물처럼 빨리 흐르고, 함께 즐기던 이들이 사라져 모두 없어졌다. 詩文을 뽑아보니 더욱 그들이 그립다. 지난날들을 그리니, 슬픔이 더하는 듯하다. 그 시문은 다음과 같다.(建安末, 余時在鄴宮. 朝遊夕讌, 究歡愉之極. 天下良辰美景, 賞心樂事, 四者難幷. 今昆弟友朋, 二三諸彦, 共盡之矣. 古來此娛, 書籍未見. 何者, 楚襄王時, 有宋玉唐景, 梁孝王時, 有鄒枚嚴馬, 遊者美矣, 而其主不文. 漢武帝徐樂諸才, 備應對之能, 而雄猜多忌. 豈獲晤言之適. 不誣方將, 庶必賢於今日爾. 歲月如流, 零落將盡. 撰文懷人, 感往增愴. 其辭曰.)[90]

謝靈運이 曹丕에 가탁하여 지은 위 서문은 '建安末'에 鄴下에 여러 훌륭한 문인들이 모여 연회를 베풀며 시문을 주고받은 것에 대한 영광과 기쁨을 서술하고 있다. 그러므로 이 서문과 시 8수를 통하여 曹丕가 거느렸던 建安文壇의 면모를 여러 모로 살필 수 있을 것이다.

우선, 이 시가 지어진 시기를 알 수 있는 단서는, 서문에서 "建安時期 말에 나는 그때 鄴의 궁궐에 있었다."라고 하였으니, 이 시는 曹丕가 태자가 된 해인 建安 22년(217) 10월 이후를 설정하여 쓰여 졌다는 것을 알 수 있다. 더 구체적으로 "세월이 물처럼 빨리 흐르고, 함께 즐기던 이들이 사라져 모두 없어졌다. 詩文을 뽑아보니 더욱 그들이 그립다. 지난날들을 그리니, 슬픔이 더하는 듯하다."라고 하였으니, 曹丕 이하의 시인들이 모두 죽은 다음에 쓰여 졌다고 하겠다. 그중 阮瑀(165

---

90) 謝靈運 撰, 張溥 編, 『謝康樂集』 卷2(『漢魏六朝百三名家集』 제3책 379쪽)

년쯤에 출생)는 建安 17년(212)에 48세로 죽었고, 王粲(177년 출생)은 建安 22년(217) 正月에 曹操가 孫權을 치러 원정을 떠나던 일행을 따라가다가 도중에 병으로 죽었고, 陳琳(생년 미상)·應瑒(생년 미상)·徐幹(171년 출생)·劉楨(생년 미상)은 曹丕가 태자에 오른 해인 建安 22년(217) 12월에 大疫으로 죽었다. 曹植은 漢 獻帝 初平 3년(192)에 태어나 魏 明帝 6년(232)에 40세로 죽었고, 曹丕는 中平 4년(187)에 태어나 黃初 7년(226)에 41세로 죽었으니, 이 의작시는 曹丕와 曹植을 제외한 6인이 모두 죽고 曹丕가 생존해 있던 217년 12월에서 226년 사이를 가탁하여 지어졌다고 할 수 있다.

曹丕와 曹植 이외에 6인은 曹丕가 『典論·論文』[91]에서 일컬은 이른바 建安七子 가운데 6인으로서 단지 孔融만이 빠져 있다. 그 이유는 漢 獻帝 永興 元年(153)에 태어난 孔融이 196년에 曹操에게 許로 불려가 曹操의 휘하에서 벼슬을 하기 시작하였지만, 孔子의 후예이기도 한 "孔融은 자신의 높은 기질을 믿고 있었고, 그의 뜻은 난리를 바로 잡고자 하는 데에 있었다.(融負其高氣, 志在靖難.)"[92]라고 한 것처럼, 曹操에게 충성하지 않은 채 여전히 漢 왕실의 부흥에만 관심이 있었다. 曹操는 孔融의 이런 심정을 잘 알고 있었다. 孔融은 당시 인사들로부터 명성이 높아 마치 세력을 규합하는 듯한 인상을 曹操에게 주었고, 이에 曹操는 의심을 품어 建安 13년(208)에 劉表를 치러 가던 도중에 孔融에게 모반의 뜻이 있다고 몰아 하옥시켜 죽였다. 이렇듯 曹操에 의하여 반역의 음모가 있다고 의심받아 죽었으니, 謝靈運 역시 아무리 曹丕가 태자이지만 아비인 曹操가 살아 있는 한 그와 어울려 연회하며

---

91) 曹丕 撰, 張溥 編, 『魏文帝集』 卷1 (『漢魏六朝百三名家集』 제1책 736쪽) : "斯七子者, 於學無所遺, 於辭無所仮, 咸以自騁驥騄於千里, 仰齊足而幷馳, 以此相服, 亦良難矣.… 王粲長於辭賦, 徐幹時有齊氣. 然粲之匹也.… 琳瑀之表章書記, 今之雋也. 應瑒和而不壯, 劉楨壯而不密. 孔融體氣高妙, 有過人者, 然不能持論, 理不勝辭, 以至乎雜以嘲戱. 及其所善, 楊班儔也."
92) 范曄 撰, 李賢 等注, 『後漢書·孔融傳』 2264쪽, 中華書局, 1987

즐거이 시를 지었던 다른 문인들과 함께 두지는 못했을 것이라고 여겼기 때문에 의작의 대상에는 넣지 못했을 것이다. 그렇지만『後漢書·孔融傳』에서

> 魏文帝는 孔融의 글을 매우 좋아했다. 매번 감탄하기를 '楊雄이나 班固와 비길 만하다.'라고 했다. 세상에 공포하여 孔融보다 글 잘하는 이를 뽑아서 금과 비단을 상으로 내렸다. 孔融이 남긴 詩·頌·論議·六言·策文·表·檄·敎令·書記 모두 25편을 문집으로 만들었다.(魏文帝深好融文辭, 每歎曰, 楊班儔也. 募天下有上融文章者, 輒賞以金帛. 所著詩頌碑文論議六言策文表檄敎令書記凡二十五篇.)[93]

라고 하였고,『典論·論文』에서도 나머지 6인과 함께 당시 주요 문인으로서 일컬었던 것이라고 봐서 曹操가 죽고 曹丕가 文帝에 등극한 이후에는 어쨌든 자신의 기호에 따라 孔融을 마음껏 평가했던 것이다. 그러므로『擬魏太子鄴中集詩』가 의작되었을 시기를 좀더 압축하여서 曹丕와 曹植을 제외한 6인이 모두 죽은 建安 22년 이후에서 曹操가 죽은 해인 建安 25년(220) 이후 曹丕가 文帝에 오르기 전이라고 할 수 있다. 그러므로 孔融이 曹丕가 말한 대로 建安七子의 한 사람이라고는 할 수 있지만, 흔히 알려지기로 建安七子가 곧 鄴中七子라고 일컬을 수는 없다.

鈴木修次는『三國志』에 "建安 16년 봄 正月에 천자는 公(曹操)의 세자 曹丕를 五官中郎將에 임명하여, 관리를 두게 하고, 丞相副로 삼게 하였다.(十六年春正月, 天子命公世子丕爲五官中郎將, 置官屬, 爲丞相副.)"라고 하였고,『文心雕龍』에서 建安文壇이 "문학을 받들던 성대한 시대이며, 재능 있는 문인들이 수도에 불려지는 좋은 기회를 맞았다.(崇文之盛世, 招才之嘉會.)"라고 한 기사에 의거하여서, 曹丕가 五官中

---

[93] 范曄 撰, 李賢 等注,『後漢書·孔融傳』2279쪽

郎將에 임명된 시기 즉 建安 16년(211), 이때부터 建安文壇이 형성되었다고 보았다.[94] 실제로 그러하다면, 建安文壇의 영수가 曹丕였다는 것이며, 문학 풍격 방면에 있어서 建安七子가 曹氏 휘하에 들어가기 전과 曹丕가 태자에 오른 이후의 시기는 떼어놓고 봐야 할 것이다. 建安文壇의 형성에 대한 鈴木修次의 建安 16년 설은 孔融이 이미 죽은 다음에야 曹丕를 중심으로 문인집단이 형성되었다는 의미이기도 하겠다.

또 曹植은 曹丕와 태자 자리를 놓고 경쟁하던 政敵의 입장이었지만, 『三國志·魏書·王粲傳』에서는 "文帝가 五官將이 되고 나서 平原侯 曹植과 함께 문장을 좋아했다.(始文帝爲五官將, 及平原侯植皆好文學.)"[95] 라고 하였고, 鍾嶸의 『詩品·序』에서는 "建安年間에 이르러 조씨 부자는 글을 좋아하였는데, 曹丕와 曹植은 문단의 영수가 되었다.(降及建安, 曹公父子, 篤好斯文, 平原兄弟, 鬱爲文棟.)"[96]라고 하였고, 『文心雕龍·明詩』에는 "建安年間 초기가 되자, 五言詩가 성행했다. 魏文帝 曹丕와 陳思王 曹植 두 사람은 마치 마차의 고삐를 쥐고 내달리듯 했다.(曁建安之初, 五言騰踊. 文帝陳思, 縱轡以騁節.)"[97]라고 한 것처럼, 曹植 역시 建安 문단을 실질적으로 이끈 두 영수 가운데 하나였기 때문에 曹丕와 孔融이 빠진 6인에 이어서 맨 마지막 자리에라도 함께 실어 의작하지 않을 수 없었을 것이다.

(2) 『擬魏太子鄴中集詩』가 지어진 目的

이 시의 의작 대상 시기가 된 '建安'은 漢代 마지막 황제인 獻帝의 연호로서 당시 曹操가 漢의 宰相이란 이름을 가지고 있었지만, 실제로는 漢을 빼앗은 상태였다. 曹操는 建安 13년(208)에 스스로 승상이 되

---

94) 鈴木修次 著, 『漢魏詩の硏究』 459쪽, 大修館書店, 1967
95) 陳壽 撰, 裵松之 注, 『三國志』 599쪽
96) 鍾嶸 撰, 高木正一 譯註, 『詩品』 43쪽, 東海大學出版社, 1978
97) 劉勰 撰, 戶田浩曉 譯註, 『文心雕龍』 85쪽, 明治書院 1983

였고, 建安 18년(213)에 스스로 魏公이 되었고, 建安 21년(216)에 스스로 魏王이 되었으니, 漢 王室은 이미 이름만 남아 있고 모든 실권은 曹操에게 있었다고 할 수 있다. 그렇다면 建安時期의 문학 특징은 어떠하였을까?

建安이라는 연호를 써서 建安時期의 문학을 처음으로 논한 것은 摯虞(서기 ?~311)인데, 그는 「文章流別論」에서 "建安年間에 文帝 曹丕와 臨淄侯 曹植은 각각 어린 자식을 잃고서 徐幹과 劉楨 등에게 그들을 위해서 弔辭를 쓰도록 했다.(建安中, 文帝與臨淄侯各失稚子, 命徐幹劉楨 等爲之哀辭.)"98)라고 하였다. 이후 여러 글에서 建安文學 상황에 대하여 거론하였으니, 그 논의들을 정리해 보면 다음과 같다.

① 『宋書·謝靈運傳』

建安年間에 이르러 曹氏 일가가 나라를 세웠다. 曹操·曹丕와 陳思王 曹植은 모두 글재주가 뛰어나 감정으로 문장을 지었는데, 文體로서 내용을 압도했다. 漢代 이래 魏에 이르기까지 400여 년간 작가들의 문체가 3번 변했다. … 曹植·王粲은 자신의 기질로써 문체를 이루어서 재능을 마음껏 펼쳤으니, 당시 문단을 환히 비추었다고 할 수 있다.(至於建安, 曹氏基命, 二祖陳王, 咸蓄盛藻, 甫乃以情緯文, 以文被質, 自漢至魏, 四百餘年, 辭人才子, 文體三變. … 子建仲宣以氣質爲體, 幷標能擅美, 獨映當時.)99)

② 『文心雕龍·時序』

後漢의 獻帝가 내란 때문에 여기저기 떠돌아다니게 되었고, 문학은 어지러운 상황에 놓이게 되었다. 建安末이 되어서는 세상이 안정을 회복했다. 魏武帝 曹操는 漢의 丞相이라는 높은 지위에 있으면서 詩文을

---

98) 摯虞 著, 郭紹虞 主編,『中國歷代文論選』제1책 192쪽
99) 沈約 撰,『宋書』1778쪽, 中華書局, 1983

좋아했고, 魏文帝 曹丕는 丞相副의 중책을 맡아서 辭賦를 잘 지었고, 陳思王 曹植은 귀족 자제들의 우두머리로서 붓을 들면 주옥같은 명작을 지어냈다. 그들 모두는 유능한 인사를 존중했기 때문에 우수한 인재들이 구름처럼 모여들었다. … 이 시대의 문학을 잘 살피면, 워낙 慷慨한 격정을 좋아했다. 오래도록 내란이 계속되어서 사람들은 헤어지는 슬픔을 겪고, 풍속이 쇠미해지고, 일반인들에게 불만이 쌓였기 때문에 누구나 생각에 깊이 잠기고, 그것을 내내 써댔다. 그래서 이 시대의 작품은 격앙되고 기력이 넘친다.(自獻帝播遷, 文學蓬轉. 建安之末, 區宇方輯. 魏武以相王之尊, 雅愛詩章, 文帝以副君之重, 妙善辭賦, 陳思以公子之豪, 下筆琳瑯. 并體貌英逸, 故俊才雲蒸. … 觀其時文, 雅好慷慨. 良由世積亂離, 風衰俗怨, 并志深而筆長. 故梗槪而多氣也.)[100]

③『文心雕龍·明詩』

建安年間 초기가 되자, 五言詩가 성행했다. 魏文帝 曹丕와 陳思王 曹植 두 사람은 마치 마차의 고삐를 쥐고 내달리듯 했다. 王粲·徐幹·應瑒·劉楨도 서로 앞을 다투듯 내달았다. 그들은 세월을 아끼고 못에 핀 꽃을 즐겼으며, 그들이 받은 은혜와 영광을 서술하고, 연회를 묘사했다. 격앙되어서는 의기에 따라 노래 부르고, 자질구레한 것에는 대범하게 개의치 않고 자신의 재주를 뽐냈다. 가슴속의 뜻을 펼치고 눈앞의 일들을 서술할 때에는 하나하나 세밀한 기교를 부리지 않았으며, 글을 써 묘사할 때에는 단지 글 뜻을 밝힐 수 있는가를 중시했다. 이것이 그들의 공통점이다.(曁建安之初, 五言騰踊. 文帝陳思, 縱轡以騁節, 王徐應劉, 望路而爭驅, 並憐風月, 狎池苑, 述恩榮, 敍酣宴, 慷慨以任氣, 磊落以使才. 造懷指事, 不求纖密之巧, 驅辭逐貌, 唯取昭晣之能. 此其所同也.)[101]

---

100) 劉勰 撰, 戶田浩曉 譯註,『文心雕龍』600쪽
101) 劉勰 撰, 戶田浩曉 譯註,『文心雕龍』85쪽

④『詩品·序』

建安年間에 이르러 曹氏 부자는 글을 좋아하였는데, 曹丕와 曹植은 문단의 영수가 되었고, 劉楨과 王粲은 그들의 보좌가 되었다.(降及建安, 曹公父子, 篤好斯文, 平原兄弟, 鬱爲文棟, 劉楨王粲, 爲其羽翼.)102)

⑤『詩人玉屑』

建安時期의 시는 정련되었으나 화려하지 않고, 질박하지만 거칠지는 않고, 품격과 가락이 고상하며 격률이 굳세다. 그 언어는 직설적이며 대구가 적으며, 사물을 일컬은 것이 기려하여 詩經 시인과 楚辭 시인의 기골을 갖추었으니, 가장 옛스런 시에 가깝다고 할 수 있다. 한 차례 변하여서 晉宋의 시가 되었고, 다시 변하여서는 齊梁의 시가 되었다.…(建安詩辯而不華, 質而不俚, 風調高雅, 格律遒壯, 其言直致而少對偶, 指事情而綺麗, 得風雅騷人之氣骨, 最爲近古者也. 一變而爲晉宋, 再變而爲齊梁….)103)

근대에 들어와서도 建安時期 문학에 대한 논의가 끊이지 않아서 이 時期를 魯迅은 '문학의 自覺期'이며, '曹丕의 시대'라고 했으니, 이것은 바로 曹丕가『典論·論文』에서 建安時期의 문학을 처음으로 비평하였기 때문이다. 靑木正兒는『支那文學思想史』에서 魏晉南北朝時代의 文學思想을 논하면서 이 시대를 '文藝至上時代'서 순수 문학평론이 興起하였다고 했다. 또 林康은 이 시기를 '文藝復興期'104)라고 하였다. 이렇듯 建安文學은 중국문학사에서 거듭 언급되었다고 할 수 있는데, 이 시기의 문학 풍격상의 특징을 한마디로 '建安風骨'이라고 한다.105)

---

102) 鍾嶸 撰, 高木正一 譯註,『詩品』43쪽
103) 魏慶之 撰, 王重民 校勘,『詩人玉屑』224쪽, 世界書局, 1984
104) ?,『中國文學簡史』145쪽, 上海文藝聯合出版社, 1955
105) 駱玉明 著,『古典文學三百題』146쪽, 上海古籍出版社, 1987 : '建安風骨'을 처음 언급한 것은 宋代 嚴羽의『滄浪詩話·詩評』에서인데, 그 이전에도 建

建安風骨이란, 建安時期 詩人들이 漢代 말기와 魏代 초기까지의 전란과 민란으로 인해 닥친 어지러운 사회상과 백성의 질곡을 시편을 통해서 慷慨한 風格으로 나타냈던 것이다. 그런데 謝靈運의 『擬魏太子鄴中集詩』 서문에서 "아침에는 나가서 놀고 저녁에는 안에서 연회가 벌어졌다. 이런 지극한 즐거움은 계속되었다. 이 세상에서 이토록 즐거운 때와 아름다운 풍광을 감상하면서 마음에 맞는 이와 이것들을 즐기는, 이 네 가지는 함께 하기 어려운 것이다."라고 밝힌 建安末의 문단 상황은 建安風骨을 특징으로 하는 建安文壇의 시기나 문학 풍격과는 매우 다르다. 즉, 謝靈運이 지적한 建安時期는 그 시기 구분을 좀더 세분한 것임에 주의해야 한다.

謝靈運이 '建安末'이라고 한 것은, 당연히 '建安初'도 있다고 가정하여 한 말일 것이다. 위에서 인용한 建安文學의 문학 특징을 언급한 것 가운데 建安時期를 전후기로 나누어 말한 것은 『文心雕龍』이다. 「時序」에서 "後漢의 獻帝가 내란 때문에 여기저기 떠돌아다니게 되었고, 문학은 어지러운 상황에 놓이게 되었다. 建安末이 되어서는 세상이 안정을 회복했다.(自獻帝播遷, 文學蓬轉. 建安之末, 區宇方輯.)"라고 하여서 建安 전후기의 문단 상황을 비교적 간명하게 표현하였다. 다시 요약하자면, 建安文學 전기의 문단상황이 '文學蓬轉'한 어지러운 상황이었다면, 후기는 '區宇方輯'한 안정의 시기라고 한 것이다.

이것에서 謝靈運은 建安文壇 가운데 후기의 문단 상황에 빗대어 이

安文學의 風格上의 특성을 鍾嶸은 '建安風力'이라 했고, 陳子昻은 '漢魏風骨'이라 했고, 李白은 '建安骨'이라 했고, 殷璠은 '氣骨'이라 하였다. 이처럼 建安風骨은 建安文學의 전형적인 風格 특징을 가리키는 문학이론 술어가 되었다. 이 建安風骨의 개념은 南朝에서 唐에 이르기까지 줄곧 사람들이 문학을 비평하는 중요한 표준이 되었으며, 金元代에는 元好問의 시문에서 建安風骨의 특성이 계승 발전되었으며, 明代에는 復古運動의 기치 아래에서 建安風骨의 '意氣駿爽'한 특성이 주목받았고, 建安時期 문인과 작품에 대한 평가도 시도되었다.

시 8수를 의작했다는 것을 알 수 있다. 그래서 謝靈運은 이 시 서문에서 建安後期 문단의 특징을 『文心雕龍·明詩』에서 지적한 것처럼 "並憐風月, 狎池苑"하며, '述恩榮'과 '敍酣宴'의 양상을 기술하는 데에 치중하여 의작했다고 할 수 있다. 실제로 이 시 8수에 당시 문인들의 그러한 문단 양상을 매 편에 쓰고 있다. 시문을 들어보면 다음과 같다.

* 魏太子 曹丕
百川赴巨海, 온갖 내 큰 바다로 내닫듯,
衆星環北辰. 뭇 별 북극성을 둘러싸고 있다.
照灼爛霄漢, 환히 밤하늘을 비추고,
遙裔起長津. 멀리 긴 내를 일으키듯 한다.
天地中橫潰, 세상의 한가운데가 무너져 내렸으나,
家王拯生民. 우리 太祖가 백성을 구하셨다.
區宇旣滌蕩, 세상이 이미 말끔해져서,
群英必來臻. 뭇 영웅들이 다 모여들었다.
忝此欽賢性, 나는 다행히도 현명함을 흠모하고,
由來常懷仁. 늘 어질고자 했다.
況値衆君子, 하물며 여러 군자들을 만났으니,
傾心隆日新. 온 마음 기울여 날마다 새롭고자 하였네.
論物靡浮說, 사물을 논함에 헛된 말은 하지 않고,
析理實敷陳. 이치를 따져 참으로 널리 편다.
羅縷豈闕辭, 상세히 말하니 어찌 빠뜨릴까.
窈窕究天人. 깊고도 자세히 하늘과 사람을 궁구한다.
澄觴滿金罍, 맑은 술이 금 술잔에 그득하고,
連榻設華茵. 자리를 나란히 하고,
急絃動飛聽, 현의 급한 곡조는 새를 놀래켜 날게 하고,
淸歌拂梁塵. 맑은 노래 서까래의 먼지를 날린다.
何言相遇易, 우리 만남이 쉬이 이루어졌다고 어찌 말할까,
此歡信可珍. 이 즐거움 정말로 귀중하다.

* 王粲

幽厲昔崩亂,	옛날 周 幽王과 厲王이 세상을 어지럽혔고,
桓靈今板蕩.	지금은 桓帝와 靈帝가 세상 도리를 망쳤다.
伊洛旣燎煙,	伊水와 洛水 근처의 도읍이 불타버리고,
函崤沒無象.	函谷과 崤谷은 자취가 오간 데 없다.
整裝辭秦川,	짐을 싸고 秦川으로 떠나,
秣馬赴楚壤.	말을 먹이며 楚壤(荊州)으로 간다.
沮漳自可美,	沮水와 漳水의 풍광은 정말 아름답지만,
客心非外獎.	나그네의 마음은 이 경치에 흔들리지 않는다.
常歎詩人言,	늘 『詩經』 시인의 말에 감탄하며,
式微何由往.	「式微」詩처럼 갈 곳이 어디 있나.
上宰奉皇靈,	宰相(曹操)께서 獻帝를 받드니,
侯伯咸宗長.	제후들도 모두 어른으로 받들었다.
雲騎亂漢南,	구름 같이 많은 기병이 漢水 남쪽을 휘젓고,
紀郢皆掃盪.	紀郢 땅이 모두 평정되었다.
排霧屬盛明,	안개 거치고 성대한 시절 만나고,
披雲對淸朗.	구름이 물러가고 광명한 세상을 맞게 되었다.
慶泰欲重疊,	경사로운 은혜가 曹公과 태자에까지 이어졌고,
公子特先賞.	公子께서도 아껴주셨다.
不謂息肩願,	어깨의 짐을 부려 쉰다고 말하진 않았지만,
一旦値明兩.	하루아침에 훌륭한 임금의 은혜를 입게 되었다.
竝載遊鄴京,	함께 수레를 타고 鄴城에서 노닐다가,
方舟汎河廣.	배를 나란히 너른 黃河에 띄운다.
綢繆淸讌娛,	서로 어울려 상쾌한 연회를 즐기니,
寂寥梁棟響.	함께 정답게 부른 노래 서까래와 들보에까지 울린다.
旣作長夜飮,	이미 밤새 마셔댔으니,
豈顧乘日養.	어찌 한낮의 즐거움을 돌아볼까.

* 陳琳

皇漢逢屯邅,	위대한 漢나라 어려움을 만나,
天下遭氛慝.	세상이 온통 재앙을 당했다.

董氏淪關西,　董卓은 函谷의 서쪽을 함락시켰고,
袁家擁河北.　袁紹는 황하 북쪽에 군사를 집결시켰다.
單民易周章,　외톨이 나는 놀라 떨기만 하다가,
窘身就羈勒.　몸을 굽혀 관직에 나아갔다.
豈意事乖己,　어찌 일이 내 뜻과 어긋날 것을 바랬겠나.
永懷戀故國.　영원히 고향을 그리워 할 뿐이다.
相公實勤王,　相公(曹操)께서는 실로 황제를 잘 모셔서,
信能定蚩賊.　참으로 악당들을 무찌르실 수 있으셨다.
復覩東都輝,　또 洛陽의 위엄을 보게 되고,
重見漢朝則.　다시 漢나라의 법도를 보게 되었다.
餘生幸已多,　남은 생애가 다행히 넉넉한데다가,
矧酒値明德.　또 훌륭한 덕을 갖춘 태자를 만났다.
愛客不告疲,　太子는 나 같은 이 아끼시어 귀찮다 하시지 않으시니,
飲讌遺景刻.　술자리에서는 시간 가는 줄 모른다.
夜聽極星爛,　밤에 음악 듣다가 새벽녘까지 계속하고,
朝遊窮曛黑.　아침에 놀러나갔다가 이 어두워질 때까지 한다.
哀哇動梁埃,　맑은 가락의 노래는 들보의 먼지도 털어 내고,
急觴盪幽默.　급히 돌리는 술잔에 침묵도 달아난다.
且盡一日娛,　하루 내내 즐거움을 다하니,
莫知古來惑.　아무도 옛부터 의혹됨이 있었는지 모른다.

* 徐幹
伊昔家臨淄,　예전에 臨淄에 집을 짓고,
提携弄齊瑟.　친구들과 齊瑟을 연주하며 놀았다.
置酒飮膠東,　膠東國에서 술자리를 펴고 마시며,
淹留憩高密.　高密에서 오래 머물며 쉬었다.
此歡謂可終,　이 즐거움을 다할 수 있겠다 하지만,
外物始難畢.　바깥 사물들은 원래 다 마치기 어렵다.
搖蕩箕濮情,　箕山과 濮水에 은거하고픈 뜻이 흔들려,
窮年迫憂慄.　일년 내내 걱정과 근심에 시달렸다.
末塗幸休明,　어려움 끝날 무렵이라 다행히 빛이 보이고,

棲集建薄質, 머물 자리 없어 하찮은 자질이나마 세우게 되었다.
已免負薪苦, 어려운 일 맡는 것도 면하게 되고,
仍游椒蘭室. 편안한 방에서 노닐게 되었다.
清論事究萬, 고상한 의론으로 모든 일 궁구하니,
美話信非一. 아름다운 담론 참으로 하나뿐이 아니다.
行觴奏悲歌, 잔 돌리며 구슬픈 노래 연주하기를,
永夜繫白日. 긴 밤 내내 낮까지 계속된다.
華屋非蓬居, 화려한 집 나그네가 지낼 곳이 아니며,
時髦豈余匹. 시대의 호걸이 어찌 내 벗이 되랴.
中飮顧昔心, 한창 술 마시다가 옛날 심정 돌이켜 보니,
悵焉若有失. 아하, 혼이 나간 듯하다.

* 劉楨
貧居晏里閈, 가난하지만 촌에서 편안히 지내며,
少小長東平. 어려서는 東平에서 자랐다.
河兗當衝要, 濟河의 兗州는 오가는 길목에 있어서,
淪飄薄許京. 물에 쏠리듯 許都까지 다다랐다.
廣川無逆流, 넓은 내에는 거스르는 물결이 없듯이,
招納厠群英. 나를 불러들여 여러 호걸들 곁에 있게 하셨다.
北渡黎陽津, 북쪽으로는 黎陽의 나루를 건너고,
南登紀郢城. 남쪽으로는 紀郢城에 올랐다.
既覽古今事, 예나 지금의 일들을 살펴보니,
頗識治亂情. 다스려지고 어지러워지는 이치를 좀 알겠다.
歡友相解達, 친한 벗과 함께 관직에 오르고,
敷奏究平生. 글을 올리며 평생을 마치고자 한다.
矧荷明哲顧, 하물며 太子의 어진 보살핌을 받아,
知深覺命輕. 내 목숨 가볍다는 것을 깊이 알게 되었다.
朝遊牛羊下, 아침부터 저녁 무렵까지 어울리다가,
暮坐括揭鳴. 어두워져서는 닭이 새벽녘에 울 때까지 계속한다.
終歲非一日, 일년 내내 하루 이틀이 아니게,
傳巵弄新聲. 잔 돌리며 새로운 곡조 즐긴다.

辰事旣難諧,　좋은 때 좋은 일 함께 하기 어려운데,
歡願如今幷.　바라던 대로 지금 여기에서 함께 하고 있다.
唯羨肅肅翰,　성대한 날개 짓 바랬다가,
繽紛戾高冥.　훨훨 높은 하늘로 날개 짓 하며 간다.

* 應瑒
嗷嗷雲中鴈,　슬피 울며 구름 속을 나는 기러기,
擧翮自委羽.　날개 짓 하며 委羽山에서 온다.
求凉弱水湄,　봄에는 弱水가에서 더위를 씻고,
違寒長沙渚.　겨울에는 長沙가에서 추위를 피한다.
顧我梁川時,　내가 梁川에 있을 때를 돌이켜 보고,
緩步集潁許.　한가히 거닐며 潁川郡과 許縣에 모여들었다.
一旦蓬世難,　하루아침에 세상이 난리를 만나,
淪薄恒羈旅.　피폐해져 늘 나그네 신세였다.
天下昔未定,　세상이 일찍부터 아직 평정되지 않았지만,
託身早得所.　몸을 의탁할 곳 이미 얻었다.
官度厠一卒,　官度의 싸움에서 병사로 참여했고,
烏林預艱阻.　烏林의 싸움에서는 고생을 겪었다.
晩節値衆賢,　늘그막에 여러 현자를 만나,
會同庇天宇.　함께 모여서 하늘같은 은혜를 입었다.
列坐廕華榱,　높다란 궁궐 아래에 죽 무리 지어 앉아
金樽盈淸醑.　금 술잔에 맑은 술 따라 놓는다.
始奏延露曲,　처음에는 延露曲을 연주하다가,
繼以闌夕語.　이어서 저녁까지 대화를 나눈다.
調笑輒酬答,　웃고 즐기다가는 문득 술잔 돌리며,
嘲謔無慙沮.　떠들며 노니나 걱정될 것 없다.
傾軀無遺慮,　온몸 받치지만 아쉬운 것 없으니,
在心良已敍.　마음에 있는 것을 다 말할 뿐이다.

* 阮瑀
河洲多沙塵,　黃河의 물 섬에는 모래무지가 많은데,

風悲黃雲起.	바람은 슬프고 누런 구름이 일어난다.
金羈相馳逐,	금장식한 말이 서로 내닫는데,
聯翩何窮已.	빠르게도 달려 어찌 멈출 것 같지 않다.
慶雲惠優渥,	복된 구름 같은 太祖의 은혜가 두터이 내리쬐니,
微薄攀多士.	재주 없는 나도 여러 문인들과 어울리게 되었다.
念昔渤海時,	예전에 渤海에 있을 때,
南皮戲淸沚.	南皮에 가서 맑은 물가에서 노닐던 것이 생각난다.
今復河曲游,	지금 다시 黃河의 굽은 물가로 놀러가서,
鳴葭泛蘭汜.	피리를 불며 난이 핀 물가에서 뱃놀이한다.
躧步陵丹梯,	둥실 둥실 춤추며 붉은 계단을 오르고서,
竝坐侍君子.	모두 太子 곁에서 모시고 앉았다.
妍談旣愉心,	훌륭한 담화에 마음이 기꺼우며,
哀弄信睦耳.	애처로운 가락에 귀가 참으로 즐겁다.
傾酤係芳醑,	잔을 기울여 맛 좋은 술 마시지만,
酌言豈終始.	잔 돌리는 것이 어찌 끝나겠나.
自從食萍來,	천자가 베푼 연회에 와서는,
唯見今日美.	오늘날의 훌륭함을 볼 뿐이다.

* 不原侯 曹植

朝游登鳳閣,	아침에는 하릴없이 황궁에 아뢰고,
日暮集華沼.	해 지면 華沼에 모였다.
傾柯引弱枝,	굵은 가지 기울여 가는 가지를 당겨보고,
攀條摘蕙草.	나무에 올라 향내 나는 잎을 딴다.
徙倚窮騁望,	이리저리 거닐며 여기저기 바라보며,
目極盡所討.	보고 싶도록 다 본다.
西顧太行山,	서쪽으로 太行山을 보고,
北眺邯鄲道.	북쪽으로 邯鄲 길 건네다 본다.
平衢脩且直,	널따란 길은 잘 닦여 곧고,
白楊信裊裊.	흰 버드나무 참으로 너풀거린다.
副君命飲宴,	太子가 연회를 열라 하니,
歡娛寫懷抱.	웃고 즐기며 회포를 쏟아낸다.

良游匪晝夜,	이 즐거움은 밤낮이 따로 없으니,
豈云晩與早.	어찌 늦고 이름을 따지겠나.
衆賓悉精妙,	뭇 손님 모두 뛰어나,
淸辭麗蘭藻.	우아한 말씨 화려한 수식어 쏟아낸다.
哀音下迴鵠,	애처로운 노래에 고니 날아오고,
餘哇徹淸昊.	노래 여운은 푸른 하늘까지 치솟는다.
中山不知醉,	中山의 좋은 술은 마셔도 취할 줄 모르고,
飮德方覺飽.	太子의 은덕 입어 비로소 거뜬해진다.
願以黃髮期,	원컨대, 노인 되어서도
養生念將老.	몸을 보살피며 늙기를 바란다.106)

 그렇다면, 謝靈運이 建安末 문단 상황에 의거하여 擬作詩를 지은 이유는 무엇인가? 建安文學을 상징하는 慷慨한 풍격의 建安風骨을 의작하지 않고, 建安末 얼마간의 평화 시기를 맞았다고 하지만, 태자와 그의 벗의 입장에서 曹氏 父子의 업적을 찬양하고 연회하는 즐거움을 펴는 모습을 의작했던 이유는 무엇일까? 이러한 이유로 해서『擬魏太子鄴中集詩』는 문학적으로는 그 가치에 회의의 여지가 많지만, 역시 그 속에 담긴 謝靈運의 의도는 살펴볼 만한 가치가 충분하다.
 謝靈運(385~433)은 陳郡 夏陽(지금의 河南省 太康縣 일대)사람으로서 晉車旗將軍·康樂縣公 謝玄의 손자이다. 謝靈運은 會稽郡 始寧에서 태어나 15세에 康樂公을 세습 받았고 21세에 비로소 관직에 나아갔으며, 이후 劉毅 밑에서 記室參軍 등을 지냈다. 그러나 劉毅가 군대를 일으켜 劉裕에 대항했다가 패배하여 자살하자, 謝靈運은 劉裕 밑으로 옮겨가 秘書丞과 中書侍郎 등을 지냈다. 그러나 劉裕가 元熙 2년(420)에 宋朝를 건립하자, 謝靈運은 公爵에서 侯爵으로 강등되었다. 그것은 謝靈運이 일찍이 劉裕의 정적이었던 劉毅의 휘하에 있었기 때문이었다.

---

106) 謝靈運 撰, 張溥 編,『謝康樂集』卷2(『漢魏六朝百三名家集』제3책 379~381쪽)

게다가 謝靈運의 조부 謝玄은 東晋 시절의 重臣이었기 때문에 宋朝가 謝靈運을 우대해 주지 않은 것은 어찌 보면 당연한 것이었다. 그리하여 당시 조정에서는 謝靈運에 대하여 "오로지 문사로만 대우해 주었지, 실제적인 방면에서는 허여해 주지 않았다.(唯以文義處之, 不以應實相許)"107)라고 하였던 것이며, 謝靈運 스스로도 "(나의) 재능은 마땅히 권력의 요직에 있어야 할 텐데, 인정을 받지 못하여 늘 불만을 품게 되었다.(自謂才能宜參權要, 旣不見知, 常懷憤憤.)"108)라고 한 것이다.

永初 3년(422)에 劉裕가 죽고 少帝가 즉위하여서는 徐羨之와 傅亮 등이 권력을 쥐었지만, 謝靈運은 여전히 정치 요직에 중용되지 않았다. 그리하여 謝靈運은 永嘉(지금의 浙江省 溫州市)에 太守로 1년을 나아갔다가 병을 핑계 삼아 고향인 始寧에 돌아가 은거하였다. 『宋書·謝靈運傳』에서는 다음과 같이 이 시기 謝靈運의 생활상을 묘사하고 있다.

> 郡에 유명한 산이나 강이 있으면, 謝靈運은 늘 좋아하고 즐겼으니, 태수로 나아갔더라도 이미 제 뜻을 다 펴지 못한다고 여겨서 결국은 마음대로 이리저리 노닐었다. 여러 현을 두루 도는 데에 한번 거동했다 하면 열흘이 넘기도 했다. 민간에 송사가 있더라도, 아무도 이의를 품지 않았다. 가는 곳마다 문득 시를 읊어 자신의 뜻을 다 폈다.(郡有名山水, 靈運素所愛好, 出守旣不得志, 遂肆意游遨. 徧歷諸縣, 動踰旬朔, 民間聽訟, 不復關懷. 所至輒爲詩詠, 以致其意焉.)109)

라고 하였으니, 이 시기는 謝靈運에게 있어서 정치적으로 암울한 때였지만, 이러한 현실이 謝靈運에게는 문학 방면에 있어서 많은 성취를 이루게 해주었다. 謝靈運은 여기저기 방랑하며, 산수에 자신의 불우한 심정을 빗대어서 현실을 벗어나고자 하였다. 따라서 이 시기는 **謝靈運**

---

107) 沈約 撰,『宋書』1753쪽
108) 沈約 撰,『宋書』1753쪽
109) 沈約 撰,『宋書』1753·4쪽

이 「石壁精舍還湖中作」과 같은 좋은 山水詩를 많이 지은 시기이기도 하다.

元嘉 3년(426)에 文帝 劉義隆이 徐羨之와 傅亮을 처형하고 謝靈運을 다시 수도인 建康(지금의 江蘇省 南京市)으로 불러들여 秘書監과 侍中 등의 관직을 내렸으나 역시 실권이 없는 직책일 뿐이었다. 이에 謝靈運은 또 병을 핑계 삼아 고향인 始寧으로 돌아가 은거생활을 했다. 元嘉 8년(431)에 會稽太守였던 孟顗가 謝靈運에게 모반의 뜻이 있다고 무고하자 謝靈運은 즉시 수도로 달려가서 결백을 주장하였다. 文帝 또한 더 이상 謝靈運을 추궁하지는 않았지만, 文帝는 謝靈運을 그의 고향이 아닌 臨川(지금의 江西省 撫州市 서쪽)의 內史로 발령을 내었다. 이때에도 謝靈運은 업무에는 힘쓰지 않고 산수를 유람하는 것으로 소일하고 있다가 중앙에서 파견 나온 관리를 잡아 가두고는 군대를 일으켜 저항하다가 잡혔는데, 이때에도 文帝는 謝靈運의 재주를 아껴서 면직만 시키려고 하였다가 결국 廣州지방으로 유배를 보냈다. 元嘉 10년(433)에 謝靈運은 또다시 다른 사람들과 내통한다고 무고를 당했는데, 이때에 謝靈運은 모반을 꾀하다가 결국 처형당하였다. 이때 그의 나이는 49세였다.

이렇듯 謝靈運은 여러 차례의 은거와 유배 생활을 통해서 많은 山水詩를 지었고, 이 때문에 문학사에서 山水詩의 開祖라고 일컫게 되었다. 그렇다면 謝靈運의 위와 같은 삶이 『擬魏太子鄴中集詩』와 무슨 관계가 있는가? 『擬魏太子鄴中集詩』가 지어진 정확한 시기는 분명하지 않다. 그렇기는 하지만 『擬魏太子鄴中集詩』를 통해서 謝靈運의 삶과 문학을 이해하는 중요한 단서가 되리라는 것은 분명하다. 『擬魏太子鄴中集詩』의 내용은 군주와 신하 즉 二曹와 建安文人들 간에 어울려 노닐며 연회를 즐기고, 군주의 업적을 찬양하는 내용을 위주로 하고 있다. 그들 建安文人들은 曹操의 후대에 힘입어 관직에 등용되었고, 또

曹氏 조정의 애호를 받으며 자신의 글재주를 마음껏 폈던 인물들이다. 그런데 謝靈運의 경우 東晉이 망하고 새로이 宋朝가 열리자 東晉의 舊貴族 출신이었다는 이유 때문에 公爵에서 侯爵으로 강등되는 등 줄곧 주요 관직에서 배척받아야 했던 자신의 처지가 建安時期 문인들에 대한 曹氏 정권의 후대와 대비되어 한층 아쉬운 속내를 감출 수 없었을 것이며, 그러한 현실을 탈출하고자 그나마 맡았던 낮은 벼슬에는 아랑곳하지 않고 벗들과 산수를 유랑하며 자신의 심정을 산수에 빗대어 山水詩를 짓게 되었다고 할 수 있다.

『擬魏太子鄴中集詩』의 서문에서 謝靈運은 이러한 불편한 심기를 간접적으로 묘사하여 "楚襄王 때에는 宋玉이나 唐勒·景差가 있었고, 梁孝王 때에는 鄒陽·枚乘·嚴忌·司馬相如와 같이 주변에 있던 자들은 훌륭하였으나, 그 왕이 문학을 좋아하지 않았다. 漢武帝 때에는 徐樂 같이 재능이 있는 자가 말로 應對를 잘하였지만, 武帝는 성격이 사납고 의심하고 꺼리는 것이 많았다. 그러니 어찌 마음에 딱 맞는 즐거움을 얻을 수 있겠는가."라고 하여, 지난 시절 문학을 애호하지 않았던 군주 아래에서 문학에 재주가 있었던 이들이 제대로 대접받지 못했던 것을 그와 상반된 상황이었던 建安末의 문단 상황과 빗대어서 비교하고 있다. 그렇다면 謝靈運은 당시 군주가 자신을 인정해주지 않는다는 것에 대하여 간접적으로 불만을 표시했다고도 할 수 있다.

그렇지만, 謝靈運이 36세에서 39세까지 재임한 宋朝의 건국자인 武帝 劉裕에 대해서『文心雕龍·時序』에서는 "宋代 武帝는 문학을 애호하였다.(宋武愛文.)"110)라고 하였고, 謝靈運이 40·1세였던 423·4년에 재임한 2대 황제인 少帝에 대해서는『宋書·少帝紀』에 "황제는 힘이 좋아서 말을 잘 타고 활을 잘 쏘며, 음악의 음률도 잘 알고 있었다.(帝有旅力, 善騎射, 解音律.)"111)라고 하였고, 謝靈運이 41세부터 49세 죽을

---

110) 劉勰 撰, 戶田浩曉 譯註, 『文心雕龍』 611쪽

때까지 재임한 文帝에 대해서는 『宋書·文帝紀』에서 "널리 經傳과 史書를 섭렵하였고, 隷書를 잘 썼다.(博涉經史, 善隷書.)"[112]라고 하였고, 『宋書·謝靈運傳』에서는 "文帝는 오로지 문사로만 만나주어서 연회를 모실 때에만, 이야기하고 감상할 뿐이었다.(文帝唯以文義見接, 侍上宴, 談賞而已.)"[113]라고 하였고, 『文心雕龍·時序』에서는 "文帝가 문채 나게 高雅하다.(文帝彬雅.)"[114]라고 한 것을 미루어 볼 때, 謝靈運이 서문에서 간접적으로 당시 제왕들이 문학을 애호하지 않았다고 한 언급은 실제 사실과는 일치하지 않는다.[115]

만약에 謝靈運의 말보다 史書의 기사내용에 보다 신빙성을 둔다면 謝靈運의 군주들에 대한 기대가 지나쳤다고 할 수 있겠다. 前朝인 東晋 公爵의 후손으로서 武帝 劉裕와 대항하다가 자살한 劉毅의 밑에서 일했던 謝靈運을 그나마 살려주고 두 차례나 불러서 등용하였으며, 419년에 謝靈運이 하인 桂興을 죽였을 때에도 武帝는 면직만 시켰을 뿐이며, 謝靈運이 시를 지어오면 직접 베껴보고는 보물이라고 칭찬을 아끼지 않았으며,[116] 臨川의 內史로 있을 때 모반하여 병사를 일으켰을 때도 목숨만은 살려주는 등 武帝의 謝靈運에 대한 관대는 남달랐다고 할 수 있다.

謝靈運은 기질에 있어서 매우 정치적이며 적극적이랄 수 있다. 『宋書·謝靈運傳』에 "謝靈運의 성격은 매우 사치스럽고 호사스러워 의상

---

111) 沈約 撰 『宋書』 63쪽
112) 沈約 撰 『宋書』 71쪽
113) 沈約 撰 『宋書』 1772쪽
114) 劉勰 撰, 戶田浩曉 譯註, 『文心雕龍』 611쪽
115) 劉師培 著, 『中國中古文學史』 70·1쪽, 商務印書館 1975 : 南朝의 宋代에는 『南史·孝武帝紀』에 "帝少讀書, 七行俱下, 才藻甚美."라고 한 것에서도 보듯이, 전시대를 걸쳐서 제왕들이 문학을 몹시 애호하였다는 것을 알 수 있다.
116) 沈約 撰, 『宋書』 1772쪽 : "靈運詩書皆兼獨絶, 每文竟, 手自寫之, 文帝稱爲二寶."

과 쓰는 물건들을 대개 새롭게 고쳐서 썼는데, 세상 사람들이 모두 그
것들을 따랐다.(性奢豪, 車服鮮麗, 衣裳器物, 多改舊制, 世共宗之.)"117)라
고 하였고, 또 謝靈運의 "성격이 좀 과격하여 예법에 거스르는 것이
많았다.(爲性褊激, 多愆禮度.)118)"라고 한 것에서도 알 수 있듯이, 謝靈
運은 劉毅 막부에서 記室參軍을 지내다가 그의 정적이었던 武帝 劉裕
의 휘하에서도 관직을 지냈고, 會稽 太守 孟顗의 무고로 文帝의 오해
를 받자 밤새 수도로 달려가 결백을 주장하였고, 또다시 무고를 받자
끝내는 군대를 일으켜 반항하다가 처형당하였을 정도다.

그러므로 謝靈運은 建安末期 曹氏 정권 아래에서 대우받으며, 자신
들의 글재주를 마음껏 폈던 鄴中 시인들과 자신을 비교해 볼 때, 謝靈
運 스스로는 불만스러워 이 시를 의작했다고도 할 수 있다. 그렇지만,
당시 왕조가 바뀌면서 처했던 謝靈運의 정치적인 처지와 公爵의 후예
로서 '奢豪'한 삶을 살았던 성장 배경과 '褊激'한 성격에서 나온 불만
표출의 결과라고도 볼 수 있겠다.

(3) 『擬魏太子鄴中集詩』에 나타난 謝靈運의 文學 意識

劉勰은 『文心雕龍·才略』에서 宋代 문단의 분위기에 대하여 언급하기를,

> 宋代 이후 사람들이 문인을 칭찬할 때 建安時期를 드는 것은 어째서
> 인가. 그것은 建安時期에는 문학을 받들던 성대한 시대이며, 재능 있는
> 문인들이 수도에 불려지는 좋은 기회를 맞았기 때문이 아니겠는가?(宋來
> 美談, 亦以建安爲口實, 何也, 豈非崇文之盛世, 招才之嘉會哉.)119)

라고 한 것처럼, 建安文學은 이후 시기에도 시인들에 의해서 여전히

---

117) 沈約 撰, 『宋書』 1743쪽
118) 沈約 撰, 『宋書』 1743쪽
119) 劉勰 撰, 戶田浩曉 譯註, 『文心雕龍』 645쪽

흠모의 대상이었다는 것을 알 수 있다. 그러므로 謝靈運이 建安文壇의 여덟 시인을 의작해서 『擬魏太子鄴中集詩』를 지었던 것은 당시 문단의 분위기로 볼 때, 매우 당연한 것이라고 할 수 있겠다.

이 시 의작의 배열은 曹丕·王粲·陳琳·徐幹·劉楨·應瑒·阮瑀·曹植으로 되어 있는데, 謝靈運은 어쩌면 자신의 정치적인 불우를 가장 많이 닮았다고 할 수 있는 曹植을 맨 앞에 놓고 의작시를 쓰고 싶었을 것이다. 鍾嶸도 『詩品』 上品에서 謝靈運 시의 연원에 대하여 "그는 曹植에게서 나왔다.(其源出於陳思.)"[120)라고 한 것처럼, 謝靈運과 曹植의 시풍은 매우 닮은 점이 많기 때문이다. 게다가 曹植은 建安文壇 뿐만 아니라 중국 시단의 거목으로 보는 것이 일반적인 인식이며, 앞 절에서 밝혔듯이 이 시의 의작 이유 가운데 중요한 원인으로서 謝靈運 스스로는 정치적으로 푸대접을 받았다고 여긴 측면에서 보자면, 형인 曹丕와 태자 자리를 놓고 경쟁하다가 결국 밀려나 형에게 끝없이 핍박을 받았던 曹植이야말로 자신의 처지와 잘 맞아 떨어졌을 터인데, 어찌하여 이 의작시의 대표로 曹丕를 놓았던 것일까?

앞 절에서 밝힌 것처럼, 어쨌거나 建安文壇의 실질적인 영수는 曹丕이며, 문인을 특별히 우대할 줄 알았던 建安時期 당시 실질적인 대권의 후계자인 曹丕는 謝靈運이 보기에 자신을 알아주지 않았던 당시 군주들과 빗댈 수도 있었을 것이므로 曹丕를 대표로 삼았던 것이라고 봐야하겠다. 게다가 曹氏의 魏를 끝내 빈대하다가 아비인 曹操에게 억울하게 죽어야 했던 孔融까지도 인정할 줄 알았던 曹丕라면 자신의 정치적인 불우를 호소할 인물로 적절하다고 여겼을 것이다.

그렇다면 謝靈運은 어째서 曹丕에 이어 王粲을 두 번째에 두어 擬作했을까? 鍾嶸은 『詩品』 中品에서 曹丕를 품평하여,

---

120) 鍾嶸 撰, 高木正一 譯註, 『詩品』 191쪽

그 근원은 李陵에게서 나왔다. 王粲의 風格을 상당히 가지고 있다. 새롭고도 개성 있는 백여 편은 세련되지 않은 소박함이 民歌와 같다. 「西北有浮雲」과 10여 수는 특히 아름다움이 넉넉하여 즐길 만한데, 비로소 그의 공교함이 보인다.(其源出於李陵, 頗有仲宣體則, 新奇百許篇, 率皆鄙直如偶語, 惟西北有浮雲十餘首, 殊美贍可翫, 始見其工矣.)121)

라고 하였는데, 이것은 曹丕의 문학 風格이 淸淡하며, 언어가 질박하고 통속적이라는 것을 말해 주는 것이다.122) 그러므로 曹丕의 문학적인 風格은 질박한 언어를 써서 사회현실에 대한 느낌을 진솔하게 표현하였다고 볼 수 있다. 그리고 曹丕에게는 "王粲의 風格을 상당히 가지고 있다.(頗有仲宣體則.)"라고 하였으니, 曹丕의 시문 풍격이 王粲과 공통점이 있다고 한 것이다.123)

鍾嶸이『詩品』의 서문에서 "建安年間에 이르러 曹氏 부자는 글을 좋아하였는데, 曹丕와 曹植은 문단의 영수가 되었고, 劉楨과 王粲은 그들의 보좌가 되었다.(降及建安, 曹公父子, 篤好斯文, 平原兄弟, 鬱爲文棟, 劉楨王粲, 爲其羽翼.)"라고 한 것에서도 보듯이, 王粲과 劉楨은 建安文壇에서 二曹인 曹丕·曹植과 함께 대표가 되는 시인이랄 수 있다.124) 王粲에 대하여 曹丕는 「又與吳質書」의 평에서 "아쉽게도 文體가 약해서 그 文彩를 받치기 부족하다.(惜其體弱, 不足起其文.)"125)라고 했지만, 王粲을 높이 평가한 劉勰은 『文心雕龍』에서,

---

121) 鍾嶸 撰, 高木正一 譯註,『詩品』206~9쪽
123) 劉勰 撰, 戶田浩曉 譯註,『文心雕龍』636쪽 :「才略」에서 "子桓慮詳而力緩, 故不競於先鳴, 而樂府淸越, 典論辯要."라고 하였다.
123) 『藝苑巵言』卷3에도 "子桓王粲, 時激風雅餘波. 子桓逸而近風, 王粲莊而近雅. …"라고 한 것처럼 曹丕와 王粲은 흔히 並稱된다.(臺靜農 編,『百種詩話類編』1496쪽, 藝文印書館印行 1974 재인용)
124) 沈約 撰,『宋書·謝靈運傳』(1778쪽)에서는 "子建仲宣以氣質爲體, 幷標能擅美, 獨映當時."라고 하여 曹植과 王粲을 병칭하였는데, 이것은 이 둘의 정치적인 感慨가 비슷하기 때문에 둔 것이라고 봐야 한다.
125) 曹丕 撰, 張溥 編,『魏文帝集』卷1(『漢魏六朝百三名家集』제1책 727쪽)

① 王粲의 부는 면밀하면서 쓸 때에는 반드시 힘이 있다.(「詮賦」 "及仲宣靡密, 發端必遒.")126)
② 王粲의 「去伐論」은 … 모두 자기 사상을 주체로 삼아 독특한 견해를 세웠고, 문장은 정밀하여 議論文의 걸작이다.(「論說」 "仲宣之去伐, … 幷師心獨見, 鋒穎精密, 蓋論之英也.")127)
③ 王粲은 넘치는 재능을 가졌고, 민첩하고 주도면밀하다. 그의 문장은 상당히 좋은 점을 갖추었으며, 표현에도 결점이 없다. 詩나 賦를 들자면, 建安七子 가운데에서 으뜸이라 할 만하구나.(「才略」 "仲宣溢才, 捷而能密. 文多兼善, 辭少瑕累. 摘其詩賦, 則七子之冠冕乎.")128)
④ 王粲은 성급하지만, 그 때문에 영리하며 날카로운 재주가 돋보인다.(「體性」 "仲宣躁銳, 故穎出而才果.")129)

라고 평한 것처럼, 劉勰은 王粲이 '建安七子 가운데에 으뜸'이라 했고, '문장은 상당히 좋은 점을 갖추었다.'라고 하여, 王粲을 매우 긍정적으로 평가하였다고 할 수 있다.

또 鍾嶸이 『詩品』 上品에서 王粲을 평하여,

그 근원은 李陵에서 나왔다. 근심과 슬픔에 찬 문사를 썼는데, 문장의 세련미는 뛰어났지만, 氣骨이 박약하다. 曹植과 劉楨 사이에서 다른 한 체를 세웠으니, 曹植에 비교하기에는 부족하지만, 曹丕에 비교하면 남음이 있다.(其源出於李陵, 發愀愴之詞, 文秀而質羸, 在曹劉間, 別構一體, 方陳思不足, 比魏文有餘.)130)

라고 하여, 曹丕와 마찬가지로 王粲 역시 그 근원을 李陵에 두고 있으며, 王粲의 문학적 특징은 "근심과 슬픔에 찬 문사를 썼으며(發愀愴之

---

126) 劉勰 撰, 戶田浩曉 譯註, 『文心雕龍』 123쪽
127) 劉勰 撰, 戶田浩曉 譯註, 『文心雕龍』 271쪽
128) 劉勰 撰, 戶田浩曉 譯註, 『文心雕龍』 637쪽
129) 劉勰 撰, 戶田浩曉 譯註, 『文心雕龍』 411쪽
130) 鍾嶸 撰, 高木正一 譯註, 『詩品』 162~4쪽

詞)", "문장의 세련미는 뛰어났지만, 기골이 박약하다.(文秀而質羸.)"라고 했다. 이것에서 볼 때, 謝靈運이 曹丕와 王粲을 자신의 의작시 처음에 둔 것은 결코 우연이 아니다. 그들이 建安文壇의 영수이자 대표로서 그들의 문학 풍격이 서로 연원 관계를 가지고 있었기 때문이라고 인식하고 있었다는 것을 알 수 있다.

위와 같은 王粲의 시문 풍격은 어디에서 연유하는가? 바로 『擬魏太子鄴中集詩』의 王粲 조의 서문에서 "(王粲의) 집은 본래 秦川(長安)이다. 귀한 집안 자손이었으나, 난을 만나 떠돌아다니면서, 애상이 많고 정감이 가득하다.(家本秦川. 貴公子孫. 遭亂流寓, 自傷情多.)"131)라고 한 것처럼, 王粲 시문에 근심과 슬픔의 글귀가 많은 이유는 난리를 만나 傷心의 情感이 많았기 때문이라고 할 수 있다. 이러한 방면에서 謝靈運은 王粲과 닮았다. 王粲 역시 謝靈運처럼 귀한 집안 자손으로서 난을 만나 타향을 떠돌면서 고향에 대한 그리움과 외로움을 늘 가슴에 품고 있었는데,132) 謝靈運이 자신의 정치적 불우를 씻기 위해서 山水를 찾아다니며 山水詩를 지었던 것과 통한다. 특히 王粲의 「登樓賦」는 謝靈運 山水詩의 전범이 되었다고 해도 지나치지 않다.

登茲樓以四望兮,   이 누대에 올라 사방을 바라보며,
聊暇日以銷憂.   한가히 시름을 씻어본다.
覽斯宇之所處兮,   이 주변의 경치를 둘러보니,
實顯敞而寡仇.   참으로 탁 트인 것이 비길 것 없다.
…
遭紛濁而遷逝兮,   어지러운 세상을 만나 예까지 떠돌다가
漫踰紀以迄今.   십 수 년이 훨씬 지나 오늘에까지 이르렀다.
情眷眷而懷歸兮,   마음으로는 아련히 돌아갈 날 날만 꼽는데,

---

131) 謝靈運 撰, 張溥 編,『謝康樂集』卷2(『漢魏六朝百三名家集』제3책 379쪽)
132) 王粲「七哀詩」"西京亂無象, 豺虎方遘患. … 羈旅無終極, 憂思壯難任. … 子弟多俘虜, 哭泣無已時. …"

孰憂思之可任.	누구라서 이 걱정을 견딜 수 있나.
……	
原野闃其無人兮,	너른 들판이 휑하니 아무도 없고,
征夫行而未息.	길 떠난 나그네만이 떠나가서는 쉬지도 못한다.
心悽愴以感發兮,	처량하게도 느껴져서는
意忉怛而憯惻.	온갖 심정이 어우러져 비통하기만 하다.
循階除而下降兮,	누대 계단을 따라 천천히 내려오자니,
氣交憤於胸臆.	가슴에 울분이 복받친다.
夜參半而不寐兮,	한밤이 다 되도록 잠 못 이루며,
悵盤桓以反側.	엎치락 뒤치락일 뿐이다.[133]

　이「登樓賦」는 感傷의 情調가 뛰어난 작품이다. 漢代 말기의 빈번한 전란에 피폐해진 백성들은 고통을 당하고 王粲 자신은 난리를 피해 荊州에서 십 수 년 동안 있었으나, 중용되지 못하고 이리저리 떠도는 가운데 고향에 대한 그리움과 자신의 재능을 펼 기회를 얻지 못하는 것에 대한 침울한 심정을 쓴 것이다.「登樓賦」는 중간에 2번 換韻하여 3단락으로 구분된다. 첫째 단락에서는 산성의 樓에 올라 눈을 크게 뜨고 사방을 바라보며, 주변의 경물을 통해서 자신의 우울한 심정을 펴고, 둘째 단락에서는 고향에 돌아가고픈 심정을 읊고 있는데, 난리를 피해 멀리 남방까지 와서 십 수 년을 보낸 심정을 읊고 있으며, 셋째 단락에서는 懷才不遇한 感慨를 술회하고 있다. 이렇듯「登樓賦」는 寫景과 抒情이 잘 어우러져 매우 깊은 詩境을 담고 있다.
　이것은 그때까지 漢賦가 사실이나 사물을 장황하게 읊어 복잡다단하게 묘사하던 것을 주로 하던 병폐를 완전히 씻은 것으로 抒情小賦의 예술적 경지를 새로이 연 것이라고 할 수 있다. 즉,「登樓賦」는 경물을 빌어 자신의 심정을 읊으며, 그러한 가운데 자신의 심정이 경물에 자연스레 자리하였으니, '情景交融'의 경지를 잘 실현했다고 할 수 있다.

---

133) 王粲 撰, 張溥 編,『王侍中集』(『漢魏六朝百三名家集』제2책 121쪽)

그러므로 王粲의 賦에 대하여 曹丕가 『典論·論文』에서는 "王粲은 辭賦에 뛰어나다.(王粲長於辭賦.)"134)라고 하였고, 「與吳質書」에서 "王粲은 유독 辭賦에 뛰어나다.(仲宣獨自善於辭賦.)"135)라고 하였고, 劉勰이 『文心雕龍·才略』에서 "詩나 賦를 들자면, 建安七子 가운데에서 으뜸이라 할 만하구나.(摘其詩賦, 則七子之冠冕乎.)"136)라고 한 평은 근거가 없는 것이 아니다.

謝靈運 역시 산수를 좋아하여 늘 깊은 산에 들어가 명승지를 찾아 다니며 감흥이 있을 때마다 시가를 지어 불러서 중국시사에서 山水詩를 처음으로 열었다고 할 수 있다. 그래서 『文心雕龍·明詩』에서 謝靈運으로 대표되는 宋初 문단의 특징을 설명하여 "宋代 초기의 작품들은 … 내용은 반드시 대상의 모습을 완전히 묘사하고, 표현은 반드시 온 힘을 다하여 새로움을 추구한다.(宋初文詠, … 情必極貌以寫物, 辭必窮力而追新.)"137)라고 하였으니, 이것은 바로 謝靈運의 시풍을 일컬은 것이다. 謝靈運의 "情必極貌以寫物, 辭必窮力而追新."한 山水詩는 당시 매우 영향력이 컸다.138) 그때까지 다른 시인들에 의해서 산수를 유람하면서 경치를 읊은 시가 없었던 것이 아니지만, 謝靈運에 와서야 비로소 자연계의 경물이 주요한 審美 대상으로서 묘사 대상이 되었으며, 그 산수의 아름다움이 시가의 주요한 내용이 되었다. 게다가 시인 자신의 사상과 감정이 객관의 산수 경물 안에 의탁되기 시작했던 것이 謝靈運에게서 비롯되었다고 할 수 있다.

그리하여 淸代 王夫之 역시 謝靈運을 평하여 "표현된 감정은 괜한 것이 아니어서 모두 경치로 그려질 수 있으며, 그려진 경치가 단순한

---

134) 曹丕 撰, 張溥 編, 『魏文帝集』 卷1(『漢魏六朝百三名家集』 제1책 736쪽)
135) 曹丕 撰, 張溥 編, 『魏文帝集』 卷1(『漢魏六朝百三名家集』 제1책 727쪽)
136) 劉勰 撰, 戶田浩曉 譯註, 『文心雕龍』 637쪽
137) 劉勰 撰, 戶田浩曉 譯註 , 『文心雕龍』 86쪽
138) 沈約 撰, 『宋書·謝靈運傳』 1754쪽 : "每有一詩至都邑, 貴賤莫不競寫, 宿昔之間, 士庶皆徧, 遠近欽慕, 名動京師."

경치이기만 한 것이 아니어서 경치 속에 늘 감정이 담겨 있다.(情不虛情, 情皆可景, 景非滯景, 景總含情.)"라고 하였다.139) 이것은 謝靈運의 山水詩에는 '감정을 가지고 경물을 묘사하고(以情寫景),' '경물을 빌어서 감정을 서술하는(借景抒情)' 情景交融의 寫作 수법이 잘 어우러져 감동을 더해 주고 있다는 것이다. 그러한 면에서 謝靈運의「登池上樓」는 王粲의「登樓賦」와 많이 닮았다.

　　……
　　進德智所拙,　벼슬에 나서니 지혜가 보잘 것 없고,
　　退耕力不任.　물러나고 보니 밭 갈기에는 힘이 부친다.
　　徇祿反窮海,　벼슬살이하러 이 궁벽한 바다까지 와서
　　臥痾對空林.　병들어 누워 빈 숲만 바라본다.
　　衾枕昧節候,　이불 덮고 누워만 있으니 시절을 알지 못해,
　　褰開暫窺臨.　거두고 일어나 문득 바라다본다.
　　傾耳聆波瀾,　귀 기울여 물결 이는 소리 듣고,
　　擧目眺嶇嶔.　눈을 치켜 떠 높은 산 바라본다.
　　初景革緖風,　봄날의 풍경 겨울 끝자락을 거두고,
　　新陽改故陰.　새로 난 볕 지난 겨울 분위기를 바꾼다.
　　…
　　索居易永久,　헤어져 살 때에는 오래도록 지속될까 했었는데,
　　離羣難處心.　떨어져 살다보니 마음을 추스르기 어렵다.
　　持操豈獨古,　지조를 지킨 것이 어찌 옛 분들뿐이겠나.
　　無悶徵在今.　아무 번민 없는 이가 여기에 있다.140)

이것 역시「登樓賦」처럼, 3단락으로 나뉘어서 전반부는 시인이 관직에 나아가서는 적응을 못하고 물러나 있는 것도 제 직분이 아니라는 것을 느끼는 모순된 심리 상태와 永嘉로 쫓겨 간 불만의 심정을 펴고,

---

139)『古詩評選』卷5 : 劉心明 譯註,『謝靈運詩選』6쪽, 巴蜀書社, 1994. 재인용
140) 謝靈運 撰, 張溥 編,『謝康樂集』(『漢魏六朝百三名家集』제3책 372쪽)

중반에서는 謝靈運이 오랜 병을 겪고 樓에 올라 창 밖의 짙은 봄기운을 맞지만, 고향에 대한 그리움만 더한다는 것이고, 마지막 부분에서는 자신의 고독감을 떨어버리고 이제는 더 이상 번뇌하지 않겠다는 내용이다.

王粲과 謝靈運에게 있어서 다른 점이 있다면 산수 자연을 보고 느낀 점에 있어서 謝靈運이 "아무 번민 없는 이가 여기에 있다."라고 하였고, 애상의 감정이 풍부했던 王粲이 "엎치락 뒤치락일 뿐이다."라고 마무리 한 것에 비하여 좀더 적극적인 태도를 취하고 있다는 것이지만, 경물을 대상으로 자신의 불우한 심정의 술회를 시도한 것에는 王粲과 謝靈運의 계승 연원 관계가 있다고 볼 수 있겠다. 이렇듯 謝靈運이 『擬魏太子鄴中集詩』에서 曹丕와 王粲의 의작시를 맨 앞에 둔 것은, 謝靈運 자신의 심정을 의탁했던 것과 山水詩 개창의 모범으로 王粲을 본받고자 했던 의도가 반영한 것이 아닌가 추론할 수 있을 듯하다. 만약 그러하다면, 謝靈運 자신의 문학적 취향이나 특색까지도 여기에서 살펴 볼 수 있을 것이며, 그런 배열에 그들 문학의 풍격상 공통점이 반영되었다고 하겠다. 중국 시문학사에서 山水詩의 開祖인 謝靈運이 王粲에게서 연유하였다는 언급은 없지만, 王粲의 '以情寫景'과 '借景抒情'한 사작 수법은 謝靈運의 "情必極貌以寫物, 辭必窮力而追新."한 사작 태도와 통하며, 이 의작시에서 王粲을 曹丕 다음에 두어 의작할 만큼 비중 있게 간주했다는 것을 볼 때, 역시 그들의 연원 관계를 완전히 부정하지는 못한다고 하겠다.

따라서 謝靈運의 『擬魏太子鄴中集詩』는 建安文學의 주요 문학 특징인 慷慨한 建安文學의 풍격을 외면한 채 단순히 吟風弄月의 연회나 조씨 정권에 아부하는 시편을 모아 의작한 것만은 아니라는 것이며, 南朝 宋代 문단이 분위기와 山水詩를 연 謝靈運 개인의 정치적인 처지와 문학 의식이 반영된 것이라고 볼 수 있겠다.

제2장 建安文壇의 主要 作家

1. 建安文壇의 領袖 - 三曹와 曹叡

(1) 建安文壇의 창시자 - 曹操

劉勰은 『文心雕龍・才略』에서 建安文壇이 후세에까지 일컬어지게 된 원인에 대하여,

> 宋代 이후 사람들이 문인을 칭찬할 때도 建安年間을 드는 것은 어째서인가. 그것은 建安年間에는 문학을 받들던 성대한 시대이며, 재능 있는 문인들이 수도에 불려지는 좋은 기회를 맞았기 때문이 아니겠는가? (宋來美談, 亦以建安爲口實, 何也, 豈非崇文之盛世, 招才之嘉會哉.)[1]

라고 하였고, 『三國志・魏書・武帝紀』에서는,

> 建安 16년 봄 正月에 천자는 公(曹操)의 세자 曹丕에게 명하여, 五官中郞將에 임명하여, 관리를 두게 하고, 丞相副로 삼았다.(十六年春正月, 天子命公世子丕爲五官中郞將, 置官屬, 爲丞相副.)[2]

라고 하여, 建安文壇이 문학이 성대하며, 재능 있는 문인들이 좋은 기

---

1) 劉勰 撰, 戶田浩曉 譯註, 『文心雕龍』 645쪽
2) 陳壽 撰, 裵松之 注, 『三國志』 34쪽, 中華書局, 1982

회를 맞은 때라고 하였다. 鈴木修次는 이 기사에 착안하여서, 曹丕가 五官中郞將에 임명된 시기 즉 建安 16년(211), 이때부터 建安文壇이 형성되었다고 보았다.3) 이러한 견해에는 鈴木修次가 다음의 2가지 사실을 간접적으로 인정한다는 것이다. 하나는 建安文壇의 영수가 曹丕였다는 것이며, 하나는 建安七子가 曹氏 휘하에 들어가기 전의 활동은 建安文壇과의 관계를 떼어놓고 본다는 것이다.

그렇지만, 曹植의「與楊德祖書」에서,

이 때에 사람들은 스스로 일컫기를 隋侯의 구슬을 지녔다고 하고, 모두들 스스로 일컫기를 和氏의 구슬을 지녔다고 했다. 우리 왕께서는 이에 하늘을 덮을 만한 그물을 치셔서 사방팔방을 살펴 그들을 거두시니, 오늘날 이 땅에 모여들게 되었다.(當此之時, 人人自謂, 握靈蛇之珠, 家家自謂, 抱荊山之玉. 吾王於是設天網以該之, 頓八紘以掩之, 今悉集茲國矣.)4)

라고 하였다. 여기에서 '吾王'은 바로 曹操를 말하는 것이니, 建安文壇을 거두고 이끈 것은 曹操의 힘과 의지에서 가능했다고 말하는 것이다.

建安文壇의 형성이 언제 시작되었는가에 대해서, 鈴木修次의 建安 16년 설은 孔融이 이미 죽은 다음 曹丕를 중심으로 문인집단이 형성되었다는 의미이기도 하다. 하지만 建安七子가 曹氏 일가로부터 초빙을 받기 전에 있었던 문학 활동이나 작품에 대한 가치 또한 무시해서는 안 된다. 왜냐하면 曹植의「與楊德祖書」에서,

옛날 仲宣 王粲은 漢水의 남쪽에서 독보적이었다. 孔璋 陳琳은 黃河의 북쪽에서 느긋하게 명성을 날렸고, 偉長 徐幹은 靑州에서 명성을 날렸고, 公幹 劉楨은 동쪽 지방 끝에서 文彩를 떨쳤고, 德璉 應瑒은 魏 북쪽 땅에서 자취를 남겼는데, 그대는 이 수도에 높이 우러를 만하다.(昔

---

3) 鈴木修次 著,『漢魏詩の硏究』459쪽, 大修館書店, 1967
4) 曹植 撰, 張溥 編,『陳思王集』(『漢魏六朝百三名家集』제2책 38쪽)

仲宣獨步於漢南, 孔璋應揚於河朔, 偉長擅名於靑土, 公幹振藻於海隅, 德璉發跡於北魏, 足下高視於上京.)[5]

라고 한 것에서 알 수 있듯이, 建安七子가 曹氏 휘하에 모여들기 전 이전부터 작품 활동을 했으며, 나름대로 문학적인 성취를 이루었던 것이 분명하다. 왜냐하면 建安七子들이 曹操에게로 오기 전에 각기 위에서처럼 文名을 날렸기 때문에 曹氏 일가에게 초빙되어 관리가 될 수 있었기 때문이다. 그러므로 그들이 曹氏 휘하에 모인 다음부터 建安文壇이 형성되었다고 하는 것에는 문제가 있다. 曹氏 휘하에서의 문단활동이 시작되었다고는 할 수 있지만, 흔히 말하는 建安風骨로 특징지어지는 建安文學의 시작을 의미하는 것은 아니다.

그리고 위의 鈴木修次의 설에 의하면, 建安文壇은 建安 16년 曹丕에 의해 형성되었으니, 曹丕를 建安文壇의 영수라고 한 것도 크게 틀리지 않다. 그러나 建安文壇을 연 이는 曹操라고 봐야 한다. 曹操의 문학적인 열정에 대하여 『三國志 · 魏書 · 武帝紀』에 『魏書』를 인용하여,

文武를 함께 폈으며, 군대를 통솔하기를 30여 년 동안 손에서 글을 떼어놓지 않았다. 낮에는 무예의 계책을 궁리하고, 밤에는 儒家의 경전을 궁구했다. 높은 곳에 오르면 반드시 賦를 짓고 새로운 시를 지으면, 모두 관현악기의 음악을 곁들여서 어울리는 노래가 되었다.(文武幷施, 御軍三十餘年, 手不捨書, 晝則講武策, 夜則思經傳, 登高必賦, 及造新詩, 被之管絃, 皆成樂章.)[6]

라고 하였다. 曹操는 낮에는 문신과 무인들을 모아놓고 군사에 관한 연구를 하고 밤에는 詩文을 엮어서 저작을 하는 데에 열심이었다. 이렇듯 曹操는 뛰어난 장군이었으며, 정치가이면서도 창의력이 풍부한

---

5) 曹植 撰, 張溥 編, 『陳思王集』 卷1(『漢魏六朝百家三名集』 제2책 38쪽)
6) 陳壽 撰, 裵松之 注, 『三國志』 54쪽

문학가이기도 했다. 그리하여 建安文壇의 형성은 曹操에 의해서 시작될 수 있었던 것이며, 그 文壇의 주도적인 역할은 曹丕·曹植과 建安七子가 보좌했다고 할 수 있다.

曹操는 특히 능력 있는 문인을 몹시 아꼈다. 그래서 建安 15년(210)에「求賢令」을 내어 쓸만한 인재를 불러 모았다.「求賢令」에서,

> 예로부터 천명을 받고 나라를 중흥시킨 임금으로서 어찌 일찍이 賢人이나 군자를 얻어서 함께 천하를 통치하지 않은 이가 있는가! … 여러분은 나를 도와 낮은 지위에 있는 사람들일지라도 추천하시오. 오직 재능만을 볼 것이니, 나는 그런 이를 기용할 것이오.(自古受命及中興之君, 曷嘗不得賢人君子與之共治天下者乎 … 二三子其佐我明揚仄陋, 唯才是擧, 吾得而用之.)[7]

라고 했으며, 그의「短歌行」에서는 전쟁에 찌들고 분열된 세상을 구해보고자 하는 의지와 그러기 위해 자신이 믿고 의지할 만한 인재를 찾고 있다고 했다. 曹操가 이토록 인재들을 자신의 곁에 두고자 했던 것은 曹操 자신은 원래 별로 대단치 않은 집안 출신이었으므로 그들을 배경으로 자신의 지위를 더욱 공고히 하여 당시 문벌귀족들에 대항하고자 했던 이유도 있다.[8] 曹操는 建安七子에게 관직을 주었고, 그것을 통해서 그들의 文壇 활동도 가능했던 것이다. 그리고 曹操도 魏王이라는 직위를 통해 建安文壇을 유지할 수 있었다.

曹丕가 임명받았던 五官中郞將이 문인들만을 관할하는 벼슬이 아닌 것이기는 하겠으나,『三國志』에서 밝힌 대로 "置官屬, 爲丞相副."라고

---

7) 曹操 撰, 張溥 編,『魏武帝集』(『漢魏六朝百三名家集』제1책 649쪽) : 曹丕『典論・自序』(『魏文帝集』卷1,『漢魏六朝百三名家集』제1책 733쪽)에도 이와 비슷한 내용이 있다. "上雅好詩書文籍, 雖在軍旅, 手不釋卷, 每每定省從容, 常言, 人少好學則思專, 長則善忘, 長大而能勤學者, 唯吾與袁伯業耳."
8) 顧農 著,「王粲論」111쪽,『天津師大學報』1992

한 만큼 당시의 문인들을 이끌었을 가능성은 충분하다고 할 수 있겠다. 그러니 建安文壇의 시작은 曹操에 의해서였으며, 曹操가 죽은 후에야 曹丕에 의해 주도됐다고 할 수 있겠다.

(2) 建安文壇의 실질적인 영도자 — 曹丕

曹操가 建安文壇의 창시자였다면, 建安文壇의 실제적인 영수는 曹丕였다. 曹操는 建安文壇을 건립했다고 할 수 있으나, 曹操는 장군으로서 中原의 통일 업무에 힘쓰느라 아무래도 建安文壇에 함께 할 겨를이 없었으며, 建安文學의 집대성자인 曹植은 曹丕의 등극 이후 측근 문인들이 죽거나 처형되는 등 실질적인 영향력을 행사하지 못했기 때문에 建安文壇의 실제 영수는 曹丕였다고 할 수 있다. 曹丕의 개인적인 자질에 대해서『三國志・魏書・文帝紀』에서는,

> 처음에 文帝는 문학을 좋아하여 글 쓰는 것에 힘써서 스스로 지은 것이 백여 편이나 되었다. 그리고 여러 학자들에게 시켜서 經傳을 편찬하게 했고, 좋아하는 이들과 함께 어울리며 글을 지은 것이 천여 편이나 되는데, 「皇覽」이라고 했다. 評에 文帝는 천부적으로 문학적인 수사에 뛰어나서 붓을 들면, 문장이 이루어졌다. 널리 배우고 열심히 익혀 재주와 능력을 모두 갖추었다.(初, 帝好文學, 以著述爲務, 自所勒成垂百篇. 又使諸儒撰集經傳, 隨類相從, 凡千餘篇, 號曰皇覽. 評曰, 文帝天資文藻, 下筆成章, 博聞彊識, 才蓺兼該.)9)

라고 하였다. 이것에서 建安時期 文壇의 한 면모로서 曹丕가 태자였을 당시 그가 시문을 짓는 데에 얼마나 힘썼는가를 알 수 있다.10) 그리고 謝靈運이 曹丕의『鄴中集』11)을 모작한『擬魏太子鄴中集詩』의 幷序에서

---

9) 陳壽 撰, 裴松之 注,『三國志』88・9쪽
10) 徐堅 等撰, 楊家駱 主編,『初學記』卷10 270쪽, 鼎文書局, 1976 : "爲文帝集曰, 魏太子時北園及東閣講堂. 幷賦詩. 命王粲劉楨阮瑀應瑒等同作."

말했듯이,12) 이 서문을 통해서 建安年間 당시 文壇의 정황도 알 수 있다.13)

그리고 曹丕의 「與吳質書」에서도 建安年間 당시 文壇의 자유롭고도 성대한 분위기를 알 수 있다.14) 이 연회가 열린 時期는 曹丕가 五官中郞將이 되고, 丞相副에 올랐던 때로서 曹操의 후계자 자리를 굳혔던 때이다. 그래서 曹丕가 자신의 세력을 과시하기 위해 열었던 연회이다. 아마도 이전 시대에는 없었을 南皮의 모임에 모인 이들이 자유롭게 諸子百家를 논하고, 바둑을 두는 등 하고픈 대로 마음껏 누리는 즐거움으로 가득했다는 것을 알 수 있다.

심지어는 曹丕가 劉楨에게 廓落帶를 주면서 그를 희롱하듯 글을 보냈는데, 劉楨은 역시 이에 답신하면서, 교묘한 비유를 들어 曹丕를 비꼬았다. 그래서 여러 문인들이 놀라워했지만, 曹丕는 오히려 즐거워했다.15) 이 일화는 劉楨의 성격이 '氣褊'하다는 것을 보여주는 것이기도

---

11) 『鄴中集』은 曹丕가 鄴都에서 휘하의 문인들과 시문을 주고받은 작품을 모아 편집한 詩集이다.

12) 謝靈運 撰, 張溥 編, 『謝康樂集』 卷2(『漢魏六朝百三名家集』 제3책 379쪽) : 謝靈運이 『鄴中集』을 지은 曹丕의 입장에서 曹丕가 태자로 있던 시절의 상황을 묘사한 것. "建安末, 余時在鄴宮. 朝遊夕讌, 究歡愉之極. 天下良辰美景, 賞心樂事, 四者難幷. 今昆弟友朋, 二三諸彦, 其盡之矣. 古來此娛, 書籍未見何者, 楚襄王時, 有宋玉唐景, 梁孝王時, 有鄒枚嚴馬, 遊者美矣, 而其主不文. 漢武帝徐樂諸才, 備應對之能. 而雄猜多忌. 豈獲晤言之適. 不誣方將, 庶必賢於今日爾. 歲月如流, 零落將盡. 撰文懷人, 感往增愴."

13) 아울러서 謝靈運이 "그 임금들이 문학을 좋아하지 않았다.(其主不文.)"라고 하여, 謝靈運 당시의 宋武帝와 文帝를 비꼰 부분이라고 알려져 나중에 謝靈運이 처형된 것과도 관련이 있다. 이것에서 謝靈運 자신은 建安年間에 建安七子가 만났던 문학 중흥의 시대를 얼마나 그리워했는지 알 수 있다.

14) 曹丕「又與吳質書」(『魏文帝集』 卷1, 『漢魏六朝百三名家集』 제1책 727쪽)에서도 "昔日游處, 行則連輿, 止則接席, 何曾須臾相失. 每至觴酌流行, 絲竹幷奏, 酒酣耳熟, 仰而賦詩. 當此之時, 忽然不自知樂也. 謂百年已分, 長共相保, 何圖數年之間, 零落略盡, 言之傷心."라고 했다.

15) 陳壽 撰, 裵松之 注, 『三國志』 601쪽 : '典略'을 인용하여 "… 此四寶者, 伏朽石之下, 潛汙泥之中, 而揚光千載之上, 發彩疇昔之外, 亦皆未能初自接於至尊

하지만, 曹操가 문인을 얼마나 아꼈는지도 말해주는 것이다.

그밖에도 王粲이 曹操를 모시고 있을 때에 자신에 대한 대접이 후한 것에 기뻐하며, 曹操가 獻帝를 보좌하는 것을 찬양한 「公讌詩」에서는 "중히 대접받는 것이 이미 지나치니, 본분을 지켜야지 어찌 거스를 수 있나.(見眷良不翅, 守分豈能違.)"라고 했고, 劉楨이 연회가 끝난 다음 西園에 있으면서 芙蓉池를 둘러싼 풍물에 푹 빠진 정취를 마음이 맞는 사람들과 함께 감상하는 즐거움이 가득함을 서술한 「公讌詩」에서는 "하루 종일 놀러 다니고 보니, 즐거움이 다 가시지 않는다.(永日行遊戲. 歡樂猶未央.)"라고 한 것에서도 당시 자유롭고도 풍요로운 建安文壇의 면모를 살펴볼 수 있다.

그런데 建安文壇의 문인 특히 建安七子들이 모두 위의 연회에서 말하고 있는 것과 같은 영광을 계속 받지는 못했다. 建安七子 가운데 나중에 孔融과 劉楨은 무고하게 죽음을 당했으며, 徐幹의 경우 曹操에게 초빙을 받아 갔지만, 상당 기간 동안 인정을 받지 못하기도 했다. 曹植이 徐幹의 그러한 처지를 안타까워하여 지은 「贈徐幹詩」에,

......
寶棄怨何人,　보물을 버린들 누구를 원망하리요,
和氏有其愆.　和氏가 잘못한 것이지.
彈冠俟知己,　冠을 털어 자기 알아줄 이를 기다리는데,
知己誰不然.　자기 알아주는 이 누구도 그러하지 않네.
良田無晚歲,　좋은 밭에는 늦게 열매 맺는 일이 없고,
膏澤多豐年.　기름진 밭에는 매년 풍년 드는 법이다.
亮懷璠璵美,　옥구슬 같이 아름다운 덕을 마음에 품고,
積久德愈宣.　오래도록 쌓아두니 더욱 훌륭하다.
親交義在敦,　가까운 교제는 마땅히 돈독해야 하는 것인데,

也. 夫尊者所服, 卑者所俗也, 貴者所御, 賤者所先也. 故夏屋初成而大匠先立其下, 嘉禾始熟而農夫先嘗其粒. 恨楨所帶, 無他妙飾, 若實殊異. 尙可納也."

申章復何言. 무슨 말을 더하겠나.16)

라고 했듯이, 徐幹은 상당기간 인정을 받지 못한 채 있었던 것으로 묘사되어 있다. 그러나 孔融이 少府를 맡아 九卿의 하나가 되었으며, 王粲은 侍中을 맡았고, 나머지 다섯 사람은 직위는 비록 높지 않았지만, 그들이 맡았던 司空軍師祭酒・丞相主簿・丞相椽屬과 같은 벼슬은 曹操와 가까이 지낼 수 있는 자리였던 만큼 비교적 요직이었다고 할 수 있다. 그러므로 沈德潛(1673~1769)이 『古詩源・例言』에서 "鄴下의 여러 문인들은 각자 일가를 이루었다.(鄴下諸子, 各自成家.)"17)라고 한 것처럼, 각자가 시문학의 한 영역을 개척하였다고 할 수 있다. 그리하여 建安七子들이 曹氏 일가에 귀의하면서 문인으로서의 대우와 영광으로 빛나는 建安文壇을 이룩하였다. 그런데 建安七子가 曹氏 일가에로 귀의하기 전의 상황에 대해서 기술하고 있는 자료로는 曹植의 「與楊德祖書」에서 뿐이니, 아쉽게도 建安七子의 시편이 충분히 남아 있지 않아 曹氏 일가에 귀의하기 전에는 각자 어떠한 상황에서 문학 활동을 했는지에 대해서는 자세히 알려져 있지 않다. 단지 현재 남아있는 몇 편을 가지고 추정할 수 있는 것은 그들이 曹氏 일가에 귀의하기 전과 귀의한 후의 詩文風이 확연히 다르다는 것이다. 그것의 이유는 앞에서도 밝혔듯이 그들의 정치적・사회적인 환경의 변화에서 온 것이다.

(3) 建安文壇의 집대성자 - 曹植

曹植은 魏武帝 曹操의 아들이자 文帝 曹조의 동생으로서 建安文壇을 이끈 三曹의 한 사람이며, 중국문학사에서 漢代 이후 唐代에 杜甫가 나오기까지 최고의 시인이라고 불리는 것에 조금도 손색이 없을 만

---

16) 曹植 撰, 張溥 編, 『陳思王集』(『漢魏六朝百家三名集』 제2책 84쪽)
17) 沈德潛 選, 『古詩源』 2쪽, 中華書局, 1993

큼 문학적 재능과 업적이 매우 뛰어나다.[18]

위와 같은 최고의 평가는 특히 南朝 梁代 鍾嶸의 『詩品』에서 비롯되었다고 할 수 있다. 鍾嶸은 『詩品』의 서문[19]에서 曹植을 평하기를 '建安文壇의 으뜸(建安之桀)'이며 '문장의 성인(文章之聖)'이라 하였고, 또 曹植의 五言詩 「贈弟篇」에 대해서는 '五言詩 가운데 놀랄 만한 것(五言之警策者)'이라고 극찬하였을 뿐만 아니라 曹植을 上品에 두어서 평하기를,

> 그 근원은 國風에서 나왔다. 骨氣(내용이 되는 정신)가 매우 뛰어나며 詞彩(표현의 아름다움)는 아름다움이 그득하다. 감정은 바르면서도 격앙되기까지 하다. 문체는 세련미(文)와 질박함(質)을 갖추고 있다. 찬란함이 예나 지금까지 넘쳐흘러 누구도 따르지 못한다. 아아, 曹植의 문장은 人倫에 있어서 周公과 孔子에 비유된다.(其源出於國風, 骨氣氣高, 詞彩華茂, 情兼雅怨, 體被文質, 粲溢古今, 卓爾不群, 嗟乎陳思之於文章也, 譬人倫之有周孔,)[20]

라고 하여, 문학에 있어서 曹植을 孔子와 周公과 같은 성인에 비유할 만큼 더 이상의 극찬이 있을 수 없을 정도로 曹植의 문학사적 지위와 의의를 한껏 높여 놓았다.

劉勰의 『文心雕龍』에서도 예외가 아니게 "장점을 모두 갖춘 이는 曹植과 王粲이다.(兼善則子建仲宣.)"(「明詩」), "曹植의 表는 여러 인재 가운데 단연 돋보인다.(陳思之表, 獨冠群才.)"(「章表」), "曹植은 여러 재주 있는 이 가운데 으뜸이다.(陳思群才之英也.)"(「事類」), "曹植의 문장은 여러 재주 있는 문인 중에서도 뛰어나다.(陳思之文, 群才之俊也.)"(「指瑕」)

---

18) 沈德潛 選, 『古詩源』 111쪽 : "子建詩五色相宣. 八音郎暢. 使才而不矜才. 用博而不呈博. 蘇李以下. 故推大家. 仲宣公幹. 烏可執金鼓而抗顔行也."
19) 鍾嶸 撰, 陳延傑 注, 『詩品注』 1~10쪽, 開明書局, 1964
20) 鍾嶸 撰, 陳延傑 注, 『詩品注』 13쪽

라고 하는 등 曹植을 매우 높게 평가하였다. 이렇듯 鍾嶸과 劉勰의 평을 통해서 曹植이 과연 중국문학사에서 차지하는 위치를 가히 짐작하기에 부족함이 없다고 할 수 있다.

그런데 鍾嶸의 『詩品』이 시 방면에서 구체적으로 曹植을 평하였다고는 하지만, 『詩品』이 시 전문 품평서인 만큼 이것 역시 曹植의 문학 전체를 체계적으로 궁구했다고 하기에는 미흡한 면이 없지 않으며, 鍾嶸은 자신의 개인적인 기호에 따라서 曹植을 상품에 두어서 曹植에게 극단적인 찬사를 보낸 인상이 짙다.[21]

이에 반하여 종합적인 문학이론서인 『文心雕龍』에서는 劉勰의 체계적인 문학관을 통해 曹植을 여러 방면에 걸쳐서 평하고 있으므로 그 어떤 비평보다도 완정하게 曹植의 문학 세계를 평가했다고 할 만하다.

게다가 劉勰은 기본적으로는 鍾嶸과 마찬가지로 曹植을 긍정적으로 평하면서도 曹植의 부족한 점까지도 함께 지적하고 있는 만큼 曹植의 문학과 그의 문학 세계를 공정하게 이해하는 데에 중요한 징검다리가 될 것이라는 가정이 성립하게 된다.

이번 장에서는 이런 때문에 劉勰의 『文心雕龍』에서 曹植의 문학관 및 작품들을 논평한 것들을 검토해 봄으로써 曹植의 문학세계를 이해하는 한 방편이 되고자 한다.

劉勰이 『文心雕龍』에서 曹植 또는 曹植의 글에 대해 언급한 것은 모두 27번이다. 우선 劉勰은 「明詩」에서 建安年間의 문단 상황과 문학 특징을 개괄하면서 曹植을 당시 문단을 대표하는 최고 자리에 두는 것에 주저하지 않았다.

> 建安年間 초기가 되자, 五言詩가 성행했다. 魏文帝와 陳思王 曹植 두 사람은 마치 마차의 고삐를 여유롭게 쥐고 마음대로 내달리듯 했다. 王

---

21) 鈴木修次 著, 『漢魏詩の研究』 664~667쪽, 大修館書店, 1967

粲・徐幹・應瑒・劉楨 등도 서로 앞을 다투듯 내달았다. 그들은 세월을
아끼고 못에 핀 꽃을 즐겼으며, 그들이 받은 은혜와 영광을 서술하고,
연회도 묘사했다. 격앙되어서는 의기에 따라 노래 부르고, 자질구레한
것에는 대범하게 개의치 않고 자신의 재주를 뽐냈다.(暨建安之初, 五言
騰踊. 文帝陳思, 縱轡以騁節, 王徐應劉, 望路而爭驅, 並憐風月, 狎池苑,
述恩榮, 敍酣宴, 慷慨以任氣, 磊落以使才.)22)

라고 하여, 曹植이 그의 형 曹丕와 함께 당시 전쟁으로 피폐한 사회
때문에 형성되었던 慷慨한 문학풍격의 실질적인 영수라고 했다. 鍾嶸
이 曹植을 당시 建安文壇의 최고로 인정하였던 것처럼, 劉勰 역시 曹
植이 당시 문단에서 차지했던 비중을 전적으로 인정하고 있음을 알 수
있다.

이와 같이 최고의 평가를 받은 曹植에 대하여 劉勰은 『文心雕龍』에
서 산발적으로 비평하고 있는데, 그것들을 문체, 창작수사, 문학비평의
세 부문으로 나누어서 劉勰의 曹植에 관한 문학적 판단과 평가는 무엇
인지에 대하여 알아보고자 한다.

가. 文體 方面의 評

鍾嶸이 『詩品』에서 曹植을 上品에 두어 孔子나 周公에 비유하여 문
학에 있어서 성인이라고까지 했던 것처럼, 曹植의 문학 가운데에서 가
장 두드러지는 분야는 단언 시이나. 『文心雕龍』에서는 曹植 시에 관한
평을 2번 하는데, 우선 「明詩」에서 曹植 시의 풍격을 평하기를, "張衡
은 雅함을 얻었고, 嵇康은 潤함을 머금었고, 張華는 淸함이 응축되어

---

22) 劉勰 撰, 戶田浩曉 譯注, 『文心雕龍』 600쪽 : 이와 같은 내용이 「時序」에도
있다. "自獻帝播遷, 文學蓬轉. 建安之末, 區宇方輯. 魏武以相王之尊, 雅愛詩
章, 文帝以副君之重, 妙善辭賦. 陳思以公子之豪, 下筆琳瑯. 并體貌英逸, 故俊
才雲蒸. … 觀其時文, 雅好從慷慨. 良由世積亂離, 風衰俗怨, 并志深而筆長. 故
梗槪而多氣也."

있고, 張協은 麗함을 발휘했다. 이 네 가지 장점을 모두 갖춘 이는 曹植과 王粲이다.(平子得其雅, 叔夜含其潤, 茂先凝其淸, 景陽振其麗. 兼善則子建仲宣.)²³⁾"라고 하였고, 「隱秀」에서는 曹植 시 가운데 뛰어난 시를 들어서, "曹植의 「野田黃雀行」이나 劉楨의 「亭亭山上松」은 풍격이 강건하고, 才力이 강하며, 모두 諷諭에 뛰어나다.(陳思之黃雀, 公幹之靑松, 格剛才勁, 而幷長於諷諭.)"²⁴⁾라고 하였다.

曹植 시의 풍격에 관한 평을 보자면, 曹植의 시는 張衡·嵇康·張華·張協의 장점이라고 할 수 있는 '雅潤淸麗'를 겸비하였다고 했다. 雅潤淸麗에 대하여 劉勰이 같은 편에서 설명하기를 "四言詩는 정통의 시체로서 雅潤함을 근본으로 삼고, 五言詩는 매끄러운 가락으로서 淸麗함을 으뜸으로 삼는다.(四言正體, 則雅潤爲本, 五言流調, 則淸麗居宗.)"²⁵⁾라고 한 것처럼, 曹植 시는 雅潤한 四言詩와 淸麗한 五言詩의 장점을 모두 아울렀다는 것이다.

雅潤이란 즉 雅致溫潤함으로써 高雅한 意趣와 溫和한 부드러움을 말하는 것이다. 이것에 대해서 摯虞는 「文章流別論」에서 "저『詩經』은 비록 感情과 意趣로서 바탕으로 삼았으면서도 완정한 성률로서 마디를 삼았으니, 고아한 운치로서 4언으로 정통의 시체가 된 것이다.(夫詩雖以情志爲本, 而以成聲爲節. 然則雅音之韻, 四言爲正.)"²⁶⁾라고 하였고, 劉勰은 「章句」에서 "『詩經』의 시나 訟體 같은 일반적인 격식은 4언을 위주로 한다.(至於詩訟大體, 以四言爲正.)"²⁷⁾라고 한 것처럼, 四言詩는 『詩經』의 시체이며, 풍격이 雅潤하다고 한 것은 시가의 내용적인 측면에서 일컬은 것임을 알 수 있다.

---

23) 劉勰 撰, 戶田浩曉 譯註,『文心雕龍』97쪽
24) 劉勰 撰, 戶田浩曉 譯註,『文心雕龍』541쪽
25) 劉勰 撰, 戶田浩曉 譯註,『文心雕龍』97쪽
26) 摯虞 著, 郭紹虞 主編,『中國歷代文論選』제1책 191쪽
27) 劉勰 撰, 戶田浩曉 譯註,『文心雕龍』475쪽

한편, 淸麗는 형식적인 수사상의 풍격 특징을 말하는 것으로 陸機가 「文賦」에서 "문장의 구상이 비단처럼 아름답게 모이고, 맑고 화려하게 빛나는 것이 마치 아름다운 비단의 빛남과 같으며, 처량한 것이 마치 거문고를 서글프게 퉁기는 것과 같다.(藻思綺合, 淸麗芊眠, 炳若縟繡, 悽若繁絃.)"28)라고 했고, 劉勰은 「定勢」에서 "章·表·奏·議와 같은 양식은 典雅에 딱 들어맞고, 賦·頌·歌·詩와 같은 양식은 맑고 아름다움을 모범으로 삼는다.(章表奏議, 則準的乎典雅, 賦頌歌詩, 則羽儀乎淸麗.)"29)라고 한 것처럼, 淸麗라 함은 '맑고 아름다운' 수사상의 특징을 말한다.

鍾嶸도 『詩品』 上品에서 曹植을 평하여, "骨氣(내용이 되는 정신)가 특히 뛰어나며, 詞彩(표현의 아름다움)는 화려한 아름다움이 그득하다.(骨氣奇高, 詞彩華茂.)"라고 하였던 것이니, 이것은 曹植의 문학이 내용과 형식을 잘 아울러서 文質彬彬의 풍격을 이루었다고 한 것이다.

즉 建安文壇의 문학 특징을 보건대 내용상으로는 『詩經』의 현실주의 정신을 따랐으며, 형식면에 있어서는 淸麗한 수사상의 풍격을 지닌 五言詩를 써서 그들의 생각을 표현하였는데, 曹植이 바로 당시 문단을 대표하고 있음을 보인 것이다.

한편, 劉勰이 曹植 시의 특징이 잘 나타나 있다고 한 「野田黃雀行」을 보면,

    高樹多悲風, 높다란 나무에 슬픈 바람이 많고,
    海水揚其波. 바닷물은 일렁인다.
    利劍不在掌, 예리한 칼 손에 쥐지 못하니,
    結友何須多. 벗 맺은 이 어찌 많을 수 있나.
    不見籬間雀, 바구니 속 참새 보지 못했는가.

---

28) 陸機 著, 郭紹虞 主編, 『中國歷代文論選』 제1책 175쪽
29) 劉勰 撰, 戶田浩曉 譯註, 『文心雕龍』 436쪽

> 見鷦自投羅.　장끼가 그물에 몸을 스스로 던지는 것이 보인다.
> 羅家得雀喜,　그물 놓은 이 참새를 잡고 기뻐하지만,
> 少年見雀悲.　소년은 참새를 보니 슬프다.
> 拔劍捎羅網,　칼을 빼들어 그물을 끊으니,
> 黃雀得飛飛.　참새 훨훨 날아가네.
> 飛飛摩蒼天,　훨훨 날아 푸른 하늘에 닿았다가는
> 來下謝少年.　내려와 소년에게 고마워한다.30)

라는 내용인데, 소년이 그물에 걸린 참새를 칼로 찢고 구해준다는 이 야기를 통해서 형 曹丕와의 권력 다툼에서 결국 패배하여 정치적인 몰락의 길을 가야 했고, 이 때문에 죽어야만 했던 자신의 벗 丁儀·丁廙 형제를 지켜봐야만 하고 아무것도 해주지 못하는 자신의 애처로운 처지에 대한 원망이 소년에게로 감정이 옮겨져서 시를 통해서나마 자신의 희망을 구현해보고자 하는 것이다. 이 시는 諷諭가 매우 독특하며 뛰어나다고 할 수 있는데, 이에 대하여 劉勰은 「野田黃雀行」이 風格의 剛健 뿐만 아니라 諷諭에도 뛰어나다 했으니, 이것은 儒家 詩論을 편 「毛詩序」에서 말했던 詩歌의 美刺와 諷諫의 효용성이 잘 발현되었다고 할 수 있는 것이며, 역시 曹植이 『詩經』의 문예전통을 잘 계승하였다는 것을 인정하는 대목이라고 할 수 있다.

그런데 「毛詩序」에서 말한 『詩經』의 美刺와 諷諫이 대개 사회로부터 연원한 興觀群怨의 실현을 위해 작용했다면, 曹植의 경우는 자신의 측근들에게 가해졌던 핍박에 대한 개인적인 불평과 불우의 서러움을 노래하고 있다는 점이 다르다고 하겠다. 建安時期의 시문이 '세상에 어지러움이 거듭되는 것으로(世積亂離)' 인해 형성된 慷慨한 詩文風을 建安風骨이라 하여 이것을 曹植이 대표한다고 했던 것인데, 이제 曹植의 시편에는 '格剛才勁'과 諷諭의 배경 원인이 사회로부터가 아니라 曹植

---

30) 曹植 撰, 張溥 編, 『陳思王集』 卷2(『漢魏六朝百三名家集』 제2책 73쪽)

자신의 정치적인 패배 때문에 자신이 겪어야 했던 개인적인 불우와 원한에까지 시의 소재가 옮겨왔다고 할 수 있으니, 이런 것들은 대체로 형식상으로는 새로운 시체인 五言詩를 채용하고 내용상으로는 여전히 『詩經』의 현실주의적 전통을 계승하였으면서 소재의 영역도 한층 발전시켜 나간 면모를 살펴볼 수 있는 단서라고 하겠다. 이것이 建安文壇과 이의 대표자인 曹植의 문학사적인 의의라고 할 수 있다.

이처럼 曹植의 시가 내용과 형식 방면에서 『詩經』의 전통과 당시 새로이 유행하게 된 五言詩의 전통을 모두 아우른 매우 이상적인 면모가 있다고 평한 데 반하여, 文 방면에서 있어서 劉勰의 曹植에 대한 평은 그다지 긍정적이지 못하다.

우선 文에 관한 『文心雕龍』에서의 曹植에 대한 평을 보자면 다음과 같다.

① 曹植이 지은 「皇子生頌」이 뛰어나고, … 잘 되고 부족한 것이 섞여 있는데, 이것은 頌體가 쇠퇴하여 본질이 변해버린 작품이다.(「頌讚」 "陳思所綴, 以皇子爲標, … 其褒貶雜居, 固末代之訛體也.")31)
② 曹植의 「誄咎文」만은 바른 내용으로 구성되어 있다.(「祝盟」 "唯陳思誥咎, 裁以正義矣.")32)
③ 曹植은 誄의 작가로서도 이름을 날렸는데, 작품의 형식은 실제로 문장이 번다하고 문풍이 실제로 느슨하다.(「誄碑」 "陳思叨名, 而體實繁緩.")33)
④ 曹植의 「客問」은 문사는 뛰어나지만, 내용은 보잘 것 없다.(「雜文」 "至於陳思客問, 辭高而理疎.")34)
⑤ 曹植의 「七啓」는 규모가 크고 굳센 방면에서 뛰어나다.(「雜文」 "陳思七啓, 取美於宏壯.")35)

---

31) 劉勰 撰, 戶田浩曉 譯註, 『文心雕龍』 134쪽
32) 劉勰 撰, 戶田浩曉 譯註, 『文心雕龍』 146쪽
33) 劉勰 撰, 戶田浩曉 譯註, 『文心雕龍』 178쪽
34) 劉勰 撰, 戶田浩曉 譯註, 『文心雕龍』 207쪽

⑥ 曹植의「辨道論」은 문체가 베껴 쓴 것과 같다.(「論說」 "曹植辨道, 體同書抄.")36)
⑦ 曹植의「魏德論」은 손님과 주인의 문답 형식을 쓰고 있는데, 그 문답의 내용은 애매모호하다. 게다가 많은 말을 했지만, 힘만 들고 성과는 적으며, 질풍 같은 격렬함이나 불꽃같은 정렬도 모두 빠져 있다.(「封禪」 "陳思魏德, 仮論客主, 問答迂緩, 且已千言, 勞深勛寡, 飈焱缺焉.")37)
⑧ 曹植의 表는 여러 재주 가운데 단연 돋보인다. 그 내용은 풍부하고 성률은 조화롭고 묘사는 맑고 뜻이 잘 드러나 있고 대상에 잘 맞추어서 기교를 구사하고 정황의 변화에 잘 맞추어서 정취를 잘 살피고 있다. 이것은 수레 고삐를 여유롭게 잘 잡고 있기 때문에 완급의 조절을 잘 할 수 있는 것이다.(「章表」 "陳思之表, 獨冠群才. 觀其體贍而律調, 辭淸而志顯, 應物製巧, 隨變生聚, 執轡有餘, 故能緩急應節矣.")38)

라고 한 것처럼, 文 방면에 있어서 劉勰의 曹植에 관한 평은 대체로 부정적이다. "頌體가 쇠퇴하여 본질이 변해버린 작품이다.(固末代之訛體也.)", "문풍이 실제로 느슨하다(體實繁緩.)", "문사는 뛰어나지만, 내용은 보잘 것 없다.(辭高而理疎.)", "문체가 베껴 쓴 것과 같다.(體同書抄.)", "많은 말을 했지만, 힘만 들고 성과는 적으며, 질풍 같은 격렬함이나 불꽃같은 정렬도 모두 빠져 있다.(且已千言, 勞深勛寡, 飈焱缺焉.)"라고 하였는데, 그나마「誄咎文」와「七啓」그리고 表가 돋보인다고 한 것 정도가 그나마 긍정적으로 평가받았을 뿐이다. 이러한 평은 曹植이 詩 방면에서 극찬을 받았던 것에 비하자면 매우 의외의 평이라고 할 수 있지만, 아무리 曹植이라고 해도 詩와 文을 모두 잘 하기는 어렵다는 것을 짐작케 하는 대목이다.

이것에서 鍾嶸이 曹植을 시 방면에서 극단적인 찬사를 아끼지 않았

---

35) 劉勰 撰, 戶田浩曉 譯註,『文心雕龍』204쪽
36) 劉勰 撰, 戶田浩曉 譯註,『文心雕龍』272쪽
37) 劉勰 撰, 戶田浩曉 譯註,『文心雕龍』319쪽
38) 劉勰 撰, 戶田浩曉 譯註,『文心雕龍』332쪽

던 것이 개인적인 취향에 의해 비평한 측면이 있다는 점과 劉勰의 평에서는 공정함을 잃지 않고자 애쓴 자취를 느낄 수 있다.

나. 創作 修辭 方面의 評

문학의 창작론이란 작가의 생각이나 느낌을 문자를 통해서 써내되, 어떻게 써낼 것인가에 대한 논의 주장이라고 할 때, 중국문학사에서 보자면 晉代 陸機에 의해서 「文賦」가 나오기 전인 曹植의 시대에는 본격적인 문학 창작론이 나오지 못했다고 할 수 있다.[39] 다만 曹植의 경우에는 문학론을 편 「與楊德祖書」에서 당시 몇몇 문인을 평하고 문학을 창작해야 하는 이유이자 목적이라고 할 수 있는 문학의 사회적 공용성에 대해서 구체적으로 논의하고 있을 뿐이며, 체계적인 문학 창작론에 대해서는 언급하고 있지 않다.

이번 절에서는 단편적이나마 창작과 관련한 曹植의 생각을 劉勰의 평 가운데에서 뽑았으며, 이것들을 창작의 준비 단계와 직접 창작에 임하는 단계로 나누어서 살펴보아 劉勰이 고찰한 曹植의 문학 창작론의 대강이나마 이해해보고자 한다.

문학 창작의 준비단계에서 작가는 어찌 자신의 생각이나 느낌을 써낼 것인가에 대한 대강의 밑그림을 마음속에 그려보는데 이것을 구상이라 하겠다. 즉, 작가는 자연계와 일반사물에 대한 감회를 언어문자로 옮길 수 있어야 하는데, 그러기 위해서는 창작대상에 대한 깊은 통찰력과 작가로서 자질을 양성해야 한다. 이것을 위해 무엇을 어찌 준비해야 하는가와 같은 것이 창작에 앞선 준비단계라고 할 수 있겠다.

우선, 劉勰이 창작에 있어서 문자의 운용에 대하여 논의한 「練字」에서

---

[39] 「文賦」는 도입부에서 "故作文賦, 以述先士之盛藻, 因論作文之利害所由, 他日殆可謂曲盡其妙."라고 했듯이, 「文賦」는 창작과 관련한 논의로 일관하고 있다.

曹植이 이르기를 '揚雄이나 司馬相如의 작품은 취지가 매우 깊어, 독자는 유식한 선생이 아니면, 그 글귀를 알 수가 없었으며, 널리 배우지 않으면, 그 이치를 이해할 수 없다.'라고 했다. 그들과 독자간의 재능이 현격히 차이가 날 뿐 아니라, 또 그들이 쓴 문자의 뜻이 매우 심오해서 그러한 것이다.(陳思稱, 揚馬之作, 趣幽旨深, 讀者非師傅, 不能析其辭, 非博學, 不能綜其理. 豈直才懸, 抑亦字隱.)40)

라고 하였는데, 이것은 曹植의 말에 의하면 훌륭한 작가란 학문수양을 통해서 작가로서의 자질 양성이 이루어졌기 때문에 깊은 이치를 담을 수 있다는 것이며, 曹植은 여기에서 작가는 그들이 가지고 태어나는 선천적인 재능에 의해서가 아니라 후천적인 학습을 통해서 작가로서의 자질을 키워 자신의 뜻을 전하는 존재라는 것을 밝혔다. 이와 관련하여서 劉勰은 또 작가마다의 고유한 문학 풍격은 어찌 생기는 것인가에 관해서 논의한「定勢」에서도 曹植의 말을 인용하여,

曹植도 이르기를 '세상의 작가들 중에 어떤 이는 잡다한 것을 널리 모아다가 문장을 번잡하게 하여서, 거기다가 문장의 내용을 깊게 하기를 좋아하기도 하고, 또 어떤 이는 분석적인 글귀를 써서 미세한 표현을 좋아하는 이도 있다. 이것은 연마하는 것이 서로 같지 않고, 힘쓰는 것이 각기 달라서이다.'라고 했다. 이것이 그들 문장에 각각 勢(풍격)가 다르다고 일컫는 것이다.(陳思亦云, 世之作者, 或煩文博採, 深沈其旨者, 或好離言辨句, 分毫析釐者. 所習不同, 所務各異. 言勢殊也.)41)

라고 하여, 작품의 고유한 문학 풍격이란 작가마다 "연마하고 힘쓰는 것이 각기 다르기(所習不同, 所務各異.)" 때문이라고 하였다. 曹植은 또「與楊德祖書」에서,

---

40) 劉勰 撰, 戶田浩曉 譯註,『文心雕龍』523쪽
41) 劉勰 撰, 戶田浩曉 譯註,『文心雕龍』439쪽

사람들은 제각기 좋아하는 것이 있다. 난초의 향기로움은 모두 좋아하지만, 해안에서 썩은 냄새를 쫓아다니는 이도 있다. 黃帝의 음악인 咸池나 顓頊이 만든 六莖樂을 모두들 좋아하지만, 墨翟 같이 그것을 비난하는 자도 있다. 어찌 다 똑같을 수 있겠나.(人各有好尙. 蘭茝蓀蕙之芳, 衆人所好. 而海畔有逐臭之夫. 咸池六莖之發, 衆人所共樂. 而墨翟有非之之論. 豈可同哉.)42)

라고 말했듯이, 曹植은 작가마다의 개성과 특성이 작품에 반영된다는 것을 인정했다. 즉, 작품의 고유한 풍격이란 작가의 기호에 따라서 각각 형성되며, 그것은 후천적인 학습과 노력에 의해서 결정된다고 한 것이다.

이것은 당시 문학론의 대표라고 할 수 있는 曹丕의 文氣論과 비교될 수 있다. 曹丕는 「論文」에서 "문장은 작가의 기질이 중요하다. 기질이 맑은가 탁한가는 타고난 것이라서 열심히 애쓴다고 이루어지는 것이 아니다.(文以氣爲主, 氣之淸濁有體, 不可力强而致.)"43)라고 하여, 문학 작품의 풍격이 각각 다른 이유는 작가마다의 각기 다른 기질과 개성이 작품에 반영되어 있기 때문이며, 氣가 그렇게 되도록 작용하는 것인데, 이 氣는 본디 淸濁의 형태로 분리 고정되어 있어서 후천적인 노력으로는 어쩔 수 없다고 했다. 그런데 文氣論과 曹植의 논의가 문학 작품의 고유한 풍격이 작가의 기호와 개성에 의해 결정된다는 생각은 같다고 할 수 있지만, 다른 점이라면 曹丕의 文氣論의 경우는 '不可力强而致'라고 하여, 文氣論이 지나치게 선천적인 기질만을 강조하여 후천적인 학습과 예술적 수양이 창작에 끼치는 영향에 대하여 소홀히 한 것이 曹丕 文氣論의 한계라는 지적을 받기도 한다.44) 이에 비하여 曹植은 '所習'과 '所務'를 통하여 그러한 작가마다의 개성이 발현된

---

42) 蕭統 編, 李善 注, 『文選』 제4책 1903쪽, 文津出版社, 1987
43) 曹丕 撰, 郭紹虞 主編, 『中國歷代文論選』 제1책 159쪽
44) 趙則誠 著, 『中國文學理論詞典』 411쪽, 吉林文士哲出版社, 1985

다는 점까지 지적하고 있으니, 오히려 曹操보다도 적극적인 문학 창작론을 펴고 있는 것이라고 볼 수 있겠다.

한편, 劉勰은 문학작품 구상의 문제를 논한「神思」에서 "曹植은 종이를 펼치기만 하면 마치 입으로 술술 외는 듯하다. … 비록 짧은 글일지라도 역시 상상력이 빠르게 작용해서이다.(子建援牘如口誦, … 雖有短篇, 亦思之速也.)"45)라고 하였고,「才略」에서도 "曹植은 구상이 면밀하고, 재능이 뛰어나다.(子建思捷而才儁.)"46)라고 하여, 曹植이 창작에 앞선 구상의 단계에서 '상상력〔思〕'을 잘 운용하였다고 지적하였다. 楊修도「答臨淄侯箋」에서 "내 그대가 글 쓰시는 것을 일찍이 뵈었는데, 종이를 받아들고 붓을 잡으면, 글이 바로 지어지는 것이 마치 마음 속에서 잘 암송하고 있는 듯했습니다.(又嘗親見執事, 握牘持筆, 有所造作, 若成誦在心, 借書於手, 曾不斯須少留思慮.)"47)라고 한 것에서 알 수 있듯이, 曹植이 문학 창작에 있어서 상상력을 잘 운용했음을 시사해 주는 대목이다.

상상력의 운용에 관해서는 일찍이『禮記·樂記』에서 문학적 상상에 관하여 언급한 것이 있는데,48) 이것은 문학적(예술적) 상상은 바깥사물에 의한 감응에서부터 생겨난다고 하는 초보적인 수준에 머물렀던 것이며, 陸機「文賦」나 劉勰의『文心雕龍』에 이르러서야 비로소 문학적 상상력에 관한 논의를 펴고 있다고 할 수 있다. 陸機와 劉勰이 문학적 상상력을 논의하면서 문학적 상상의 전제조건으로서 공통적으로 지적한 것은 유가경전의 학습과 道家的 사유방법이었다.

그런데 당시 魏代 문론의 대표라고 할 수 있는 曹丕의「論文」에서

---

45) 劉勰 撰, 戶田浩曉 譯註,『文心雕龍』399쪽
46) 劉勰 撰, 戶田浩曉 譯註,『文心雕龍』636쪽
47) 蕭統 編, 李善 注,『文選』1819쪽
48) 市原亨吉 等譯,『禮記』432쪽, 集英社, 1982 : "夫民有血氣心知之性, 而無哀樂喜怒之常, 應感起物而動, 然後心術形焉."

는 창작에 있어서 상상력과 관련한 직접적인 논의가 언급되지 않았던 것에 반해, 본격적인 문학 창작론을 논의한 陸機나 劉勰 이전에 문학적 상상력의 수양을 위한 준비로서 학습의 중요성을 언급한 것이 曹植의 문학 창작론이 갖는 문학사적 의의라고 하겠다.

구상을 마치고 창작의 단계에서 문자를 어찌 운용해야 할 것인가에 관하여는, 劉勰이 「樂府」에서 曹植의 문자 운용의 기준을 밝히면서 "曹植은 '左延年은 古樂府의 문사를 더하거나 더는 것에 뛰어나다. 번다하다면 더는 것이 마땅하다.'라고 하였는데, 이것은 간략히 하는 것이 중요함을 분명히 한 것이다.(故陳思稱, 左延年閑於增損古辭. 多者則宜減之. 明貴約也.)"49)라고 한 것처럼, 曹植은 문자의 운용에는 '간략함[約]'을 으뜸으로 삼았을 뿐만 아니라 劉勰이 창작에 있어서 수사기교에 대하여 논한 「聲律」에서는 "曹植과 潘岳의 작품은 피리를 부는 것 같은 조화로움이 있다.(陳思潘岳, 吹籥之調也.)"50)라고 한 것을 볼 때, 문학 창작에 있어서 조화로운 성률의 역할 역시 중시한 면모를 살필 수 있는 부문이다.

문자의 운용을 간략하게 하지 않아서는 '작품의 취지가 매우 깊을 수(趣幽旨深)'는 없는 것이기 때문이다. 이렇듯 간략한 문자의 운용을 통해서 작가의 심오한 뜻을 전하는 창작의 수법이 比興의 기법이라고 할 수 있다. 比興이란 「毛詩序」에서 언급하였던 것으로 『詩經』의 창작 수법을 말하는데, 이에 대해서도 曹植과 관련하여 劉勰은 「比興」에서 평하기를,

> 揚雄・班固의 무리와 曹植・劉楨을 계승한 작가들은 산과 내를 그리고, 구름과 사물을 묘사함에 늘 比의 기법을 써서 화려한 문장을 펼치고 사람의 이목을 놀라게 하는데, 이 방법을 빌려서 그런 효과를 일

---

49) 劉勰 撰, 戶田浩曉 譯註, 『文心雕龍』 114쪽
50) 劉勰 撰, 戶田浩曉 譯註, 『文心雕龍』 465쪽

> 으켰다.(至於揚班之倫, 曹劉以下, 圖狀山川, 影寫雲物, 莫不織綜比義, 以敷其華, 驚聽回視, 資此效績.)51)

라고 하여, 曹植 뿐 아니라 揚雄·班固 및 劉楨과 같이 역대의 뛰어난 작가들이 比의 수법을 잘 운용하여 그들이 의도하였던 뜻을 작품에 잘 담아 낼 수 있었다고 했다.

이 比의 기법이란 比喩法으로서 일찍이 「毛詩序」에서 말한 六義 가운데 賦·興과 더불어 창작 수사상의 한 수법으로서 직접적으로 자신의 뜻을 내보이지 않은 채 비슷한 사물에 대비하여 작자의 본뜻을 전달하고자 하는 비유의 기법이라고 할 수 있다. 이를 통해서 작가는 자신의 의도를 효과적으로 전달하고자 하는 것인데, 이것의 주된 목적은 諷諫이다. 劉勰은 「隱秀」에서 曹植의 「野田黃雀行」의 풍격이 강건한데다가 才力이 강한 것은 물론 諷諭에 뛰어나다고 인정해 주었던 것인데, 이것은 曹植이 漢代 이후 주류의 문론으로서 문학의 전반에 두루 영향을 끼쳤다고 할 수 있는 「毛詩序」의 문론 주장을 잘 이해하고 따랐으며, 建安文壇의 주된 문학 풍격인 '格剛才勁'함을 시편에 잘 실현했다는 것을 말해주는 것이기도 하다.

그런데 劉勰은 「指瑕」에서 曹植이 문자의 운용에 부적절했던 사례를 들어서

> 曹植의 문장은 여러 재주 있는 문인 중에서도 뛰어나다. 그러나 「曹操誄」에는 '존귀한 영혼이 깊숙이 숨는다.'라고 했고, 「明帝頌」에는 '성스런 신체가 가벼이 뜬다.'라고 했다. '가벼이 뜨는 것'은 나비와도 같은 것이고, '깊숙이 숨는 것'은 대개는 곤충과 매우 닮은 것이다. 지극히 존귀한 이에게 이런 말을 쓴다는 것이 어찌 타당하다고 하겠는가?(陳思之文, 群才之俊也. 而武帝誄云, 尊靈永蟄. 明帝頌云, 聖體浮輕. 浮輕有似於胡蝶, 永蟄頗疑於昆蟲. 施之尊極, 豈其當乎.)52)

---

51) 劉勰 撰, 戶田浩曉 譯註, 『文心雕龍』 497쪽

라고 하여, 아무리 뛰어난 曹植과 같은 이라고 할지라도 문자의 운용에 있어서 부적절한 면이 없을 수 없다는 것을 보여 주었으며, 비평할 것이 있다면 비평하고야 마는 劉勰의 공정한 비평의 태도도 엿볼 수 있는 부문이라고 하겠다.

다. 文學 批評 方面의 評

劉勰의 曹植에 대한 평 가운데 가장 부정적인 부문이라면 曹植의 문학 비평관에 관한 것이다. 曹植은 「與楊德祖書」에서 당시 몇몇 문인들을 평가하고 자신의 문학론을 폈다. 이에 대하여 劉勰은 「序志」에서 당시까지 나왔던 문학론들을 예시하고 각각에 대하여 하나하나 장단점을 들어서 평가하기를,

> 자세히 살펴보건대, 근래에 문장을 논의한 글들이 많다. 魏文帝 曹丕의 「典論」, 陳思王 曹植의 편지, 應瑒의 「文論」, 陸機의 「文賦」, 摯虞의 「文章流別論」, 李充의 「翰林論」 같은 것들은 각각 문학의 문제에 관해 밝힌 것이지만, 문학이라는 큰 거리에서 전체의 대략을 살핀 것이 드물다. … 曹植의 편지는 분변하기는 했지만, 타당성은 없으며, …(詳觀近代之論文者多矣, 至於魏文述典, 陳思序書, 應瑒文論, 陸機文賦, 仲治流別, 弘範翰林, 各照隅隙, 鮮觀衢路. … 魏典密而不周, 陳書辯而無當, …)53)

라고 하였다. 劉勰의 평에서 曹植에 관한 것은 다른 문론 지식들과 한데 아울러 일컬으면서 각각 문학의 문제에 관해 밝히기는 했지만, 문학을 전반적으로 살피지 못했다고 한 것이며, 세부적으로 각각의 문론을 평하면서 曹植의 문론이 '분변하기는 했지만, 타당성이 없다.(辯而無當.)'라고 한 두 부문이다.

---

52) 劉勰 撰, 戶田浩曉 譯註, 『文心雕龍』 548쪽
53) 劉勰 撰, 戶田浩曉 譯註, 『文心雕龍』 677쪽

劉勰이 보건대 당시까지 나온 문론 가운데 『文心雕龍』만큼 종합적으로 문학론을 다룬 것이 없으며, 曹丕・曹植・應瑒・陸機・摯虞・李充 등의 단편적인 문론만이 있었으니, 문학 전체의 대략을 살핀 것이 없다고 한 것은 당연하다. 그리고는 이들 저작들이 저마다 장단점을 가지고 있다는 것을 지적하면서 曹植의 편지글 즉「與楊德祖書」에 대해서 직접 언급하기를, "논변을 했다고는 하지만 타당하지 않다."라고 한 것이다.

그렇다면 劉勰은 어떤 면에서 曹植의 문학론이 타당함이 없다고 한 것일까? 이에 대해서 기존 학자들의 해설 가운데, 傅庚生은「與楊德祖書」에서 曹植이 당시 문인들을 평한 것에 단지 칭송한 것만 있지 품평한 것이 없으며, '辭賦는 하찮은 도리이다.(辭賦小道)'라고 한 것이 문학 자체의 가치를 중시하지 않은 것으로 보아 曹植이 창작에는 뛰어난 점이 있지만, 비평에는 그렇지 못하다고 하고는, 劉勰이 '辯而無當'이라고 한 평이 매우 옳다고 했으며,54) 陳鍾凡도 曹植이 평한 이가 단지 6인뿐이라는 것과 그들에 대한 평이 전문적이지 못하며, 南威・劉季緒・田巴 등을 예로 들면서 설명한 것이 비평문학과 문학을 제대로 구별하지 못한 것이며, 역시 '辭賦小道'라고 한 것이 문학의 가치를 인정치 않은 것이라 하여서 劉勰의 논의가 옳다고 평하였다.55)

---

54) 劉勰 著, 詹鍈 義證,『文心雕龍義證』1919쪽, 上海古籍出版社, 1989 : 陳思王「與楊德祖書」…『昔仲宣獨步於漢南, 孔璋鷹揚於河朔, 偉長擅名於靑土, 公幹振藻於海隅, 德璉發跡於此魏, 足下高視於上京.』讚揚而已, 無與於品藻. 又云…『辭賦小道, 固未足以揄揚大義, 彰示來世也. 昔揚子雲, 先朝執戟之臣耳, 猶稱壯夫不爲也. 吾雖薄德, 位爲藩侯, 猶庶幾勠力上國, 流惠下民, 建永世之業, 留金石之功, 豈徒以翰墨爲勳績, 辭賦爲君子哉?』亦似未知重視文學本身之價値… 子建蓋長於創作, 而絀於批評者.『辯而無當』, 所評甚允.

55) 劉勰 著, 詹鍈 義證,『文心雕龍義證』1919・20쪽: 陳思王「與楊德祖書」中列序當時文士曰…『今世作者, 可略而言也,…』所擧僅六子, 視子桓去阮瑀`孔融而增楊修, 對於諸家文學泛無定評. 其下又曰..『僕嘗好人譏彈其文, 有不善者, 應時改定.』是亦重視批評學者. 然又曰..『有南威之容, 乃可以論於淑媛,

즉 劉勰은 曹植의 비평이 부정확하며 辭賦의 순수문학적인 가치를 인정하지 않은 것이라고 한 것이며, 이것이 曹植의 문학론인 「與楊德祖書」가 타당함을 얻지 못한 이유라고 풀이한 것이다. 또 劉勰은 문학 비평의 요령에 대하여 밝힌 「知音」에서도

> 曹植은 문인들의 재주를 논하면서 陳琳을 심하게 배격하고 丁廙가 자기에게 문장을 고쳐달라고 한 것에 기뻐하며, 이것을 미담이라고 칭찬했다. 劉季緖가 남의 문장을 잘 비평한 것에 대해서 田巴에게 비유하였는데, 여기에는 (같은 시대와 작품을 중시하는) 뜻이 역시 나타나 있다. 曹丕가 '문인들이 서로 경시한다.'라고 한 말은 괜한 말이 아니다. … 뛰어난 재능을 가지고 자신은 높이고 남은 헐뜯은 이가 班固와 曹植이다.(及陳思論才, 亦深排孔璋, 敬禮請潤色, 歎以爲談, 季緖好詆訶, 方之於田巴, 意亦見矣. 故魏文稱文人相輕, 非虛談也…才實鴻懿, 而崇己抑人者, 班曹是也.)56)

라고 하여, 劉勰은 陳琳에 대한 曹植의 평가도 부적절했다고 지적하였다. 그런데, 魯迅은 이에 대하여 曹植이 비록 '辭賦小道'라고 하여 문학 자체의 순수한 가치를 인정하지 않는 듯이 언급하기는 했지만 실제로 자신의 본뜻이 아니었을 것이라고 하고, 그것의 이유로 曹植 자신이 辭賦에 있어서 매우 뛰어났지만 자신이 지은 문장에 대한 아쉬움과 다른 이들의 작품에 대한 선망 때문에, 그리고 曹植의 궁극적인 목적은 정치에 있었던 만큼 문학에 대해서는 그다지 절실하게 강조하지 않았던 것이라고 했다.57) 小尾郊一 역시 이러한 魯迅의 입장에 찬동하여

有龍泉之利, 乃可以議於斷割. 劉季緖才不逮於作者, 而好詆訶文章, 掎摭利病. 昔田巴毀五帝, 罪三王, 呰五霸於稷下, 一旦而服千人., 魯連一說, 使終身杜口. 劉生之辯, 未若田氏., 今之仲連, 求之不難, 可無嘆息乎!』不知批評文學與文學之區別也. 至言『辭賦小道, 固未足以揄揚大義, 彰示來世也. 昔揚子雲, 先朝執戟之臣耳, 猶稱壯夫不爲』, 則不知文學之價値, 故謂其『辯而無當』.
56) 劉勰 撰, 戶田浩曉 譯註, 『文心雕龍』 648쪽

曹植이 辭賦를 중시했지만, 그렇게 말한 것은 겸손하게 보이기 위한 것이지 결코 자신의 본 뜻이 아니었을 것이라고 하면서 그것의 이유를 형 曹丕의 파벌이었던 劉季緒가 曹植의 辭賦를 공격한 것에 대해 부드럽게 반박한 것이라고 했다.58)

曹植의 辭賦에 대한 인식에 대하여 『三國志·魏志·陳思王傳』에서 "曹植이 나이 십여 세에 시와 論 그리고 辭賦를 외운 것이 수십만 자에 달했으며, 글도 잘 지었다.(年十歲餘, 讀詩論及辭賦數十萬言, 能屬文.)"59)라고 한 것으로 보아서도 曹植이 과연 辭賦의 순문학적 가치를 완전히 무시하여 '辭賦小道'라고 말했다고 하기에는 아무래도 무리가 있다. 魯迅이 말했던 것처럼 曹植의 궁극적인 목적은 어디까지나 정치에 있었던 것이며,60) 小尾郊一이 말한 것처럼 당시 劉季緒가 자신의 辭賦에 대하여 비평하자 스스로 겸손을 차리느라 그렇게 말했을 것이라고 한 것이 옳을 듯싶다.

게다가 曹丕가 「論文」에서 '문학은 나라를 다스리는 중대한 업무이고, 썩지 않을 성대한 업무'라고 하여, 문학의 순수한 가치를 선언하고 문학을 經學으로부터 분리시켜 논의하기 시작했다고 하는 평을 듣는 데 비하자면, 曹植이 「與楊德祖書」에서 편 문학론이 문학사적 의미가 모자란 면이 있는 듯도 싶다. 그러나 曹丕가 말한 문학이 나라를 경영

---

57) 魯迅 著,「而已集·魏晉風度及文章與藥及酒之關係」『魯迅全集』제3권 504쪽, 人民文學出版社, 1989 : "在文學的意見上, 曹丕和曹植表面上似乎是不同的. 曹丕說文章事可以留名聲于千載 ; 但子建卻說文章小道, 不足論的. 據我的意見, 子建大概是違心之論. 這里有兩個原因, 第一, 子建的文章做得好, 一個人大概總是不滿意自己所做而羨慕他人所爲的, 他的文章已經做得好, 于是他便敢說文章是小道 ; 第二, 子建活動的目標在于政治方面, 政治方面不甚得志, 遂說文章是無用了."

58) 小尾郊一 著,『文選』五 632쪽, 集英社, 1981

59) 陳壽 撰, 裴松之 注,『三國志』557쪽, 中華書局, 1982

60) 蕭統 編, 李善 注,『文選』1903쪽 : "吾雖德薄, 位爲蕃侯. 猶庶幾勠力上國, 流惠下民, 建永世之業, 留金石之功. 豈徒以翰墨爲勳績, 辭賦爲君子哉."

하기 위한 중대한 업무라고 한 것 역시 문학을 경학으로부터 떼어내어 순문학의 가치를 완전히 인정한 것만은 아니라고 볼 때, 曹植이 본의 아니게 '辭賦小道'라고 한 것만이 문학경시의 풍조를 대표한다고 비판할 것만은 아니다.

그리고 曹植이 陳琳에 대해서만 유독 나쁜 평을 한 것에 대하여도 劉勰은 이것이 작가들이 '자기를 높이고 남을 억누른(崇己抑人)' 예이며, 曹丕가 「論文」에서 말한 '文人相輕'의 표본이 될 만하다고 하여 曹植의 비평관에 결함이 있는 것처럼 보았다. 이것에 대해서도 재고해 볼 필요가 있다. 陳琳에 대한 曹植의 평이 과연 완전한 편견이거나 오류가 있던 것일까 하는 문제이다. 陳琳에 대해서는 曹丕도 「論文」에서 "陳琳과 阮瑀의 章과 表는 오늘날 가장 뛰어난 것이다.(琳瑀之章表, 今之雋也.)"[61]라고 했고, 「與吳質書」에서는 "孔璋 陳琳은 上奏文에 특히 굳세기는 하지만, 수사에 좀 번다하고 풍부한 점이 부족하다.(孔璋表章殊健, 微爲繁富.)"[62]라고 하였고, 劉勰도 『文心雕龍』에서 陳琳에 대하여,

① 陳琳이 豫州의 劉備에게 보낸 檄文은 굳세면서도 뼈대가 튼튼하다.(「檄移」 "陳琳之檄豫州, 壯有骨鯁.")[63]
② 陳琳과 阮瑀의 章과 表는 당시에 평판이 좋았는데, 陳琳의 작품은 굳세다고 일컬어졌으니, 그것이 가장 두드러졌다.(「章表」 "琳瑀章表, 有譽當時, 孔璋稱健, 則其標也.")[64]
③ 陳琳이 何進을 간하는 말에 '눈을 가리고 참새를 잡는다.'라고 했고, … 모두 세간에 흔한 말을 인용해 지은 것이다.(「書記」 "至於陳琳諫辭, 稱掩目捕雀, … 并引俗說而爲文辭者也.")[65]

---

61) 曹丕 撰, 郭紹虞 主編, 『中國歷代文論選』 제1책 158쪽
62) 蕭統 編, 李善 注, 『文選』 1897쪽
63) 劉勰 撰, 戶田浩曉 譯註, 『文心雕龍』 307쪽
64) 劉勰 撰, 戶田浩曉 譯註, 『文心雕龍』 332쪽

④ 陳琳과 阮瑀는 符나 檄으로 명성을 날렸다.(「才略」 "琳瑀以符檄擅聲.")66)
⑤ 陳琳은 (성격이) 소략하여 신중함이 모자란다.(「程器」 "孔璋惚恫以麤疎.")67)

라고 하였으니, 위와 같은 陳琳에 대한 평들은 대체로 陳琳의 문장 가운데에서 章·表·符·檄 같은 文 방면이 볼 만하다고 한 것뿐이며, 그것들에 대한 풍격에 대해서도 '굳세거나(壯)', '소략하여 신중함이 모자란다(惚恫以麤疎)'라고만 했지, 陳琳의 辭賦에 관한 평은 없다. 이것은 辭賦 방면에 있어서 陳琳이 그다지 재능을 보이지 못했던 것이었음을 시사하는 대목이기도 하다. 그래서 시 전문 품평서인 鍾嶸의 『詩品』에는 建安七子 가운데 陳琳과 阮瑀만은 品等에 오르지 못한 이유가 되기도 한 것이다.

陳琳이 章表와 같은 문장에 뛰어난 자질을 보였다는 것은 曹植에 있어서는 역시 어떠한 의미를 가지는 것일까? 曹植은 辭賦를 비롯해서 여러 방면에서 비교적 두루 문학적 재질을 인정받았으면서도, 특히 劉勰은 「章表」에서 曹植의 表가 단연 돋보인다고 한 것처럼, 曹植 역시 章表에 뛰어난 면이 있음을 劉勰이 인정한 것이니, 曹植 역시 陳琳이 뛰어난 분야에 재능이 있었다는 것을 알 수 있다. 게다가 曹植이 「與楊德祖書」에서 "孔璋 陳琳은 黃河의 북쪽에서 느긋하게 명성을 날렸다.(孔璋鷹揚於河朔.)"68)라고 하여, 陳琳 자신의 문학적 성취를 인정하였으며, 단지 陳琳을 배척하는 평가를 한 분야는 "陳琳은 재주가 있으면서도, 辭賦에는 뛰어나지 못하다.(以孔璋之才, 不閑於辭賦)"69)라고 한

---

65) 劉勰 撰, 戶田浩曉 譯註, 『文心雕龍』 382쪽
66) 劉勰 撰, 戶田浩曉 譯註, 『文心雕龍』 637쪽
67) 劉勰 撰, 戶田浩曉 譯註, 『文心雕龍』 660쪽
68) 蕭統 編, 李善 注, 『文選』 1901쪽
69) 蕭統 編, 李善 注, 『文選』 1902쪽

것처럼, 辭賦의 방면은 그의 章表와는 달리 당시에 주목받지 못했던 것이다. 그러므로 陳琳이 文 방면에서도 曹植 자신과 같은 분야에 뛰어난 면을 보였고 曹植은 또 辭賦 방면에도 뛰어났기 때문에 자신 있게 혹은 어느 만큼은 경쟁의식에서 陳琳을 자신 있게 평가할 수 있었던 것이라고 할 수 있겠다.

이것은 曹植이 「與楊德祖書」에서 밝히기를 "南威 정도의 용모가 있어야 여성의 아름다움을 논할 수 있고, 龍泉 정도의 날카로움이 있어야 칼이 벨 수 있는지를 논할 수 있다.(蓋有南威之容, 乃可以論其淑媛, 有龍淵之利, 乃可以議於其斷割.)"70)라고 했던 것처럼, 전문적인 지식을 갖추어야만 역시 그것에 대하여 전문적인 논의를 할 수 있다고 했던 것과도 통하는 비평관이랄 수 있겠다. 그렇기 때문에 현재 남아 있는 陳琳의 辭賦가 겨우 4편에 불과한 이유 역시 그만큼 뛰어난 것이 없었기 때문이 아닐까 추측할 수 있다.

그렇다면 曹植의 비평이 부당하다고 한 劉勰의 曹植에 대한 평 역시 타당치 못한 점이 있는 것은 아닐까? 劉勰은 「才略」에서 작가마다 장단점이 있기 마련인데, 세상 사람들이 비평하는 경향은 그렇지 못하다고 하면서 일컫기를,

> 그러나 세상사람 인심이 낮추고 높이는 것이 한결 같이 한 소리라서 마침내 文帝로 하여금 그 지위 때문에 문학적 재주는 깎이고, 曹丕의 경우에는 그 형편이 군색했기 때문에 그 가치를 더욱 보태게 되었으니, 믿을 만한 논의라고 할 수 없다.(但俗情抑揚, 雷同一聲, 遂令文帝以位尊減才, 思王以勢窘益價, 未爲篤論也.)71)

라고 한 것처럼, 시대 조류에 휩쓸리지 않은 채 공정한 비평을 해야

---

70) 蕭統 編, 李善 注, 『文選』 1902쪽
71) 劉勰 撰, 戶田浩曉 譯註, 『文心雕龍』 636쪽

함을 중시했던 劉勰 역시 曹植에 대한 평에 있어서는 균형을 잃은 감이 있다고 하겠다. 비평의 태도에 대하여 曹植도「與楊德祖書」에서

> 저 鍾期가 음악을 제대로 들어내 지금까지 그를 칭찬한다. 나도 그의 글을 함부로 감탄할 수 없는 것은 후세에 나를 비웃을까 걱정해서이다. 세상 사람들의 저술에는 잘못된 것이 없을 수 없다. 나는 언제나 다른 사람이 나의 문장을 고쳐주는 것을 좋아한다. 나쁜 점이 있으면, 그때그때 고쳤다.(夫鍾期不失聽, 於今稱之. 吾亦不能妄嘆者, 畏後世之嗤余也. 世人之著述, 不能無病. 僕常好人譏彈其文, 有不善者應時改定.)72)

라고 하였듯이, 曹植이 비평의 공정한 자세를 중시하고 있는 만큼 劉勰이 曹植에게 부당한 평가를 했다고 한다거나 '文人相輕'의 실례로 曹植을 든 것은 지나치다고 할 수 있다.

중국문학사에서 魏晉時代는 '문학의 自覺期'이자 '文藝至上時代'라고 부른다. 이러한 문예의 흥성기를 연 것이 建安文壇이며, 이 建安文壇의 실질적인 영수는 曹丕와 曹植이다. 曹丕는 그의 「論文」에서 문학의 독립적인 위상을 밝히는 문학론을 냄으로써 최초의 문학비평가 자리에 올랐고, 曹植은 최고의 문인이라는 명성을 얻었다. 즉, 문학의 비평방면에는 曹丕가, 문학의 창작방면에는 曹植이 각각 최고의 문학사적 지위를 누려왔다고 할 수 있다.

그러나 『文心雕龍』에서 밝혔듯이 이러한 고정관념은 그들을 옳게 평가함에 오히려 장애가 되는 면이 없지 않다. 鍾嶸의 극단적인 曹植의 평가와 曹植이 형 曹丕에게 당한 정치적인 핍박으로 인한 일종의 동정심으로 말미암아 曹植이 실제 이상으로 추존되어 온 경향이 없지 않다.

따라서 이번 절에서는 鍾嶸이 시 방면에 국한하여 曹植을 평하는

---

72) 蕭統 編, 李善 注,『文選』1902쪽

한계를 지닌 데 비하여 劉勰이 종합적인 문론저작인 『文心雕龍』에서 평한 글들을 되짚어 보아서 曹植의 문학사적 의미를 세 방면 즉 문체, 창작수법, 문학비평 방면으로 나누어서 되새겨 보았다.

첫째, 문체 방면의 평에서는 鍾嶸과 마찬가지로 劉勰 역시 曹植의 시가 『詩經』의 정신을 계승하면서도 새로운 시체인 五言詩를 발전시켰다고 하여 높은 평가를 올린 데 반해 文 방면에는 表 부문을 제외하고는 그다지 높은 평가를 하지 않은 것을 알 수 있었다.

둘째, 창작수사상 曹植은 작가의 작품이란 작가의 개성과 기호 그리고 작가의 후천적인 학습에 따라서 작품마다의 문학 풍격이 결정된다는 당시로서는 매우 앞선 문학 창작론을 가지고 있었다는 것을 劉勰은 인정하고 있는데, 다만 曹丕의 「論文」과 같은 체계적인 문론저작이 남아 있지 않은 것이 흠이라고 하겠다.

셋째, 문학비평 방면의 평을 살펴보았는데, 劉勰이 지적하듯이 曹植의 「與楊德祖書」에서 문인들에 대한 논평의 부정확성 특히 陳琳에 대한 낮은 평가와 문학의 가치를 인정하지 않는 듯한 언급으로 말미암아 오늘날까지도 연구자들의 논란의 대상이 되기도 하는데, 이에 대해서는 劉勰 역시 겉으로 드러난 曹植의 글에 너무 얽매여서 曹植의 허물로 평가한 것이 아닌가 싶다.

劉勰의 曹植에 대한 평가의 문학사적인 가치라고 한다면, 시 방면에 국한 지어 평가한 鍾嶸에 비하면 劉勰의 평은 여러 방면에서 다양성과 공정성을 견지하고 있는 것으로 曹植의 문학세계를 이해하는 데에 큰 몫을 해낸 것이라고 하겠다.

(4) 建安文壇의 또 다른 領袖 - 曹叡

曹氏 父子, 즉 三曹는 曹操·曹丕·曹植 세 사람을 일컫지만, 문학사에서는 三祖가 있다. 이 三祖는 曹操·曹丕·曹叡를 말한다. 三祖가

가장 먼저 나오는 사료로 『三國志·魏書·明帝紀』 景初 元年條에, "三祖의 廟堂은 만세토록 허물어지지 않으리.(三祖之廟, 萬世不毁.)"73)라고 한 것에서이며, 문학론에서 처음으로 일컬은 이는 沈約이다. 그는 『宋書·謝靈運傳論』에서 "曹操·曹丕·曹叡와 陳思王 曹植은 모두 글재주가 뛰어나 정감으로 문장을 지었다.(三祖陳王, 咸蓄盛藻, 甫乃以情緯文.)"74)라고 하였다. 그리고 劉勰의 『文心雕龍·樂府』75)에서나, 鍾嶸의 『詩品·序』76)에서도, 曹叡를 曹操·曹丕와 병칭하여 三祖라고 하였다. 이렇듯 曹叡가 三祖로 병칭된 만큼 曹操·曹丕와 함께 문학적인 재능을 인정받은 것이라고 할 수 있겠다. 그래서 鍾嶸도 曹叡를 下品에 曹操와 함께 들어서 "曹叡는 曹丕만은 못하지만, 역시 三祖라고 일컬을 만하다.(叡不如丕, 亦稱三祖.)"라고 하여, 曹叡의 문학적 재능을 인정하였다. 그러므로 曹叡 역시 그의 문학적 재능에 의문이 없는 만큼, 建安文壇을 주도했던 이로 建安文壇의 曹氏 일가는 三曹 뿐이 아니라 四曹라 할 수도 있는 것이 아닌가 한다.

그리고 胡應麟의 『詩藪』 外編 卷1에서도,

> 시를 가지고 三代로 전해진 적이 없는데, 전해졌으면서도 대단히 혁혁하게 빛냈던 것은, 다만 曹氏 일가의 曹操·曹丕·曹植·曹叡 뿐이다.(詩未有三世傳者, 旣傳而烜赫, 僅曹氏操丕植叡耳.)77)

라고 한 것에서도 알 수 있다. 曹叡는 어려서부터 曹操·曹丕로 이어지는 문학 애호 정신을 이어받아 글쓰기를 좋아했다. 『隋書·經籍志』

---

73) 陳壽 撰, 裵松之 注, 『三國志』 109쪽, 中華書局, 1982
74) 沈約 撰, 郭紹虞 主編, 『中國歷代文論選』 제1책 215쪽
75) "至於魏之三祖 氣爽才麗, 宰割辭調, 音靡節平. 觀其北上衆引, 秋風列篇, 或述酣宴, 或傷羈戍, 志不出於慆蕩, 辭不離於哀思."
76) "若置酒高堂上, 明月照高樓, 爲韻之首. 故三祖之詞, 文或不工, 而韻入歌唱. 此重音韻之義也. 與世之言宮商異矣."
77) 胡應麟 著, 『詩藪』 408쪽, 廣文書局, 1973

의 注에는 그의 시문집이 7권 있다고 했으나, 아쉽게도 현재 전해지지 않는다. 다만 逯欽立의 『先秦漢魏晉南北朝詩』의 魏詩 권5에 온전하지 못한 것을 포함해서 18수의 樂府詩만이 남아 있을 뿐이다. 그 가운데 「長歌行」에서,

　　　　靜夜不能寐,　고요한 밤 잠 못 이루는데,
　　　　耳聽衆禽鳴.　귀에는 뭇 짐승 소리만 들린다.
　　　　大城育狐兎,　큰 성에는 여우와 토기가 살고,
　　　　高墉多鳥聲.　높은 담에는 새들만 소리 가득하다.
　　　　壞宇何寥廓,　무너진 집은 참으로 고요하기만 하고,
　　　　宿屋邪草生.　침실에도 못된 풀만 자랐다.
　　　　中心感時物,　마음으로는 시절에 느낌이 많아,
　　　　撫劍下前庭.　검을 만지며 앞마당으로 내려간다.
　　　　翔佯於階際,　계단 끝에 엄숙히 있으려니,
　　　　景星一何明.　환한 별은 참으로 밝기도 하다.
　　　　仰首觀靈宿,　머리 들어 영험한 별을 바라보니,
　　　　北辰奮休榮.　북극성은 환한 빛을 뿜는다.
　　　　哀彼失群燕,　저 길 잃은 제비 때에 슬프고,
　　　　喪偶獨煢煢.　짝 잃어 홀로 있으려니 마음 아프다.
　　　　單心誰與侶,　외로운 마음에 누가 더불어 주려나
　　　　造房孰與成.　집을 지어도 누가 함께 해 주려나.
　　　　徒然喟有和,　다만 따스함 갈구하지만,
　　　　悲慘傷人情.　아프도록 슬퍼 사람의 마음만 긁는다.
　　　　余情偏易感,　내 마음은 쉽게 알 수 있으니,
　　　　懷往增憤盈.　더욱 분함만 가득하다.
　　　　吐吟音不徹,　몇 마디 읊기를 그치지 않으니,
　　　　泣涕沾羅纓.　눈물이 비단옷을 젖신다.[78]

---

78) 逯欽立 輯校, 『先秦漢魏晉南北朝詩』 上卷 415쪽, 中華書局, 1984

라고 하였는데, 위와 같은 曹叡 시의 風格은 建安年間을 열고, 慷慨한 詩文風으로 建安風骨의 典型을 보여준 曹操와 黃初·太和年間까지 생존하며, 建安文學을 집대성한 曹植을 아울렀다고 할 수 있다. 鍾嶸은 曹操를 '古直'·'悲凉'하며, 曹植을 '情兼雅怨'하다고 하였으니, 전반부의 "마음으로는 시절에 느낌이 많아, 검을 만지며 앞마당으로 내려간다.(中心感時物, 撫劍下前庭.)"는 대체로 曹操에게서 보였던 어지러운 사회상에 대한 애처로운 현실감이 나타나 있고, 후반부 "다만 따스함 같구 하지만, 아프도록 슬퍼 사람의 마음만 긁는다.(徒然喟有和, 悲慘傷人情.)"에서는 曹植의 「七哀」와 「美女篇」의 애절한 風格이 잘 나타나 있다. 그러나 이 한 편으로 曹叡의 시 風格이 이렇듯 曹操와 曹植을 아울렀다고 하기에는 지나친 점이 없지 않지만, 曹叡가 三曹에 이어서 당시 문단의 중요한 몫을 하였으리라는 것은 짐작할 수 있다.

　현재 중국 문학사에서는 曹叡가 주목을 받지 못하고 있는데, 만약에 建安文學의 범주를 太和年間까지 늘려보는 경우에는, 曹丕가 죽은 黃初 7년(227)에 즉위하여 太和·靑龍·景初年間 동안 제위에 있었던 曹叡도 建安文學의 주요 문인의 한 사람으로 자리 매김할 수 있다고 본다.

2. 建安文壇의 代表 作家 集團 - 建安七子

중국 문학사에서 일반적으로 建安文壇의 주요 작가로 위에서 언급한 三曹(曹操·曹丕·曹植)와 七子(孔融·陳琳·王粲·徐幹·阮瑀·應瑒·劉楨)를 꼽는다.79) 建安時期에는 詩歌 뿐 아니라 辭賦나 散文 등도 매우 발전했다. 그 가운데 詩歌 부문의 발전이 돋보이는데, 중국 문학사에 있어서 처음으로 문인들이 집단적인 창작활동을 벌였다는 점도 매우 중시할 만하다. 그래서 鍾嶸은 『詩品·序』에서

> 建安年間이 되자, 曹氏 부자가 문학을 매우 좋아했다. 平原侯 曹植과 曹丕80)는 우뚝하게도 文壇의 기둥이 되었고, 劉楨과 王粲은 그들의 두 날개가 되었다. 다음으로는 용이나 봉황을 뒤따라 스스로 추종하는 무리가 있었는데, 대체로 백여 명이나 되었으니, 이때 대단히 성대하였다. (降及建安, 曹公父子, 篤好斯文, 平原兄弟, 鬱爲文棟, 劉楨王粲, 爲其羽翼. 次有攀龍託鳳, 自致于屬車者, 蓋將百計, 彬彬之盛, 大備于時矣.)81)

라고 했다. 이렇듯 성대한 建安文壇은 어떻게 형성되었으며, 建安七子가 어떻게 해서 함께 불려지게 되었으며, 무슨 이유로 그들 七子가 문학사에서 부각되었는가, 그리고 그들에게 그만한 자격이 있는가를 살펴보자 한다.

(1) 建安六子와 孔融

---

79) 章培恒·駱玉明 主編, 『中國文學史』 上卷 323쪽 : "… 他們與曹丕·曹植兄弟有密切的文學交往, 形成一个文學集團, 在其他一些傑出作者的參與下, 公同開創了建安文學的興盛局面."
80) 鍾嶸 撰, 陳延傑 注, 『詩品注』 3쪽, 杭州古籍出版社, 1988 : 혼히 晉 陸機와 陸雲를 가리켜 平原兄弟라 한다. 일설에는 曹植과 그의 이복동생 曹彪라고 하기도 한다.
81) 鍾嶸 撰, 高木正一 譯註, 『詩品』 43쪽

建安七子라는 명칭이 가장 처음 나오는 곳은 曹丕의 『典論·論文』이다. 여기에서,

> 오늘날 문인 가운데 魯지방의 文擧 孔融, 廣陵 지방의 孔璋 陳琳, 山陽 지방의 仲宣 王粲, 北海 지방의 偉長 徐幹, 陳留 지방의 元瑜 阮瑀, 汝南 지방의 德璉 應瑒, 東平 지방의 公幹 劉楨, 이 일곱 사람은 학문에 있어서 버릴 것 없고, 글에 있어서 다른 사람의 것을 베끼지 않았다. 모두 각자가 천 리의 먼 길을 내달릴 만하여 모두 머리를 치켜들고 발을 나란히 하여 함께 내달을 만했다. 서로들 각자 굴복시키는 것은 참으로 어렵다. 대체로 군자라고 하는 이는 자신을 잘 살펴서 남을 빗대어 보는 것이니, 이러한 허물을 짓지 않을 수 있어서 문장을 논하는 글을 짓는다.(今之文人, 魯國孔融文擧, 廣陵陳琳孔璋, 山陽王粲仲宣, 北海徐幹偉長, 陳留阮瑀元瑜, 汝南應瑒德璉, 東平劉楨公幹. 斯七子者, 於學無所遺, 於辭無所仮, 咸以自騁驥騄於千里, 仰齊足而並馳. 以此相服, 亦良難矣. 蓋君子審己以度人, 故能免於斯累而作論文.)[82]

라고 하였는데, 위의 七子가 과연 三曹와 함께 建安文壇의 주요 문인이었던 것일까? 曹丕는 『典論·論文』에서 위의 七子를 들었지만, 역시 그의 글인 「又與吳質書」에서도 자신과 함께 활동하던 문인들을 들어서 그들의 문학 특징을 논하였는데, 그 서문이라고 할 수 있는 첫 단락에서,

> 몇 해 전 병이 나돌아서 친척과 친구들 가운데 재앙을 입은 이가 많아서 徐幹·陳琳·應瑒·劉楨이 한꺼번에 세상을 떠났다. 하도 슬프니 무슨 말을 할 수 있을까. … 阮瑀의 書奏類는 아름답고 그의 정취는 즐길 만하다. 王粲은 그들 가운데 유독 辭賦에 뛰어났다. 아쉽게도 文氣가 약하여 그 문장을 힘 있게 하기에는 모자란다. 잘된 것은 옛사람 중 누구도 그만 못하다.(昔年疾疫, 親故多離其災, 徐陳應劉, 一時俱逝. 痛可言邪. … 元瑜書記翩翩, 致足樂也. 仲宣獨自善於辭賦. 惜其體弱, 不足起

---

82) 曹丕 撰, 張溥 編, 『魏文帝集』 卷1(『漢魏六朝百三名家集』 제1책 736쪽)

其文. 至於所善, 古人無以遠過也.)83)

라고 하여, 建安七子 가운데 徐幹・陳琳・應瑒・劉楨이 죽게 된 이유를 말하였고, 七子 가운데 위의 네 사람 이외에 阮瑀와 王粲을 거론했다. 여기에는 曹丕가『典論・論文』에서 가장 먼저 거론되었던 孔融이 빠져 있다. 曹植도 그의「與楊德祖書」에서 建安時期 문인에 대하여,

　　예전에 仲宣은 漢水의 남쪽에서 독보적이었으며, 孔璋은 黃河의 북쪽에서 대단히 날렸으며, 偉長은 靑州 지방에서 이름을 날렸으며, 公幹은 바다 끝 지방에서 글 잘하기로 날렸으며, 德璉은 이 魏 땅에서 이름이 높았는데, 그대는 이 서울에서 높은 자리에 올라 응시하고 계시는군요. (昔仲宣獨步於漢南, 孔璋鷹揚於河朔, 偉長擅名於靑土, 公幹振藻於海隅, 德璉發跡於此魏, 足下高視於上京.)84)

라고 하여, 당시의 글 잘하는 이들을 들고 있는데, 曹植의 이 글에서는 曹丕가 든 建安七子 가운데 孔融과 阮瑀가 빠져 있다. 그리고는 당시 활동했던 문인 가운데 楊修(德祖)나 丁廙・劉季緖 같은 이들의 창작 태도 등에 대하여 거론하고 있다.

이후로는, 陳壽의『三國志・魏書・王粲傳』에서,

　　비로소 文帝가 五官將이 되었을 때, 平原侯 曹植과 함께 모두 문학을 좋아했다. 北海 사람 徐幹의 자는 偉長이고, 廣陵 사람 陳琳의 자는 孔璋이고, 陳留 사람 阮瑀의 자는 元瑜이고, 汝南 사람 應瑒의 자는 德璉이고, 東平 사람 劉楨의 자는 公幹인데, 王粲은 이들과 함께 친구처럼 잘 지냈다.(始文帝爲五官將, 及平原侯植皆好文學. 粲與北海徐幹字偉長, 廣陵陳琳字孔璋, 陳留阮瑀字元瑜, 汝南應瑒字德璉, 東平劉楨字公幹幷見友善.)85)

---

83) 曹丕 撰, 張溥 編,『魏文帝集』卷1 (『漢魏六朝百三名家集』제1책 727쪽)
84) 曹植 撰, 張溥 編,『陳思王集』卷1 (『漢魏六朝百三名家集』제2책 38쪽)

라고 한 것이나, 劉勰의 『文心雕龍・才略』에서도 建安時期 문인에 대하여,

    王粲은 재주가 뛰어나 민첩하고도 주도면밀하다. 그의 문장은 좋은 점을 많이 갖추고 있으며, 글에 허물이 매우 적으니, 그의 詩賦를 뽑아 보면, 七子 가운데에서 으뜸이라고 할 만하다. 陳琳과 阮瑀는 符와 檄에 이름이 높고, 徐幹은 賦나 論에서 뛰어나고, 劉楨은 性情이 고상하여서 文彩가 뛰어나고, 應場은 학문에 뛰어나 글의 수식을 잘했다. 路粹와 楊修는 雜記의 문장에 재능을 보였고, 丁儀와 邯鄲도 議論文을 잘 지었다.(仲宣溢才, 捷而能密. 文多兼善, 辭少瑕累. 摘其詩賦, 則七子之冠冕乎. 琳瑀以符檄擅聲, 徐幹以賦論標美. 劉楨情高以會采, 應場學優以得文. 路粹楊修, 頗懷筆記之工, 丁儀邯鄲亦含論述之美.)86)

라고 하였는데, 여기에도 모두 建安七子 가운데 孔融이 빠져 있고, 대신 路粹와 楊修, 그리고 丁儀와 邯鄲을 언급하였다. 이것은 建安時期에 활동했던 문인 가운데 建安七子와 다른 문인으로서 위의 네 명을 거론한 것이니, 이것에서 建安七子만이 建安文壇을 대표했던 것이 아니라 그밖에도 거론할 만한 문인이 있었다는 것을 의미한다.87)

    孔融(153~208)은 建安文壇의 문인들을 거론한 曹植의 「與楊德祖書」나 劉勰의 『文心雕龍・才略』이나 陳壽의 『三國志・王粲傳』에서는 빠져 있다. 曹丕가 孔融이 『典論・論文』에서 '斯七子者'라고 하여, 建安文壇을 대표하는 七子의 한 사람으로 든 이래로 어느 곳에서도 建安時期의 문인을 언급할 때 孔融이 七子로서 어떠하다는 식의 표현은 없다. 그것은 孔融이 建安 13년(208)에 이미 曹操에 의해 처형당했기 때문에 孔

---

85) 陳壽 撰, 裵松之 注, 『三國志』 599쪽, 中華書局, 1982
86) 劉勰 撰, 戶田浩曉 譯註, 『文心雕龍』 637쪽
87) 許學夷 著, 杜維沫 校點, 『詩源辯體』 76쪽 : '按..魏書王粲傳, 始文帝及植皆好文學, 粲與徐幹陳琳阮瑀應瑒劉楨幷見友善. 自邯鄲淳繁欽路粹丁儀丁廙楊修荀緯等, 亦有文采, 而不在七子之例. 故魏自文帝爲五官中郞將, 植與粲等六人, 實稱建安七子. …"

融이 존재하지 않았던 바에야 다시 거론할 필요가 없어서 였을 것이라고 추측할 수 있다.

孔融은 다른 建安文壇의 문인과 함께 일컬어지기에는 어색한 요소를 많이 가지고 있다. 孔融은 10세에 太山都尉를 지낸 아버지를 따라 서울에 왔다가 13세에 아버지가 죽고 28세에 관직에 나섰지만, 당시 실권자인 董卓에 의해 北海郡에 쫓겨 가 있었다. 建安 元年(196)에 曹操가 실권을 잡고 獻帝를 許昌에 옮겨다 놓고는 孔融을 불러다가 大匠으로 삼았는데, 얼마 있다가 九卿의 하나인 少府까지 승진하였다.[88] 孔融의 「六言詩」에서,

> ……
> 從洛到許巍巍,   洛陽에서 許昌으로 오니 크고도 높기도 하여라,
> 曹公憂國無私.   曹公은 나라를 걱정할 뿐 사사로운 욕심은 없다.
> 減去廚膳甘肥,   주방의 맛 나는 음식도 줄이니,
> 群僚率從祈祈.   여러 관리들 몸소 따르며 존경해 마지않는다.
> 雖得俸祿常饑,   비록 녹봉이 넉넉지는 못해도,
> 念我苦寒心悲.   내가 춥고 힘들며 슬프다는 것을 걱정해 준다.[89]

라고 한 것에서 孔融이 정치적으로 曹操에 대한 그의 기대가 사뭇 크다는 것을 알 수 있다. 儒家的인 忠 개념에 충실했던 孔融은 獻帝를 옹립한 曹操를 통해서 漢 왕실의 부흥을 꾀할 수 있으리라 여겼다.

그런데 曹操의 속마음이 漢 왕실의 부흥에 있지 않다는 것을 알게 되자, 孔融은 적극적으로 曹操를 반대하게 되었다. 孔子의 20世孫으로서 명문 출신인데다가 才學이 뛰어나 명망을 얻고 있었던 孔融을 曹操도 함부로 어쩌지 못하였다. 그러다가 建安 13년(208)에 曹操가 북방을

---

88) 范曄 撰, 李賢 等注, 『後漢書』 3264쪽, 中華書局, 1982 : "及獻帝都許, 徵融爲將作大匠, 遷少府."
89) 孔融 撰, 『孔少府集』(『漢魏六朝百三名家集』 제1책 607쪽)

통일한 후 스스로 丞相에 올라 孔融이 '欲規不軌'하다고 誣告하여 가족과 함께 처형하였다.90) 그러므로 孔融의 文壇 활동도 208년에 끝났다고 봐야 할 것인데, 다른 建安六子는 그 즈음에 曹操에 의해서 발탁되어 활동을 했다.91) 이러한 정황으로 孔融이 建安七子의 한 사람으로서 다른 六子들과 함께 활동하지 않았다는 것을 알 수 있다.

孔融이 曹丕에 의해서 建安七子에 들 수 있었던 이유는 曹丕가 개인적으로 孔融에 대하여 몹시 각별한 애정을 갖고 있었기 때문이었다. 『後漢書·孔融傳』에,

> 魏文帝는 孔融의 작품을 매우 좋아했다. 매번 감탄하기를 楊雄이나 班固와 비길 만하다고 했다. 세상에 공포하여 孔融보다 글 잘하는 이를 뽑아서 금과 비단을 상으로 내렸다. 孔融이 남긴 詩·頌·論議·六言·策文·表·檄·敎令·書記 모두 25편을 문집으로 만들었다.(魏文帝深好融文辭, 每歎曰, 楊班儔也. 募天下有上融文章者, 輒賞以金帛. 所著詩頌碑文論議六言策文表檄敎令書記凡二十五篇.)92)

라고 했으니, 孔融이 나머지 六子와 여러 모로 다른 조건에 있었으면서도 建安七子에 함께 불려지게 된 이유라 할 수 있겠다. 孔融은 七子

---

90) 范曄 撰, 李賢 等注, 『後漢書』 2278쪽 :「孔融傳」 "曹操既積嫌忌, 而郗慮復搆成其罪, 遂令丞相軍謀祭酒路粹, 枉狀奏融曰, 少府孔融, 昔在北海, 見王室不靜, 而招合徒衆, 欲規不軌, … 下獄弃市. 時年五十六. 妻子皆被誅."
91) 吳雲 主編, 『建安七子集校註』 1～33쪽, 天津古籍出版社, 1991 : 孔融 : 建安元年(196年)曹操迎獻帝都許昌, 征孔融爲將大匠, 不久又升任少府(九卿之一). (2쪽) 陳琳 : 袁紹被曹操擊敗, 琳又投歸曹操. 操任命陳琳爲司空軍謀祭酒, 掌管記室.(7쪽) 王粲 : 建安13年(208年), … 劉琮聽了王粲的規勸, 降曹. 曹操以王粲勸劉琮歸降有功, 任命粲爲丞相掾(曹操的親隨吏員).(12쪽) 徐幹 : 帶着病答應了曹操的征辟, 始爲司空軍謀祭酒掾屬.(15쪽) 阮瑀 : 曹操把阮瑀召去, 擔任司空軍謀祭酒管記室.(18쪽) 應瑒 : 建安13年(208年)被曹操辟爲丞相掾屬.(21쪽) 劉楨 : 楨歸曹操後, 曾任司空軍謀祭酒, 五官中郞將文學·平原侯庶子等職務.(26쪽)
92) 范曄 撰, 李賢 等注, 『後漢書』 2279쪽

가운데에서 나이가 많았는데, 하물며 曹操보다 2살이나 많았다. 建安 13년(208)에 처형될 때의 나이가 이미 56세였으며, 다른 이들이 대개 30대의 나이로 魏의 수도인 鄴都에서 曹氏 부자와 어울릴 때 孔融은 그 자리에 함께 하지 않았다. 그러므로 孔融이 曹丕가 말한 대로 建安七子의 한 사람이라고는 할 수 있지만, 建安七子가 곧 鄴中七子는 될 수 없는 것이다.

그래서인지 『三國志・魏書・王粲傳』의 評에,

> 예전에 魏文帝 曹丕와 陳思王 曹植은 公子의 존귀한 자리에 있으면서 글의 詞彩를 널리 좋아했고, 그것에 찬동하는 소리가 여기저기서 났고, 재능이 있는 문인들이 한꺼번에 나왔다. 오직 王粲 등 6인이 가장 명성을 날렸다.(昔文帝陳王以公子之尊, 博好文采, 同聲相應, 才士幷出, 惟粲等六人最見名目.)93)

라고 한 것처럼, 孔融은 여기에도 들어 있지 않았다. 게다가 孔融의 문풍과 작품의 내용도 다른 建安文人들과도 같지 않다. 그러니 曹丕가 『典論・論文』에서 孔融을 '斯七子者'라고 했다 해서 그가 建安文壇의 주요 문인으로 보는 것은 잘못이다.

謝靈運의 『擬魏太子鄴中集詩』에도 曹丕・曹植과 孔融을 제외한 나머지 6인의 시만 模擬해서 지었으며, 明代 楊德周가 편찬한 『建安七子集』에서도 孔融은 빠져 있고, 대신 曹植이 들어 있다. 이처럼 曹丕가 『典論・論文』에서 거론한 이후의 역대 문헌들에서는 孔融이 거론되지 않았다. 그렇다면 建安七子가 아니라 建安六子라고 불려야 옳은 것이 아닌가 싶다.

그렇다면 建安六子는 과연 建安文壇을 대표할 만한 인물들이라 할 수 있는가? 建安七子 가운데 史書에서 傳이 독립되어 전해지는 이는

---

93) 陳壽 撰, 裵松之 注, 『三國志』 629쪽

孔融과 王粲 뿐인데, 孔融은 『後漢書』에, 王粲은 『三國志・魏書』에 그들의 傳이 있다. 나머지 다섯 사람에 관한 기사는 「王粲傳」의 본문 안에 함께 들어 있을 뿐이다. 이것은 孔融과 王粲 이외에 나머지 五子가 당시 정치적・문학적 지위나 영향력이 낮았다는 것을 말하는 것이기도 하다. 그런데 또 『三國志・魏書・王粲傳』의 評에,

> 王粲은 특히 항상 곁에 있는 관리가 되어서 當代의 제도를 만들었지만, 허심탄회하고 너그러운 품성은 徐幹의 순수함만은 못했다. 衛覬 또한 典故를 많이 알고 있어서 당시 조정 의식을 많이 도왔다. 劉劭는 학식이 해박하여 글과 품행에 두루 밝았다. 劉廙는 청렴함으로 이름이 났다. 傅嘏는 재능과 식견으로 이름이 났다.(粲特處常伯之官, 興一代之制, 然其沖虛德宇, 未若徐幹之粹也. 衛覬亦以多識典故, 相時王之式. 劉劭該覽學籍, 文質周洽. 劉廙以淸鑒著, 傅嘏用才達顯云.)94)

라고 하였으니, 여기에서는 당시 建安七子 가운데 王粲만이 거명되어 있고, 나머지로 든 衛覬・劉劭・劉廙・傅嘏는 모두 建安七子와는 다른 인물들이다. 그리고 『文心雕龍・才略』에서도 당시 문인들 가운데 이름이 있는 이로 路粹・楊修 그리고 丁儀・邯鄲을 들어서 평론하고 있고, 『文心雕龍・時序』에서는,

> 路粹・繁欽이나 邯鄲淳・楊修 등은 술자리에서 흉금을 털어놓고, 연회에서는 우아하게 기질을 떨치고, 붓을 잡고 먹을 묻혀서 술자리의 노래를 지었고, 글을 지으며 시끄럽게 담소했다.(文蔚休伯之儔, 子叔德祖之侶, 傲雅觴豆之前, 雍容袵席之上, 灑筆以成酣歌, 和墨以藉談笑.)95)

라고 하여, 당시 文壇의 뛰어난 문인으로 路粹・繁欽이나 邯鄲淳・楊修 등이 거론되어 있다.

---

94) 陳壽 撰, 裵松之 注, 『三國志』 629쪽
95) 劉勰 撰, 戶田浩曉 譯註, 『文心雕龍』 600쪽

이른바 建安七子니 鄴中七子니 하는 이들 이외에 建安文壇의 다른 문인들로는, '潁川의 邯鄲淳・繁欽・陳留의 路粹・沛國의 丁儀・丁廙・弘農의 楊修・河內의 荀緯' 일곱 사람의 문인을 더 들었다.96) 이 외에 應瑒의 동생 應璩와 應璩의 아들 應貞도 들어야 한다. 그리고 曹丕・曹植과 서신왕래가 잦았던 吳質(180~220)도 鄴城의 주요 문인이며, 仲長統(180~220)도 參丞相軍事를 지냈고(『後漢書・仲長統傳』), 繆襲(186~245)도 曹操・曹丕・曹叡・曹芳 4대에 걸쳐서 曹氏 일가와 긴밀한 관계를 유지하며, 鄴城에서 문단활동을 했을 터인데, 그것에 관한 기록이 남아 있지 않다.97)

鍾嶸이 말한 대로 建安時期의 문인이 '百計' 즉 '백을 헤아린다'라고 한 것이 꼭 그 숫자가 백 명이 된다는 뜻은 아니겠으나, 참으로 수많은 문인들이 이 시대 문단을 빛내 주었음을 밝힌 것이다. 그렇다면, 어째서 曹丕가 거론한 建安七子만이 建安文壇의 주요 문인이 될 수 있었는가? 그 중 가장 큰 이유는 建安七子 선정에 있어서 曹丕와의 정치적인 관계와 개인적인 취향이 크게 작용을 했다고 할 수 있다.

그리고 曹丕의 曹植에 대한 일종의 반감과 열등감 때문에 曹植의 측근이었던 楊修・丁儀・丁廙를 建安文壇의 주요 문인에 넣어주지 않았다는 혐의는 면할 수 없다. 『三國志・魏書・陳思王植傳』에, "(曹操는) 曹植이 재능으로써 남과 다르다는 것을 인정하고, 丁儀・丁廙・楊修 등이 그의 보좌가 되게 하였다.(植既以才見異, 而丁儀丁廙楊修等爲之羽翼.)"98)라고 하였고, 明代 胡應麟이 『詩藪』外編1 周漢條 에서,

---

96) 曹丕「與吳質書」 "自潁川邯鄲淳・繁欽・陳留路粹・沛國丁儀・丁廙・弘農楊修・河內荀緯等, 亦有文采, 而不在此七人之例."
97) 劉師培 著, 『中國中古文學史』 33~42쪽, 商務印書館, 1958 : 劉師培는 建安時期의 문인으로 衛覬・潘勗・王象・劉廙・劉劭・繆襲・仲長統・蘇林・韋誕・夏侯惠・孫該・杜摯・曹袞・王朗・劉放・郗正・韋曜・華核 등이 있지만, 아쉽게도 대부분이 지금까지 남아 있는 작품이 없다고 했다.
98) 陳壽 撰, 裵松之 注, 『三國志』 557쪽

> 鄴中의 여러 문사들을 살펴보자면, 楊修(德祖)의 명성은 孔融(文擧)에 버금갔다. 두 사람은 당시 역시 명성이 높았지만, 『典論』에서는 언급치 않았으니, 아마도 楊修가 陳思王 曹植의 측근이었기 때문일 것이다.(考 鄴中諸子, 德祖聲名與文擧相亞, 二子當時亦矯矯, 而典論不及, 蓋以黨翼陳 思故.)99)

라고 하여, 建安文壇의 주요 문인 가운데 楊修·丁儀·丁廙가 曹植의 측근이었는데, 曹丕와의 정치적인 입장 때문에 배제되었을 가능성을 말하였다. 曹丕가 曹植의 문학적 재능을 시기하여 짓게 하였다고 하는「七步詩」의 고사100)를 통해서도, 曹丕는 정치적 야망이 다분했던 曹植에 대하여 반감을 늘 가지고 있었다.

원래 曹操는 曹丕보다 曹植을 더 아꼈다.『三國志·魏書·陳思王植 傳』에,

> 이때 鄴城에는 銅雀臺가 완공되어 太祖 曹操는 여러 아들들을 데리고 동작대에 올라 각자 시를 짓도록 했다. 曹植은 붓을 쥐고는 한번에 완성했는데, 가장 볼 만 했다. 曹操는 매우 남다르다고 여겼다. … 매번 어려운 문제를 대할 때마다 曹操의 물음에 즉시 답하여서 특히 총애를 받았다.(時鄴銅雀臺新成, 太祖悉將諸子登臺, 使各爲賦. 植援筆立成, 可觀. 太祖甚異之… 每進見難問, 應聲而對, 特見寵愛.)101)

라고 했다. 그래서 曹操는 형인 曹丕를 제쳐두고 曹植을 세자로 삼으려 했다. 그러나 끝내 曹操는 그것을 실행하지는 못했다. 왜냐하면 그것은 曹植의 성품 때문이었다.『三國志·魏書·陳思王植傳』에,

---

99) 胡應麟 撰,『詩藪』414쪽, 廣文書局, 1973
100)「七步詩」"煮豆持作羹, 漉鼓以爲汁. 其向釜下然, 豆在釜中泣. 本是同根生. 相煎何太急."
101) 陳壽 撰, 裵松之 注,『三國志』557쪽

(曹植은) 성품이 까다롭지 않아 위엄과 예의를 갖추려하지 않았고, 수레와 복식의 화려함을 좋아하지 않았으며, … 성품에 따라 되는 대로 행동하였으며, 스스로 자신을 꾸미려 하지도 않았고, 술을 지나치게 마셨다. 曹丕는 曹操를 모시는 수단을 잘 강구하여 자신의 감정을 숨기며, 꾸밀 줄 알았고, 궁중의 사람들이 曹丕 편에서 말해 주었기 때문에 마침내 세자가 될 수 있었다.(性簡易, 不治威儀. 輿馬服飾, 不尙華麗. … 而植任性而行, 不自彫勵, 飮酒不節. 文帝御之以術, 矯情自飾, 宮人左右, 幷爲之說, 故遂定爲嗣.)102)

라고 하여, 曹丕와 曹植의 운명이 갈리게 되지 못한 이유를 밝혔다. 그리고 위의 글에서 曹植의 측근인 楊修가 흔히 알려져 있는 '鷄肋의 고사'103)에서는 曹操가 자신의 마음을 꿰뚫어보는 楊修를 시기해서 죽인 것처럼 되어 있지만, 실제로는 袁紹의 조카였기 때문이었다. 역시 曹植의 측근인 丁儀와 그의 동생 丁廙도 曹丕가 황제에 오른 다음 그들이 예전에 曹操가 曹植을 총애하여 曹植을 세자로 올리려 할 때 찬성하는 발언을 했기 때문에 그들의 집안 식구들과 함께 처형됐다.104) 그러니 曹丕의 입장에서 보자면, 당시 文壇의 가장 중요한 문인집단이라고 한 建安七子에 넣어주지 않았던 것도 지나친 것은 아니다. 결국 이후 중

---

102) 陳壽 撰, 裴松之 注, 『三國志』 557쪽.
103) 陳壽 撰, 裴松之 注, 『三國志』 52쪽 : 『魏書·武帝紀』 "備因險拒守" 注引 「九州春秋」 曰 : "時王欲還, 出令曰鷄肋, 官屬不知所謂. 主簿楊修便自嚴裝, 人驚問脩, 何以知之. 脩曰 '夫鷄肋, 棄之如可惜, 食之無所得, 以比漢中, 知王欲還也.'"
104) 陳壽 撰, 裴松之 注, 『三國志』 556쪽 : 『魏書·任城陳蕭王傳』 注引 「魏略」 曰 "丁儀字正禮, 沛郡人也. … 太祖旣有意欲立植, 而儀又共贊之. 及太子立, 欲治儀罪, … 後遂因職事收付獄, 殺之. 廙字敬禮, 儀之弟也. 文士傳曰, 廙少有才姿, 博學洽聞. 初辟公府, 建安中爲黃門侍郎. 廙嘗從容謂太祖曰 '臨淄侯天性仁孝, 發於自然, 而聰明智達, 其殆庶幾. 至於博學淵識. 文章絶倫. 當今天下之賢才君子, 不問少長, 皆願從其游而爲之死, 實天所以鍾福於大魏, 而永授無窮之祚也.' 欲以勸動太祖. 太祖答曰 '植, 吾愛之, 安能若卿言. 吾欲立之爲嗣, 何如.'"

국문학사에서는 曹丕의 『典論·論文』에 크게 영향을 받아서 建安七子가 중시되었던 것이라고 봐야 한다.

이것이 사실이라면, 우리가 지금 알고 있는 建安七子의 문학사적 무게는 당연히 감해져야 할 것이다. 왜냐하면 위에서 밝혔듯이, 曹丕가 지명한 建安七子는 曹丕의 개인적인 취향과 정치적인 입장에 의해서 지명되었으며, 당대의 文壇에서 순수하게 문학적인 위치나 영향력을 가지고 선정된 것이 아니기 때문이다. 그래서 이후 七子 이외에 建安 時期에 활동했던 다른 인물들이 각 문헌에 거론되기도 하지만, 七子 이외 문인들의 시문은 자연스레 소홀히 다루게 되었고, 따라서 남아 있는 글들이 적어지게 되어, 三曹와 建安七子 이외의 문인들은 서서히 잊혀져 버렸을 가능성이 높다.

이러한 역사적 배경 때문에 建安七子의 작품이 그나마 가장 많이 남아 있게 된 것이니, 어찌되었건 지금으로서는 建安文壇의 대표를 孔融이 포함된 建安七子들이 建安文壇을 주도했다고 할 수밖에 없겠다.

(2) 建安七子의 代表 － 王粲과 劉楨

建安文學의 주요 작가라 할 수 있는 建安七子 가운데 가장 주목받을 만한 이는 누구인가? 曹丕가 『典論·論文』에서 建安七子의 출신지를 밝히고 각자의 대표작과 장단점을 비평하였는데, 특히 그들 가운데 누가 으뜸이라는 식으로 말하진 않았지만, 다만 孔融에 대하여,

> 孔融의 개성과 才氣는 뛰어나 다른 사람보다 앞서지만, 이론을 갖추지 못하고, 내용이 표현을 따르지 못하여서 결국은 嘲笑의 말이 섞여 있기도 하다. 그의 장점은 楊雄이나 班固의 짝이 될 만하다.(孔融體氣高妙, 有過人者, 然不能持論, 理不勝辭, 至於雜以嘲戲. 及其所善, 楊班儔也.)[105]

---

105) 曹丕 撰, 張溥 編, 『魏文帝集』 卷1,(『漢魏六朝百三名家集』 제1책 737쪽)

라고 하여, 建安七子 가운데 비교적 높이 평가를 하였으면서도 비평도 함께 했다고 할 수 있다.

그리고 曹丕는 「與吳質書」에서 그 즈음의 문인들에 대하여 평가하면서 孔融과 劉楨에 대해서는 전혀 언급하지 않은 채 나머지 5人에 대해서만 비평하였다. 그 가운데 徐幹에 대하여는,

> 偉長 徐幹만은 文質을 모두 갖추었고, 욕심이 적어 은둔자의 뜻을 갖고 있었다. 그러니 文質彬彬한 군자라고 할 만하다. 『中論』 20여 편을 지어서 독창적인 이론을 완성했다. 표현과 내용이 典雅하여 후세에 전해질 만 하다. 이 사람은 영원히 잊혀지지 않으리라.(偉長獨懷文抱質, 恬淡寡欲, 有箕山之志. 可謂彬彬君子矣. 著中論二十餘篇, 成一家之業. 辭義典雅, 足傳於後. 此子爲不朽矣.)[106]

라고 하여, 徐幹에 대해서만 극찬을 했다. 그리고 『三國志・魏書・王粲傳』의 評에서도,

> 王粲 등 6인이 가장 이름을 날렸는데, 王粲은 특히 항상 곁에 있는 관리가 되어서 당대의 제도를 만들었지만, 허심탄회하고 너그러운 품성은 徐幹의 순수함만 못했다.(惟粲等六人最見名目. 而粲特處常伯之官, 興一代之制, 然其沖虛德宇, 未若徐幹之粹也.)[107]

라고 했으니, 이것은 王粲을 높이 평가하면서도 徐幹을 보다 더 높이 평가한 것이라 할 수 있다. 그렇지만, 『典論・論文』에서 "徐幹은 때로는 齊나라 기질이 있다.(徐幹時有齊氣)"라고 하였으니, 曹丕는 孔融과 마찬가지로 徐幹에 대해서도 전적으로 긍정을 표시한 것이 아님을 알 수 있다.

---

106) 曹丕 撰, 張溥 編, 『魏文帝集』 卷1(『漢魏六朝百三名家集』 제1책 727쪽)
107) 陳壽 撰, 裵松之 注, 『三國志』 629쪽

王粲에 대해서는 沈約이 『宋書·謝靈運傳論』에서,

曹植과 王粲은 氣質을 바탕으로 하였고, 자신의 재능과 장점을 마음껏 펼쳐서 유독 당대를 밝혔다. 이로써 온 세상의 문인들이 흠모하며 배웠다. … 曹植의 「贈丁儀王粲詩」[108]와 王粲의 「七哀詩」 제1수[109]는 …

---

108) 曹植 撰, 張溥 編, 『陳思王集』 卷2(『漢魏六朝百三家集』 제2책 85쪽)
    從軍度函谷, 군대를 따라 函谷關을 넘는데,
    驅馬過西京. 말을 몰아 西京을 지난다.
    山岑高無極, 산은 높아 끝이 없는 듯,
    涇渭揚濁淸. 涇水와 渭水는 맑은 물과 흐린 물이 섞인다.
    壯哉帝王居, 훌륭하도다 제왕의 몸가짐이여,
    佳麗殊百城. 뛰어나고도 아름다워서 온 나라를 압도하는 듯하다.
    貝闕出浮雲, 貝闕에는 뜬 구름이 솟아 있고,
    承露槩泰淸. 承露는 하늘까지 닿아 있다.
    皇佐揚天惠, 太祖(曹操)께선 천자의 은혜를 떨쳐
    四海無交兵. 세상에 전쟁이 없어졌다.
    權家雖愛勝, 세력 있는 이는 싸워 이기기를 좋아하지만,
    全國爲令名. 온 나라에는 훌륭하다는 명성을 세웠다.
    君子在末位, 그대들은 말단의 자리에 있어서,
    不能歌德聲. 재능이 있다는 성가를 내지는 못했다.
    丁生怨在朝, 丁 선생은 조정에 원망이 있고,
    王子歡自營. 王 선생은 스스로 시 짓기를 즐기네.
    歡怨非貞則, 만족하고 원망하는 것은 바른 법도는 아니니,
    中和誠可經. 中和야말로 참으로 바른 법도입니다.
109) 王粲 撰, 張溥 編, 『王侍中集』(『漢魏六朝百三家集』 제2책 140쪽)
    西京亂無象, 西京은 어지러워 법도가 없으니,
    豺虎方遘患. 간악한 무리들이 바야흐로 난리를 만났다.
    復棄中國去, 또 중원 땅 버리고 떠나,
    委身適荊蠻. 몸을 던져 오랑캐 땅 荊州까지 간다.
    親戚對我悲, 부모와 친척들은 나를 보고 슬퍼하고,
    朋友相追攀. 친구들은 달려와 나를 붙잡는다.
    出門無所見, 문을 나서니 보이는 것 없고,
    白骨蔽平原. 백골이 들판에 가득하다.
    路有飢婦人, 길에는 굶주린 부인네가 있는데,
    抱子棄草間. 아이를 안다가 풀 섶에다 버린다.
    顧聞號泣聲, 돌아보며 우짖는 소리 듣지만,

모두 가슴속의 심정을 솔직히 펴서, 예전의 시편을 베끼지 않은 것으로 바로 音律과 調韻을 예전의 법식에서 취한 것이다.(子建仲宣以氣質爲體, 幷標能擅美, 獨映當時. 是以一世之士. 各相慕習. … 子建函京之作, 仲宣霸岸之篇. … 幷直擧胸情, 非傍詩史, 正以音律調韻, 取高前式.)110)

라고 한 것 이외에, 劉勰이 『文心雕龍』의 「明詩」와 「才略」에서, 鍾嶸이 『詩品』 王粲條에서, 그리고 『三國志・魏書・王粲傳』에서 王粲의 문학적 재능을 높이 평가하였다.111)

皎然은 『詩式』에서 王粲의 「七哀詩」를 들어서,

아마도 죽은 이는 돌아오지 못할 것이니 내 어찌 앞으로 가까이 하겠는가. 그러므로 애간장을 아프게 하는 슬픔이 있는 것이다. 沈約이 '經典이나 역사를 베끼지 않았고, 심정을 그대로 읊었다.'라고 한 것에 대해서 나는 그가 참으로 시를 제대로 알아보았다고 인정한다. 이와 같은 작품이야말로 참으로 최상의 작품이다.(盖以逝者不返, 吾將何親, 故有

揮涕獨不還.   눈물 날리며 돌아서지는 않는다.
未知身死處,   몸이 죽을 곳 아직 모르니,
何能兩相完.   어찌 둘 다 살아갈 수 있나.
驅馬棄之去.   말을 달려서 떠나가는데,
不忍聽此言.   차마 아낙의 말을 듣지 못하겠다.
南登霸陵岸,   霸陵 언덕의 남쪽으로 올라서,
回首望長安.   머리 돌려 長安을 바라본다.
悟彼下泉人,   저 「下泉詩」를 지은 이의 마음을 알게 되니,
喟然傷心肝.   아이고 마음만 아프게 한다.

110) 沈約 撰, 郭紹虞 主編, 『中國歷代文論選』 제1책 215쪽
111) 劉勰 撰, 戶田浩曉 譯註, 『文心雕龍』: 「明詩」 "平子得其雅, 叔夜含其潤, 茂先凝其淸, 景陽振其麗. 兼善則子建仲宣, 偏美則太冲公幹."(97쪽), 「才略」 "仲宣溢才, 捷而能密. 文多兼善, 辭少瑕累. 摘其詩賦, 則七子之冠冕乎."(637쪽) / 鍾嶸 撰, 高木正一 譯註, 『詩品』 164쪽: 王粲條 "在曹劉間, 別構一體, 方陳思不足, 比魏文有餘." / 陳壽 撰, 裵松之 注, 『三國志』 597쪽: 『魏書・王粲傳』 "時邕才學顯著, 貴重朝廷, 常車騎塡巷, 賓客盈坐. 聞粲在門, 倒屣迎之. 粲至, 年旣幼弱, 容狀短小, 一坐盡驚. 邕曰此王公孫也, 有異才, 吾不如也. 吾家書籍文章, 盡當與之."

傷心肝之歎. 沈約云, 不傍經史, 直擧胸臆, 吾許其知詩者也. 如此之流, 皆名爲上上逸品者矣.)[112]

라고 하였고, 劉楨에 대해서는 "劉楨의 문장 기운은 편벽되지만, 그 中道를 얻기는 하였다.(劉楨辭氣偏, 正得其中.)"[113]라고 하여, 완벽하게 긍정하지는 않았다. 반면에 弘法大師의 『文鏡秘府論』에서는,

漢魏代에는 曹植과 劉楨이 있는데, 모두 기세가 높은 것이 하늘을 가를 듯하며, 經典이나 歷史를 베끼지 않고 매우 뛰어나게 글을 지었다. (漢魏有曹植劉楨, 皆氣高出于天縱, 不傍經史, 卓然爲文.)[114]

라고 하여, 弘法大師는 '不傍經史' 때문에 王粲 대신 劉楨을 으뜸이라고 했다. 劉楨에 대해서는 鍾嶸이 『詩品·序』에서 建安文壇의 주요 문인을 들면서 劉楨과 王粲을 병칭하여, 曹氏 父子에 이어서 좌우의 보좌격이 되는 지위에 있다고 하여 七子 가운데 劉楨과 王粲이 최고라고 했다. 이어서 또 曹植과 劉楨을 문장의 성인이라 하고, 劉楨을 曹植과 병칭하였다.[115] 『詩品』 曹植條에서도,

孔子의 門下를 시 방면에 비유하자면, 劉楨이 堂에 올랐다면, 曹植은 거실에 든 것이고, 張協(景陽)·潘岳·陸機는 스스로 곁채에 자리할 만하다.(孔氏之門, 如用詩, 則公幹升堂, 思王入室, 景陽潘陸, 自可坐於廊廡之間矣.)[116]

---

112) 皎然 著, 李壯鷹 校注, 『詩式校注』 81쪽, 齊魯書社, 1987
113) 皎然 著, 李壯鷹 校注, 『詩式校注』 84쪽
114) 王利器 校注, 『文鏡秘府論校注』 278쪽, 中國社會科學出版社, 1983
115) 鍾嶸 撰, 高木正一 譯註, 『詩品』 82쪽 : 鍾嶸은 『詩品』 序文에서 "…次有輕薄之徒, 笑曹劉爲古拙."라고 하였으니, 曹植과 劉楨은 일반 문단에서도 幷稱되었음을 알 수 있다.
116) 鍾嶸 撰, 高木正一 譯註, 『詩品』 156쪽

라고 했고, 『詩品』 劉楨 條에서는 劉楨을 曹植 다음의 독보적인 존재라고 할 만하다고 했다. 이것에서 鍾嶸은 建安七子 가운데 劉楨을 단연 으뜸으로 친다는 것을 알 수 있다.

위의 논의를 통하여 建安七子 가운데에서 曹丕는 孔融과 徐幹을, 沈約·劉勰·皎然은 王粲을, 鍾嶸과 弘法大師는 劉楨을 으뜸으로 쳤다는 것을 알 수 있다. 그런데 孔融과 徐幹은 그들의 장점만큼 단점에 대해서도 비판받은 만큼 王粲과 劉楨이 建安七子 가운데에서 으뜸을 다툴 만하다고 할 수 있다.

다음으로 王粲과 劉楨에 관한 논평들을 비교해 보면 다음과 같다. 曹丕는 王粲을「與吳質書」의 평에서 "아쉽게도 文體가 약해서 그 文彩를 끌어올리기 부족하다.(惜其體弱, 不足起其文.)"라고 했고, 鍾嶸은 『詩品』에서 "文彩는 뛰어나지만, 질박함이 보잘 것 없다.(文秀而質羸)"라고 했다. 王粲의 단점은 작품의 意象에 雄渾함이 모자라 氣勢가 壯盛하지 못하다는 것이다.

鍾嶸은 劉楨의 재능과 情感은 王粲만 못하지만, 그의 작품에 文氣가 豪宕하고 意境이 峭拔하여, 王粲보다 우위에 있다고 여겼다. 그래서 劉楨은 기질이 낫고, 王粲은 정감이 낫다고 할 수 있는 것이다. 劉楨의 이러한 風格이 잘 드러난 것은「贈從弟」3수로서 그것들은 '眞骨凌霜, 高風跨俗'의 氣槪가 있다. 거꾸로 劉楨의 약점은 辭彩에 힘쓰지 않았다는 것이다. 그래서 鍾嶸은 "기질이 文彩보다 지나쳐서 조탁하고 꾸미는 것이 적다.(氣過其文, 雕潤恨少.)"라고 하였다. 이렇듯 王粲과 劉楨은 장점과 단점을 서로 바꿔서 가지고 있다고 할 수 있다.117)

許學夷가 劉楨과 王粲의 장단점에 대하여 평하여,118) 劉楨의「公讌

---

117) 許學夷 著 杜維沫 標點, 『詩源辯體』 83쪽 : "公幹·劉楨, 一時未易優劣. 鍾嶸以公幹爲勝, 劉勰以仲宣爲優. 予嘗爲二家品評, 公幹氣勝於才, 仲宣才優於氣. 鍾嶸謂陳思已下, 楨稱獨步. 元美謂二曹龍奮, 公幹角立是也. 文帝典論稱, 應瑒和而不壯, 劉楨壯而不密. 竊謂, 以仲宣代應瑒, 更切."

詩」,119) 「贈徐幹詩」,120) 「贈五官中郞將詩」 제4수121)에 대하여 "聲韻이

118) 許學夷 著 杜維沫 標點,『詩源辯體』82쪽 : "公幹詩, 聲詠常勁, 仲宣詩, 聲韻常緩, 子建正得其中. 鍾嶸稱公幹'氣過其文', 仲宣"文秀而質羸"是也. 五言公幹如, '靈鳥宿水裔, 仁獸游飛梁. 華館寄流波, 豁達來風凉.', '步出北寺門, 遙望西苑園. 細柳夾道生, 方塘含淸源.', '凉風吹沙礫, 霜風何皚皚. 明月照緹幕, 華燈散炎輝.'等句, 聲韻爲勁. 仲宣如'常聞詩人語, 不醉且無歸. 今日不極歡, 含情欲待誰.', '軍中多飫饒, 人馬皆溢肥. 徒行兼乘還, 空出有餘資.', '征夫懷親戚, 誰能無戀情. 撫(拊)衿倚舟檣. 眷眷思鄴城.'等句, 聲韻爲緩. 然要是氣質不同, 非有意創別也."
119) 劉楨 撰, 張溥 編,『劉公幹集』(『漢魏六朝百三名家集』제2책 160쪽)
<u>靈鳥宿水裔,</u> 영험한 새는 물가에서 묶고,
<u>仁獸遊飛梁.</u> 어진 짐승은 나는 듯 솟은 다리에서 노닌다.
<u>華館寄流波,</u> 화려한 정자는 물가에 있고,
<u>谿達來風凉.</u> 탁 트인 곳에서 바람 서늘하게 분다.
120) 劉楨 撰, 張溥 編,『劉公幹集』(『漢魏六朝百三名家集』제2책 161쪽) :
誰謂相去遠, 누가 서로 헤어진 것이 멀다 하는가,
隔此西掖垣. 떨어져 있는 것은 궁궐 서쪽 담장이다.
拘限淸切禁, 맑고 깨끗한 궁궐에 갇혀 지내니,
中情無由宣. 속마음 풀 길이 없다.
思子沈心曲, 그대 생각 마음 깊은 곳에 묻어 두고,
長嘆不能言. 길게 탄식하며 아무 말 못한다.
起坐失次第, 어찌 지낼지 몰라,
一日三四遷. 하루에도 서너 번 자리를 옮겨 다닌다.
<u>步出北寺門,</u> 北寺門을 걸어 나가,
<u>遙望西苑園.</u> 멀리 西苑의 정원을 바라본다.
<u>細柳夾道生,</u> 가는 버드나무 좁은 길에 나 있고,
<u>方塘含淸源.</u> 네모난 못에서는 맑은 샘이 솟는다.
輕葉隨風轉, 가벼운 나뭇잎 바람따라 구르고,
飛鳥何翩翩. 나는 새 저리도 펄펄 나는구나.
乖人易感動, 잘못하여 벌 받은 사람 쉬이 마음 움직여서,
涕下與衿連. 눈물이 소매에 연이어 흐르고 있다.
仰視白日光, 우러러 밝은 햇빛을 보니,
曒曒高且懸. 밝게 높이도 달려 있다.
兼燭八絃內, 초를 잡고 사방을 비추니,
物類無頗偏. 만물이 고루 비친다.
我獨抱深感, 나만 깊은 생각에 잠겨,
不得與比焉. 그들과 함께 할 수 없다.

강건하다.(聲韻爲勁)"라고 했고, 王粲의 「公讌詩」,122) 「從軍詩」 제1

---

121) 劉楨 撰, 張溥 編, 『劉公幹集』(『漢魏六朝百三名家集』 제2책 161쪽) :
凉風吹沙礫, 싸늘한 바람 모래 뻘에 불어대니,
霜氣何皚皚. 서리 기운이 참으로 매섭기도 하다.
明月照緹幕, 밝은 달이 붉은 막에 비치니,
華燈散炎輝. 화려한 등불 짙은 불꽃을 뿜는다.
賦詩連篇章, 시를 여러 편 짓느라,
極夜不知歸. 밤이 다하도록 돌아갈 줄 모른다.
君侯多壯思, 曹公께선 웅장한 뜻 많아,
文雅縱橫飛. 고아한 문장이 용솟음친다.
小臣信頑鹵, 하찮은 신하 우둔하다는 것을 분명히 아니,
僶俛安能追. 힘껏 애써 보지만 어찌 좇을 수가 있는가.

122) 王粲 撰, 張溥 編, 『王侍中集』(『漢魏六朝百三名家集』 제2책 140쪽) :
昊天降豊澤, 대단하게도 하늘이 풍요로움을 내려서
百卉挺葳蕤. 온갖 풀 우거졌다.
凉風撤蒸暑, 시원한 바람 무더위를 내몰고,
清雲却炎暉. 맑은 구름 여름의 더운 볕을 물리쳤다.
高會君子堂, 군자의 집에서 즐거운 모임 가졌으니,
并坐蔭華榱. 모두 화려한 그림자 지는 서까래 아래에 앉았다.
嘉肴充圓方, 맛 좋은 안주 둥글고 모난 그릇에 가득하고,
旨酒盈金罍. 맛 나는 술이 금 술잔에 넘친다.
管絃發徽音, 악기에서는 은은한 음악소리 퍼지니,
曲度清且悲. 곡절이 맑고도 서글프다.
合坐同所樂, 함께 자리하여 즐거워하는데,
但愬杯行遲. 술 마시자고 하지만 술잔 더디기만 하다.
常聞詩人語, 늘 시인들의 말을 듣고는,
不醉且無歸. 취하지도 않아 돌아갈 줄 모른다.
今日不極歡, 오늘은 흔쾌히 즐겁지도 않은 채,
含情欲待誰. 좋은 감정 갖고 누구를 기다리고자 함인가.
見眷良不翅, 중히 대접받는 것이 이미 지나치니,
守分豈能違. 본분을 지켜야지 어찌 어길 수 있나.
古人有遺言, 옛 분들 남기신 말씀에,
君子福所綏. 군자는 복록에 편안하다고 했다.
願我賢主人, 원컨대, 우리 훌륭하신 어르신께서,
與天享巍巍. 하늘과 더불어 복록을 누리세요.
克符周公業, 周公의 업적과 함께
奕世不可追. 대대로 아무도 따를 수 없도다.

제2장 建安文壇의 主要 作家 135

수,123) 「從軍詩」 제2수124)에 대해서는 "聲韻이 느즈러진다.(聲韻爲緩)"

---

123) 王粲 撰, 張溥 編, 『王侍中集』(『漢魏六朝百三名家集』 제2책 141쪽) :
從軍有苦樂, 군대 나가는 것에는 고통과 즐거움이 있는데,
但問所從誰. 다만 따르는 이가 누구인지만을 물었다.
所從神且武, 따른 이 신명하고도 용감하시니,
焉得久勞師. 어찌 오래도록 병사들을 위로해 주실까.
相公征關右, 曹公께선 關右를 정벌하시어,
赫怒震天威. 하늘같은 위엄을 크게 떨치셨다.
一擧滅獯虜, 한번에 獫狁 족속을 물리치시고,
再擧服羌夷. 이내 羌族을 굴복시키셨다.
西收邊地賊, 서쪽으로 변방 오랑캐를 거두신 것이,
忽若俯拾遺. 빠르기가 떨어진 물건 줍듯이 하셨다.
陳賞越邱山, 상을 베푸시는 것은 산과 언덕에 넘치시고,
酒肉踰川坻. 술과 고기가 넘쳐 물 섬에까지 미칠 지경이다.
<u>軍中多沃饒,</u> 군대에는 물건이 충분히 많고,
<u>人馬皆溢肥.</u> 병사와 말이 모두 살쪄 있다.
<u>徒行兼乘還,</u> 걸어서 갔다가도 겹말을 타고 돌아오고,
<u>空出有餘資.</u> 빈손으로 나갔다가도 물자를 가득 싣고 오신다.
拓地三千里, 개척한 땅이 3000리나 되는데,
往返一如飛. 갔다가 돌아오는 것이 마치 나는 듯이 빠르다.
歌舞入鄴城, 노래하고 춤추며 鄴城에 들어가니,
所願獲無違. 바라던 것을 다 얻어 오니 아무도 거역치 않는다.
晝日處大朝, 낮에는 太廟에서 제사 올리고,
日暮薄言歸. 해 저물어서야 집으로 돌아가신다.
外參時明政, 밖으로 정사에 참여하셔서는 사정에 밝고,
內不廢家私. 안으로도 집안일을 소홀히 하지 않으신다.
禽獸憚爲犧. 짐승들은 두려운 듯 잘 묶여 있고,
良苗實已揮. 좋은 곡식들은 씨가 이미 잘 뿌려졌다.
竊慕負鼎翁, 伊尹을 흠모하시고,
願厲朽鈍姿. 자질이 없는 이처럼 힘써 정사를 보신다.
不能效沮溺, 長沮와 桀溺만은 본받아서는 안 되며,
相隨把鋤犁. 서로들 호미와 괭이를 들고서 나가 일해야 할 것이다.
熟覽夫子詩, 누구라도 공자의 시를 읽었다면,
信知所言非. 長沮와 桀溺의 말이 틀림을 분명히 알 수 있을 것이다.
124) 王粲 撰, 張溥 編, 『王侍中集』(『漢魏六朝百三名家集』 제2책 141쪽) :
涼風厲秋節, 싸늘한 바람 가을 절기를 내몰고,
司典告詳刑. 司典은 자세한 刑을 고한다.

라고 했고, 끝으로 "그러나 요약하자면 氣質이 같지 않은 것이지, 굳이 별다른 것은 아니다.(然要是氣質不同, 非有意創別也.)"라고 하였는데, 이 것은 鍾嶸이 평한 의견을 따른 것이며, 아울러서 그들의 시편을 예로 들어서 劉楨과 王粲의 시편을 구체적으로 지적하고 있는 것이 매우 실 증적이다.

그렇지만 江建俊에 의하면,125) 曹丕의 「與吳質書」에서,

徐幹(偉長)은 유독 文과 質을 갖추어서 깔끔하고, 욕심이 적으며 은둔 의 뜻을 가지고 있어서 '文과 質을 갖춘 군자'라고 할 만하다. 그는 『中

我君順時發,	나의 임금께선 시기를 맞추어 군대를 내시어,
桓桓東南征.	위엄도 대단하게 동남쪽으로 가셨다.
汎舟蓋長川,	떠도는 배는 긴 강을 뒤덮고,
陳卒被隰坰.	늘어선 병졸들은 습지에 서 있다.
<u>征夫懷親戚,</u>	<u>싸움 나온 병사는 부모와 친척을 그리니,</u>
<u>誰能無戀情.</u>	<u>누가 그리운 감정이 없을 수 있나.</u>
<u>拊衿倚舟檣,</u>	<u>옷깃을 매만지며 노에 의지하고는,</u>
<u>眷眷思鄴城.</u>	<u>鄴城을 애뜻하게 그리워한다.</u>
哀彼東山人,	슬프다 저 東山의 사람들,
喟然感鸛鳴.	아하, 황새 울음소리에 가슴 저민다.
日月不安處,	하루하루를 편히 지내지 못하니,
人誰獲恒寧.	사람들 가운데 누가 늘 편히 지낼 수 있나.
昔人從公旦,	옛 사람들은 周公 旦을 따랐는데,
一徂輒三齡.	한번 나서면 문득 3년이 걸렸다.
今我神武師,	지금 우리들의 신성하고 용감한 병사들은
暫往必速平.	잠깐 달려가서는 반드시 신속하게 평정한다.
弁余親睦恩,	우리는 친애하는 은혜로움 받아서,
輸力竭忠貞.	온힘을 다해 충정을 다한다.
懼無一夫用,	한 남자 쓸 것이 없을까 걱정하고,
報我素餐誠.	나 아무 일 않고 편안히 밥 먹게 해준다.
夙夜自恲性,	종일토록 감정을 돋우어서,
思逝若抽縈.	생각은 마치 얽힌 실 풀 듯 한다.
將秉先登羽,	장차 先登羽를 잡고 나서야지,
豈敢聽金聲.	어찌 쇠북소리 듣고 물러서겠는가.

125) 江建俊 著, 『建安七子學術』 13쪽~15쪽, 文史哲出版社, 1982

論』20여 편을 지어서 一家의 이론을 완성했다. 표현과 내용이 典雅하여 모두 후세에 전할 만하니, 그의 명성이 썩지 않을 것이다. 應瑒(德璉)은 언제나 뛰어나게도 저술의 뜻을 가지고 있었는데, 그 재능과 학문은 글을 쓰기에 충분했다. 그의 훌륭한 뜻을 이루지 못했으니, 매우 애석할 따름이다. 지금의 여러 문사들의 글을 보니, 이에 눈물을 흘리게 된다. 이미 떠난 이를 슬퍼하고, 내 행동을 스스로 생각케 한다. 陳琳(孔璋)은 上奏文에 특히 뛰어났지만, 약간 번잡한 감이 있다. 劉楨(公幹)은 뛰어난 기상이 있지만, 아직 굳세다고 할만은 못하지만, 그의 五言詩의 뛰어남은 당대 시인 가운데 최고이다. 阮瑀(元瑜)의 書奏類의 글은 아름답게도 그 정취가 즐겁기까지 하다. 王粲(仲宣)은 그에 이어서 辭賦에 뛰어났으나, 아쉽게도 문장의 기운이 약해서 그의 글을 치켜세우기는 부족하다. 그러나 그의 장점은 예나 지금이나 아무도 뛰어넘지 못한다.(偉長獨懷文抱質, 恬淡寡欲, 有箕山之志, 可謂彬彬君子矣. 著中論二十餘篇, 成一家之業, 辭義典雅, 足傳於後, 此子爲不朽矣. 德璉常斐然有述作意, 其才學足以著書, 美志不遂, 良可痛息. 間者歷覽諸子之文, 對之抆淚, 旣痛逝者, 行自念也. 孔璋章表殊健, 微爲繁富, 公幹有逸氣, 但未遒耳, 至於五言詩妙絶當時. 元瑜書記翩翩, 致足樂也. 仲宣獨自善於辭賦, 惜其體弱, 不足起其文, 至於所善, 古人無以遠過也.)[126]

라고 한 것에서 알 수 있듯이, 建安七子 가운데 문학적으로 누가 으뜸이었다는 것을 밝히는 것보다는 '王粲之辭賦', '陳琳之符檄', '阮瑀之書記', '劉楨之詩', '孔融之議', '徐幹之論', '應瑒之文'라고 한 것과 같이 七子 모두 자신이 장점으로 하는 文體에 있어서는 각각 당대의 최고였다고 보아야 할 것이다.

(3) 王粲 詩文의 風格論

王粲(177~216)은 建安七子 가운데 한 사람으로서 字는 仲宣이고, 山陽(지금의 山東省 金鄕縣) 사람이다. 증조부는 王龔이고, 조부는 王暢으

---

126) 曹丕 撰, 張溥 編, 『魏文帝集』 卷1(『漢魏六朝百三名家集』 제1책 727쪽)

로 모두 漢代 三公의 대열에 올랐었다. 아버지 王謙은 당시 대장군 何進의 長史였는데, 何進은 王謙이 名公의 후손이라는 이유 때문에 그와 사돈 관계를 맺으려고 그의 딸 둘을 보내 선택하라고까지 했지만, 王謙이 허락하지 않아 성사되지 못했다. 王粲은 어려서 재주가 있다고 이름이 났었기 때문에127) 당대 최고의 학자인 蔡邕이 '신발을 거꾸로 신고 맞을〔倒屣迎之〕' 정도로 대단한 칭찬을 받았다는 유명한 일화가 있다.

董卓이 獻帝를 모시고 長安으로 갔을 때 王粲 역시 洛陽에서 長安으로 옮겨가 살았다. 이때가 14세였으며, 3년 후에 董卓이 죽고 그의 부장인 李傕과 郭汜가 長安에서 난을 일으키자 이를 피해 荊州에 가서 荊州牧인 劉表에게 의탁하였다. 王粲은 16년 동안 荊州에 있었는데, 劉表는 王粲이 용모가 못생기고 반듯하지 못하다고 하여 크게 신임하지 않았다.128)

建安 13년(208)에 曹操가 荊州를 공격해 온 것을 계기로 王粲은 劉表의 아들 劉琮에게 투항할 것을 권유하기도 하였다. 이를 계기로 曹操는 王粲을 불러 丞相掾으로 삼고 關內侯의 작위를 내렸다. 王粲은 뒷날 軍師祭酒와 侍中에까지 올랐다.

그제서야 王粲은 荊州에서 보냈던 16년의 불우한 생활을 청산하고, 그가 지녔던 정치적 이상을 펼 기회를 맞아 曹氏 정권에 대한 찬양뿐만 아니라 세상에 공을 세우고자 하는 뜻을 그의 시문에 잘 드러내게 되었다. 建安 21년(216)에 吳나라를 치러 가는 군대를 따라 갔다가 다음해 봄 돌아오는 길에 40세의 나이로 병으로 죽었다.

建安七子의 한 사람으로서 王粲은 정치적으로 曹操의 신임을 받아

---

127) 陳壽 撰, 裵松之 注, 『三國志』 599쪽 : "其强記默識如此. 性善算, 作算術, 略盡其理. 善屬文, 擧筆便成, 無所改定."
128) 陳壽 撰, 裵松之 注, 『三國志』 598쪽 : "(劉)表以粲貌寢而體弱通侻, 不甚重也."

建安七子 가운데 유일하게 侯爵의 지위를 받았고, 曹丕・曹植과도 문학적으로 친밀하게 교류하였다. 특히 曹植은「與楊德祖書」에서, "예전에 王粲은 漢水의 남쪽에서 독보적이었다.(昔仲宣獨步於漢南.)"129)라고 하였고, 王粲이 남과 권력을 다투는 것에 대해 충고하는 내용의「贈王粲」130)을 짓기도 했으며, 또「王仲宣誄」에서는 王粲을 추모하여 "글은 마치 봄날 핀 꽃과 같고, 읊어서 노래 부르는 것을 글로 쓰면 모두 시편이 되었다.(文若春華, 發言可詠, 下筆成篇.)"131)라고 하였다.

그런데 역대의 문학 평론자들의 王粲에 대한 평은 고정되어 있지 않다. 王粲 문학 특징에 대한 평은 크게 '文秀質羸'와 '氣質爲體'의 방면으로 나누어 볼 수 있다. '文秀質羸'는 鍾嶸이『詩品』上品에서 王粲을 평하면서 쓴 용어인데, 이것은 '문장의 세련미는 뛰어나지만, 氣骨이 약하다.'는 뜻이다.

그리고 '氣質爲體'는 沈約이『宋書・謝靈運傳論』에서 말한 것으로 王粲 문학이 형식적 수사방면보다는 내용의 기질을 바탕으로 하였다고 한 것이니, 두 평은 서로 상반된다. 이번 장에서는 그들 평의 내용과 王粲 詩賦의 대표작들을 각각 들어 王粲에 대한 평이 각각 다른 배경과 원인에 대해 정리해 보아 王粲 문학의 문학사적 의의와 성격에 대해 살펴보고자 한다.

가. 曹丕가 評한 "體弱, 不足起其文"

문학의 방면에 있어서 王粲에 대한 평이 처음 보이는 것은 曹丕의

---

129) 曹植 撰, 張溥 編,『陳思王集』卷1(『漢魏六朝百家三名集』제2책 38쪽)
130) 曹植 撰, 張溥 編,『陳思王集』卷2(『漢魏六朝百家三名集』제2책 85쪽) : "端坐苦愁思, 攬衣起西游, 樹木發春華, 淸池激長流, 中有孤鴛鴦, 哀鳴求匹儔, 我願執此鳥. 惜哉無輕舟. 欲歸忘故道. 顧望但懷愁. 悲風鳴我側, 羲和逝不留, 重陰潤萬物, 何懼澤不周, 誰令君多念, 自使懷百憂."
131) 曹植 撰, 張溥 編,『陳思王集』卷1(『漢魏六朝百家三名集』제2책 67쪽)

『典論・論文』에서이다.

> 王粲은 辭賦에 뛰어났으니, …「初征」「登樓」「征思」같은 것들은 張衡이나 蔡邕이라도 뛰어 넘지 못한다.(王粲長於辭賦, … 如初征登樓征思, … 雖張蔡不過也.)132)

라고 하였으니, 여기에서 曹丕는 王粲을 建安七子 가운데 한 사람으로서 소개하면서 辭賦에 뛰어남을 밝혔다. 曹丕는 「又與吳質書」에서도 자신과 함께 활동하던 문인들을 들어서 그들의 문학 특징을 논하면서, 王粲에 대하여는,

> 王粲은 그들에 유독 辭賦에 뛰어났다. 아쉽게도 文氣가 약하여 그 문장을 힘 있게 하기에는 모자란다. 잘된 것은 옛사람 중 누구도 그만 못하다.(仲宣獨自善於辭賦. 惜其體弱, 不足起其文. 至於所善, 古人無以遠過也.)133)

라고 하여, 역시 王粲 辭賦의 특징과 그것들의 뛰어남을 밝혔다. 여기에서 曹丕가 "아쉽게도 文氣가 약하여 그 문장을 힘있게 하기에는 모자란다.(惜其體弱, 不足起其文.)"라고 한 것은, 王粲이 文質의 방면에서 文이 質보다 능하다고 본 것으로 意象에 雄渾한 氣象은 모자라 氣勢가 뛰어나지는 못하다는 것이다.

그리고 鍾嶸도 『詩品』 中品에서 曹丕를 품평하여,

> 그 근원은 李陵에게서 나왔다. 王粲의 風格을 상당히 가지고 있다. 새롭고도 개성 있는 백여 편은 세련되지 않은 소박함이 民歌와 같다. 「西北有浮雲」과 10여 수는 특히 아름다움이 넉넉하여 즐길 만한데, 비

---

132) 曹丕 撰, 張溥 編, 『魏文帝集』 卷1(『漢魏六朝百家三名集』 제1권 736쪽)
133) 曹丕 撰, 張溥 編, 『魏文帝集』 卷1(『漢魏六朝百家三名集』 제1권 727쪽)

로소 그의 공교함이 보인다.(其源出於李陵, 破有仲宣體則, 新奇百許篇, 率皆鄙直如偶語, 惟西北有浮雲十餘首, 殊美贍可翫, 始見其工矣.)134)

라고 하였으니, 曹丕에게는 "王粲의 風格을 상당히 가지고 있다.(破有仲宣體則)"라고 한 것처럼, 曹丕 자신도 자신의 문학 특징을 '體弱'하다고 인정한 것이 되니, 曹丕가 王粲에 대하여 결코 낮게 평가하려 했던 것은 아니다.

그런데 曹丕가 王粲을 평하여 '體弱'하다고 한 것은, 詩에 대해서 말한 것이 아니라 '辭賦'에 대하여 평한 것이다. 劉勰은 『文心雕龍·詮賦』에서 賦의 개념을 정의하기를, "賦라고 하는 것은, '편다'는 뜻이다. 文彩를 펼쳐서 밖으로는 사물을 형용하고, 안으로는 뜻을 서술하는 것이다.(賦者, 鋪也. 鋪采摛文, 體物寫志也.)"135)라고 한 것처럼, 辭賦의 주요 특징은 辭藻·音律·抒情寫志를 모두 겸하는 것이다. 그렇다면 王粲의 辭賦 가운데 가장 많이 알려진 「登樓賦」가 曹丕의 평한 대로 '體弱'하다는 것일까?

「登樓賦」는 건안 13년(208) 王粲이 曹操에게 귀의할 즈음에 지어진 것이다.136)

登茲樓以四望兮,   이 누대에 올라 사방을 바라보며,
聊暇日以銷憂.   한가히 시름을 씻어본다.
覽斯宇之所處兮,   누대 처마 닿는 곳 둘러보니,
實顯敞而寡仇.   참으로 탁 트인 것이 비길 것 없다.
挾淸漳之通浦兮,   맑은 漳水의 너른 포구를 끼고 있고,
倚曲沮之長洲.   굽은 沮水의 긴 물 섬에 기대어 있다.
背墳衍之廣陸兮,   뒤로는 높고 고르며 너른 길을 지고 있고,

---

134) 鍾嶸 撰, 陳延傑 注,『詩品注』20쪽, 臺灣開明書局, 1964
135) 劉勰 撰, 戶田浩曉 譯註,『文心雕龍』117쪽
136) 吳文治 著,『中國文學史大事年表』223쪽, 黃山書社, 1996

臨皐隰之沃流.	앞으로는 낮은 습지에 물이 흘러들고 있다.
北彌陶牧,	북쪽 끝에 陶朱公의 묘지가 있고,
西接昭丘.	서쪽으로 楚昭王의 陵에 맞닿아 있다.
華實蔽野,	꽃이며 과실이 들판을 뒤덮고,
黍稷盈疇.	여러 곡식이 논밭을 메웠다.
雖信美而非吾土兮,	비록 아름답기는 하지만 내 고향은 아니니,
曾何足以少留.	어찌 잠시나마 여기에 머물 수 있으랴.
遭紛濁而遷逝兮,	어지러운 세상을 만나 예까지 떠돌아
漫踰紀以迄今.	십 수 년이 훨씬 지나 오늘에 이르렀다.
情眷眷而懷歸兮,	그리운 마음에 돌아갈 날만 꼽는데,
孰憂思之可任.	누구라서 이 걱정을 견딜 수 있나.
憑軒檻以遙望兮,	난간에 기대어 멀리 바라보다가,
向北風而開襟.	북풍을 맞으며 옷깃을 제친다.
平原遠而極目兮,	너른 들판은 까마득해 눈을 찡그리지만,
蔽荊山之高岑.	높다란 荊山에 가린다.
川旣漾而濟深.	내는 넘실넘실 까마득히 펼쳐져 있다.
悲舊鄕之壅隔兮,	고향과 멀리 떨어져 슬퍼서
涕橫墜而弗禁.	눈물이 쏟아져 흐르지만 어쩌지 못한다.
昔尼父之在陳兮,	옛날 공자께서 陳땅에 계실 적에
有歸歟之歎音.	고향에 돌아가자고 탄식하셨었다.
鍾儀幽而楚奏兮,	鍾儀는 晉에 잡혀서도 楚 곡을 연주했고,
莊舃顯而越吟.	莊舃은 楚 땅에서 출세했어도 越 노래를 불렀다.
人情同於懷土兮,	고향을 그리는 심정은 다 마찬가지이니
豈窮達而異心.	어찌 궁핍하거나 현달하다고 해서 마음이 다르겠나.
惟日月之逾邁兮,	세월이 뛰듯이 달아나니,
俟河淸其未極.	黃河가 맑기를 기다리지만 다할 줄 모른다.
冀王道之一平兮,	王道가 세상에 크게 펴지길 바래서
假高衢而騁力.	큰길에 나서서 힘쓰고자 한다.
懼匏瓜之徒懸兮,	조롱박 괜히 달려만 있는 것이 걱정이고,
畏井渫之莫食.	맑은 샘 아무도 마시러 오지 않을까 안쓰럽다.

步棲遲以徙倚兮,	가만히 왔다갔다 하다보니,
白日忽其將匿.	한낮이 문득 져버린다.
風蕭瑟而竝興兮,	가을바람이 소슬하니 거듭 불어오고,
天慘慘而無色.	하늘은 어스름 아무 색조도 없다.
獸狂顧以求羣兮,	들짐승은 갑자기 무리를 찾아 헤매고,
鳥相鳴而擧翼.	새들은 짖어대며 날개를 돋운다.
原野闃其無人兮,	너른 들판이 휑하니 아무도 없고,
征夫行而未息.	나그네만이 떠나가서는 쉬지도 못한다.
心悽愴以感發兮,	마음이 처량하게 느껴져서는
意忉怛而憯惻.	근심스럽고 슬퍼 비통하기만 하다.
循階除而下降兮,	누대 계단을 따라 천천히 내려오자니,
氣交憤於胸臆.	가슴에 울분이 복받친다.
夜參半而不寐兮,	한밤이 다 되도록 잠 못 이루며,
悵盤桓以反側.	슬픔에 어쩌지 못하고 엎치락 뒤치락일 뿐이다.[137]

라고 하였으니, 「登樓賦」는 感傷의 情調가 뛰어난 작품으로 산성의 樓에 올라 사방을 바라보면서, 난리 때문에 멀리 荊州까지 와서 십 수 년을 보내며 고향에 돌아가고픈 심정을 읊고 있다. 그리고는 마지막 단락에서는 자신의 능력을 아무도 알아주지 않는 것에 대한 感慨를 술회하는 내용으로 이루어져 있어서 寫景과 抒情이 잘 어우러져 매우 깊은 意境을 담고 있다. 이것은 그때까지 漢賦가 사실이나 사물을 장황하게 읊어 복잡다단하게 묘사하던 것을 주로 하던 병폐에서 벗어난 것으로 詠物과 抒情小賦의 예술적 경지를 새로이 연 것이라고 평가할 수 있다.

이렇듯 建安時代 辭賦의 창작은 漢代와 달리 작가의 생활 방면의 내용을 담는 것뿐만 아니라 題材・體式 그리고 風格 방면에서도 중대한 변화를 겪었다. 그러므로 이 시기 辭賦들은 신속하게 詠物・抒情小賦化하는 특징이 두드러지게 나타났으니, 이러한 賦 양식의 변화된 모

---

137) 王粲 撰, 張溥 編, 『王侍中集』(『漢魏六朝百三名家集』 제2책 121쪽)

습을 잘 보여준 것이 바로 王粲의「登樓賦」인 것이다.
 이와 같이 형식적 수사성이 강조되는 賦에다가 詠物과 抒情이 잘 반영된 만큼,138) 曹丕가 王粲을 평하여 '體弱'이라고 한 것도 당연했던 것이지만, 曹丕는 王粲의 辭賦가 張衡이나 蔡邕도 따르지 못할 만큼이라 하여 높이 평가했으니, 반드시 부정적인 의미로 낮게 평가한 것도 아니다.
 그런데 劉勰은 『文心雕龍·詮賦』에서 王粲의 賦를 평하여, "王粲의 賦는 纖弱하고도 면밀하면서 쓸 때에는 반드시 힘이 있다.(及仲宣靡密, 發端必遒.)"139)라고 하여, 王粲의 賦가 '靡密'하고 '遒'하다고 하였다. 어째서 曹丕와 劉勰이 상반된 평을 하고 있는 것일까? 이것은 王粲이 曹操에게로 귀의하고 나서 신분과 사회 분위기가 바뀌면서 그의 시문풍 역시 변화하였는데, 曹丕와의 교류는 그 이후에 이루어졌던 만큼, 劉勰은 王粲 前期 辭賦의 특징을 말한 것이며, 曹丕는 王粲의 후기 문학 특징을 들어서 평했던 것이라고 해야겠다.
 그러므로「登樓賦」는 王粲이 曹操에게 귀의하기 바로 전에 지어졌던 만큼 曹丕가 평한 '體弱'보다는 劉勰이 평한 '靡密'과 '遒'하다는 것이 王粲 辭賦의 대표성을 띤다고 하겠다.

나. 劉勰이 評한 "兼善雅潤淸麗"

 劉勰은 『文心雕龍』에서 王粲을 여러 방면에서 두루 높이 평가하였다. 「明詩」에서,

> 平子(張衡)는 우아함(雅)을 얻었고, 叔夜(嵇康)은 매끄러움(潤)을 머금었

---

138) 班固 撰, 顔師古 注, 『漢書』 2829쪽, 上海中華書局, 1986 : 『漢書·王褒傳』에서도 "辭賦大者與古詩同義, 小者辯麗可喜."라고 하였고, 『漢書·藝文志』(班固 撰 위의 책 1756쪽)에도 "詞人之賦麗以淫."이라고 하였다.
139) 劉勰 撰, 戶田浩曉 譯註, 『文心雕龍』 123쪽

고, 茂先(張華)은 맑음(淸)이 응축되어 있고, 景陽(張協)은 아름다움(麗)을 발휘했다. 이 네 가지 장점을 모두 갖춘 이는 子建(曹植)과 仲宣(王粲)이며, 太冲(左思)과 公幹(劉楨)은 美麗한 방면에만 치우쳐 있다.(平子得其雅, 叔夜含其潤, 茂先凝其淸, 景陽振其麗. 兼善則子建仲宣, 偏美則太冲公幹.)140)

라고 하였고,「才略」에서는,

王粲은 넘치는 재능을 가졌고, 민첩하고 주도면밀하다. 그의 문장은 상당히 좋은 점을 갖추었으며, 표현에도 결점이 없다. 시나 부를 들자면, 建安七子 가운데에서 으뜸이라 할 만하구나.(仲宣溢才, 捷而能密. 文多兼善, 辭少瑕累. 摘其詩賦, 則七子之冠冕乎.)141)

라고 하였다. 그밖에도「體性」에서 "王粲은 성급하지만, 그 때문에 영리하며 날카로운 재주가 돋보인다.(仲宣躁銳, 故穎出而才果.)"142)라고 하여, 王粲의 성격과 재주에 대한 개괄적인 평을 한 것뿐만 아니라, 「詮賦」에서는 구체적으로 "王粲의 賦는 纖弱하면서도 면밀하여 쓸 때에는 반드시 힘이 있다.(及仲宣靡密, 發端必遒.)"143)라고 하였고,「論說」에서는 "王粲의「去伐論」은 … 모두 자기 사상을 주체로 삼아 독특한 견해를 세웠고, 문장의 논리가 날카롭고 정밀하여 議論文의 걸작이다. (仲宣之去伐, … 幷師心獨見, 鋒穎精密, 蓋論之英也.)"144)라고 평한 것처럼, 劉勰이「才略」에서 '王粲이 建安七子 가운데 으뜸'이라고 한 것이 괜한 평이 아님을 거듭 밝히고 있다.

위와 같이 劉勰은 王粲이 자질 면에서 '捷而能密'하다고 한 것 이외에, 문학방면에서도 雅·潤·淸·麗의 방면에 曹植과 더불어 '文多兼

---

140) 劉勰 撰, 戶田浩曉 譯註,『文心雕龍』439쪽
141) 劉勰 撰, 戶田浩曉 譯註,『文心雕龍』637쪽
142) 劉勰 撰, 戶田浩曉 譯註,『文心雕龍』411쪽
143) 劉勰 撰, 戶田浩曉 譯註,『文心雕龍』123쪽
144) 劉勰 撰, 戶田浩曉 譯註,『文心雕龍』271쪽

善'이라 하였다. 이것은 王粲 시문에 있어서 특히 수사적인 측면에 주의해서 말한 것이며, 黃侃이 風骨의 개념을 설명하면서 "風은 문장에서의 뜻이고, 骨은 문장에서의 글월이다.(風卽文意, 骨卽文辭.)"라는 한 입장145)에서 보자면, 王粲은 風보다는 骨의 방면이 돋보인다는 것을 밝힌 것이다. 그래서 그를 평하면서 '섬약하면서도 면밀한' 가운데에서 언제나 '힘이 있다'라고 하였으며, 그의 글에 논리가 정밀하다고 한 것이다.

劉勰이 「風骨」에서 骨의 개념을 설명하면서 "문자의 선택이 정확하여 글자 하나의 변경도 어렵고, 聲律의 구성이 안정되어 있어서 약간의 정체도 없다.(捶字堅而難移, 結響凝而不滯.)"146)라고 한 것처럼, 王粲은 劉勰이 말한 骨의 개념에 가장 충실하다고 할 수 있다.

그런데, 劉勰은『文心雕龍·時序』에서 建安文壇의 문학 특징을 논의하면서,

  後漢의 獻帝가 내란 때문에 여기저기 떠돌아다니게 되었고, 문학은 어지러운 상황에 놓이게 되었다. 建安末期가 되어서는 세상이 안정을 회복했다. … 이 시대의 문학을 잘 살피면, 워낙 慷慨한 격정을 좋아했다. 오래도록 내란이 계속되어서 사람들은 헤어지는 슬픔을 겪고, 풍속이 쇠미해지고, 일반인들에게 불만이 쌓였기 때문에 누구나 생각을 깊이 잠기고, 그것을 내내 써댔다. 그래서 이 시대의 작품은 격앙되고 기력이 넘친다.(自獻帝播遷, 文學蓬轉. 建安之末, 區宇方輯. … 觀其時文, 雅好慷慨. 良由世積亂離, 風衰俗怨, 幷志深而筆長. 故梗槪而多氣也.)147)

---

145) 黃侃 著,『文心雕龍札記』101쪽, 文史哲出版社, 1973 : "風骨二者皆仮於物以爲喩. 文之有意, 所以宣達思理, 綱維全篇. 譬之於物, 則猶風也. 文之有辭, 所以據寫中懷, 顯明條貫. 譬之於物, 則猶骨也. 必知風卽文意, 骨卽文辭, 然後不蹈空虛之弊. 或者舍辭意而別求風骨."
146) 劉勰 撰, 戶田浩曉 譯註,『文心雕龍』418쪽.
147) 劉勰 撰, 戶田浩曉 譯註,『文心雕龍』600쪽 :「明詩」(85쪽)에서도 같은 취지로 建安年間 문단 상황에 대하여 이르기를, "曁建安之初, 五言騰踊. 文帝陳

라고 개괄한 것처럼, 劉勰은 建安文壇의 주요 특징을 설명하기를, 대체로 建安詩人들이 漢代 말기와 魏代 초기까지의 전란과 민란으로 인해 닥친 어지러운 사회상과 백성의 질곡을 다룬 시편을 통해서 그들의 정치적 이상을 慷慨한 風格으로 나타냈던 것이며, 이것을 이른바 建安風骨이라고 했던 것이니, '世績亂離, 梗槪多氣'한 문학 특징을 갖추어야만 바로 建安文壇의 대표가 된다고 한 것이다. 劉勰에 의하면 이것은 風骨 가운데 風의 방면에 있어서 梗槪多氣함을 갖추어야 建安文壇의 풍격이 된다고 한 것인데, 劉勰은 王粲의 문학특징을 문학의 내용 방면에서의 風에 해당되는 梗槪多氣보다는 수사적인 방면에서 '靡密', '遒', '雅·潤·淸·麗의 겸비', '鋒穎精密'하다는 것을 주로 밝혀 骨의 방면에 치중하여 논하고서도 建安七子의 으뜸이라고 했으니, 劉勰이 王粲을 내용 방면에서도 암묵적으로 建安文壇의 대표라고 인정했다고 할 수 있다. 이것은 劉勰이 그만큼 王粲의 수사적 재능이 뛰어남을 인정한 것이라고 하겠다.

다. 鍾嶸이 評한 "文秀質嬴"

鍾嶸은 『詩品』의 서문에서 王粲을 평하기를,

> 建安年間에 이르러 조씨 부자는 글을 좋아하였다. 曹丕와 曹植은 문단의 영수가 되었고, 劉楨과 王粲이 그들의 보좌가 되었다.(降及建安, 曹公父子, 篤好斯文, 平原兄弟, 鬱爲文棟, 劉楨王粲, 爲其羽翼.)[148]

라고 하여, 王粲이 劉楨과 더불어 建安文壇의 주요 인물임을 밝혔는데,

思, 縱轡以騁節, 王徐應劉, 望路而爭驅, 並憐風月, 狎池苑, 述恩榮, 敍酣宴, 慷慨以任氣, 磊落以使才. 造懷指事, 不求纖密之巧, 驅辭逐貌, 唯取昭晰之能 此其所同也."라고 했다.
148) 鍾嶸 撰, 陳延傑 注, 『詩品注』 2쪽

劉勰이 王粲을 가리켜서 曹植과 더불어 '七子之冠冕' 또는 '兼善'이라고 높게 평가한 것에 비하면 한 단계 낮은 것이다. 그래도 鍾嶸은 王粲을『詩品』上品에서 두어 평하기를,

    그 근원은 李陵에서 나왔다. 근심과 슬픔에 찬 문사를 쓰는 데 있어서, 문장의 세련미는 뛰어났지만, 氣骨이 박약하다. 曹植과 劉楨 사이에서 다른 한 체를 세웠으니, 曹植에 비교하기에는 부족하지만, 曹丕에 비교하면 남음이 있다.(其源出於李陵, 發愀愴之詞, 文秀而質羸, 在曹劉間, 別構一體, 方陳思不足, 比魏文有餘.)149)

라고 하였지만, 여기에서도 王粲이 曹植만은 못해도 曹丕보다는 낮다는 식으로 평을 하였으니, 역시 서문에서 王粲을 한 격 낮춘 것에 이어 다시 한번 鍾嶸의 의도를 확인할 수 있는 대목이라고 할 수 있겠다. 어째서 鍾嶸은 王粲을 한 격 낮추었을까? 그것은 鍾嶸의 시 비평관 때문이라고 할 수 있다.

    鍾嶸의 시비평관은 "風力으로써 근간으로 하고, 丹彩로써 윤기 나게 한다.(幹之以風力, 潤之以丹彩.)"150)라고 하여, 文質의 조화를 중시하면서도 기질을 보다 더 중시하는 입장에서 "기가 만물을 움직이고, 만물은 사람에게 느낌을 준다.(氣之動物, 物之感人.)"151)라고 하는 感物說을 발전시켜서 "즐거운 모임에서는 시를 지어 서로 가까이 지내고, 무리와 헤어지게 되어서는 시를 부쳐 원망한다.(嘉會寄詩以親, 離群托詩以怨.)"152)라고 하여, 사회생활에 있어서 시인에 대한 감응의 작용을 중시하였다. 특히 齊梁時代의 형식주의 문풍에는 반대하였던 것처럼, 문장의 세련미는 뛰어났지만, 氣骨이 박약한 '文秀'의 특징을 가진 王粲

---

149) 鍾嶸 撰, 陳延傑 注,『詩品注』14쪽
150) 鍾嶸 撰, 陳延傑 注,『詩品注』4쪽
151) 鍾嶸 撰, 陳延傑 注,『詩品注』1쪽
152) 鍾嶸 撰, 陳延傑 注,『詩品注』4쪽

은 자연히 劉楨보다 밀려나게 되었던 것이다. 오히려 『詩品』 서문에서는 "옛날에는 曹植과 劉楨이 거의 문장에 있어서 성인이다.(昔劉殆文章之聖.)"153)라고 하였고, 上品에서도 여러 시인을 품평할 때 王粲보다 앞선 항목에 劉楨을 두어 평하여서 "기질이 그 글에 넘쳐 나서, 조탁하고 매끄럽게 윤색하는 방면이 너무 적은 것이 한스럽다.(氣過其文, 雕潤恨少.)"154)라고 한 만큼, 氣質방면을 文秀보다 높이 평가하는 태도를 취했다.

明代 許學夷는 鍾嶸의 이러한 입장에 찬동하여, 王粲과 劉楨의 시편을 구체적으로 예시하여 다음과 같이 평하였다.

鍾嶸은 劉楨을 일컬어서 '기질이 그 글을 뛰어넘고', 王粲을 일컬어서 '문장의 세련미는 뛰어났지만, 氣骨이 박약하다.'라고 했는데, 이것은 옳다. 五言詩의 경우 劉楨의 「公讌詩」의 한 대목인 '靈鳥宿水裔. 仁獸遊飛梁. 華館寄流波. 豁達來風凉.(영험한 새는 물가에서 묵고, 어린 짐승은 나는 듯 솟은 다리에서 노닌다. 화려한 정자는 물가에 있고, 탁 트인 곳에서 바람 서늘하게 분다.)'와 「贈徐幹詩」의 한 대목인 '步出北寺門. 遙望西苑園. 細柳夾道生. 方塘含淸源.(北寺門을 걸어 나가, 멀리 西苑의 정원을 바라본다. 가는 버드나무 좁은 길에 나 있고, 네모난 못에서는 맑은 샘이 솟는다.)', 「贈五官中郞將詩」의 한 대목인 '凉風吹沙礫. 霜氣何皚皚. 明月照緹幕. 華燈散炎輝.(싸늘한 바람 모래 뻘에 불어대니, 서리 기운이 참으로 매섭기도 하다. 밝은 달이 붉은 막에 비치니, 화려한 등불 짙은 불꽃을 뿜는다.)' 등의 구절의 聲韻이 강건하다. 王粲의 경우 「公讌詩」의 한 대목인 '常聞詩人語. 不醉且無歸. 今日不極歡 含情欲待誰.(늘 시인들의 말을 듣고는, 취하지도 않아 돌아갈 줄 모른다. 오늘은 혼쾌히 즐겁지도 않은 채, 좋은 감정 갖고 누구를 기다리고자 함인가.)', 「從軍詩」 제1수의 한 대목인 '軍中多沃饒. 人馬皆溢肥. 徒行兼乘還. 空出有餘資.(군대에는 물건이 충분히 많고, 병사와 말이 모두 살쪄 있다. 걸어서 갔다

---

153) 鍾嶸 撰, 陳延傑 注, 『詩品注』 3쪽
154) 鍾嶸 撰, 陳延傑 注, 『詩品注』 14쪽

가도 겹말을 타고 돌아오고, 빈손으로 나갔다가도 물자를 가득 싣고 오신다.)', 「從軍詩」 제2수의 한 대목인 '征夫懷親戚. 誰能無戀情. 拊衿倚舟檣. 眷眷思鄴城.(싸움 나온 병사는 부모와 친척을 그리니, 누가 그리운 감정이 없을 수 있나. 옷깃을 매만지며 노에 의지하고는, 鄴城을 애뜻하게 그리워한다.)' 등의 구절은 성운이 느즈러진다. 그러나 기질이 서로 다를 뿐이지, 창작 의지가 다른 것은 아니다.(鍾嶸稱公幹'氣過其文', 仲宣'文秀而質羸'是也. 五言公幹如, '靈鳥宿水裔, 仁獸游飛梁. 華館寄流波, 豁達來風凉.', '步出北寺門, 遙望西苑園. 細柳夾道生, 方塘含淸源.', '凉風吹沙礫, 霜風何瞠瞠. 明月照緹幕. 華燈散炎輝.'等句, 聲韻爲勁. 仲宣如'常聞詩人語, 不醉且無歸. 今日不極歡, 含情欲待誰.', '軍中多飫饒, 人馬皆溢肥. 徒行兼乘還, 空出有餘資.', '征夫懷親戚, 誰能無戀情. 撫(拊)衿倚舟檣. 眷眷思鄴城.'等句, 聲韻爲緩. 然要是氣質不同, 非有意創別也.)155)

여기에서 許學夷는 '氣過其文'한 劉楨의 聲韻이 '勁'하다고 했고, '文秀質羸'한 王粲의 聲韻은 '緩'이라고 하여, 鍾嶸이 평한 것을 따랐지만, 劉楨과 王粲의 차이는 단순한 氣質의 차이일 뿐이라고 결말을 지었다.

그리고 『詩品』의 서문 끝 부분에서도 "曹植의 「贈弟」, 王粲의 「七哀」, 劉楨의 「思友」 … 이것들은 모두 五言詩 가운데 놀랄 만한 것들이다.(陳思贈弟, 仲宣七哀, 公幹思友 … 斯皆五言之警策者也.")156)라고 한 만큼, 王粲의 「七哀詩」만큼은 曹植·劉楨과 더불어 최고의 五言詩라고 높이 평가해 주는 것을 잊지 않았다. 이것은 마치 劉勰이 문학의 내용 방면으로서 風을 중시하여 風骨論을 폈으면서도 수사방면의 骨에 능한 王粲을 七子 가운데 으뜸이라고 하여 風骨 두 방면에서 王粲을 인정해 주었던 것처럼, 그리고 許學夷가 단순히 각자 氣質의 차이일 뿐인 것이라고 한 것처럼, 曹植·劉楨 그리고 王粲의 문학적 성취에 관한 한 이견은 보이지 않는다고 이해할 수 있다.

---

155) 許學夷 著, 杜維沫 標點, 『詩源辯體』 82쪽, 人民文學出版社, 1987
156) 鍾嶸 撰, 陳延傑 注, 『詩品注』 9쪽

라. 沈約이 評한 "氣質爲體"

沈約은 『宋書·謝靈運傳論』에서 王粲을 평하여,

> 曹植과 王粲은 氣質을 바탕으로 하였고, 자신의 재능과 장점을 마음껏 펼쳐서 유독 당대를 밝혔다. 이로써 온 세상의 문인들이 흠모하며 배웠다. … 曹植의 「贈丁儀王粲詩」와 王粲의 「七哀詩」 제1수는 … 모두 가슴속의 심정을 솔직히 펴서, 예전의 시편을 베끼지 않은 것으로 바로 音律과 調韻을 예전의 법식에서 취한 것이다.(子建仲宣以氣質爲體, 幷標能擅美, 獨映當時. 是以一世之士. 各相慕習. … 子建函京之作, 仲宣覇岸之篇. … 幷直擧胸情, 非傍詩史, 正以音律調韻, 取高前式.)157)

라고 하였다. 여기에서 沈約은 앞에서 曹丕·劉勰·鍾嶸이 王粲의 문학 특징에 있어서 수사의 방면을 지적하여, '體弱', '靡密', '鋒穎精密', '文秀質羸'라고 한 것에 상반되게 그의 시편이 曹植과 더불어 氣質을 바탕으로 했다고 했다. 어째서 沈約은 이렇듯 상반된 평을 한 것일까? 게다가 曹植과 병칭되어 鍾嶸에게서 강등되었던 지위까지 회복시켜 주었다. 이것은 沈約이 시가의 聲律·對偶를 강조하여 格律詩의 형성과 발전에 크게 공헌하였던 만큼 수사방면에 뛰어난 王粲에게 누구보다 높은 평가를 했던 것이며, 王粲의 문학에는 이와 상반되게 氣質을 근간으로 한다는 것을 인정했기 때문에 曹植과 함께 일컬어지기 충분하다고 한 것이다.

그러므로 劉勰이 建安文壇의 문학 특징을 '梗槪多氣'하다고 하였고, 王粲을 建安七子 가운데 으뜸이라고 평하면서도, 정작 실제로 비평하면서는 수사방면에 치중하였는데, 오히려 沈約이 劉勰의 비평기준에 따라서 王粲을 建安文壇의 1인자임을 검증한 것이라고 할 수 있다. 그리고 그것의 대표작으로 王粲의 '覇岸之篇(「七哀詩」)'과 曹植

---

157) 沈約 撰, 郭紹虞 主編, 『中國歷代文論選』 제1책 215쪽

의 '函京之作(「贈丁儀工粲詩」)'를 최고로 평가하고 있다.
皎然도 『詩式』에서 「七哀詩」에 대하여 매우 상세하게 평하기를,

王粲이 '문을 나서니 보이는 것 없고, 백골이 들판에 가득하다. 길에는 굶주린 부인네가 있는데, 아이를 안아다가 풀 섶에다 버린다. 돌아보며 우짖는 소리 듣지만, 눈물 날리며 돌아서지는 않는다. 몸이 죽을 곳 아직 모르니, 어찌 둘 다 살아갈 수 있나. 말을 달려서 떠나가는데, 차마 아낙의 말을 듣지 못하겠다.'라고 한 이것에는 사건을 눈이나 귀로 보고 듣는 것 같아서 글 속에 아픔이 드러나 있다. '霸陵 언덕의 남쪽으로 올라서, 머리 돌려 長安을 바라본다.'라고 한 것에 이르러 잘 살펴보면 이미 극진하며, 자구를 살펴보면, 마음 상하는 데까지는 가지 않았으니, 전체 편의 功力이 모두 여기에 있어서 예나 지금의 작자들로 하여금 감상하게 하여도 전혀 물리지 않는다. 마지막 구에서 '霸陵 언덕의 남쪽으로 올라서, 저 「下泉詩」를 지은 이의 마음을 알겠다.' 아마도 죽은 이는 돌아오지 못할 것이니, 내 어찌 앞으로 가까이 하겠는가. 그러므로 애간장을 아프게 하는 슬픔이 있는 것이다. 沈約이 '經典이나 역사를 베끼지 않았고, 심정을 그대로 읊었다.'라고 한 것에 대해서 나는 그가 참으로 시를 제대로 알아보았다고 인정한다. 이와 같은 작품이야말로 참으로 최상의 작품이다.('出門無所見, 白骨厭平原. 路有飢婦人, 抱子棄草間. 顧聞號泣聲, 揮涕獨不還. 未知身死處, 何能兩相完. 驅馬棄之去, 不忍聽此言.' 此中事在耳目, 故傷見乎辭. 及至; '南登霸陵岸', '回首望長安', 察思則已極, 覽辭則不傷, 一篇之功, 并在于此, 使今古作者味之無厭. 末句因'南登霸陵岸', '悟彼下泉人', 盖以逝者不返, 吾將何親, 故有傷心肝之歎. 沈約云, 不傍經史, 直舉胸臆, 吾許其知詩者也. 如此之流, 皆名爲上上逸品者矣.)[158]

라고 하였다. 여기에서 「七哀詩」를 '최상의 작품(上上逸品)'이라고 하였으니, 최고의 극찬이라고 할 수 있다. 「七哀詩」[159]는 모두 3수로 初平

---

158) 皎然 著, 李壯鷹 校注, 『詩式校注』 81쪽, 齊魯書社, 1987
159) 王粲 撰, 張溥 編, 『王侍中集』(『漢魏六朝百三名家集』 제2책 40쪽)

3년(192)에 王粲이 17세에 長安을 떠나면서 지은 것으로,160) 제1수는

西京亂無象,	西京은 어지러워 법도가 없으니,
豺虎方遘患.	간악한 무리들이 바야흐로 난리를 만났다.
復棄中國去,	또 중원 땅 버리고 떠나,
委身適荊蠻.	몸을 던져 오랑캐 땅 荊州까지 간다.
親戚對我悲,	부모와 친척들은 나를 보고 슬퍼하고,
朋友相追攀.	친구들은 달려와 나를 붙잡는다.
出門無所見,	문을 나서니 보이는 것 없고,
白骨蔽平原.	백골이 들판에 가득하다.
路有飢婦人,	길에는 굶주린 부인네가 있는데,
抱子棄草間.	아이를 안았다가 풀 섶에다 버린다.
顧聞號泣聲,	돌아보며 우짖는 소리 듣지만,
揮涕獨不還.	눈물 날리며 돌아서지는 않는다.
未知身死處,	몸이 죽을 곳 아직 모르니,
何能兩相完.	어찌 둘 다 살아갈 수 있나.
驅馬棄之去,	말을 달려서 떠나가는데,
不忍聽此言.	차마 아낙의 말을 듣지 못하겠다.
南登霸陵岸,	霸陵 언덕의 남쪽으로 올라서,
回首望長安.	머리 돌려 長安을 바라본다.
悟彼下泉人,	저「下泉詩」를 지은이의 마음을 알게 되니,
喟然傷心肝.	아이고 마음만 아프게 한다.

라고 하여, 董卓의 부장인 李傕과 郭汜가 長安에서 난을 일으키자, 王粲이 이를 피하여 荊州로 떠나면서 풍경을 보고 읊은 것으로 앞에『詩式』에서 皎然이 예시하여 설명한 것이 후반부에 해당된다. 제2수는,

---

160) 吳文治 著,『中國文學史大事年表』233쪽

荊蠻非我鄕,　荊蠻은 본래 우리 땅 아니니,
何爲久滯淫.　어찌 오래 머물 수 있나.
方舟泝大江,　배들은 큰 강을 거슬러 올라가는데,
日暮愁我心.　날은 저물어 내 마음을 쓸쓸하게 한다.
山岡有餘映,　산언덕에는 남은 빛 있고,
巖阿增重陰.　험한 언덕에는 어스름 겹겹이 진다.
狐狸馳赴穴,　여우와 너구리 구멍 속으로 내닫고,
飛鳥翔故林.　나는 새 고향 숲으로 모여든다.
流波激淸響,　흐르는 물 맑은 소리 물결치고,
猴猿臨岸吟.　원숭이는 언덕 앞에서 운다.
迅風拂裳袂,　빠른 바람 옷소매 헤집고,
白露沾衣襟.　맑은 이슬 옷깃을 적신다.
獨夜不能寐,　외로운 밤 잠 못 이루고,
攝衣起撫琴.　옷 추스리고 일어나 거문고 매만진다.
絲桐感人情,　비파소리 사람 마음을 감동시키니,
爲我發悲音.　날 위해 슬픈 곡조를 퉁겨 낸다.
羈旅無終極,　나그네 신세 끝이 없으니,
憂思壯難任.　근심 걱정 거뜬히 이겨낼 수 없다.

라고 하여, 王粲이 荊州에서 나그네 신세로 기거하면서 고향을 그리며 돌아가고픈 심정을 묘사한 것이다. 제3수는,

邊城使心悲,　변방 소식 우리를 슬프게 하여,
昔吾親更之.　옛날에 우리 부친께서 바로 잡으려 했다.
冰雪截肌膚,　얼음과 눈 살갗을 에이고,
風飄無止期.　바람 몰아치는 것이 그치지를 않았다.
百里不見人,　백 리 안에는 사람이 보이지도 않으니,
草木誰當遲.　풀과 나무는 누가 와서 베고 가꿀까.
登城望亭燧,　성에 올라 정자와 봉화를 바라보니,
翩翩飛戍旗.　펄럭펄럭 변방 병졸의 깃발이 날린다.
行者不顧反,　떠나는 이 돌아올 줄 모르고,

出門與家辭.	문을 나서자 집 식구들과 헤어진다.
子弟多俘虜,	아들과 형제들은 거의 잡혀갔고,
哭泣無已時.	울부짖음 그칠 날이 없다.
天下盡樂土,	세상이 모두 태평하다고 하지만,
何爲久留玆.	어찌하여 이 곳에 오래 있나.
蓼蟲不知辛,	마디풀 벌레 신맛 쓴 줄 모르고,
去來勿與諮.	머물고 떠나는 일 누구에게도 묻지 않는다.

라고 하여, 황량하고 쓸쓸한 전장에서 고통을 겪는 일반 백성들의 처절한 심정을 묘사한 것이다.

이렇듯「七哀詩」는 전형적으로 漢代 末期 내란과 전란으로 인한 혼란스럽고 처참한 사회의 면모를 적나라하게 묘사해 냈으니, 이것은 劉勰이『文心雕龍·時序』에서 말한 "오래도록 내란이 계속되어서 사람들은 헤어지는 슬픔을 겪고, 풍속이 쇠미해지고, 일반인들에게 불만이 쌓였기 때문에 누구나 생각을 깊이 잠기고, 그것을 내내 써댔다.(良由世積亂離, 風衰俗怨, 幷志深而筆長.)"161)라고 한 建安文壇의 특징을 대변하는 것이라고 할 수 있다. 그리고 沈約은 이것에 근거하여 王粲의 시편을 일컬어서 '氣質爲體'라고 했던 것이다. 鍾嶸이 王粲의 시편에 氣質이 부족하다는 이유로 한 단계 낮추어서 평가하면서도「七哀詩」만큼은 인정했던 것이며, 이것에서 역시 王粲의 시가 그의 사회적·정치적인 지위의 변화에 따라서 그의 문학 특징 역시 달라졌다는 것을 의미한다.

그러므로 王粲의 시편은「七哀詩」와 같이 기질을 바탕으로 한 것과 '文秀質羸'한 두 방면의 시로 나누어서 평해야 할 것이다. 王粲의 문학 시기구분은 그의 인생에 있어서 큰 전환점이 되기도 했던 시기를 정점으로 구분할 수 있는데, 長安의 난을 피해 荊州로 가서 지냈던 시기와

---

161) 劉勰 撰, 戶田浩曉 譯註,『文心雕龍』600쪽

曹操의 부름으로 丞相掾에 올라 曹操 정권 밑에서 자신의 정치적 포부를 마음껏 펴보았던 전후의 2기로 구분할 수 있다. 즉 전기는 17세 이후 荊州로 가서 16년을 지내면서 이전까지는 겪지 못했던 당시 피폐한 사회현실을 직접 겪기도 했으며, 자신의 정치적인 포부를 제대로 펴보지 못하여 생긴 불우한 심정으로 지냈던 시기인데, 이 시기에 나온 시가 바로 「七哀詩」인 것이다. 후기는 曹操가 불러서 丞相掾에 오르면서 자신의 정치적 이상을 펼 기회를 맞아 曹氏 정권에 대한 찬양뿐만 아니라 세상에 공을 세우고자 하는 격앙된 어조가 그의 문학에 잘 드러난 때라고 할 수 있다.

그렇다면 후기에 쓰인 시편에는 어떤 것들이 있었을까? 이때 지어진 것으로 王粲의 대표작이랄 수 있는 것은 「從軍行」이다. 이 시는 모두 5수로서 建安 21년에 지어진 것162)인데, 「七哀詩」에서 느낄 수 있었던 漢代 말기의 처참한 현실을 반영하거나 군대를 따라다니며 느낀 고통과 번뇌 같은 것을 묘사하는 것과는 분위기가 사뭇 다르다.

郭茂倩이 『樂府詩集』에서 정의하기를 "從軍行은 군대에서 일어나는 힘들고 고된 일을 쓴 것이다.(從軍行皆軍旅辛苦之辭.)"163)라고 하였지만, 실제로 王粲의 「從軍行」 5수는 병사들의 고통이나 애환은 그다지 담고 있지 않고, 다만 조씨 정권에 대한 찬양이나 자신의 정치적 이상을 실현하고자 하는 의지가 주류를 이루고 있다. 이것에 관한 구절을 뽑아보면,

> 相公征關右,   曹公께선 關右를 정벌하시어,
> 赫怒震天威.   하늘같은 위엄을 크게 떨치셨다.
> …
> 陳賞越丘山,   상을 베푸시는 것은 산과 언덕에 넘치시고,

---

162) 吳文治 著, 『中國文學史大事年表』 233쪽
163) 郭茂倩 編, 『樂府詩集』 475쪽, 北京中華書局, 1996

酒肉踰川坻.　술과 고기가 내와 물 섬에까지 미칠 지경이다.
……
外參時明政,　밖으로 정사에 참여하셔서는 사정에 밝고,
內不廢家私,　안으로도 집안일을 소홀히 하지 않으신다.
……
今我神武師,　지금 우리들의 신성하고 용감한 병사들은
暫往必速平.　잠깐 달려가서는 반드시 신속하게 평정한다.
弁余親睦恩,　우리는 친애하는 은혜로움 받아서,
輸力竭忠貞.　온힘을 다해 충정을 다한다.
……
帶甲千萬人,　갑옷 입은 병사 천만 명이나 된다.
率彼東南路,　저 동남쪽 길을 따라,
將定一擧勳.　장차 크게 일으켜 공훈을 세울 것이다.
……
雖無鉛刀用,　내게는 쓸만한 무딘 鉛刀도 없으니,
庶幾奮薄身.　하찮은 몸 바치기를 바랄 뿐이다.
……
自非賢聖國,　이곳이 聖賢의 나라가 아니었다면,
誰能享斯休.　누구라서 이러한 행복을 누릴 수 있겠는가.
詩人美樂土,　시인들은 행복의 땅이라고 찬미하였으니,
雖客猶願留.　비록 나그네일지라도 머물기를 바란다.164)

---

164) 王粲 撰, 張溥 編, 『王侍中集』(『漢魏六朝百三名家集』 제2책 141·2쪽) : 其一, 從軍有苦樂. 但問所從誰. 所從神且武. 焉得久勞師. <u>相公征關右. 赫怒震天威</u>. 一擧滅獯虜. 再擧服羌夷. 西收邊地賊. 忽若俯拾遺. <u>陳賞越丘山. 酒肉踰川坻</u>. 軍中多飫饒. 人馬皆溢肥. 徒行兼乘還. 空出有餘資. 拓地三千里. 往返速若飛. 歌舞入鄴城. 所願獲無違. 晝日處大朝. 日暮薄言歸. <u>外參時明政 內不廢家私</u>. 禽獸憚爲犧. 良苗實已揮. 竊慕負鼎翁. 願厲朽鈍姿. 不能效沮溺. 相隨把鋤犁. 熟覽夫子詩. 信知所言非. / 其二, 涼風厲秋節. 司典告詳刑. 我君順時發. 桓桓東南征. 汎舟蓋長川. 陳卒被隰埛. 征夫懷親戚. 誰能無戀情. 拊衿倚舟檣. 眷眷思鄴城. 哀彼東山人. 喟然感鸛鳴. 日月不安處. 人誰獲恒寧. 昔人從公旦. 一徂輒三齡. <u>今我神武師. 暫往必速平. 弁余親睦恩. 輸力竭忠貞</u>. 懼無一夫用. 報我素餐誠. 夙夜自恲性. 思逝若抽縈. 將秉先登羽. 豈敢聽金聲.

라고 한 것과 같다. 長安의 난을 피해 荊州로 가서 지낸 16년 동안 당시 荊州牧이었던 劉表의 인정을 받지 못한 王粲에게는 '懷才不遇'의 한이 있었으며, 그런 이유로 해서 전란에 찌든 당시 사회상을 직접 체험할 기회를 가질 수 있었던 것이다. 그러한 상황이 「七哀詩」에도 잘 반영이 되었지만, 이제 曹操의 신임을 받아 王粲 자신의 신분도 인정받는 관리로 변화했고, 사회도 이전과 같은 극심한 전란이 잦아드는 등 많이 변모해 있었다. 그래서 劉勰도 이 시기의 문단 특징을 논하여서 『文心雕龍·明詩』에서

    魏文帝 曹丕와 陳思王 曹植 두 사람은 마치 마차의 고삐를 쥐고 내달리듯 했다. 王粲·徐幹·應瑒·劉楨도 서로 앞을 다투듯 내달았다. 그들은 세월을 아끼고 못에 핀 꽃을 즐겼으며, 그들이 받은 은혜와 영광을 서술하고, 연회를 묘사했다. 격앙되어서는 의기에 따라 노래 부르고, 자질구레한 것에는 대범하게 개의치 않고 자신의 재주를 뽐냈다. 가슴 속의 뜻을 펼치고 눈앞의 일들을 서술할 때에는 하나하나 세밀한 기교를 부리지 않았으며, 글을 써 묘사할 때에는 단지 글 뜻을 밝힐 수 있는가를 중시했다. 이것이 그들의 공통점이다.(文帝陳思, 縱轡以騁節, 王徐應劉, 望路而爭驅, 並憐風月, 狎池苑, 述恩榮, 敍酣宴, 慷慨以任氣, 磊落以使才. 造懷指事, 不求纖密之巧, 驅辭逐貌, 唯取昭晳之能. 此其所同也.)165)

/ 其三, 從軍征遐路. 討彼東南夷. 方舟順廣川. 薄暮未安坻. 白日半西山. 桑梓有餘暉. 蟋蟀夾岸鳴. 孤鳥翩翩飛. 征夫心多懷. 悽悽令吾悲. 下船登高防. 草露霑我衣. 廻身赴牀寢. 此愁當告誰. 身服干戈事. 豈得念所私. 既戎有授命. 玆理不可違. / 其四, 朝發鄴都橋. 暮濟白馬津. 逍遙河隄上. 左右望我軍. 連舫踰萬艘. 帶甲千萬人. 率彼東南路. 將定一擧勳. 籌策運帷幄. 一由我聖君. 恨我無時謀. 譬諸具官臣. 鞠躬中堅內. 微畫無所陳. 許歷爲完士. 一言猶敗秦. 我有素餐責. 誠愧伐檀人. 雖無鉛刀用. 庶幾奮薄身. / 其五, 悠悠涉荒路. 靡靡我心愁. 四望無煙火. 但見林與丘. 城郭生榛棘. 蹊徑無所由. 菅蒲竟廣澤. 葭葦夾長流. 日夕涼風發. 翩翩漂吾舟. 寒蟬在樹鳴. 鸛鵠摩天游. 客子多悲傷. 淚下不可收. 朝入譙郡界. 曠然消人憂. 雞鳴達四境. 黍稷盈原疇. 館宅充廛里. 女士滿莊馗. 自非賢聖國. 誰能享斯休. 詩人美樂土. 雖客猶願留.

라고 했고, 謝靈運이 曹丕의 입장이 되어서 쓴 『擬魏太子鄴中集詩』의 서문에서 이 시를 지은 취지를 자세히 밝히면서 建安末期 문단의 특징을 일컫기를,

　　建安時期 말에 나는 그때 鄴의 궁궐에 있었다. 아침에는 나가서 놀고 저녁에는 안에서 연회가 벌어졌다. 이런 지극한 즐거움이 계속되었다. 이 세상에서 이토록 즐거운 때와 아름다운 풍광을 감상하면서 마음에 맞는 이와 이것들을 즐기는, 이 네 가지는 함께 하기 어려운 것이다. 오늘날 형제와 벗들, 게다가 두세 명의 뛰어난 문사들과 함께 이것을 즐기는구나. 예부터 이러한 즐거움을 글귀에서는 아직 보지 못했다.(建安末, 余時在鄴宮. 朝遊夕讌, 究歡愉之極. 天下良辰美景, 賞心樂事, 四者難幷. 今昆弟友朋, 二三諸彦, 共盡之矣. 古來此娛, 書籍未見.)[166]

라고 하였다. 劉勰과 謝靈運의 윗 글은 建安末期에 鄴下에 建安七子와 같은 여러 문인들이 모여 연회를 베풀며 시문을 주고받은 것에 대한 영광과 기쁨을 서술하고 있어서 建安末期가 그토록 태평한 시기였는지는 의심스럽지만, 曹丕가 거느렸던 建安文壇의 면모를 여러 모로 살필 수 있다. 이러한 분위기를 잘 반영하는 것이 王粲의 「公讌詩」이다.

```
昊天降豊澤,    대단하게도 하늘이 풍요로움을 내려서
百卉挺蕤葳.    온갖 풀 우거졌다.
凉風撤蒸暑,    시원한 바람 무더위를 내몰고,
淸雲却炎暉.    맑은 구름 여름의 더운 볕을 물리쳤다.
高會君子堂,    군자의 집에서 즐거운 모임 가졌으니,
幷坐蔭華榱.    모두 화려한 그림자 지는 서까래 아래에 앉았다.
嘉肴充圓方,    맛 좋은 안주 둥글고 모난 그릇에 가득하고,
旨酒盈金罍.    맛 나는 술이 금 술잔에 넘친다.
```

---

165) 劉勰 撰, 戶田浩曉 譯註, 『文心雕龍』 85쪽
166) 謝靈運 撰, 張溥 編, 『謝康樂集』(『漢魏六朝百三名家集』 제3책 379쪽)

管絃發微音,	악기에서는 은은한 음악소리 퍼지니,
曲度淸且悲.	곡절이 맑고도 서글프다.
合坐同所樂,	함께 자리하여 즐거워하는데,
但愬杯行遲.	술 마시자고 하지만 술잔 더디기만 하다.
常聞詩人語,	늘 시인들의 말을 듣고는,
不醉且無歸.	취하지도 않아 돌아갈 줄 모른다.
今日不極歡,	오늘은 흔쾌히 즐겁지도 않은 채,
含情欲待誰.	좋은 감정 갖고 누구를 기다리고자 함인가.
見眷良不翅,	중히 대접받는 것이 이미 지나치니,
守分豈能違.	본분을 지켜야지 어찌 지나칠 수 있나.
古人有遺言,	옛 분들 남기신 말씀에,
君子福所綏.	군자는 복록에 편안하다고 했다.
願我賢主人,	원컨대, 우리 훌륭하신 어르신께서,
與天亨巍巍.	하늘과 더불어 복록을 누리세요.
克符周公業,	周公의 업적과 함께
奕世不可追.	대대로 아무도 따를 수 없도다.167)

이 시에 대하여 『文選』에서 "이 시는 曹操를 받드는 잔치를 노래한 것이다.(此詩侍曹操燕.)"168)라고 설명하였고, 시편 가운데 "원컨대, 우리 훌륭하신 어르신께서, 하늘과 더불어 복록을 누리세요."라고 한 대목에서는 曹操 찬양의 극치를 이루고 있다. 이렇듯 王粲의 시문 풍격의 변화는 王粲의 신분과 시대변화와 함께 변했다고 할 수 있다.

이렇듯 建安文壇의 대표시인이랄 수 있는 王粲에 대한 품평 가운데 '文秀質羸'와 '氣質爲體'의 상반된 평을 중심으로 그것의 형성 배경과 王粲 詩賦의 대표작인「七哀詩」・「登樓賦」・「從軍行」・「公讌詩」 등을 연관시켜 살펴보았다. 그런데 '文秀質羸'나 '氣質爲體'와 같은 상반된 평은, 실제로 王粲 시문의 형성시기와 평자들의 비평기준의 차이일 뿐

---

167) 王粲 撰, 張溥 編,『王侍中集』,(『漢魏六朝百三名家集』제2책 140쪽)
168) 昭明太子 撰, 李善 注,『昭明文選』268쪽, 臺北 文化圖書公司, 1979

확연히 다른 기준에서 상반되게 평가한 것이 아니다. 오히려 王粲이 文質의 모든 방면에서 재능을 보였다는 것을 의미하는 것이라고 봐도 무방하다.

그래서 鍾嶸이『詩品』上品에서 曹植을 평하여, "내용이 되는 시정신이 강인하고 고매하며, 표현의 아름다움 역시 화려하고도 풍부하다.(骨氣奇高, 詞采華茂。)"169)라고 평한 것에 王粲이야말로 비견할 만한 것이며, 따라서 曹植과 王粲을 중심으로 한 建安文壇이『詩經』에 이어 漢代 古詩와 民間樂府의 "슬프거나 즐거운 일에 느낌을 받아, 사물에 연유하여 시를 쓴다.(感於哀樂, 緣事而發。)"170)라고 하는 중국 시문학 전통을 계승하였다고 할 수 있는 것이다. 또『詩人玉屑』에서는 "杜甫·李白·韓愈는 어려서 모두 建安文風을 배워서 나중에 일가를 이루었을 뿐이다.(惟老杜李太白韓退之早年皆學建安, 晩乃各成一家耳。)"171)라고 하였고, 韓愈도「薦士」172)에서 "建安時期에 시를 잘 짓는 이 일곱 명이 있었는데, 훌륭하게 國風과「離騷」를 변화시켰다.(建安能者七, 卓犖變風騷。)"173)라고 한 것처럼, 建安文壇은 唐代 李白과 杜甫에까지 상당한 영향174)을 끼칠 수 있었다.

---

169) 鍾嶸 撰, 陳延傑 注,『詩品注』13쪽.
170) 班固 撰, 顔師古 注,『漢書』1756쪽: "自孝武立樂府而采歌謠, 於是有代趙之謳, 秦楚之風, 皆感於哀樂, 緣事而發, 亦可以觀風俗, 知薄厚云."
171) 王重民 校勘,『詩人玉屑』224쪽, 保景文化社, 1984
172)『全唐詩』3780쪽, 北京 中華書局, 1985 : "周詩三百篇, 雅麗理訓誥。曾經聖人手, 議論安敢到。五言出漢時, 蘇李首更號。東都漸彌漫, 派別百川導。建安能者七, 卓犖變風操。逶迤抵晉宋, 氣象日凋耗。中間數鮑謝, 比近最淸奧。齊梁及陳隋, 衆作等蟬噪。蒐春摘花卉, 沿襲傷剽盜。國朝盛文章, 子昂始高蹈。勃興得李杜, 萬類困陵暴。后來相繼生, 亦各臻閫奧…"
173) '風騷'는 원래 시에는 '風操'로 되어 있어서『詩經』의 國風과 樂府의 曲調라는 뜻으로 되어 있는데,『建安七子集』(俞紹初 輯校, 北京 中華書局, 1989, 11쪽)에는 '風騷' 즉 '國風과 離騷'의 뜻으로 되어 있는데, 필자는 이것을 따른다.
174) 沈德潛 選,『古詩源』128쪽, 北京 中華書局, 1993 : "此杜少陵無家別垂老別

曹丕가 王粲이 文氣가 약하다고 한 것은 王粲이 曹操에게 귀의한 이후 시기에 한정해서 평한 것이었고, 鍾嶸에 의해 王粲의 평이 한 단계 강등되었던 것은 鍾嶸이 본디 문학의 형식적 수식미보다는 질박한 내용미를 강조하다 보니 그런 것이었고, 劉勰과 沈約은 王粲을 曹植과 같은 반열에 두어야 한다고 했지만, 역시 王粲에게는 현재 남아 있는 작품의 수가 曹植에 비하여 훨씬 적다는 것175)과, 曹操에게 귀의한 이후 曹氏 정권을 찬양하는 시를 짓는 등 후기에 들어서 이전의 氣質的인 색채가 변한 것 등이 과연 曹植에 버금갈 수 있겠느냐는 것도 의문이다.

그러나 鍾嶸 『詩品』에서 曹植은 國風에서 연원했고, 王粲과 曹丕가 李陵에게서 나왔고, 李陵은 「離騷」에서 나왔다고 하였으니, 이것은 王粲이나 曹丕가 辭賦에 능한 만큼 그 연원을 「離騷」까지 확장시킨 것이다. 한편 鍾嶸이 曹植에 대하여 "그 내용 감정은 바르면서도 원한의 감정까지도 갖추었으니, 작품마다 세련된 수식과 질박한 내용이 잘 조화되었다.(情兼雅怨, 體被文質.)"176)라고 한 것은, 國風의 정치적 효용론인 '興觀群怨' 가운데 '怨'의 면모가 曹植의 시편에 잘 나타나 있었다는 것인데, 이것은 曹植이 아버지 曹操에 의하여 총애를 받던 시절에는 자신의 정치적인 기개를 마음껏 폈던 것에서 曹操의 죽음과 함께 자신의 정치적인 이상을 완전히 접고 구차하게 목숨만 부지하며 살아가야만 했던 처지로부터 우러나온 '怨'의 감정이 그의 시편에 잘 나타나 있다는 뜻이다.

이에 비하여 王粲의 경우는 「離騷」를 지은 屈原과 마찬가지로 曹操

諸篇之祖也."
175) 『隋書·經籍志』(魏徵 撰, 『隋書』 1058쪽, 北京 中華書局, 1987)에는 원래 『王粲集』 11권이 있다고 했지만, 현재는 전하지 않고 明代 張溥가 편찬한 『漢魏六朝百三家集』의 『王侍中集』 1권에 王粲의 시가 20여수 남아 있을 뿐이다.
176) 鍾嶸 撰, 陳延傑 注, 『詩品注』 13쪽

에게 귀의하기 전, '懷才不遇'하여 겪은 심정을 그의 시편에 잘 표현해 내었던 것이 王粲과 曹植의 차이점이라고 하겠다. 이렇듯 王粲과 曹植의 불행은 애국심을 기본으로 하고 있기는 하지만, 曹植이 형 曹丕와의 갈등으로부터 시작된 개인적인 측면이 강하다면 王粲은 당시 피폐한 사회 현실과 이 속에서 자신의 정치적 이상을 펴고자 했던 면이 강한 것이 다르다. 그래서 『擬魏太子鄴中集詩』의 王粲條 서문에서 "(王粲의) 집은 본래 秦川(長安)으로, 귀한 집안 자손이었으나, 난을 만나 떠돌아다니면서, 애상이 많고 정감이 가득하다.(家本秦川, 貴公子孫. 遭亂流寓, 自傷情多.)"177)라고 한 것처럼, 王粲 시편에 근심과 슬픔에 찬 글귀가 많은 이유는 난리를 만나 傷心의 情感이 많았기 때문이라고 했고, 鍾嶸도 王粲을 평하면서 "근심과 슬픔에 찬 글을 썼다.(發愀愴之詞)"라고 했던 것이다.

조국에 대한 애국의 정조가 뛰어난 때문에 鍾嶸도 王粲의 근원을 「離騷」에서 나왔다고 한 것이며, 韓愈가 「薦士」에서 建安文壇의 시인들이 중국 시문학 전통의 두 줄기인 『詩經』과 『楚辭』의 전통을 아울렀다고 한 것이기도 하니, 曹植이 國風을 대표로 하는 『詩經』의 전통을 이었다면, 王粲이 離騷를 대표로 하는 『楚辭』의 전통을 이었다고 한 것은 옳다.

王粲에 대한 평이 王粲 문학 활동 시기와 평자들의 개별적인 기준에 따라 다르되, 대체로 曹植과 함께 일컬어지는지 아닌지가 王粲의 문학사적 지위를 부여하는 주요 관건이었으나, 曹植이 國風에서 연원하였다는 것과는 달리 王粲이 「離騷」에서 나왔다고 한 것은 王粲 시문 평에 있어서 매우 의의 있는 평가라고 하겠다.

그런데 劉熙載는 『藝槪』에서,

---

177) 謝靈運 撰, 張溥 編, 『謝康樂集』(『漢魏六朝百三名家集』 제3책 379쪽)

> 劉楨의 시는 氣가 뛰어나고, 王粲의 시는 정감이 뛰어난데, 모두 曹植의 한 체이다. 후대의 시는 대개 이 두 사람을 뛰어넘지 못한다. … 劉楨의 시와 左思의 시는 힘이 있고 슬픈 기색이 없지만, 王粲과 潘岳의 시는 슬프면서 힘이 있지 못하다. … 曹植과 王粲의 시는 「離騷」에서 나왔다.(公幹氣勝, 仲宣情勝, 皆有陳思之一體. 後世詩率不越此二宗. … 劉公幹, 左太沖詩壯而不悲, 王仲宣, 潘安仁悲而不壯. … 曹子建王仲宣之詩出於騷.)[178]

라고 하여, 王粲의 시편이 '정감이 뛰어나고(情勝)' "슬프면서 힘이 있지 못하다.(悲而不壯)"라고 하였지만, 劉熙載는 曹植이나 王粲의 시가 함께 「離騷」에서 나왔다고 하였으니, 鍾嶸의 견해와 다르다. 이것은 曹植의 시편에 나타난 '怨' 역시 懷才不遇와 조국에 대한 걱정과 근심에 바탕으로 한 것이 「離騷」와 같다고 劉熙載는 보았기 때문이다.

그러므로 이것에서 『漢書·王襃傳』에서 "辭賦 가운데 규모가 큰 것은 古詩와 같은 의미를 갖는다.(辭賦大者與古詩同義)"[179]라고 한 것처럼, 國風과 「離騷」의 情調 역시 완전히 분리되어 있지만은 않다는 것을 뜻하는 것이며, 曹植과 王粲이 이러한 정조를 함께 아울러서 建安文壇의 대표가 될 수 있다는 것을 의미하는 것이라고 하겠다.

---

178) 劉熙載 撰, 劉立人 等點校, 『藝槪』 92·3쪽, 華東師範大學出版社, 1993
179) 班固 撰, 顔師古 注, 『漢書』 2829쪽

제3장 文學論의 發興과 建安風骨

1. 曹丕 文氣論의 形成과 發展

氣는 중국 철학이론의 중요한 범주 가운데 하나로서 자연계에서 살아 숨쉬는 생명체를 존재케 하는 유형 또는 무형의 물질이라고 고대 중국인들은 여겼다. 본래 氣의 글자 형태는 구름이나 안개와 같은 것이 흐르는 형상을 본떠서 만들어진 상형문자로서 甲骨文에는 氣자가 마치 '三'자처럼 기운이 좌우로 흘러 다니는 형상으로 그려졌다가 기운이 상하로도 이동한다는 의미를 보태서 '气'로 고정되었다.

許愼이 『說文解字』에서 "氣는 구름의 기운이다.(气, 雲氣也.)"[1]라고 하였고, 『周易·繫辭』에서 "精氣가 사물이 되고, 떠도는 혼이 변화를 일으킨다.(精氣爲物, 遊魂爲變.)"[2]라고 했고, 『管子·內業』에는 "이 기운은 까마득히 하늘로 오르고, 아득히 깊은 못으로 들어가시는 넘실넘실 바다로 들어갔다가 마침내 내게 들어와 있는 듯하다.(此氣, 杲乎如登于天, 杳乎如入于淵, 淖乎如在于海, 卒乎如在于己.)"[3]라고 했고, 『淮南子·天文訓』에는 "세상에 스며있는 精氣가 陰과 陽이 된다.(天地之襲

---

1) 許愼 撰, 段玉裁 注, 『說文解字注』 20쪽, 臺北 黎明文化事業股份有限公司, 1986
2) 王弼 注, 淸 阮元 校刻, 『周易正義』 77쪽, 北京 中華書局, 1987
3) 趙守正 撰, 『管子註譯』 77쪽, 廣西人民出版社, 1987

精, 爲陰陽.)"4)라고 한 것처럼, 氣는 쉼 없이 자연 만물에 생명을 불어 넣는 작용을 하는 물질세계의 本源이라고 여겼다.

이와 같은 氣의 개념이 문학사에서는 曹丕의 『典論·論文』에 이르러서야 처음으로 문학론의 한 용어로 쓰였는데, 이것을 '文氣論' 또는 '文氣說'이라고 한다. 先秦 이래 漢代까지 儒家 문론의 핵심은 문학의 사회적 功用性을 중시하는 것이었다. 그런데, 魏代 曹丕에 이르러 氣의 개념이 비로소 문학의 창작에 있어서 氣의 작용, 작가의 기질이나 개성, 그리고 문학 풍격의 의미에까지 다양하게 확장되어 논의되었던 것이다.

曹丕『典論·論文』의 여러 문학 논의 가운데 "文以氣爲主, 氣之淸濁有體, 不可力强而致. …"5)라고 하여, 문학 작품의 풍격이 각각 다른 이유는 작가마다 각기 다른 기질과 개성이 반영되어 있기 때문인데, 이 氣가 그렇게 되도록 작용하는 것이며, 이 氣는 본디 淸濁의 형태로 분리 고정되어 있다는 것이다. 또 曹丕는 徐幹과 孔融을 평하면서 "徐幹時有齊氣", "孔融體氣高妙"라고 하였고, 「與吳質書」에서는 劉楨을 평하여 "公幹은 속세를 뛰어넘는 기세가 있었는데, 다만 굳세지는 못했다. (公幹有逸氣。但未遒也.)"6)라고 하여, 작가나 작품의 고유한 문학 풍격으로서 氣 개념을 말하였다. 이것이 曹丕 文氣論의 요점이다.

이번 장에서는 建安文壇의 실질적인 영도자인 曹丕 文氣論의 연원이 무엇이며, 曹丕 이후에는 어떠한 양상으로 文氣 개념이 발전하였는가에 대해서 살펴보고자 한다. 우선 처음으로 氣와 문학을 함께 연계시켜서 언급한 것이 孟子의 '知言養氣'인데, 과연 이것을 曹丕 文氣論의 연원으로 볼 수 있는가를 살펴보았으며, 다음으로 曹丕 文氣論의 氣개념을 세 가지 방면 즉 感物論, 個性論, 風格論의 방면으로 나누어

---

4) 楠山春樹 譯注, 『淮南子』 131쪽, 東京 明治書院, 1983
5) 曹丕 撰, 郭紹虞 主編, 『中國歷代文論選』 권1 159쪽
6) 曹丕 撰, 郭紹虞 主編, 『中國歷代文論選』 권1 165쪽

서 각각의 의미와 그 발전 양상을 궁구하고자 한다.

(1) 文氣論의 淵源

敏澤이나 趙則誠 같은 연구자들은 曹丕가 孟子의 養氣說을 계승하여 文論으로 운용하여서 작가의 기질, 才性, 思想의 수양, 창작 개성 그리고 작품 풍격의 관계를 언급하였다고 하여 文氣論의 연원을 孟子의 養氣說에 두었다.[7]

孔子는 『論語』에서 語勢,[8] 血氣 또는 勇氣[9]의 개념으로 氣를 썼을 뿐이었는데, 孟子는 孔子보다도 한 단계 진전된 氣 개념을 내놓았다. 『孟子·公孫丑上』에는 孟子의 不動心에 대하여 묻는 제자와의 대화를 통해서 氣의 개념을 설명하기를,

'감히 묻겠습니다. 선생님께서는 무엇에 장점이 있습니까?' '나는 말을 알며, 나는 나의 호연지기를 잘 기른다.'라고 하셨다. '감히 여쭙는데, 호연지기란 무엇입니까?'라고 하니, '말하기가 어렵다.'라고 하셨다. 그 氣됨이 지극히 크고 강해서, 바름으로써 잘 기르고 해침이 없으면, 세상에 가득 차게 된다. 그 기됨이 義와 道에 어울리는 것이니, 이것이 없으면 굶주리게 된다. 이것은 義를 모아서 생겨난 것이라서 義가 갑자기 스며들어서 얻어지는 것이 아니다.(敢問夫子惡乎長, 曰, 我知言, 我善養

---

7) 趙則誠 著, 『中國文學理論詞典』 410쪽, 吉林文史出版社, 1985 : 孟子還曾提出 "知音"·"養氣"之說, 孟子解釋他善養的"浩然之氣", 是"至大至剛"·"集義所生", 需要"配義與道". 這裏的"氣", 是指加强人的道德修養. 曹丕繼承了這些有關"氣"的觀點, 運用于文論之中, 闡述作家的氣質才性·思想修養·創作個性和作品的風格的關係." / 敏澤 著, 『中國美學史』 1권 540쪽, 齊魯書社, 1989 : 曹丕 … 特別是孟子的"養氣說", 從哲學範疇引入了美學範疇, 幷把它放到了十分重要的地位
8) 劉寶楠 著, 『論語正義』 157쪽, 北京 中華書局, 1986 : 「泰伯」 "君子所貴乎道者三 : 動容貌, 斯遠暴慢矣; 正顔色, 斯近信矣; 出辭氣, 斯遠鄙倍矣. 籩豆之事, 則有司存."
9) 劉寶楠 著, 『論語正義』 359쪽 : 「季氏」 "君子有三戒: 少之時, 血氣未定, 戒之在色; 及其壯也, 血氣方剛, 戒之在鬪; 及其老也, 血氣旣衰, 戒之在得."

> 吾浩然之氣. 敢問何爲浩然之氣, 曰難言也. 其爲氣也, 至大至剛, 以直養而無害, 則塞於天地之間. 其爲氣也, 配義與道, 無是餒也. 是集義所生者 非義襲而取之也.)10)

라고 하였으니, 이것은 孟子가 자신의 장점이 무엇인지를 묻는 제자의 질문에 '知言'과 '養氣'라고 답하였는데, 朱熹는 『孟子集註』에서 풀이하기를,

> 知言이라고 하는 것은 마음을 다하고 본성을 잘 알아서 모든 세상의 말에 그 이치를 궁구하고 지극히 하여 그 옳고 그름의 까닭을 알지 못함이 없다. 浩然은 성대히 흐르는 모양이다. 氣는 바로 이른바 몸에 가득 차 있는 것이다. 본래는 그 스스로 호연한 것인데, 제대로 기르지 못하면 굶주리게 되는 것이다. 오직 孟子만이 이것을 잘 길러 그 본래의 상태를 회복했다.(知言者, 盡心知性, 於凡天下之言, 無不有以究極其理而識其是非得失之所以然也. 浩然, 盛大流行之貌. 氣, 卽所謂體之充者, 本自浩然, 失養, 故餒. 惟孟子爲善養之, 以復其初也.)11)

라고 하였다. 養氣는 스스로 도덕적 용기를 수양한다는 것이고, 知言이란 말을 안다는 것인데, 말을 잘 할 줄 안다는 것과 남의 말을 잘 알아들을 줄 안다는 두 방면으로 이해할 수 있겠다. 이것은 역시 문학을 창작하고 비평한다는 의미와도 통한다고 할 수 있다. 그런데 이어서 知言에 대하여 첨가하여 설명하기를,

> 무엇을 知言이라고 합니까? '편벽된 말에 그것이 가려진 것을 알며, 방탕한 말에 그것이 빠져 있는 것을 알며, 부정한 말에 그것이 괴리된 것을 알며, 도피하는 말에 그것이 궁한 것을 안다. 마음에서 생겨나서 정사에 해를 끼치며, 정사에 드러나서 일에 해를 끼치니 성인이 다시

---

10) 朱熹 撰, 成百曉 譯註, 『孟子集註』 87・8쪽, 서울 전통문화연구회, 1992
11) 朱熹 撰, 成百曉 譯註, 『孟子集註』 87쪽

나셔도 반드시 내 말을 따르실 것이다.(何謂知言, 曰詖辭知其所蔽, 淫辭知其所陷, 邪辭知其所離, 遁辭知其所窮, 生於其心, 害於其政, 發於其政, 害於其事, 聖人復起, 必從吾言矣.)12)

라고 했으니, 孟子의 知言이란 비평의 분야에 치중하여 작품을 제대로 감상할 수 있는 역량이 있음을 말한 것이며, 문학 창작과 관련하여서는 언급하지 않았음을 간접적으로 알 수 있다. 이러한 知言의 관점은 『孟子』에서 거론된 孟子의 다른 文學論 가운데 작품을 이해하는 방법으로서 어떤 시가의 내용을 정확히 이해한 기초 위에서 시인이 무엇을 의도하였는지 분석하여 작품의 내용을 이해해야 한다는 '以意逆志'13) 나 역시 문학 작품을 평론하는 데 있어서 작품과 시대 그리고 작가와 밀접한 관계가 있음을 밝힌 '知人論世'14)와 같이 孟子의 시대에는 아직까지 문학의 창작보다는 비평 감상의 방법을 제시하는 데에 역점을 두고 있음을 알 수 있다.

또, 養氣의 氣는 마치 性善說에서 仁義禮智와 같은 4가지 善端처럼 타고나는 일종의 신비한 정신으로 외부환경에 방해를 받거나 스스로 계발하려는 노력이 없으면 잃어버리게 되기 때문에 타고난 氣를 잘 수양하여 보존해야 한다고 했다.

그러므로 孟子의 知言과 養氣는 본래 도덕적인 수양의 측면을 중시하는 '不動心'의 두 조건을 말한 것이지 문학의 창작이나 비평과는 근본적으로 상관이 없으며, 또 曹丕『典論・論文』에서 氣와 문학을 연계시켜 논의한 文氣論과는 같지 않은데도 불구하고, 孟子의 知言養氣가

---

12) 朱熹 撰, 成百曉 譯註, 『孟子集註』 91쪽
13) 朱熹 撰, 成百曉 譯註, 『孟子集註』 270쪽:「萬章上」"故說詩者不以文害辭, 不以辭害志, 以意逆志, 是爲得之, 如以辭而已矣."
14) 朱熹 撰, 成百曉 譯註, 『孟子集註』 310쪽:「萬章下」"以友天下之善士, 爲未足, 又尙論古之人, 頌其詩, 讀其書, 不知其人, 可乎. 是以論其世也. 是尙友也.."

마치 文氣論의 연원인 양 후대 문학사에서 문론가들에 의해서 중요한 비평용어가 되었다.

그리하여 劉勰은 『文心雕龍·養氣』에서 "정신이 피폐하면 기운이 쇠하기(神疲而氣衰)"15) 때문에 "기운을 잘 지키는 방법(衛氣之一方)"16)을 잘 강구하여서 왕성한 창작 정신을 유지하도록 해야 한다고 하였다. 韓愈는 「答李翊書」에서

> 氣는 물과 같고, 말은 물에 뜨는 물건과 같다. 물이 많아야 뜨는 물건이 크거나 작거나 모두 뜬다. 氣와 말의 관계도 마찬가지이다. 氣가 성대하면 길고 짧은 말이건 소리가 높고 낮건 모두 타당하게 된다.(氣, 水也. 言, 浮物也. 水大而物之浮者大小畢浮. 氣之與言猶是也, 氣盛則言之短長與聲之高下者皆宜.)17)

라고 하여, 문장의 기세가 성대해지는 것은, 문장의 역량이 얼마나 강한지와 작가의 개성 및 후천적인 학습 수양의 여부에 따라 결정된다는 식으로 확대하여 氣 개념을 설명하고 있다. 그리고 蘇轍은 「上樞密韓太尉書」에서

> 문장은 氣가 형성하는 것이다. 그러나 문장은 배워서 능히 할 수 있는 것이 아니다. 氣를 수양하여 이룰 수 있는 것이다. 孟子께서도 나는 내 호연지기를 잘 기를 수 있다고 하셨다.(文者氣之所形. 然文不可以學而能, 氣可以養而致. 孟子曰, 我善養吾浩然之氣.)18)

라고 하여, 孟子의 知言養氣說을 문학 창작의 기본 요소라고 명시하기

---

15) 劉勰 撰, 戶田浩曉 譯註, 『文心雕龍』 559쪽, 東京 明治書院, 1983
16) 劉勰 撰, 戶田浩曉 譯註, 『文心雕龍』 564쪽
17) 韓愈 撰, 顧易生 注譯, 『韓愈散文選』 134쪽, 香港 三聯書局, 1992
18) 蘇轍 撰, 謝冰瑩 等註譯, 「上樞密韓太尉書」(『古文觀止』 670쪽, 臺北 三民書局, 1983)

도 하였다. 이것은 대체로 본래 문학 창작과는 근본적으로 상관없이 거론했던 孟子 養氣說의 영향을 받은 것이다.

孟子의 浩然之氣란 儒家의 윤리적 관념에 충실한 정신이나 기질을 말하는 것이었다. 그러므로 그 氣됨이 義나 道와 어우러져야 하며, 그것이 갑자기 취해지는 것이 아니라 오랜 수양을 통해서 얻어진다고 한 것처럼, 말을 알면 세상의 사정에 밝으며, 氣를 잘 기르면 義와 道에 배합되어서 두려울 것이 없다고 한 것이다.

그런데 孟子의 '知言養氣'를 풀이하는 데 있어서 知言의 조건으로서 養氣를 언급했다고 한다면 知言은 말을 할 줄 안다고 한 것 즉 문학 창작의 뜻으로 볼 수도 있다. 그렇다면 孟子의 문학 창작론이 보다 다양하게 해석되어지겠지만, 孟子의 시대에 그렇게까지 확장된 의미로서의 氣와 문학과의 상관관계를 언급했다고 보기는 어렵다. 오히려 후대의 문론가들이 知言養氣를 문학론의 입장에서 확대하여 해석하였다고 할 수 있다.

이렇듯 孔子가 血氣·勇氣·語氣와 같은 소박한 의미의 氣 개념을 제시한 것을 계승하여 孟子는 '以直養氣'를 주장하여 氣를 도덕적 수양 대상이라고 하였던 것인데, 荀子에 이르러서 비로소 문예의 사회적 공용성을 인정하고, 氣와 文藝의 관계를 설정하여 논의하기 시작하였다. 荀子는 「樂論」에서

> 그 聲音의 굽고 곧음, 번다하고 疏略함, 풍부하고 척박함, 節奏가 사람의 선한 마음을 움직이게 하고, 그 사악하고 잡스러운 기운을 가까이 하지 않게 한 것이 先王이 음악을 만든 방법이다. … 무릇 간사한 소리가 사람을 움직이면 거스르는 氣가 나오게 되고, 거스르는 氣가 형성되면 어지러움이 생겨난다. 바른 소리가 사람을 움직이면 고른 氣가 생기고, 고른 기가 성립되면 바르게 다스려진다.(使其曲直繁省廉肉節奏, 足以感動人之善心, 使夫邪汙之氣無由得接焉. 是先王立樂之方也. … 凡姦聲感人而逆氣應之, 逆氣成象而亂生焉. 正聲感人而順氣應之, 順氣成象而治生焉.)[19]

라고 하였으니, 이것은 음악의 善惡이 정치의 治亂에 밀접하게 연계되어 있다는 것을 氣 개념을 빌어서 설명하고자 한 것이다. 荀子의「樂論」이나 孟子의 養氣說을 모두 계승하여 氣와 문예의 관계를 좀더 체계적으로 논의를 편 것은『禮記·樂記』이다.

> 감정이 심원하면, 문장이 드러나게 마련이다. 기운이 왕성하면 그 감화가 신묘해진다. 이것은 화순한 뜻이 마음속에 쌓여 있다가 아름다운 소리가 밖으로 나오는 것과 같다. 음악은 마음이 드러나는 것이므로 거짓될 수 없는 것이다.(情深而文明, 氣盛而化神, 和順積中, 而英華發外, 唯樂不可以爲僞.)20)

라고 한 것처럼, 深遠한 감정의 발원을 위해서는 기세를 왕성하게 수련하여서 신묘한 예술 역량을 펼칠 수 있도록 해야 한다는 것을 비롯하여, 曹丕 文氣論의 氣 개념까지도 모두 함유하고 있는『禮記·樂記』가 曹丕 文氣論의 연원일 수 있는 것이며, 氣와 문예의 상관관계를 말하지 않은 孟子의 養氣說을 曹丕 文氣論의 연원으로 삼는 것은 무리가 있다. 즉 曹丕 文氣論은 전통적인 氣 개념으로서 현상계 물질을 형성케 하는 작용을 하거나 그 물질을 이루는 기본 요소라는 氣 槪念의 인식 기초 위에서 잉태되어서『禮記·樂記』을 거쳐 형성되었다고 할 수 있겠다.

(2) 文氣의 感物論

曹丕가「論文」에서 "氣之淸濁有體, 不可力强而致"라고 한 것에서, 우선 氣에는 본디 淸濁이 있다고 하였는데, 氣를 孔子가 血氣 혹은 勇氣 등의 뜻으로 썼고, 孟子 역시 도덕적인 용기라는 의미에서 浩然之氣를

---

19) 王先謙 著,『荀子集解』254쪽, 北京 中華書局, 1986
20) 孔穎達 撰,『禮記正義』308쪽, 北京 中華書局, 1979

말했던 것에 비하여 道家의 老子와 莊子는 氣가 만물 형성의 근원이라고 인식하였다. 『老子』 42章에서,

> 道는 하나를 낳고, 하나는 둘을 낳고, 둘은 셋을 낳고, 셋은 만물을 낳으니, 만물은 음기를 지고 양기를 안아 氣와 화합하여 만물에 조화롭다.(道生一, 一生二, 二生三, 三生萬物, 萬物負陰而抱陽, 沖氣以爲和.)21)

라고 하여, 道로부터 만물이 생성되는 과정을 말하면서 氣의 작용에 대해서 설명하였다. 莊子 역시 같은 취지로 『莊子·知北遊』에서 "사람이 태어나는 것은 氣가 모인 것이다. 氣가 모이면 살고, 흩어지면 죽는다. … 세상을 통하는 하나의 기운일 뿐이다.(人之生, 氣之聚也. 聚則爲生, 散則爲死 … 通天下一氣耳.)"22)라고 하였고, 「至樂」에서는 "氣가 변해서 형태를 가진다.(氣變而有形.)23)라고 하였듯이, 氣는 만물을 생성하고 형성하는 근원적인 물질인데, 이것 역시 氣의 작용에 의한다고 하였다. 이것은 마치 朱熹가 자연 만물의 법칙성을 理라고 하고 물질을 구성하는 원소를 氣라 하여 理와 氣의 관계를 가지고 우주 만물의 생성과 운행의 법칙을 설명하려고 했던 것과 통한다고 할 수 있다.

이러한 氣 개념을 문학론에 운용한 것이 曹丕 「論文」의 문학사적 의의이다. 그렇지만 文氣論 이전에 氣를 문예 특히 음악과 연계시켜서 처음으로 논의를 내놓은 것이 荀子의 「樂論」이고, 보다 더 체계적이고 자세하게 논의 주장을 편 것이 『禮記·樂記』이다. 그래서 劉熙載도 『藝槪·文槪』에서 "내 보기에 文氣는 마땅히 「樂記」에서 굳센 양기는 성내지 않고 부드러운 음기는 놀라지 않는다고 한 두 마디 말과 같은 의미이다.(余謂文氣當如樂記二語, 曰剛氣不怒, 柔氣不懾.)"24)라고 한 것

---

21) 余培林 註譯, 『老子讀本』 76쪽, 臺北 三民書局, 1985
22) 黃錦鋐 註譯, 『莊子讀本』 253·4쪽, 臺北 三民書局, 1983
23) 黃錦鋐 註譯, 『莊子讀本』 212쪽
24) 劉熙載 撰, 劉立人 點校, 『藝槪』 80쪽, 華東師範大學出版社, 1993

처럼, 氣 개념을 문예의 창작 및 그 작용에 연계시켜서 언급한 것의 기원은 『禮記·樂記』라고 봐야 한다. 또 「樂記」에서

> 그러므로 선왕께서는 性情에 근본 하여 음률의 수치를 잘 헤아려서 이것을 禮義에 맞게 조절하며, 생생한 기운에 화합케 하고 오행의 기운에 이끌리게 하셨다. 그것을 드러나게 북돋아도 흩어지지 않게 하고, 감추고 숨겨도 폐쇄적이지 않다. 굳센 기운은 성내지 않고, 부드러운 기운은 두려워하지 않는다. 사방의 기운은 마음에 펼쳐져서는 밖으로 흩어져도 모두 그 자리에 편안해 하고 서로 다투지 않는다.(是故先王本之情性, 稽之度數, 制之禮義, 合生氣之和, 道五常之行, 使之陽而不散, 陰而不密, 剛氣不怒, 柔氣不懾, 四暢交於中, 而發作於外, 皆安其位而不相奪也.)[25]

라고 했고, "땅의 기운이 위로 오르고 하늘의 기운이 아래로 내려와 음기와 양기가 서로 어우러지고 하늘과 땅의 기운이 감동한다.(地氣上齊, 天氣下降, 陰陽相摩, 天地相蕩.)"[26]라고 한 것처럼, 하늘과 땅의 음양의 기운이 서로 화합하여 문예가 생겨났음을 말하는 것이다. 그러므로 하늘과 땅의 음양의 기운이란 '본디 그러한 것이니[有體]' 당연히 애써서 변경할 수 있는 것이 아니라는 것이다.

趙則誠은 이것에 대하여 曹丕의 文氣論이 지나치게 선천적인 기질만을 강조하여, 후천적인 학습과 사회적 실천과 예술적 수양이 창작에 끼치는 영향에 대하여 소홀히 하였으니, 이것이 曹丕 文氣論의 한계라고 하였다.[27]

曹丕가 말한 '氣之淸濁有體'에서의 氣란 음양으로 나뉘어져 있으며, 이것은 본디 그러한 것으로 변경되지 않는 물질 근원이라서 '不可力强而致'라고 했다고 할 수 있다. 그런데 '不可力强而致'를 '애써서 어쩔

---

25) 孔穎達 撰, 『禮記正義』 308쪽
26) 孔穎達 撰, 『禮記正義』 302쪽
27) 趙則誠 著, 『中國文學理論詞典』 411쪽

수 없는 것'이라고 해석하여서, 曹丕는 선천적인 才性으로서의 氣質만을 강조한 것이며, 후천적인 학습이나 노력에는 등한시한 것이니, 이것이 曹丕 文氣論의 한계라는 식의 해석이 가능하겠다. 그렇지만 曹丕의 다른 문장이나 상황을 보건대 반드시 그렇다고 할 수는 없다.

어떠한 사회에서 그 주된 구성원들이 보편적으로 공유하고 있는 도덕적·윤리적 양상이나 가치 혹은 심미·기호 같은 것들이 그 당시 사회의 문예 양상을 결정하고 주도하기 마련일 텐데, 어떤 한 작가 개인이 이미 규정되어 있는 그 사회 문예의 주된 현상이나 그 속에서 작가 개인마다 형성된 고유한 기질과 개성 역시 쉽사리 바꿀 수는 없는 것이다. 즉 曹丕가 애써 바꿀 수 없다고 한 것이란 선천적인 才氣로서의 氣가 아니라 후천적으로 형성된 작자의 고유한 개성이라고 봐야 한다. 왜냐하면 氣란 처음부터 당연히 정해져 있어서 변할 수 없는 것인데, 이에 대하여 굳이 설명을 거듭 부연할 필요는 없는 것이기 때문이다.

그래서「樂記」에서도 "음악이라는 것은 감정 가운데 변화시킬 수 없는 것이다.(樂也者, 情之不可變者也.)"[28]라고 하였던 것이다. 이것은 바깥 사물에 느낌을 받은 감정이 소리가 되는 것이 음악인 것이므로 바깥 사물에 변화가 없는 한 그로부터 형성된 감정의 산물인 음악 역시 쉽사리 변화시킬 수 없다는 뜻으로 문예의 '感物說'을 일컬은 것이기도 하다. 劉勰도『文心雕龍·體性』에서 "풍격이 고아하고 비천하게 되는 것은, 그 습관과 상반되는 것은 드물다.(體式雅鄭, 鮮有反其習)"[29]라고 하였듯이, 劉勰 역시 후천적인 학습에 의해서 발현되는 풍격이란 쉽사리 변화되는 것이 아니라고 하였다.

한편「樂記」에서 "음악이란 것은 소리가 말미암아 생겨나는 것이다. 그 근본은 사람의 마음이 외부 사물에 감동 받는 것에 달려 있다.(樂

---

28) 孔穎達 撰,『禮記正義』309쪽
29) 劉勰 撰, 戶田浩曉 譯註,『文心雕龍』407쪽

者, 音之所由生也. 其本在人心之感于物也.)"³⁰⁾라고 하였듯이, 문예 작품이란 현실 세계 즉 사회의 治亂이나, 나라의 興亡盛衰 같은 것에 대한 感物 작용이 작품에 반영되는 것이라고 하였으니, 이후 「毛詩序」, 「文賦」, 『詩品』, 『文心雕龍』으로 이어지며 형성된 문학사관 역시 문학이란 사회와의 연계 속에서 문학작품이 발현된다는 논점을 계승 발전시킨 것이라고 할 수 있다.

그러므로 曹丕 文氣論이 대체로 『禮記·樂記』의 논의를 따른다는 측면에서 보더라도 지나치게 선천적인 기질에 의존하였다고 한 것은 사실과 다르다. 曹丕 역시 文氣의 氣가 본디 음양의 형태로 존재한다는 의미에서 힘써 바꿀 수 있는 것은 아니지만, 氣質의 발현에 있어서는 예를 들어서,

> 음악에 비유하자면, 가락이 비록 고르고 연주의 방식이 같다 하더라도 호흡 방법이 다르다면, 공교함과 거침이 생겨나는 것이니, 아비나 형에게 있더라도 자식이나 동생에게 전해줄 수는 없다.(譬諸音樂, 曲度雖均, 節奏同檢, 至於引氣不齊, 巧拙有素, 雖在父兄, 不能以移子弟.)³¹⁾

라고 하였듯이, 음악의 연주에 있어서 가락이나 연주 방법을 아무리 같게 하더라도 '호흡하는 방식[引氣]'이 다를 경우, 즉 기질이나 개성이 서로 다르다면 아무리 피를 나눈 부모 자식간이나 형제라도 발현된 음악의 양상은 달라진다는 것이다. 그렇다면 부모 자식이나 형제 사이라도 그와 같은 기질의 차이가 생기는 이유는 무엇인가? 그것은 바로 그들이 태어난 이후의 학습 방법과 같은 후천적인 학습과 환경의 요인에 의해서 결정되는 것이다. 그러므로 曹丕의 文氣論이 선천적인 才氣에만 의존했다고 평가하는 것은 옳지 못하다.

---

30) 孔穎達 撰, 『禮記正義』 299쪽
31) 曹丕 著, 郭紹虞 主編, 『中國歷代文論選』 권1 158쪽

실제로 曹丕는 「論文」에서

> 周 文王 西伯은 유폐되어서『易』의 원리를 풀이하였고, 周公 旦은 섭정의 높은 지위에 있었으면서『禮』를 지었다. 西伯은 곤궁에 처해 있었다고 해서 저술에 힘쓰지 않은 것이 아니고, 주공은 편안한 지위에 있었다고 해서 저술의 뜻을 바꾼 것이 아니다.(西伯幽而演易. 周旦顯而制禮. 不以隱約而弗務. 不以康樂而加思.)32)

라고 하였고, 또 「與吳質書」에서는 "젊은이는 참으로 마땅히 힘써야 할 것이다. 세월이란 한번 지나가면 어찌 되돌릴 수 있겠는가.(少壯眞當努力, 年一過往, 何可攀援.)"33)라고 한 것에서도 알 수 있듯이, 才氣가 선천적인 인자라는 것은 인정하지만, 역시 외부 환경의 영향으로서의 感物과 후천적인 학습의 노력을 부정하고 있지 않다.

이렇듯 曹丕 文氣論의 요소 가운데 하나인 "氣之淸濁有體, 不可力强而致"에서의 氣의 용법이 외부 사물에 感應하며, 感化한다는 의미의 感物論을 직접적으로 표방한 것은 아니지만, 위의 여러 정황으로 보아 曹丕 文氣論의 이면에는 역시 感物的 요소가 담겨 있다고 볼 수 있다.

(3) 文氣의 個性論

曹丕 文氣論의 또 다른 주요 요소 가운데 하나인, '文以氣爲主'의 氣는 문학 창작에 있어서 氣를 위주로 한다고 하여 氣의 작용이 중요하다고 한 것이지 그 氣 자체가 작품을 이루는 기본 인자가 된다고 한 것은 아니다. 그러므로 '氣之淸濁有體'에서의 才氣로서 氣 개념과는 좀 다르며, 여기에서의 氣는 본디부터 존재해 있던 음양의 기운인 氣가 시대와 사회라는 외부 환경에 의해서 결정된 고유한 특징으로서 형성

---

32) 曹丕 著, 郭紹虞 主編,『中國歷代文論選』권1 159쪽
33) 曹丕 著, 郭紹虞 主編,『中國歷代文論選』권1 165쪽

된 작가마다의 기질이자 개성을 일컫는 것이다. 앞 절 '感物論'에서도 이미 밝혔듯이 작가마다의 기질 혹은 개성이란 선천적으로는 변경할 수 없는 음양의 氣에 의해서 형성되기는 하지만, 작가 기질의 형성에는 시대와 사회적 상황과 같은 후천적인 요인에 의해 결정되는 것이다. 그러므로 文氣論의 문학사적 의의는 자연 만물의 선천적인 요소이자 작용이 바로 氣이며, 이러한 氣 개념을 문학론에 끌어대어 전개시킨 것이다. 즉, 선천적인 氣와 후천적인 요소로서의 感物에 의해 형성된 작가마다의 고유한 기질이나 개성으로서의 氣가 발현된 것이 문예라고 한 것인데, 이것 역시 그 기원을 『禮記·樂記』에 두고 있다.

> 무릇 노래는 자기를 바르게 표현하여서 덕을 충분히 펴는 것입니다. 노래에 감동하여서 자신의 덕을 표현하면 천지도 이에 응대하여 사계절이 화순하고, 뭇 별들이 다스려지고, 만물이 길러지는 것입니다. 너그럽고 고요하며 부드럽고 정직한 이는 頌을 부르기에 적당합니다. 광대하면서 조용하고 소탈하면서 예의를 좋아하는 이는 大雅를 부르기에 적당합니다. …(夫歌者. 直己而陳德也, 動己而天地應焉, 四時和焉, 星辰理焉, 萬物育焉. 故商者, 五帝之遺聲也. 寬而靜, 柔而正者, 宜歌頌. 廣大而靜, 疏達而信者, 宜歌大雅. …)34)

이것은 사람마다 각기 개성에 적합한 노래가 있다는 것으로 반드시 노래하는 이의 기질과 개성을 고려하여 적절히 선택해야 한다고 한 것이다. 물론 "『樂記』가 나온 시대에는 이른바 '개성' 역시 다만 개인들이 완전히 至高無上하고도 보편적인 윤리 도덕이라는 정황 아래에서 갖춰지는 성격 특징으로서 근대적인 의미에서의 '개성'과는 같지 않은 것"35)이지만, 예술 창작에 있어서 작가마다의 기질과 개성의 중요성을 처음으로 언급하였던 것에 매우 의의가 있으며, 이 역시 曹丕에 의해

---
34) 孔穎達 撰,『禮記正義』316쪽
35) 李澤厚·劉綱紀 著,『中國美學史』1권 415쪽, 谷風出版社, 1986

「論文」에서 文氣論으로 채용되어 논의되었던 것이다.

　노래란 고유한 자신을 바르게 표현하되 덕을 충분히 펼치는 것이라는 의미에서 "直己而陳德"이라고 하였고, 曹丕는 그래서 각자의 기질을 발현하는 음악의 연주에 있어서 아비와 자식 또는 형제 사이에도 개인의 고유한 기질과 개성은 공유할 수 없다고 한 것처럼, 작가의 고유한 기질이나 개성의 발현이 문학 작품의 관건이라는 의미에서 '文以氣爲主'라고 밝힌 것이다.

　劉勰은 『文心雕龍』에서 이러한 작가 개성의 발현에 관한 문제에 대해서 매우 체계적으로 논의를 펴고 있다. 특히 「體性」에서 劉勰은 작품 풍격으로서의 '體'와 작가의 고유한 개성으로서의 '性'의 관계를 설정하여 문학 작품의 풍격 특색이 결정된다는 논의를 폈다.

　劉勰은 『文心雕龍・體性』에서,

　　　작가의 재능에는 평범함과 뛰어남이 있고, 氣力에는 강건함과 온유함이 있고, 배움에는 쉬운 것과 어려운 것이 있고, 배워 익히는 것에는 고상한 음악과 천박한 것이 있다. 이것들은 性情에 의해 형성되기도 하지만, 후천적인 학습에 의해 배양된다.(才有庸儁, 氣有剛柔, 學有淺深, 習有雅鄭, 幷情性所鑠, 陶染所凝)36)

라고 하였으니, 작품마다의 風格 차이는 작가의 才・氣・學・習 즉 才氣, 개성 그리고 후천적으로 배우고 익힌 것에 의해서 생기게 되는 것이라고 했다. 劉勰은 여기에서 '氣有剛柔'라고 하여 氣의 용법을 다만 기질이라는 뜻으로만 쓰고 있는데, 才氣와 學習이 어우러져서 형성된 작가의 개성이 그의 작품에 표현되어 풍격 특징으로 나타나게 되므로 같은 편에서 "각기 스승 삼는 것에 따라 각자의 감정이 이루어지는데, 그것이 다른 양상으로 나타나는 것은 각기 얼굴이 다른 것과 마찬가지

---

36) 劉勰 撰, 戶田浩曉 譯註, 『文心雕龍』 407쪽

이다.(各師成心, 其異如面.)"37)라고 하여, 작가마다 각기 다른 풍격을 지니게 되는 이유를 거듭 설명했다. 그러므로 劉勰은 曹丕가 소략하게 '文以氣爲主'라고 하여, 작가의 고유한 개성이 문학 풍격을 결정하는 관건이라는 식의 논의에서 한발 더 나아가서 선천적인 才氣와 후천적인 學習으로 분화시켜 이들의 조화가 풍격을 결정한다고 설명하였던 것이다.

그런데, 劉勰은 다시 「體性」에서,

저 8가지 문체가 두루 어우러지는데, 성공의 여부는 학문에 의해서 이루어진다. 작가의 才力은 작가 안에 있는 것이며, 그 시작은 선천적인 혈기에서부터 나온다. 기질은 작가의 의지를 채우고 그 의지는 무슨 글귀를 쓸 것인지를 결정한다. 따라서 훌륭한 작품의 탄생은 작가의 性情에 따라 결정되지 않는 것이 없다.(若夫八體屢遷, 功以學成, 才力居中, 肇自血氣. 氣以實志, 志以定言. 吐納英華, 莫非情性.)38)

라고 한 것처럼, 8가지 문학 풍격은 고정되어 있는 것이 아니라 변화하는데, 그것은 열심히 노력하여 배움으로써 완성되는 것이라고 했다. 才氣의 힘이 작가 속에 있는 것으로, 선천적인 혈기에서 나오는 것이며, "훌륭한 작품을 쏟아내는 것은 작가의 性情에 따라 결정되지 않는 것이 없다.(吐納英華, 莫非情性.)"라고 한 것에서, 후천적인 학습의 중요성도 언급되었지만, 역시 어디까지나 작가의 선천적인 血氣로부터 기인하며 배양되는 것이므로 작가의 고유한 기질이 좋은 작품의 결정적인 요인이 된다는 것을 거듭 밝혔고, 끝으로 개성적인 풍격을 창작하기 위한 지침을 제시하면서, 「體性」에서,

대체로 사람의 재능이란 선천적인 것이지만, 배움은 처음부터 신중히

---

37) 劉勰 撰, 戶田浩曉 譯註, 『文心雕龍』 407쪽
38) 劉勰 撰, 戶田浩曉 譯註, 『文心雕龍』 410쪽

해야 한다. … 그러므로 좋은 風格을 본받아 수련을 쌓으면서 자신의 성
정에 따라 재능을 닦아야 한다. 문학을 하는 지침은 이 방법을 쓰는 것
이다.(夫才有天資, 學愼始習, … 故宜摹體以定習, 因性以練才, 文之司南,
用此道也.)39)

라고 한 것처럼, "因性以練才"에서 '性'이란 작가가 타고난 才性을 일
컫는 것이며, 그런 才性을 수련하는 것이 바로 문학을 창작하는 방법
이라고 한 것이다. 즉 劉勰은 작가의 선천적인 才性과 후천적인 노력
인 학문과 습관에 의해서 작가의 기질과 개성이 형성되며, 문학 작품
이 고상하고 그렇지 못함이 결정된다고 하여 선천적인 才氣와 후천적
인 학습의 역할을 함께 강조하였다.

(4) 文氣의 風格論

曹丕는 「論文」에서 建安時期 문인들에 대하여 氣의 개념을 가지고
비평하기를, "徐幹時有齊氣, … 孔融體氣高妙."라고 하여, 徐幹에게 때
로는 齊氣가 있고, 孔融의 體氣에 高妙함이 있다고 했다. 齊氣란 '齊나
라의 風 또는 기질'로 해석되는데, 이때 氣란 문학 작품의 風格을 말
하는 것이다. 이것이 曹丕 文氣論의 세 번째 요소인데, 李善은 '齊氣'
를 注하여, "齊나라의 속된 文體는 느리고 완만하다고 하는데, 徐幹도
이러한 허물이 있었다.(言齊俗文體舒緩, 而徐幹亦有斯累.)"40)라고 하였
다. 즉 '齊氣'란 문란하고 방만한 제나라의 문장 풍격을 말하는 것이
고, 體氣란 詩文의 체제와 格調를 말한 것으로 여기에서 氣란 문장의
풍격이나 風貌를 말하는 것이다. 즉 앞 절에서 논의한 것처럼 타고난
才氣나 才性과 같은 재능 또는 작가마다의 기질이나 개성을 의미하는
것이 아니다.

---

39) 劉勰 撰, 戶田浩曉 譯註, 『文心雕龍』 413쪽
40) 蕭統 編, 李善 注, 『文選』 227쪽, 文津出版社, 1987

만약에 齊氣나 體氣의 氣가 타고난 才氣나 재능을 말한다면, '齊氣'라는 식의 표현은 옳지 못하다. 왜냐하면 '齊나라식의 才氣나 기질'이란 것이 본디 따로 있을 리가 없기 때문이다. 다시 말해서 齊氣의 氣란 제나라라고 하는 특수한 상황 아래에서 형성된 제나라 사회나 문단의 고유한 특징이 문학에 반영되어 나타난 문학 특징이라고 봐야한다. 그러므로 이것에서도 文以氣爲主의 氣가 완전히 선천적으로 규정되어 타고나는 것이 아니라 후천적으로 시대와 사회의 영향 아래에서 형성된 고유한 특징인 작가의 고유한 개성으로서의 氣라고 할 수 있는 것이다.

氣 개념의 쓰임을 문예 방면에서 風格이라는 의미로 처음 쓴 것은 역시 荀子의 「樂論」과 『禮記・樂記』이다. 「樂記」에서

> 사특한 소리가 사람에 영향을 끼치면 거스르는 기운이 응해져서, 이 거스르는 기운이 형상을 이루어서 음란한 음악이 생긴다. 바른 소리가 사람에 영향을 끼치면 순한 소리가 응해져서 이 순한 기운이 형상을 이루어서 화락한 음악이 일어난다.(凡姦聲感人而逆氣應之, 逆氣成象而淫樂興焉. 正聲感人而順氣應之, 順氣成象而和樂興焉.)[41]

라고 하였는데, 비록 초보적이기는 하지만 姦聲으로 인해서 '逆氣'가 생기게 되고, 이 逆氣가 구체적인 문예의 형상을 이루어 음란한 풍격의 음악이 생겨난다고 하였고, 이와 상반되게 생성되는 '順氣'의 氣가 감응을 일으켜 고유한 형상으로 변화한 것에 의해 화락한 풍격의 음악이 생겨난다는 것이다. 이렇듯 「樂記」에서 氣가 문예의 고유한 풍격의 의미로 쓰였던 것을 '제나라 문장의 풍격〔齊氣〕' 혹은 '시문의 체제와 格調〔體氣〕'라는 식으로 좀더 구체적인 문학 비평용어로 활용한 것이 曹丕 文氣論의 의의라고 할 수 있겠다.

---

41) 孔穎達 撰, 『禮記正義』 308쪽

앞 절에서도 밝힌 것처럼, 『文心雕龍』에서는 「體性」에서 8가지의 풍격 특징에 대해서 논의하고 있는데, 이때에 劉勰이 썼던 氣의 용법은 단지 '氣有剛柔'에서의 才氣 혹은 氣質이라는 의미일 뿐이다. 즉 曹丕는 氣를 직접 風格의 의미로 썼지만, 劉勰은 타고난 才氣나 기질의 의미로만 썼을 뿐이다. 오히려 「風骨」에서 氣와 風이 문학 풍격과 연관된다는 입장에서 風骨論을 제기하였다. 風骨이란 문학 작품에서 내용 방면의 정치적인 교화 작용인 風과 수사 방면의 氣力인 骨을 말하는 것으로 문학 작품이 기본적으로 갖춰야 할 요소를 말하는 것이다. 그러므로 엄밀히 말해서는 風骨이 곧 풍격은 아니지만, 劉勰은 『文心雕龍·風骨』에서,

> 魏文帝는 '문장은 작가의 기질이 중요하다. 기질이 맑은가 탁한가 타고난 것이라서 열심히 애쓴다고 이루어지는 것이 아니다.'라고 했다. 그러므로 그가 孔融에 대하여 '타고난 기질이 뛰어나다.'라고 했고, 徐幹에 대하여 '때때로 齊氣가 있다.'라고 했고, 劉楨에 대하여 '뛰어난 기질을 가지고 있다.'라고 했다. 劉楨 역시 '孔融은 탁월하게도 진실로 독특한 기질을 가지고 있고, 작품에 나타난 천재적 자질은 아마 누구도 맞설 수 없다.'라고 했다. 모두 氣를 중시했다는 의미이다.(故魏文稱, 文以氣爲主. 氣之淸濁有體, 不可力强而致. 故其論孔融, 則云體氣高妙, 論徐幹, 則云時有齊氣, 論劉楨則云有逸氣. 公幹亦云, 孔氏卓卓, 信含異氣, 筆墨之性, 殆不可勝. 竝重氣之旨也.)[42]

라고 하였듯이, 劉勰은 曹丕 「論文」과 「與吳質書」의 대목을 재인용하면서까지 작가의 기질이 작품에 반영이 되어 형성된 문장의 고유한 특색 즉 풍격이 바로 氣인데, 曹丕는 이 氣에 중점을 두어서 비평하였으며, 氣가 문학 풍격을 이루는 중요한 요소임을 밝혔다. 그러므로 여기에서의 氣는 黃侃이 "「養氣」에서 잘 아끼고 스스로 잘 지키는 것이라

---

42) 劉勰 撰, 戶田浩曉 譯註, 『文心雕龍』 420쪽

고 했는데, 이것은 「風骨」에서 말하는 여러 氣자들과는 쓰임이 같지 않다.(養氣謂愛精自保, 與風骨篇所云諸氣字不同.)"43)라고 한 것처럼, '養氣'의 氣勢나 '氣之淸濁有體'의 才氣와는 다른 문학 풍격을 일컫는 것이다.

劉勰이 「風骨」에서 風의 의미를 풀이하기를, "『詩經』은 6가지 법칙을 아우르는데, 風이 그 첫 번째이다. 이 風이야말로 백성을 감화시키는 근원이며, 작가 감정의 적절한 표현이다.(詩總六義. 風冠其首, 斯乃化感之本源, 志氣之符契也.)"44)라고 하였으니, 風은 『詩經』 詩體의 첫 번째이면서 독자에게 감동을 주는 근원이라고 하였고, 이어서 風과 氣의 상관관계를 밝히기를,

① 情感이 風을 함유하고 있음은 마치 육체가 血氣를 가지고 있는 것과 같다.(情之含風, 猶形之包氣.)
② 말의 구성이 바르고 곧으면, 문장의 骨은 완성되고, 의지와 氣力이 뛰어나면, 문장의 風이 생긴다.(結言端直, 則文骨成焉, 意氣駿爽, 則文風生焉.)
③ 사색이 불충분하고 精氣가 부족한 작품은 風이 없다는 증거이다.(索莫乏氣, 則無風之驗也.)
④ 매나 수리는 색채가 별 것이 없지만, 높이 날아서 하늘에까지 도달할 수 있는 것은 뼈대가 튼튼해서 氣力이 강하기 때문이다.(鷹隼乏采, 而翰飛戾天. 骨勁而氣猛也.)45)

라고 하였으니, 여기에서 '含風'은 '包氣'이며, '文風'은 '意氣'이며, '無風'은 '乏氣'라는 식으로 설명하여서 어떤 작품이 風을 갖추었는가의 관건은 곧 氣에 의해 결정된다고 했다. 그래서

---

43) 黃侃 著,『文心雕龍札記』197쪽, 文史哲出版社, 1973
44) 劉勰 撰, 戶田浩曉 譯註,『文心雕龍』417쪽
45) 劉勰 撰, 戶田浩曉 譯註,『文心雕龍』417~420쪽

曹學佺도 ''「風骨」편은 風으로서 발단을 삼은 것으로 氣를 중시하였으며, 氣는 바로 風에 속하는 것이다.(此篇以風發端, 而歸重于氣, 氣屬風也.)'라고 했고, 淸代 黃叔琳도 '氣는 風의 근본이다.(氣是風骨之本.)'라고 했다.46)

라고 한 것처럼, 風은 곧 氣가 작품에 발현되어야만 나타나는 것으로, 劉勰의 風骨論이 曹丕 文氣論의 氣를 풍격의 의미로 확대해서 썼다고 직접 말하지는 않았지만, 風骨의 風은 사상 내용 방면에서의 풍격을 가리켜 말한 것이라고 한 것이다. 그러므로 劉勰의 風骨論은 曹丕 文氣論의 풍격의 개념을 단초로 하여 새로운 문학 비평용어로 발전시킨 것이며, 이것이 劉勰의 문학사적 공헌이라고 할 수 있다.

이렇듯 氣의 개념은, 先秦 이전까지 대체로 자연 만물의 형성 인자로 여겨지던 것이 漢代『禮記·樂記』에 이르러 문예이론에 본격적으로 차용되어 氣가 문예 생성에 있어서 어떠한 작용과 효용 등을 가지는가에 대해서 논의하기 시작했는데, 魏代 曹丕의 文氣論에 이르러서는 비로소 문학 비평론의 주요 용어로 자리를 잡았다.

曹丕는『典論·論文』에서 "氣之淸濁有體, 不可力强而致", "文以氣爲主", "徐幹時有齊氣, 公幹體氣高妙."라고 하여, 氣 개념을 세 방면으로 나누어서 논의했다고 할 수 있다. 이번 장에서는 그것들의 의미와 연원, 그리고 이후 시대의 발전 양상을 궁구해 보았다.

曹丕 文氣論의 연원이 몇몇 연구자들에 의하면 孟子의 養氣說에서 나왔다고 하지만, 孟子의 養氣說은 氣와 문예의 상관관계를 직접적으로 밝힌 것이 아니므로 曹丕 文氣說의 연원으로 삼을 수는 없으며, 孟子의 養氣說은 다른 방면에서 韓愈나 蘇轍 등의 문학론에 원용되어 새로운 양상의 文氣論으로 발전하였다. 즉, 曹丕 文氣論의 연원은 荀子「樂論」의 문예인식론을 계승한『禮記·樂記』라고 봐야 하며, 劉勰의

---

46) 涂光社 著,『文心十論』38쪽, 春風文藝出版社, 1986

『文心雕龍』에 이르러서 文氣의 개념이 체계적으로 문학론의 용어로 자리 잡았다고 할 수 있는데, 이번 장에서는 曹丕 文氣論의 氣가 함유하고 있는 세 방면의 개념에 대하여 '感物論', '個性論', '風格論'의 의미를 담고 있다고 보고, 氣 개념이 각 방면에서 뜻하는 의미가 무엇이며, 이후 어떻게 변화 발전되어갔는가를 개괄해 보았다.

文氣論의 氣는 개념상에 있어서, 『禮記·樂記』와 『典論·論文』에서는 氣質·個性·風格 등 다양한 의미로 쓰였는데, 劉勰의 『文心雕龍』에서는 정작 氣자의 쓰임이 작가의 才氣나 문장의 氣勢와 같이 축소된 채 쓰이고 있지만, 風格의 개념에 관해서 劉勰은 「體性」을 두어서 문학에 있어서의 풍격 문제를 구체적으로 다루었고, 氣 개념을 단서로 문학 풍격과 연관시켜서 氣가 문학 풍격을 결정하는 중요한 요소라는 의미에서 '風骨論'을 새로이 제기한 것이 劉勰의 문학사적 공헌이라고 할 수 있다.

여기에서는 曹丕 文氣論에 있어서 氣개념의 연원과 변화 발전의 양상을 궁구하는 데 있어서, 주로 孟子의 養氣說, 荀子의 「樂論」, 『禮記·樂記』, 『典論·論文』, 『文心雕龍』 등의 자료에 국한한 한계를 지니고는 있지만, 중국문학사에 있어서 가장 왕성한 문학 논의가 이 시기에 이루어졌던 만큼 그 나름대로 시대적인 한계성을 조금이나마 상쇄한 것이 아닌가 하는 위안을 가지며, 앞으로 본고에서 미진하게 다루었던 唐代 이후의 文氣論의 변화 발전 양상에 대한 연구를 과제로 남겨두고자 한다.

2. 阮瑀와 應瑒의 「文質論」

앞 절에서 논의한 것처럼 建安時期에 曹丕가 『典論·論文』에서 文氣論을 통하여 자신의 문학관을 폈던 것 이외에 당시 다른 문인들의 문학론은 현재 대부분 전하지 않는다. 그 가운데 徐幹의 『中論』은 儒家 성향의 學問論이라 할 수 있으며,47) 다만 阮瑀와 應瑒에게 각각 「文質論」이 있지만, 역시 완전한 문학론이라고 할 수는 없으며, 이것을 통해서 그들의 文學論을 간접적으로 살펴볼 수 있을 따름이다.48) 이들은 「文質論」에서 각각 그들의 文質 개념을 통해서 자신들의 정치적인 자세와 문학에 관한 태도를 밝히고 있는데, 그들의 차이는 생활태도와 심미적인 개성의 차이에서 비롯되었다고 할 수 있다. 이들의 이러한 차이의 연원은 儒家와 道家의 사상적인 영향 때문이다.49) 應瑒과 阮瑀의 「文質論」의 논지는 서로 다르다. 阮瑀는,

> 대체로 해와 달이 하늘에 걸려 있어서 바라볼 수는 있지만, 따라붙기는 어렵다. 뭇 사물은 땅에 붙어 있어서 볼 수도 있고 다루기도 쉽다. 저 멀리 있는 것은 文彩를 보는 것과 같이 알 수 없고, 가까이 있어서 살피기 쉬운 것이 질박함의 쓰임이다. 文彩는 헛된 것이고 질박함이 실질적인 것이다. 먼 것을 소홀히 하고 곁에 있는 것을 가까이 해야 하는

---

47) 兪紹初 輯校, 『建安七子集』 254쪽, 中華書局, 1989 : "昔之君子成德立行, 身沒而名不朽, 其故何哉? 學也. 學也者, 所以疏神達思, 怡情理性, 聖人之上務也. 民之初載, 其曚未知, 譬如宵在於玄室, 有所求而不見, 白日照焉, 則群物斯辨矣. 學者, 心之白日也. 故先王入教官掌教國子, 教以六德, …"
48) 羅根澤은 『中國文學思想史』에서 이들의 「文質論」에 대하여 "討論文化上的文質問題, 不是討論文學上之文質問題."라고 한 것처럼, 이 역시 전적으로 문학에 관한 文質을 논의한 것은 아니다.
49) 錢志熙 著, 『魏晉詩歌藝術原論』 11쪽, 北京大學出版社, 1993 : 저자는 이외에도 曹操·曹丕·王粲는 質 방면에 편중되어 있고, 曹植·劉楨·應瑒·徐幹 등은 文 방면에 치중했다고 밝혔는데, 이것들은 그 당시 儒家와 道家의 학술사상이 建安時期 문인들에게 영향을 끼쳤기 때문이라고 했다.

것이다. … 이후 몇몇 재상을 임명할 때 모두 굳세고 바르며, 하나에 정통한 이를 썼으니, 어찌 특이한 재주가 있는 이를 써서 정통의 규범을 변질케 하겠는가.(蓋聞日月麗天, 可瞻而難附, 群物著地, 可見而易制. 夫遠不可識, 文之觀也, 近而易察, 質之用也. 文虛質實, 遠疏近密, 援之斯至, 動之應疾, … 自足以降, 其爲宰相, 皆取堅强一學之士, 安用奇才. 使變典法.)50)

라고 하여, 文質 가운데 文을 실제 쓰임과는 거리가 있는 것이라서 質의 방면을 중시하였음을 밝혔고, 반면 文의 방면에 치중한 應瑒은,

    우주가 처음 열리고, 陰陽이 처음으로 갈라지고, 해와 달이 그 빛을 발하고, 뭇 별들이 文彩를 반짝이고, 온갖 곡식이 땅에서 패이고 아름다운 꽃들이 봄이면 무성하다. 이리하여 聖人은 자신의 品德을 하늘과 땅에 맞추고 순박한 혼령에게서 기운을 받고, 위로는 검푸른 하늘에서 그 모습을 관찰하고 아래로는 뭇 사물에게서 그 법식을 관찰해 내어 신묘함을 궁구하여 변화의 진리를 깨닫는다. … 和氏의 훌륭한 구슬이나 고운 비단옷도 반드시 옆에서 알아봐 줘야 궁중에서 아름다움을 떨칠 수 있는 것이다. … 나라의 법도를 조리 있게 말하지 못하거나 황제의 자리를 안정되게 지킨 다음에야 질박하기만 한 것은 모자라는 것이며, 文彩를 아는 것이 남음이 있는 것이라는 것을 알게 된다.(蓋皇穹肇載, 陰陽初分, 日月運其光, 列宿耀其文, 百穀麗於土, 芳華茂於春. 是以聖人合德天地, 稟氣淳靈, 仰觀象於玄表, 俯察式於群形, 窮神知化, … 若乃和氏之明璧, 輕縠之袿裳, 必將遊玩於左右, … 言辨國典, 辭定皇居, 然後知質者之不足, 文者之有餘.)51)

라고 하였다. 이것에서 阮瑀와 應瑒의 「文質論」은 딱히 文藝에 관련된 문제를 지적하여 일컬은 것이 아니지만, 그것의 요점은 阮瑀가 '文虛質實'이며, 應瑒이 '質者之不足, 文者之有餘.'라고 한 것으로 阮瑀와 應

---

50) 阮瑀 撰, 張溥 編, 『阮元瑜集』(『漢魏六朝百三名家集』 제2책 148쪽)
51) 應瑒 撰, 張溥 編, 『應德璉集』(『漢魏六朝百三名家集』 제2책 170쪽)

瑒의 文質에 관한 입장이 다르다는 것을 알 수 있다.

그들의 이러한 文論 주장은 그들의 작품에 나타나 있다. 그래서 阮瑀의 詩歌는 '質朴厚重, 尙多漢音'하며, 應瑒은 詩나 賦에 있어서 '文彩斐然'하며, '純乎魏響'하다고 할 수 있다. 應瑒의 이러한 詩文 風格 형성에 대하여 劉勰은 『文心雕龍·才略』에서 "應瑒은 학문의 뛰어남을 통해서 文彩를 얻었다.(應瑒學優以得文.)"52)라고 했듯이, 그의 학식으로부터 '文彩斐然'함이 나왔다고 볼 수 있다. 應瑒은 建安七子 가운데 가장 나이도 어리고, 曹植과의 관계가 매우 가까워서 曹植의 '詞彩華茂'한 영향을 가장 많이 받았으리라 짐작된다.

다음은 阮瑀에 대한 『文心雕龍』 각 편에서의 평이다.

① 陳琳과 阮瑀의 章과 表는 당시에 평판이 좋았다.(「章表」 "琳瑀章表, 有譽當時.")53)
② 魏代 阮瑀의 편지는 그의 경쾌함이 돋보인다.(「書記」 "魏之元瑜號稱翩翩.")54)
③ 阮瑀는 안장에 앉은 채 편지를 써냈다.(「神思」 "阮瑀據鞍而制書.")55)
④ 阮瑀는 스스로의 즐거움을 펼 줄 알았다.(「時序」 "元瑜展其翩翩之樂.")56)
⑤ 陳琳과 阮瑀는 符나 檄으로 명성을 날렸다.(「才略」 "琳瑀以符檄擅聲.")57)

그리고, 鍾嶸은 『詩品』 下品에서 阮瑀를 평하여,

---

52) 劉勰 撰, 戶田浩曉 譯註, 『文心雕龍』 637쪽
53) 劉勰 撰, 戶田浩曉 譯註, 『文心雕龍』 332쪽
54) 劉勰 撰, 戶田浩曉 譯註, 『文心雕龍』 371쪽
55) 劉勰 撰, 戶田浩曉 譯註, 『文心雕龍』 399쪽
56) 劉勰 撰, 戶田浩曉 譯註, 『文心雕龍』 600쪽
57) 劉勰 撰, 戶田浩曉 譯註, 『文心雕龍』 637쪽

阮瑀와 堅石七子58)의 시는 틀에 고정되었지만, 옛 체제를 잃지 않았고, 대체로는 비슷하지만, 두 嵇씨가 약간 뛰어나다.(元瑜堅石七君詩, 并平典不失古體, 大檢似, 而二嵇微優矣.)59)

라고 했다. "陳琳과 阮瑀의 章과 表는 당시에 평판이 좋았다.", "陳琳과 阮瑀는 符나 檄으로 명성을 날렸다."라고 한 것에서, 阮瑀는 陳琳과 함께 시보다는 산문 방면에 장점이 있었다는 것을 알 수 있으며, "시는 틀에 고정되었지만, 옛 체제를 잃지 않았다."라고 한 것에서, 그의 시 風格이 平典하지만, 古體를 잃지 않았다는 것을 알 수 있다. 阮瑀 詩歌의 風格이 平典하다는 것에 대하여, 鍾嶸이『詩品·序』에서 東晉時代의 문학적인 특성을 논하면서,

江左時代에는 淸談의 여파가 전해져서 孫綽·許詢·桓溫·庾亮 같은 이들의 시가 모두 평이하여 마치「道德論」같아서 建安風力이 사라졌다.(爰及江左, 微波尙傳, 孫綽許詢桓庾諸公詩, 皆平典似道德論, 建安風力盡矣.)60)

라고 하였는데, 이것에서 東晉代의 시풍이 平典하여서「道德論」같다고 했으며, 그 때문에 建安風力이 모두 사라져 버렸다고 했으니, 平典하다 함이 道德論과는 같은 성격이라서, 建安風力과는 상반되는 특성을 가졌다는 것을 말했다.『老子』의 다른 이름이「道德經」이며, 魏代의 老莊哲學者인 何晏에게「道德論」이 있고,『世說新語·文學』의 注에 인용된 '晉諸公贊'에 의하면, 夏侯玄과 阮籍에게도「道德論」이 있는 것으로 보아 '道德論'이란 道家의 철학적인 견해를 밝힌 글이라는 것을 알

---

58) 이름은 歐陽建. 西晉 文學家.(?~300) 二十四友 중 한 사람으로서 "雅有思理, 才藻美瞻"하여서 당시 北方에서 이름이 높았다.
59) 鍾嶸 撰, 高木正一 譯註,『詩品』315쪽
60) 鍾嶸 撰, 高木正一 譯註,『詩品』53쪽

수 있다.
　또 鍾嶸이『詩品』下品에서 傅亮을 평하여,

　　季友의 글은 내가 늘 무시하는 것이라서 살펴보지 않았으며, 지금 沈特進이 지은 시를 몇 수 실었는데, 역시 平美할 뿐이다.(季友文, 余常忽而不察, 今沈特進撰詩, 載其數首, 亦復平美.)61)

라고 한 데에서 알 수 있듯이, 平典이나 平美의 平은 밋밋하여 틀에 고정되어 있다는 뜻이니, 시가를 평함에 있어서 이것들은 貶詞이다.
　劉勰 역시『文心雕龍·時序』에서 晉代의 문학 특징을 논하면서,

　　西晉代에 老莊思想을 귀하게 여겨서 東晉代에 번성하였다고 했는데, 淸談의 영향은 문학의 본질에까지 미치게 되었다. 시는 어느 것이나『老子』의 뜻으로 모여들었고, 賦는『莊子』의 뜻을 펴게 되었다.(自中朝貴玄, 江左稱盛, 因談餘氣, 流成文體. 是以世極迍邅, 而辭意夷泰. 詩必柱下之旨歸, 賦乃漆園之義疏.)62)

라고 하였으니, 역시 鍾嶸과 같은 입장에서 위와 같은 논의를 했다고 할 수 있다. 여기에서 阮瑀가 산문 방면에서 재능을 보였다고 한 것에서 알 수 있듯이 그의 시편들도 平典 즉 素朴하면서 화려함을 추구하지 않은 것으로 '雅意深篤'한 風格을 갖추었다고 할 수 있다.63) 이것은 阮瑀가「文質論」에서 質의 방면에 중시하였던 것과 마찬가지로 詩歌의 방면에서도 그러한 경향을 갖추었던 것이라고 이해할 수 있다.
　그런데 阮瑀의 시가 세상에 일컬어질 수 있는 이유로 鍾嶸은 '不失古體'한 면모를 지키고 있기 때문이라고 했다. 古體는 古人의 시가와

---

61) 鍾嶸 撰, 高木正一 譯註,『詩品』329쪽
62) 劉勰 撰, 戶田浩曉 譯註,『文心雕龍』607쪽
63) 江建俊 著,『建安七子學術』151쪽, 文史哲出版社, 1982

문장의 體式과 風格을 말하는 것으로 시체의 종류를 일컬을 때 唐代에는 律詩를 今體詩라고 부르는 것에 상대해서 불려졌지만, 실제로 古體詩라는 명칭은 唐代 이전에는 보이지 않는다.64) 鍾嶸이 시를 품평할 때 '古'자를 쓴 것은 陸機나 張華 등의 시체를 '新體'라고 한 것의 반대 개념으로, 鍾嶸에게 있어서 '古'의 개념은 긍정적인 의미에서 쓴 것이다. 그 예로 『詩品』 中品에서 陶潛의 시를 평하여,

　　　문체가 간략하면서도 虛飾이 없이 평정하여, 너저분한 군더더기 말이 거의 없고, 진실되고 옛스러우며, 글귀의 흥취가 거스름이 없이 맞아떨어진다.(文體省靜, 殆無長語, 篤意眞古, 辭興婉愜.)65)

라고 한 것이나, 曹操를 평하여, "曹操의 시는 옛스럽고 質直함이 있어서 슬픔의 색채가 짙다.(曹公古直, 甚有悲凉之句.)"라고 한 것에서도 알 수 있듯이,66) 古體를 갖추어서 平典한 風格의 그의 시가는 인정을 받았다고 할 수 있다.

그리고 여기에서 말하는 古體라 함은 鍾嶸이 이상적인 시체라고 생각하여 시의 세 연원으로 삼았던 『詩經』・『楚辭』・『古詩十九首』를 말한다고 할 수 있다. 즉 阮瑀의 시는 平典의 단점을 갖고 있지만, 그것을 상쇄하여 鍾嶸의 品評에 下品으로나마 들 수 있었던 것은 바로 『詩經』・『楚辭』・『古詩十九首』가 갖는 전통적인 風格을 잃지 않았기 때문이다.

그렇다면 古體란 문학적 특징 중에서 어떠한 風格을 말하는 것인가? 그것은 『詩經』에 있어서는 당시 현실 사회에 뿌리를 둔 일반백성들의 생활상과 사상 정서를 심각하게 묘사한 民歌的인 요소로서 "배고픈 이

---

64) 金振邦 編著, 『文章體制辭典』 192쪽, 東北師範大學 1986
65) 鍾嶸 撰, 高木正一 譯註, 『詩品』 308쪽
66) 鍾嶸 撰, 高木正一 譯註, 『詩品』 308쪽

는 먹을 것을 노래하고, 일하는 이는 하는 일을 노래한다.(飢者歌其食, 勞者歌其事)"는 정신을 말하는 것이며, 古詩에서도 역시 인생 및 사회에 대한 感傷的 정서를 잘 표현해 내었다는 것이다.67)

阮瑀의 시편 가운데 鍾嶸과 劉勰이 말한 '平典하지만, 古體를 잃지 않은' 風格을 가진 시로 어떤 것들이 있는지 살펴보면, 建安七子가 대개 그러하듯이 현재 남아 있는 시편이 많지 않아서 분명하게 궁구해 낼 수는 없다. 다만 阮瑀의 경우 「怨詩」에서,

    民生受天命, 사람이 나는 것은 하늘의 명을 받는 것인데,
    漂若河中塵. 떠다니는 것이 강물에 뜬 먼지 같다.
    雖稱百齡壽, 비록 백 년 살면 장수했다고들 하지만,
    孰能應此身. 누구라서 이런 복된 몸을 받을 수 있나.
    猶獲嬰凶禍, 마치 재난에 걸려든 것처럼,
    流落恒苦心. 늘 이리저리 쓸려 다녀 고통스럽다.68)

라고 하여, 고통스러운 사회 현실 때문에 재앙을 받는 일반 백성의 아픔을 간절하게 그리고 있고, 「駕出北郭門」에서,

    駕出北郭門, 수레 내어 北郭門을 나아갔는데,
    馬樊不肯馳. 말은 짐이 무거워 내달리려 하지 않는다.
    下車步踟躕, 수레에서 내려 주저주저하면서,
    仰折枯楊枝. 고개 들어 마른 버드나무 가지를 꺾는다.
    顧聞丘林中, 머리 돌려 언덕 숲에 귀 기울이니,
    噭噭有悲啼. 슬프게 히이잉 울어댄다.
    借問啼者出, 누군지 물으니, 우는 자 나오길래,

---

67) 許學夷 著, 杜維沫 校點, 『詩源辯體』 57쪽 : "蓋十九首本出於國風. 但性情未必皆正, 而意亦時露, 又不得以微婉稱之, 然於五言則實爲祖先, 正謂興寄深微, 五言不如四言是也."
68) 阮瑀 撰, 張溥 編, 『阮元瑜集』(『漢魏六朝百三名家集』 제2책 154쪽)

何爲乃如斯.	어찌하여 이처럼 울어대는가.
親母舍我歿,	나아주신 어미가 날 내버려두고 돌아가셨는데,
後母憎孤兒.	계모는 이 고아를 미워하셨다.
飢寒無衣食,	배고프고 추운데도 옷과 먹을 것이 없고,
擧動鞭捶施.	날마다 몽둥이로 때리셨다.
骨消肌肉盡,	뼈는 삭고 살점은 모두 말라,
體若枯樹皮.	몸이 마른 나무 껍질과도 같다.
藏我空室中,	나를 빈방에 처박아 두었는데도,
父還不能知.	아비는 아직 그런지도 모른다.
上塚察故處,	어미 묘에 가서 예전 자리 살피니,
存亡永別離.	살고 죽음으로 영원히 이별한 것이다.
親母何可見,	친 어미는 어찌 뵐 수 있나.
淚下聲正嘶.	눈물이 흐르고 서글프게 흐느낀다.
棄我于此間,	이곳에 날 내버려두니,
窮厄豈有貲.	처참함 어찌 헤아릴 수 있을까.
傳告後代人,	후대의 사람들에게 전하여,
以此爲明規.	이것으로써 좋은 본보기가 되리라.69)

라고 하였으니, 계모의 학대를 받는 아이를 통해서 비참한 가정환경을 적절히 표현해 냈는데, 詩語가 자연스러워 이해하기 수월한 것이 대체로『詩經』과『楚辭』 그리고『古詩十九首』가 갖는 소박한 시 정신을 이어받았다고 할 수 있다. 沈約이『宋書·謝靈運傳』에서 建安詩人들이『詩經』과『楚辭』의 전통을 이었다고 했는데, 이것은 내용 방면과 형식 방면에 있어서 建安詩가『詩經』과『楚辭』에 그 연원한다는 것을 밝힌 것이다. 그러므로 阮瑀의 경우 내용 방면에서『詩經』의 현실주의적인 정신을 그의 시편에서 잘 반영한 것이라 할 수 있다.

應瑒의 경우는, 아쉽게도 鍾嶸이『詩品』에서 거론치 않았다. 다만『文心雕龍』에서 다음과 같이 평하였다.

---

69) 阮瑀 撰, 張溥 編,『阮元瑜集』(『漢魏六朝百三名家集』제2책 152쪽)

① 應瑒의 코를 반쯤 깨진 달에 비유하기도 했다.(「諧讔」 "應瑒之鼻, 方於盜削卵.")70)
② 應瑒은 다채로운 구상을 잘 종합했다.(「時序」 "德璉綜其斐然之思.")71)
③ 應瑒은 학문이 뛰어나서 문장 수식을 잘했다.(「才略」 "應瑒學優以得文.")72)
④ 應瑒의 「文論」은 겉보기에는 화려하지만, 내용은 소략하다.(「序志」 "應論華而疏略.")73)
⑤ 應瑒의 「文論」은 … 각각 문학의 문제를 밝힌 것이지만, 문학이라는 큰길에서 전체를 살폈을 뿐이다.(「序志」 "應瑒文論, … 各照隅隙, 鮮觀衢路.")74)

라고 하였으니, '華而疏略'하다고 한 것과 '各照隅隙, 鮮觀衢路.'하다고 평가한 것이 應瑒의 「文質論」에 대해서 일컬은 것이다.

應瑒의 「文質論」의 성격을 간접적으로 이해할 수 있는 위의 평가들은 『文心雕龍·序志』에서 밝힌 것인데, 劉勰은 그 당시 文論이 많이 나왔다고 하면서 曹丕의 『典論·論文』이나 陸機의 「文賦」 등과 함께 거론하였다. 이것에서 阮瑀의 「文質論」에 대해서는 아무 언급이 없는데, 반해 應瑒의 「文質論」은 당시에 상당히 알려져 있었다는 것을 짐작할 수 있다.75)

應瑒 詩의 風格을 말한 것이라면 '斐然之思'라고 한 것과 '學優以得文'이라고 한 것을 들 수 있는데, 이것은 應瑒의 시가 학문을 통해서

---

70) 劉勰 撰, 戶田浩曉 譯註, 『文心雕龍』 217쪽
71) 劉勰 撰, 戶田浩曉 譯註, 『文心雕龍』 600쪽
72) 劉勰 撰, 戶田浩曉 譯註, 『文心雕龍』 637쪽
73) 劉勰 撰, 戶田浩曉 譯註, 『文心雕龍』 677쪽
74) 劉勰 撰, 戶田浩曉 譯註, 『文心雕龍』 677쪽
75) 劉勰 撰, 戶田浩曉 譯註, 『文心雕龍』 677쪽 : 「序志」曰 "詳觀近代之論文者多矣, 至於魏文述典, 陳思序書, 應瑒文論, 陸機文賦, 仲治流別 弘範翰林, 各照隅隙, 鮮觀衢路. 或藏否當時之才, 或銓品前修之文, 或汎擧雅俗之旨, 或撮題篇章之意. 魏典密而不周, 陳書辯而無當, 應論華而疏略, 陸賦巧而碎亂, …"

'斐然之思'한 文飾을 얻을 수 있었다는 것이다. 이것으로 보아 劉勰도 應瑒이 文의 방면에 보다 치중하였다는 것을 인정했음을 알 수 있다. 그렇다면 應瑒의 시편에 그의 그러한 성향이 나타나 있는지를 살펴보고자 한다. 應瑒의 「侍五官中郞將建章臺集詩」에서,

朝雁鳴雲中,	아침에 기러기 구름 속에서 우는데,
音響一何哀.	소리가 하도 슬펐다.
問子游何鄕,	그에게 어데 가서 노느냐고 물었더니,
戢翼正徘徊.	날개 접고는 바로 빙빙 돈다.
言我塞門來,	말하기를 나는 塞門에서 와서,
將就衡陽栖.	장차 衡陽에 가서 지낼 거라고 한다.
往春翔北土,	지난 봄에 북쪽 지방으로 날아가서,
今冬客南淮.	이번 겨울에는 나그네 되어 南淮로 간다.
遠行蒙霜雪,	멀리 떠나니 서리나 눈을 뒤집어 써,
毛羽日摧頹.	털과 깃이 날로 달아 빠진다.
常恐傷肌骨,	살과 뼈 다쳐서,
身隕沈黃泥.	몸이 누런 진흙에 빠져 버릴까 늘 두렵다.
簡珠隨沙石,	큰 옥이 모래무지에 빠졌으니,
何能中自諧.	어찌 그 속에서 내 마음 편할 수 있나.
欲因雲雨會,	구름이 비를 만난 듯 기회를 틈타서,
濯翼陵高梯.	깃을 가다듬어 높은 사다리 뛰어오르련다.
良遇不可値,	참으로 좋은 시절 만나지 못했으니,
仲眉路何偕.	신이 나서 달리는 길을 어떻게 함께 할까.
公子敬愛客,	公子는 손님을 공경하고 아끼느라,
樂飲不知疲.	즐기며 마시는데도 피곤한 줄 모른다.
和顔旣已暢,	온화한 얼굴 환히 펴며,
乃肯顧細微.	자질구레한 일도 기꺼이 살핀다.
贈詩見存慰,	시를 보내 위로의 뜻을 보이니,
小子非所宜.	나는 마땅치 않다.
且爲極歡情,	즐거운 마음 다하였지만,

不醉其無歸. 취하지 않고는 돌아가지 않는다.
凡百敬爾位, 모두들 자기의 자리를 공경하여서,
以副饑渴懷. 公子께서 훌륭한 이 애타게 찾는 것에 부응하라.76)

라고 하였으니, 여기에서는 난리를 만나 자신이 가지고 있던 뜻을 제대로 펴볼 수 없게 된 작가는 스스로 외로운 기러기에 자신의 신세를 기탁하여 어디로 날아갈지 모르고 방황하는 모습을 그린 것인데, '소리가 하도 슬펐다.(音響一何哀.)'라고 한 것처럼, '哀怨'의 감정이 잘 서려 있다. 특이한 것은 이 편 뿐만 아니라 應瑒의 시편에서는 자신의 오갈 데 없는 신세를 빗대는 대상으로 새를 삼았다는 것이다.77) 그것은 아마도 높은 하늘을 거침없이 날아다니는 새의 이미지에 의탁해서 자유롭지 못한 자신의 현재 상황에서 탈출하고 싶은 생각에서 일 터인데, 역시 그가 빗댄 새는 대체로 무리에서 떨어진 외톨이거나 자유롭지 못한 상황에 처해 있는 새이다. 이것이 자신의 참모습인 것이다. 그렇다면, 劉勰이 應瑒의 시에 대하여 말했던 '學優以得文'하여 '斐然之思' 면모는 과연 무엇을 말하는가? 현재 남아 있는 應瑒의 시는 위의 두 편 이외에「公讌詩」와「別詩」2수 그리고「鬪鷄詩」뿐이다. 그런데「公讌詩」에서,

---

76) 應瑒 撰, 張溥 編,『應德璉集』(『漢魏六朝百三名家集』제2책 172쪽)
77) 應瑒 撰, 張溥 編,『應德璉集』(『漢魏六朝百三名家集』제2책 172쪽):「報趙淑麗詩」에서도 그러한 양상을 볼 수 있다.
朝雲不歸, 아침 구름 돌아오지 않고는,
夕結成陰. 저녁에는 모여서 어스름해졌다.
離群猶宿, 무리들을 떠나서 혼자 머무는데,
永思長吟. 내내 생각이 나서 길게 읊조렸다.
有鳥孤栖, 새 한 마리가 외롭게 지내느라,
哀鳴北林. 북쪽 숲에서 슬피 운다.
嗟我懷矣, 아하 나의 그리움이여,
感物傷心. 세상에 느낌이 많아 마음만 상한다.

> 巍巍主人德,   크도다, 나으리의 덕이여,
> 佳會被四方,   훌륭한 모임 사방에 미친다.
> 開館延群士,   관을 여니 여러 인사들이 줄을 이어서,
> 置酒於斯堂.   이 집에다가 술자리를 연다.
> 辨論釋鬱結,   변론하여 엉킨 심사 풀고,
> 援筆興文章.   글을 써 글 자랑을 편다.
> ……78)

라고 하여, 曹氏 부자에게 귀의한 이후 그들의 공적을 찬양하는 내용을 담고 있으며, 「別詩」 2수에서는,

> 朝雲浮四海,   아침 구름 온 바다에 떴다가는,
> 日暮歸故山.   저녁이 되어서 옛 산으로 돌아간다.
> 行役懷舊土,   전쟁 나가서는 옛 고향 그리워하다가,
> 悲思不能言.   슬픈 생각에 아무 말 못한다.
> 悠悠涉千里,   아득히 천 리나 갔으니,
> 未知何時旋.   언제 돌아올 줄도 모른다.
> 浩浩長河水,   까마득한 長江의 물결,
> 九折東北流.   아홉 구비나 굽이쳐 동북쪽으로 흐른다.
> 晨夜赴滄海,   내내 검은 바다로 흘러가서,
> 海流亦何抽.   바닷물도 이리저리 흘러간다.
> 遠適萬里道,   멀리 만 리 길 떠가버리니,
> 歸來未有由.   돌아올 아무런 기미도 없다.
> 臨河累太息,   강에 서서 길게 탄식하니,
> 五內懷傷憂.   속마음 슬픈 걱정만 가득하다.79)

라고 하여, 누군가와 헤어져야만 하는 슬픈 심정을 노래한 것과, 닭싸움 놀이를 그린 「鬪雞詩」가 있을 뿐이라서 아쉽게도 應瑒 시편의 風格

---

78) 應瑒 撰, 張溥 編, 『應德璉集』(『漢魏六朝百三名家集』 제2책 172쪽)
79) 應瑒 撰, 張溥 編, 『應德璉集』(『漢魏六朝百三名家集』 제2책 173쪽)

을 궁구해 보기는 수월치 않다. 그러므로 阮瑀나 應瑒이 그들의 「文質論」에서 편 文論이 그들의 시편에서 어떻게 전개되었는가를 궁구해 보는 것은 현재로서는 그리 간단치 않다.

그리고 『文心雕龍』에서도 阮瑀의 散文에 대해서는 여러 평가를 싣고 있지만, 그의 「文質論」과 시의 風格에 대해서는 언급치 않고 있는데, 鍾嶸은 『詩品』에서 阮瑀의 시에 대한 평가를 하고 있다. 그런데 거꾸로 應瑒에 대해서는 鍾嶸이 거론치 않았던 것에 반해 劉勰은 그의 「文質論」을 당대 최고의 文論들과 함께 거론하여 품평하고 있다. 그러나 阮瑀와 應瑒의 文質에 관한 견해가 분명한 차이가 있는 것은 아니다. 왜냐하면, 阮瑀는 "하늘과 땅의 도리가 서로 통하여 잘못됨이 없게 된다.(兩儀通數, 固無攸失.)"80)라고 하여, 그가 밝힌 質 방면의 강조는 그 전제 조건이 文과 質의 조화로운 상태에서 있어야 하는 것이지 文의 방면을 무시한 것이 아니라고 할 수 있다. 應瑒의 경우에도,

> 사물이 나고 드는 것이 쉬이 움직이니, 세상 다스리는 도리는 한 가지가 아니며, 일월음양이 서로 바뀌듯이 文彩와 質朴함이 거듭 있게 되는 것이다.(否泰易趍, 道無攸一, 二政代序, 有文有質.)81)

라고 하여, 文의 방면에만 주의한 것이 아니라 역시 文質의 조화를 전제하고 있다는 것에 주의해야 한다. 그러므로 그들의 文質論은 文質의 조화를 이상으로 삼아 온 중국문학의 전통에도 매우 충실했다는 것을 알 수 있다. 이와 같은 文質論의 기본적인 태도는 中庸의 조화를 중시하는 儒家的 태도를 반영한 것이다. 즉 『論語・顔淵』에서,

> 棘子成이 '군자는 질박할 따름인데. 어찌하여서 文彩를 도모하시나

---

80) 阮瑀 撰, 張溥 編, 『阮元瑜集』(『漢魏六朝百三名家集』 제2책 148쪽)
81) 應瑒 撰, 張溥 編, 『應休璉集』(『漢魏六朝百三名家集』 제2책 170쪽)

요?'라고 하자, 子貢이 '아하, 선생님께서 군자에 대하여 말씀하시기를, 네 필 말이라도 혀는 좇을 수 없는 것이다. 文飾은 질박함과 같으며, 질박함은 文飾과 같으니, 호랑이나 표범의 털을 제거한 가죽도 개나 양의 것과 같을 수 있는 것이다.'라고 하셨습니다.(棘子成曰, 君子質而已矣, 何以文爲? 子貢曰, 惜乎夫子之說君子也, 駟不及舌, 文猶質也, 質猶文也, 虎豹之鞟, 猶犬羊之鞟.)82)

라고 하여, 문학에 있어서 文의 방면에 치중한 것 같지만, 역시 '文猶質也, 質猶文也.'한 文質彬彬의 조화로운 경계를 강조한 것으로 봐야 한다.83) 그러므로 다소나마 阮瑀가 質의 방면에, 그리고 應瑒이 文의 방면에 치중했던 것은 그들의 개인적인 성향 때문인 것이지, 그들이 儒家의 전통적인 文質의 조화 관념에 벗어나 있었던 것은 아니다.

그렇다면, 阮瑀와 應瑒의 「文質論」은 建安風骨과 어떠한 상관관계를 가지고 있는 것인가? 建安風骨이라는 개념이 建安年間 당시에 형성되어 계발되고 발전해 온 것이 아니기는 하지만, 전통적인 儒家 문예 이론의 측면에서 文質論과 建安風骨의 관계를 설정해 보는 것은 가능하리라 본다. 『文心雕龍・風骨』의 내용 분석을 통해서 劉勰이 가졌던 風과 骨 또는 風骨의 개념을 요약하자면, 문학 작품의 창작에 있어서 작가의 사상 감정이나 정서를 돋보이게 하는 일종의 작용인 風과 언어문자를 통하여 문학작품이 되게 하는 전체적인 구성인 骨이 어떻게 조화롭게 작품에서 발현되는가가 좋은 작품이 될 수 있는 관건이라고 할 수 있다. 그런데 風은 氣力이 뛰어나야 하며, 骨은 文辭가 바르고 정확해야 한다고 했다. 그러므로 風과 骨의 조화란 바로 작품에서의 내용과 형식의 조화를 말하는 것이기도 하다.

---

82) 邱燮友 編譯, 『四書讀本・論語』, 161쪽, 三民書局, 1981
83) 孔子의 문예론에 있어서 주요 논지는 『論語・雍也』에서, "質勝文則野, 文勝質則史. 文質彬彬, 然後君子."라고 한 것인데, 文質의 조화를 지향하는 것이 儒家에 있어서 文藝의 이상적인 境界인 것이다.

그러므로 阮瑀는 文質彬彬의 이상을 추구하는 가운데 質의 방면에, 應瑒은 文의 방면에 치중하였다고 할 수 있다. 그런데 阮瑀는 그의 「文質論」에서,

　　大臣은 質朴하고 강직하여 화려한 말은 펴지 않는 것이다. 孝文帝가 上林苑에서 노닐 때 虎圈嗇夫를 승진시키려 하자 張釋之가 나서서 못하게 간했으니,84) 그 뜻이 敦厚質朴함을 숭상해서이다.(大臣不强, 不至華言. 孝文上林苑. 欲拜嗇夫, 釋之前諫, 意崇敦朴.)85)

라고 한 것에서 阮瑀가 중시한 '敦厚質朴'은 바로 劉勰이 말했던 風의 요소로서 '독자에게 감동을 주는 본원(化感之本源)'의 전제조건인 '意氣駿爽'과 통한다고 할 수 있으며, 다른 요소인 '작가의 속내를 작품에 표현하는 것(志氣之符契)'이라고 했는데, 이러한 감정의 표현은 阮瑀의 경우,

　　그러므로 말을 이리저리 해대는 자는 그 말의 요점을 파악하기 어렵고, 요령만 많은 이는 그것의 정체를 찾아내기 어렵고, 하고자 하는 일이 크고 많은 자는 바라는 것을 이루기 어렵다.(故言多方者, 中難處也, 術饒津者, 要難求也, 意弘博者, 情難足也.)86)

라고 하였고, 應瑒은 重文의 입장에서,

---

84) 司馬遷 撰,『史記』2752쪽, 中華書局, 1982 :『張釋之列傳』曰, "釋之從行, 登虎圈. 上問上林尉諸禽獸簿, 十餘問, 尉左右視, 盡不能對. 虎圈嗇夫從旁代尉對上所問禽獸簿甚悉, 欲以觀其能口對響應無窮者. 文帝曰, 吏不當若是邪, 尉無賴. 乃詔釋之拜嗇夫爲上林令. 釋之久之前曰, … 下以嗇夫辯而超遷之, 臣恐天下隨風靡靡, 爭爲口辯而無其實. 且下之化上疾於景響, 擧錯不可不審也. 文帝曰善. 乃止不拜嗇夫."
85) 阮瑀 撰, 張溥 編,『阮元瑜集』(『漢魏六朝百三名家集』제2책 148쪽)
86) 阮瑀 撰, 張溥 編,『阮元瑜集』(『漢魏六朝百三名家集』제2책 148쪽)

和氏의 훌륭한 구슬이나 고운 비단옷도 반드시 옆에서 알아봐 줘야 궁중에서 아름다움을 떨칠 수 있는 것이다.(若夫和氏之明璧, 輕縠之桂裳, 必將遊玩於左右, 振飾於宮房.)[87]

라고 하였으니, 이것은 즉 형식 방면에 치중하여 밝힌 논의로서 劉勰이「風骨」에서 文辭의 운용에 대하여 "고심해서 글월에 표현하는 데에는 骨이 우선이다.(沈吟鋪辭, 莫先於骨.)"라고 하여, 언어문자의 운용에 대한 견해를 밝혔고, 그 전제조건으로서 "말의 구성이 고르고 바르면, 문장의 骨은 완성된다.(結言端直, 則文骨成焉.)"라고 한 것처럼, 儒家에 있어서 文質論이 바로 내용과 형식의 조화를 통해서 이루어야 할 정서라는 측면에서 보자면, 역시「文質論」에서의 文과 質의 관계는 風과 骨의 관계와도 통한다고 할 수 있겠다.

---

87) 應瑒 撰, 張溥 編,『應休璉集』(『漢魏六朝百三名家集』제2책 170쪽)

제4장 建安風骨論의 形成

1. 風骨 槪念의 來源

風이 무엇이며, 骨이 무엇이며, 이 둘을 합쳐서 부르는 風骨이라는 개념이 생겨서 발전하고 변화하기까지는 한 시대 한 사람에 의해서 완성된 것이 아니다. 오랜 기간 여러 예술 분야에서 다양한 쓰임을 거쳐서 이루어진 것이다. 그 역사적인 어원을 보자면, 風骨은 秦漢時代 이래 魏晉南北朝까지는 인물을 품평하는 데에 기준으로 삼은 것이 그 개념 형성의 시작이라고 할 수 있다. 魏晉代 이후에는 風骨의 개념이 특히 문학이론과 비평 및 書法이나 繪畵의 방면에까지 다양하게 쓰였다. 그래서 이번 절에서는 風骨 개념의 연원을 살펴보기 위한 선행 작업으로서 인물 품평이나 繪畵 및 書法 방면에서 風骨의 개념이 어떻게 쓰여 왔는가를 대략 개괄하며, 그러한 쓰임이 문학에서는 어떤 모습으로 나타났었는가를 살펴보고자 한다.

(1) 人物 品評 方面에서의 風骨

역사 이래 인물 품평 방면에 있어서 그 결정 기준의 설정은 일찍부터 논의되어 왔다. 그래서 일찍부터 觀相에 관련된 논의와 주장이 대단히 발전해 왔는데, 觀相術에 관한 논의를 처음으로 한 것은 『荀子·

非相』에서이다. 여기에서 '非'는 '비난하다'의 뜻이며, '相'은 '살피다'의 뜻으로 사람의 용모와 骨相을 살펴서 그 사람의 吉凶과 貴賤을 점쳐보는 것을 비난한다는 의미이다. 이것에서 荀子의 시대에 이미 사람을 외모로 평가하던 習俗이 일반에 널리 퍼져 있었으므로 실증적인 사고를 중시했던 荀子의 입장에서는 그러한 습속이 세상을 어지럽히고 학문을 뒤로하는 것이라 하여 비난했던 것이다. 『漢書·藝文志·數術略』의 形法에는 "相人二十四卷이 있다."[1]라고 했는데, 아마도 이 책들은 觀相學에 관한 것인 듯하다.

이후 風이나 骨에 관한 설을 가지고 처음으로 그리고 구체적으로 인물 품평을 언급한 이는 東漢代 王充이다. 王充은 『論衡·骨相』에서,

> 뼈마디가 나뉜 이치를 고찰하고, 피부의 결을 살핌으로써 사람의 性과 命을 살피니, 들어맞지 않음이 없다. … 命에 대해 논하는 것은 그릇과 비슷하여 뼈마디가 나뉜 법칙을 살펴본다면, 命은 몸에 나타나 있는 것이 분명한 것이다.(案骨節之法, 察皮膚之理, 以審人之性命, 無不應者. … 論命者如比之于器, 以察骨體之法, 則命在于身形, 定矣.)[2]

라고 하였다. 이것은 '骨'이나 '皮膚'의 상태 즉 외모를 통해서 그 사람의 장래까지를 판단해 내며, 이러한 관찰을 통하여 사람의 骨相이나 氣質 같은 것도 파악한다는 것이다.[3] 위의 논의들에서 骨에 관하여 그

---

1) 班固 撰, 顔師古 注, 『漢書』 1774쪽, 中華書局, 1987
2) 王充 撰, 北京大學歷史系 編, 『論衡注釋』 卷1 157쪽, 中華書局, 1979 : 이 편에서는 사람의 몸에 드러나는 骨相이 사람의 命과 性을 결정한다는 관점에서 쓰였다. 그래서 骨相이 사람마다 서로 달라서 富貴貧賤 수명의 길고 짧음이나 품행의 잘잘못이 달라지게 된다는 것이다. 骨은 骨骼·形體를, 相은 사람의 相貌를 가리킨다.
3) 이와 같은 견해는 王符의 『潛夫論·相列』에서도 "人身體刑貌皆有象類 骨法角肉各有部分, 以著性命之期, 顯貴賤之表. … 然其大要, 骨法爲主, 氣色爲侯." 라고 했고, 『漢書·翟方進傳』에서는, "小史有封侯骨, 當以經術進, 努力爲諸生學問."라고 했고, 『晉書·桓溫傳』에서는, "此兒有氣骨, 可試使啼."라고 했다.

것의 정확한 개념이나 의의를 설명하지는 않았지만, 대체로 어떤 인물의 '骨骼端直'과 '皮膚肥充'이 인물 품평에 중요한 기준이 되었으며, 風骨의 개념 가운데 骨에 관한 언급이 먼저 시작되었다는 것을 알 수 있다.

骨의 글자 뜻은, 생물학적인 의미에서 육체를 지탱해 주는 뼈를 말하는 것 이외에도 바탕이나 素質, '心神'이나 '心意', 글자의 雄健한 筆力, 詩文에서의 理路와 氣勢, 內心의 深處를 비유하기도 하는데,4) 魏晉代의 骨의 개념은 대체로 왕성한 생명력을 갖춘 강건한 品格을 말했다.

風의 글자 뜻은, 공기가 흐르는 물리적인 현상을 말하는 것 이외에도, 風敎, 習俗·風氣, 風操·節操, 風度, 風格流派, 聲音, 風聞, 意志, 風景·風光, 民間歌謠를 가리킨다.5) 이외에도 쓰인 용법은 다양한데, 대체로 氣運에서 파생된 개념이라고 할 수 있다.

기운이 살아 숨쉬며 만물을 격동시키는 역량을 갖추게 되면, 그것이 작품으로 표현된다는 것을 언급한 이가 曹丕이다. 曹丕가 『典論·論文』에서 작가의 기질이 그 작가의 독특한 風格을 이룬다고 하는 '文氣說'을 제시한 이래 劉勰은 『文心雕龍』에서 氣의 개념을 매우 다양하게 비평용어로 쓰고 있다. 鍾嶸은 『詩品·序』에서 氣를 가지고 시의 발생과 그 작용이나 효과를 설명하였는데, 여기서 말하는 氣란 천지 만물의 근원적인 精氣를 말한다. 이 氣가 천지만물에 변화를 주고, 그것이 사람의 마음을 감동시키는데, 이러한 感化가 구체적으로 예술의 형태로 나타난 것이 舞踊이나 詩歌의 형태라는 것이다. 그러나 風은 위에서 말한 氣가 발현된 결과로서의 品格 같은 것을 일컫는 것이며, 風과 氣는 서로 밀접한 관계 속에서 幷稱되기도 한다.

---

4) 『漢語大詞典』 12책 395쪽, 漢語大詞典出版社, 1993
5) 『漢語大詞典』 12책 395쪽

風의 개념이 『世說新語』에서는 '風氣韻度', '林下風氣', '高爽有風氣', '拔俗風氣'와 같이 인물을 품평하는 데에 쓰였는데, 風氣란 뜻이 큰 사람의 바탕으로서 그것으로 인해서 그 사람의 밑바탕으로부터 굳건한 생명력 같은 것이 넘쳐흐르게 된다는 것이다. 이렇듯 "風은 風神, 風采, 風姿 등과 같은 숙어로도 짐작할 수 있듯이 전체에서 어울려져 나오는 '美'를 의미하는 말이다."6)

劉義慶은 『世說新語』 각 편에서 역사 인물들의 逸事나 짧은 일들을 기록하였는데,

① 王右軍은 陳玄伯을 일컬어서 어그러진 것에 대하여 바른 골격을 가지고 있다.(「賞譽」 "王右軍目陳玄伯, 壘塊有正骨.")7)
② 王羲之가 … '祖士少(祖約)을 평하여 風格도 좋고, 풍모도 좋아서 아마도 이 세상에서 이와 같은 사람은 다시 볼 수 없을 것이다.'라고 했다.(「賞譽」 "王右軍 … 道祖士少風領毛骨, 恐沒世不復見如此人.")8)
③ 세상 사람들은 阮思曠의 骨氣가 王羲之만은 못하다고 했다.(「品藻」 "時人道阮思曠, 骨氣不及右軍.")9)
④ 이전부터 韓康伯을 지목하여, 팔을 비틀어 보니, 風骨이 없는 것 같다.(「輕詆」 "舊日韓康伯, 將肘無風骨.")10)

라고 한 것 이외에, 구체적으로 風骨이라는 용어를 써서 「賞譽」에서 「晉安帝紀」를 인용하여 "王羲之는 風骨이 맑게 드러나 있다.(羲之風骨淸擧.)"라고 했고, 『南史・蔡樽傳』에는 "風骨이 굳고 바르며, 기개가 뛰어나다.(風骨梗正, 氣調英疑.)"라고 했고, 『北史・梁彦光傳』에서는, "그 부모는 매번 그가 본 것에 대하여, '이 아이는 風骨이 있으니, 마땅히

---

6) 車柱環 著, 『中國詩論』 94쪽, 서울대출판부, 1989
7) 北京大學哲學系 編, 『中國美學史資料選編』 181쪽, 中華書局, 1982
8) 北京大學哲學系 編, 『中國美學史資料選編』 182쪽
9) 北京大學哲學系 編, 『中國美學史資料選編』 183쪽
10) 北京大學哲學系 編, 『中國美學史資料選編』 184쪽

우리가 받드는 뜻을 갖추고 있을 것이다.'라고 했다.(其父母每謂所視曰, 此兒有風骨, 當具吾宗.)"라고 했고, 沈約의 『宋書·武帝紀』에서, "劉裕는 … 자라자, 키가 7척 6촌이나 되고, 風骨이 특출 났다. 집안은 가난하지만, 큰 뜻을 품고 있어서 배우지 않았어도 품행이 바르고 절개가 있다.(劉裕 … 及長, 身長七尺六寸, 風骨奇特, 家貧有大志, 不治廉隅.)"라고 하였다. 이러한 예에서 알 수 있는 것은, 南北朝時代에는 風骨이 있고 없음, 또는 그것이 어떠하냐는 기준을 가지고 사람을 평가하는 것이 매우 성행했었다는 것이다. 그래서 風骨이 있다면, 그 사람의 됨됨이를 평가하여 그 사람됨이 정신적으로 충실하며 생동적이라고 인정하지만, 風骨이 결핍되었다면, 『世說新語』에서 韓康伯을 평한 대목을 范啓가 "韓康伯은 살찐 오리와 같다.(韓康伯是肉鴨.)"라고 해설한 것처럼, 정신적인 역량이 모자라서 바람직하지 못한 것으로 평가받았다.

이렇듯 인물 품평에서 쓰인 風骨의 개념은 어떤 인물의 구체적인 모습을 가지고 그 인물의 정신적인 역량까지도 품평을 시도하기 위한 수단으로 쓰였다. 風骨의 유무에 대한 평가의 구체적이고 실증적인 기준으로 흔히 '體得'이니 '體現'이니 하는 용어를 쓰기도 하는데, 그것은 보편타당성이 부족한 관념적인 가치 기준에 불과하다. 그러나 고대 중국에 있어서 인물을 품평하는 데에 그와 같은 관념적인 용어가 書法·繪畵·문학의 이론과 비평에서 매우 중요한 역할을 했던 것이 사실이다.

(2) 書畵 方面에서의 風骨

書法은 대체로 秦漢代에 발흥하여 魏晉南北朝에 와서 크게 발전했다. 漢魏代에 여러 書體가 많이 쏟아져 나왔는데, 書法家들은 글씨 品評하기를 마치 인물을 품평했던 것처럼 점이나 획에 어떤 정신이 깃들어 있으며, 그러한 書風은 마치 사람과 같아서 '疏朗蕭散'하다거나, '姿

致逸雅'하다고 하는 식이었다. 書學이 발전하게 되어 붓을 쓰는 기교나 글씨체의 기세나 규율 같은 것을 궁구하게 되었으며, 書法理論에도 風骨 개념이 쓰이게 되었다.

書法 이론에서 風骨의 개념을 처음 쓴 시기는 秦代이지만, 이때까지 風骨의 개념은 분명히 정의되지 않았으며, 魏晉代에 와서야 書法에 있어서 風骨의 개념이 확립되었다고 할 수 있다. 魏代 鍾繇의 「筆骨論」, 楊泉의 「草書賦」, 王羲之의 「筆勢論」과 「用筆賦」에서 비로소 붓을 쓰는 것과 骨力의 관계를 언급하였다.11) 衛夫人12)의 「筆陣圖」에서,

> 뼈만 많고 고기가 없는 것을 筋書라고 하고, 고기만 그득하고 骨力이 모자란 것을 일컬어 墨猪라고 한다. 힘이 세고 근육이 많은 것이 훌륭한 것이며, 힘도 근육도 없는 것은 병든 것이다.(多骨微肉者謂之筋書, 多肉微骨者謂之墨猪. 多力豊筋者聖, 無力無筋者病.)13)

라고 했고, 王僧虔은 「與某書」에서, "郗嘉賓의 草書는 王羲之와 王獻之보다 못하지만, 그의 아비보다는 보기 좋지만, 骨力은 모자란다.(郗超草書亞于二王. 緊媚過于父, 骨力不及也.)"14)라고 했다. 위와 같은 논의는 이후 커다란 영향을 끼쳐서 唐宋 이후 대대로 논자들이 그것을 따랐다. 논자들이 말했던 '骨力遒勁', '骨氣峻爽', '骨鯁氣壯', '骨氣超邁'와 같은 용어의 뜻은 筆力의 강건함과 端直峻整한 아름다움을 띠는 風貌를 말한다.

결국 書法에서 말하는 風骨論도 인물 품평에서 쓰였던 개념의 범주로서 굳건한 생명력을 말하는 것과 크게 다르지 않다고 할 수 있다.

다음으로 繪畵 방면에서 보자면, 중국 繪畵史에 있어서 魏晉南北朝

---

11) 汪涌豪 著, 『中國古典美學風骨論』 31·2쪽, 中國人民大學出版社, 1994
12) 272~349년. 이름은 鑠, 字는 茂漪. 汝陰太守 李矩의 처로서 東晋의 書法家.
13) 北京大學哲學系 編, 『中國美學史資料選編』 160쪽
14) 北京大學哲學系 編, 『中國美學史資料選編』 188쪽

時代는 繪畫가 매우 발전했던 시기로서, 士大夫들이 詩歌를 통해서 그랬던 것처럼 繪畫에도 자신의 감정을 寄託하였다. 특히 南朝의 여러 왕들은 대체로 繪畫를 좋아했고, 어떤 이는 실제로 그림을 잘 그리기도 했다. 특히 人物畫와 釋道畫가 발달했으며, 山水畫도 이 時期에 비로소 생겨났다. 이와 아울러서 繪畫 이론 가운데 風骨論도 생겨나 발전하게 되었다. 특히 전통적으로 骨法論을 가지고 인물이나 書法을 품평했던 것처럼, 그러한 경향이 繪畫 방면에 직접적인 영향을 끼쳤다.

繪畫 이론 방면에서 風骨의 개념을 확립한 이는 齊의 繪畫理論家 謝赫이다. 그는 『古畫品錄』에서,

> 비록 그림에 六法이 있지만, 그것을 다 잘하는 이는 예로부터 드물어서 각자 한 가지 정도를 잘할 뿐이다. 六法은 무엇인가? 첫째는 氣韻이 살아 움직이는 것이고, 두 번째는 骨法으로 붓을 써야 하는 것이고, 세 번째는 사물을 대하여 있는 그대로 그려내야 하는 것이고, 네 번째는 각 사물마다 文彩가 나야 하는 것이고, 다섯 번째는 위치를 잘 잡아야 하는 것이고, 여섯 번째는 사물을 그대로 옮겨 묘사하는 것이다.(雖畫有六法, 罕能盡該, 而自古及今, 各善一節. 六法者何. 一氣韻生動是也. 二骨法用筆是也. 三應物象形是也. 四隨類賦彩是也. 五經營位置是也. 六傳移模寫是也.)[15]

라고 했다. 여기서 말하는 六法의 내용 가운데 핵심적인 것은 '氣韻生動'과 '骨法用筆'이다. 氣韻生動은 그림에 "생동하는 기운이 있어야 神彩가 문득 일어나 펄펄 살아 있는 듯하다.(神彩飈擧, 栩栩如生)"라는 것이며, '骨法用筆'은 전통적인 인물 품평에서 말한 내용과 크게 다르지 않으며, 단지 그림에 대상의 形質·骨幹이나 힘이 잘 표현되었는가를 중시하는 것이다. 그래서 謝赫은 그러한 개념을 가지고 曹不興을 평하여 "그의 風骨을 보자니, 이름을 어찌 헛되이 이룬 것이겠는가?(觀其風

---

15) 北京大學哲學系 編, 『中國美學史資料選編』 191쪽

骨, 名豈虛成.)"라고 했고, 張墨과 荀勗을 평하여 "단지 정신만을 거두었고, 그의 骨法은 남아 있다.(但取精靈, 遺其骨法.)"라고 했다. 그러므로 여기에서 말한 風骨이란 그들의 그림에 '遒勁有力'함이 얼마나 잘 표현되었는가를 이르는 기준이 되는 것을 말한다.

이것은 書法에서 말한 것처럼, 風骨이란 勁挺强健한 작품의 힘을 말하는 것으로 위의 논의를 통해서 繪畫방면에 있어서 風骨論의 발생과 발전도 書法방면에서와 마찬가지로 魏晉代 이래 인물품평 전통의 영향을 받아 생겨났으며, 風과 骨 또는 風骨이라는 용어가 문헌에 처음으로 나타난 것은 문학의 風格上 특징으로서 쓰이기 시작한 것이 아니라 인물이나 書法 그리고 繪畫를 품평하기 시작하면서부터라는 것을 알 수 있다.

(3) 文學 方面에서의 風骨

風骨의 개념이 人物品評·書法·繪畫 같은 분야에서 품평하는 기준으로 쓰이기 시작했다고 하였는데, 風과 骨 혹은 風骨의 개념이 문학 방면에서 처음으로 쓰인 것은 「毛詩序」이다. 「毛詩序」는 詩歌가 작가의 마음을 표현하는 것이라는 '言志抒情'의 특징에 주목하여, 시와 음악의 敍情的인 특징을 강조하여 詩歌의 본질적인 특징을 밝혔고,[16]

---

16) 郭紹虞 主編,『中國歷代文論選』제1책 63쪽 :「毛詩序」曰 "詩者, 志之所之也, 在心爲志, 發言爲詩, 情動於中而形於言. 言之不足, 故嗟嘆之, 嗟嘆之不足, 故永歌之, 永歌之不足, 不知手之舞之, 足之蹈之也." 실제로 이 '詩言志說'이 처음 나오는 것은 「毛詩序」가 아니라『禮記·樂記』에서이다.『禮記』에서 "詩言其志也, 歌咏其聲也, 舞動其容也. 三者本於心, 然後樂氣從之 … 故歌之爲言也, 長言之也, 說之故言之, 言之不足, 故長言之, 長言之不足, 故嗟歎之, 嗟歎不足, 故不知手之舞之, 足之蹈之也."라고 하였는데,『禮記』에서의 논의는 音樂的인 측면에 중점을 두고 언급한 것이며,「毛詩序」에서는 시에 중점을 둔 것이 서로 입장이 다른 듯하지만, 근본적으로 시나 음악이 작가의 정서를 발현하는 것이라는 의미에서 근본적인 취지는 같다고 할 수 있다.

「毛詩序」는 시가에 대한 본질론을 위와 같이 밝히고, 다음과 같이 부연 설명하면서 風 개념의 논지를 펴기를,

> 『詩經』에는 六義17)가 있다. 첫째를 風, 둘째를 賦, 셋째를 比, 넷째를 興, 다섯째를 雅, 여섯째를 頌이라 한다. 윗사람이 아랫사람을 가르쳐 깨우치고, 아랫사람이 윗사람을 諷刺하는 데, 글귀를 잘 꾸며서 諷諫하면, 그것을 말하는 자는 죄가 없으며, 그것을 듣는 자는 잘 깨우치게 된다. 그래서 風이라 한다.(詩有六義焉, 一曰風, 二曰賦, 三曰比, 四曰興, 五曰雅, 六曰頌. 上以風化下, 下以風刺上, 主文而譎諫, 言之者無罪, 聞之者足以戒, 故曰風.)18)

라고 하였으니, 風은 六義의 하나로서 雅頌과 함께 시를 분류하는 詩體의 하나인데, 윗사람은 아랫사람에 대하여 風化할 수 있고, 아랫사람은 윗사람에 대하여 譎諫할 수 있다고 하여 작가가 감정을 분출하는 기능을 갖고 있다는 것이 첫째 논지이다. 둘째 논지는,

> 「關雎」는 后妃의 덕을 말한 것으로 風의 시작이다. 이것으로 세상을 교화하고 부부관계를 바르게 한다. 그러므로 그것을 일반 백성들에게 쓰고, 여러 지방에 쓴다. 風은 바람이며, 가르친다는 뜻으로 風으로써 감동시키며, 교화시키는 것이다.(關雎后妃之德也, 風之始也, 所以風天下而正夫婦也. 故用之鄉人焉, 用之邦國焉. 風, 風也, 敎也. 風以動之, 敎以化之.)19)

라고 한 것처럼, 風의 개념을 통해서 詩歌의 '風敎'의 사회적인 功能作用을 이룰 수 있다고 강조하였다. 이것으로 風의 원시적인 뜻은 詩體

---

17) 六義의 說이 처음 나오는 것은『周禮・春官』이다. "大師掌 … 敎六詩, 曰風, 曰賦, 曰比, 曰興, 曰雅, 曰頌."
18) 郭紹虞 主編,『中國歷代文論選』제1책 63쪽
19) 郭紹虞 主編,『中國歷代文論選』제1책 63쪽

의 하나로서 개인적이며 사회적인 諷諫의 효용성을 갖는 것이라고 볼 수 있다.[20]

그런데『詩經』의 國風은 주로 일반 백성들의 시대와 지배층에 대한 원망과 그들의 시대정신을 반영하고 있으니, 風이란 부조리한 사회현상에 대한 諷刺의 사회적인 작용을 가지고 있다. 그러므로 윗사람이 아랫사람을 깨우친다는 대목보다는 아랫사람이 윗사람을 諷刺하는 기능이 보다 중시되었다고 할 수 있다. 그런데 그렇기 위한 조건으로「毛詩序」에서 '止乎禮義'라 하여 諷刺는 禮와 義의 범주를 넘어서는 안 된다는 것도 지적했다. 이것은 諷刺 혹은 諷諫은 하되, 봉건통치계급의 입장은 최소한 지켜야 한다는 시대적인 이념의 한계를 드러낸 것이기도 하다.[21]

이것은 전통적인 儒家의 문예이론을 반영한 것이다. 儒家 문예이론은 문예의 사회적인 功用的 기능을 중시하여 문예란 '興觀群怨'[22]의 기능을 통해서 '復禮'의 이상을 실현하는 도구라는 인식에 근본하고 있다. 興觀群怨은 시의 효용성을 논의한 것이다. 詩가 다양한 사회 현상을 반영하는 것이라는 측면에서 興과 怨은 작가의 사상 감정의 抒發을, 그리고 觀과 群은 詩를 통해 사회적 功用性을 이룰 수 있다는 것이다. 그런데 '止乎禮義'라는 조건 역시 시의 감정 표현에 있어서 일종의 儒家 이념의 기준인 절제가 있어야 한다는 것인데,[23] 詩歌에 표현

---

20) 詩歌의 사회 功用的인 개념의 인식은 일찍이『論語』의 '興觀群怨說'에서 비롯되었다고 할 수 있는데, 다른 文藝 방면에서 보자면, 그 기원은 훨씬 오래되었다.『周易·賁·象』"…文名以上, 人文也. 觀乎天文, 以察時變. 觀乎人文. 以成天下." /『詩·魏風』"好人提提, 宛然左辟. 佩其象揥. 維是褊心, 是以爲刺." /『禮記·樂記』"樂也者, 情之不可變者也. 禮也者, 理之不可易者也. 樂統同, 禮辨異, 禮樂之說, 管乎人情矣."

21) 禮義라 함은 세상을 다스리는 도덕적인 근본을 말한다.『淮南子·齊俗』"世之明事者離道德之本. 曰禮義足以治天下, 此未可與言術也. 所謂禮義者, 五帝三王之法籍風俗, 一世之迹也."

22)『論語·陽貨』"詩, 可以興, 可以觀, 可以群, 可以怨."

되는 작가의 사상 감정은 지나침도 모자람도 없는 平穩의 상태로서 '約之以禮'하고 '禮以成之'하는 中和의 美를 이상으로 삼는다.

아울러서 이와 같은 儒家 문예이론의 이상적인 심미기준은 역대로 많은 문예 이론가들이 詩文을 논하는 데에도 그대로 적용되었다.24) 이것의 대체적인 경향은 시에 담겨진 작가의 감정은 儒家의 윤리 도덕 정서에 맞아야 한다는 것인데, 다시 말해서 儒家 문예의 최고 이상인 中과 和의 아름다움을 추구해야 한다는 것이다. 中이란 '지나침도 모자람도 없음이요(無過無不及)', 和란 서로 다른 것끼리의 조화를 말하는 것으로 바로 中庸을 말하는 것이다. 中庸의 글자 뜻에 대하여『中庸』제1장에서25) 푼 것이나,『論語・雍也』에서 "中庸의 덕됨이야말로 참으로 지극한 것이로구나.(中庸之爲德也, 其至矣乎.)"라고 한 것처럼, "不偏不倚, 無過無不及"한 中庸이 儒家 문예의 최고 규범이며, 文藝가 그것의 실현을 돕는 도구가 된다는 것이다. 그 도구를「毛詩序」에서는『詩經』이라 했던 것이며,『詩經』을 구성하는 六義 가운데 특히 風이 그 첫째 요소라는 것이다.「毛詩序」에서 다시 風의 개념을 지적하여,

---

23) 그 儒家에서의 '절제'란『論語・爲政』에서 "子曰, 詩三百, 一言以蔽之, 曰思無邪."라고 했고,『論語・八佾』에서 "關雎, 樂而不淫, 哀而不傷."라고 했는데, 朱熹가 이것을 풀어서 "淫者, 樂之過而失其正也. 傷者, 哀之過而害於和者也."라고 했다.

24) 王向峰 主編,『文藝美學辭典』762・3쪽, 遼寧大學出版社, 1987 : 역대의 주요 문예 이론가들이 中和의 美를 비평 기준으로 삼았다는 논거들을 다음과 같이 들었다.『荀子・勸學』"詩者, 中聲之所止也." /『荀子・儒效』"樂言事, 其和也." / 摯虞「文章流別論」"夫假象過大, 則與類相遠, 逸辭過壯, 則與事相違, 辯言過理, 則與義相失, 麗靡過美, 則與情相悖." / 劉勰『文心雕龍・辨騷』"酌奇而不失其眞, 翫華而不墜其實." / 鍾嶸『詩品序』"若專用比興, 患在意深", "若但用賦體, 患在意浮.", "宏斯三義, 酌而用之." / 皎然『詩式』"至險而不僻, 至奇而不善, 至麗而自然, 至苦而無迹, 至近而意遠, 至放而不迂."

25) "喜怒哀樂之未發, 謂之中, 發而皆中節, 謂之和. 中也者, 天下之大本也. 和也者, 天下之達道也. 致中和, 天地位焉, 萬物育焉."

윗사람을 諷刺하고, 일이 어지럽게 변하여 옛 풍속을 그리워한다. 그러므로 내용에 變風이 생겨나지만, 禮義에 벗어나지는 않는다. 감정에서 생겨나는 것은 일반 사람들의 본성이며, 禮義에 벗어나지 않는 것은 先王의 은택인 것이다. 이로써 한 나라의 일로써 한 사람의 바탕에 연결시켜 주는 것을 風이라 한다.(以風其上, 達於事變而懷其舊俗者也. 故變風發乎情, 止乎禮義. 發乎情, 民之性也, 止乎禮義, 先王之澤也. 是以一國之事, 繫一人之本, 謂之風.)26)

라고 하였다. 그렇다면 왜 風이라 하였는가에 대하여 孔穎達이 『毛詩正義』에서, "바람이 불면, 어느 것도 쏘이지 않는 것이 없어서, 어디나 적셔주므로 그렇게 이름 지었다.(風之所吹, 無物不被, 無往不霑, 故取名焉.)"라고 풀이하여, 詩歌로 吟詠歌唱하는 것이 독자에게 감동을 주고, 諷諫을 하는 기능이 마치 바람과도 같이 자연 만물에 영향을 끼치는 것과 같다는 의미에서 응용하여 쓴 것이며, 작가는 詩歌를 통해서 자신이 갖고 있는 감정을 드러냄으로써 詩歌의 개인적이거나 사회적인 효용성을 실현시킨다는 것이다. 詹鍈은,

風이라고 하는 것은 감화시키는 근본이며, 작가의 마음을 그대로 드러내는 것이다. 시는 자연스러운 것을 귀하게 여긴다. 스스로 그렇게 되는 것이 바람이다. 말은 뜻을 전달하면 그만인 것인데, 전달하는 것이 바람이다.(風者, 化感之本源, 性情之符契. 詩貴自然, 自然者, 風也. 辭達而已, 達者, 風也.)27)

라고 하였으니, 들판에 바람이 불면 풀잎이 그것에 따라 눕듯이 자연계의 바람이 갖는 속성을 이용해서 그것의 효용성을 詩歌의 사회적 공용성에 빗대어 설명한 것이라고 했다.

그러므로 風骨의 風은 『詩經』의 國風이 갖는 전통적인 의미 가운데

---

26) 郭紹虞 主編, 『中國歷代文論選』 제1책 63쪽
27) 劉勰 著, 詹鍈 義證, 『文心雕龍義證』 1047쪽, 上海古籍出版社, 1989

에서 작가 감정의 개인적인 抒發과 사회 교화의 감화작용과 같은 속성을 계승한 개념으로 「毛詩序」에서 風의 개념이 비로소 생겨났다고 할 수 있다.

그리고 風骨이 詩文을 평가하는 방면에 처음으로 쓰인 것은 『魏書·祖瑩傳』에서인데, "문장이란 마땅히 각자의 새로운 구상을 내어서 자기만의 風骨을 이루어야 한다.(文章須自出機杼, 成一家風骨.)"라고 했고, 『宋書·王微傳』에서는 王僧虔이 王微에 대하여 한 말을 인용하여, "형의 글은 骨의 기운이 뛰어나 따를 만하고, 아름다워서 스스로 인정할 만하다.(兄文骨氣可推, 英麗以自許.)"라고 하였다.

그렇지만, 이때까지도 「毛詩序」에서 風이 문학비평 방면에서 중요한 비평 기준이 되기 위한 개념 정립의 실마리를 마련해 준 것 이상 구체적인 風骨의 개념 정립은 없었다. 다시 말해서 風은 詩歌의 感染力, 즉 氣骨이라고도 일컫는 것으로 문장에서의 독자를 감동시킬 수 있는 역량을 말하는 것인데,[28] 그것의 발단 역시 「毛詩序」에서 개념이 형성되었다고 할 수 있다.

風 개념의 발흥에 대하여 「毛詩序」에서 구체적으로 다루고 있는데 반하여 骨 개념에 대해서는 인물 품평·書法·繪畫 방면에 비해서 늦다고 할 수 있다. 즉 인물 품평에 있어서 王充이 『論衡·骨相』에서 骨相의 개념을 폈고, 書法 방면에서는 衛婦人이 「筆陣圖」에서 '多骨'과 '多肉'의 筆法을 말했고, 繪畫 방면에서 '骨法用筆'을 말했던 것인데, 문학 방면에서 骨의 개념을 처음으로 거론한 것은 劉勰의 『文心雕龍』과 鍾嶸의 『詩品』에서 비롯되었다. 그러므로 인물 품평·書法·繪畫 방면에서 風骨의 개념이 문학 방면에 일정한 영향을 끼쳐서 風骨論이 형성될 수 있었다고 할 수 있다.

---

28) 敏澤 著, 『中國美學思想史』 제1권 532쪽, 齊魯書社, 1989 : 이런 방면에서 「詩大序」·『詩品』·『文心雕龍』에서의 관점도 함께 거론되어 있다.

2. 建安風骨의 形成 背景

(1) 思想 方面

이 절에서는 建安文學의 특징인 建安風骨이 어떠한 사상적 배경 위에서 형성되었는지 고찰해 보고자 한다. 그 첫째 요인은 그때까지 사회를 지배하였던 封建 禮敎를 중시하던 儒家의 질곡에서 벗어나면서부터 가능했다고 봐야 한다. 魏晉時期는 先秦 이후 대규모의 사회 변동이 일어난 시기로서 漢代의 儒家 經學이 붕괴하면서 문벌귀족과 지주계급의 세계관과 인생관이 크게 변화하여 철학·문예·書法에 있어서 새로운 시대 사조가 탄생할 수 있게 되었으며,[29] 魏晉時期의 시작인 建安年間에는 특히 문학 방면에 있어서 曹操가 그러한 시대 사조의 개척자라고 할 수 있다.

그래서 魯迅은 建安時期를 '文學의 自覺期'라고 했고, 靑木正兒는 이 시대를 '文藝至上時代'라 하여 순수 문학평론이 흥기하였다고 했다.

劉勰은 『文心雕龍·時序』에서 建安時期의 사회 모습을 가리켜,

> 내란이 계속되어서 사람들은 헤어지는 슬픔을 겪고, 풍속이 쇠미해지고, 일반인들에게 불만이 쌓였기 때문에 누구나 생각에 깊이 잠겨서, 그것을 내내 써댔다.(良由世積亂離, 風衰俗怨, 幷志深而筆長.)[30]

라고 하였고, 그로 인해 형성된 建安文學의 특징에 대해서『文心雕龍·明詩』에서,

---

29) 李澤厚 著,『美的歷程』81～4쪽, 中國社會科學出版社, 1992 : "實質上, 魏晉恰好是一個學重新解放, 思想非常活躍, 問題提出很多, 收穫甚爲豊碩的時期…… 這個時代是一個突破數百年的統治意識重新尋找和建立理論思維的解放歷程……"

30) 劉勰 撰, 戶田浩曉 譯註,『文心雕龍』600쪽

격앙되어서는 의기에 따라 노래 부르고, 자질구레한 것에는 대범하게 개의치 않고 자신의 재주를 뽐냈다. 가슴 속의 뜻을 펼치고 눈앞의 일들을 서술할 때에는 하나하나 세밀한 기교를 부리지 않았으며, 글을 써대면서 모습을 묘사할 때에는 단지 글 뜻을 밝힐 수 있느냐를 중시했다.(慷慨以任氣, 磊落以使才. 造懷指事, 不求纖密之巧, 驅辭逐貌, 唯取昭晰之能.)[31]

라고 하였다. 이러한 문단의 경향이 생기게 된 구체적인 사회적인 배경[32]은 漢代 400년 동안 이어져 내려왔던 封建 儒學의 압박과 질곡들이 漢代 말기 黃巾賊과 董卓의 난리 같은 커다란 사회 사조의 변화로 인하여 문인들은 엄격한 儒家 經典의 속박에서 벗어나 사상적인 자유를 누렸기 때문에 가능했다. 그래서 문인들은 자신이 처한 현실 생활에 대해 새롭게 인식하고, 그에 대한 감응의 결과로 자신의 감정을 자신의 문학적인 재능으로 마음껏 펼 수 있게 되었다.

그래서 劉勰이 『文心雕龍・論說』에서,

魏가 처음으로 覇者가 되어서 政術에는 法家와 名家를 겸하였다. 그래서 傅嘏와 王粲은 다투듯 名家의 이론을 궁구했다. 正始年間이 되자 儒家의 전통을 지키려는 노력은 하지 않고, 何晏의 무리들이 비로소 形而上學인 담론을 크게 일으켰다.(魏之初覇, 術兼名法, 傅嘏王粲, 校練名理. 迄至正始, 不務守文, 何晏之徒, 始盛玄論.)[33]

라고 한 것처럼, 儒家의 사상적 압박으로부터 벗어날 수 있게 되어 새

---

31) 劉勰 撰, 戶田浩曉 譯註, 『文心雕龍』 86쪽
32) 堀池信夫 著, 『漢魏思想史硏究』 426쪽, 明治書院 1988 : "後漢末의 지식인 사이에는 言語에 있어서 자각적으로 반성을 시도한 풍조가 생겨났다. 그 이유의 하나는 漢 王室의 권력이 약화되어 宦官과 豪族의 跋扈가 격렬해진 사회적인 배경이 있었다."
33) 堀池信夫 著, 『漢魏思想史硏究』 271쪽

롭게 부각되던 사조로서 名家・法家・道家・佛家 같은 여러 사조들이 이 시기에 새롭게 번성하게 되었다.34)

建安時期의 문인들은 변론을 잘하고, 名家와 法家의 논리를 익히는 데에도 힘썼다는 것을 부정할 수 없다. 즉 三曹와 建安七子가 앞 절에서 밝힌 것처럼 자연스럽게 儒家思想에 그들의 사상적 연원을 가지고 있다고 하지만, 漢代와 같이 전통적인 儒家 經學에 완전히 사로잡혀 얽매여 있었던 것은 아니며, 그들 학문의 범주 역시 儒學에만 국한되었던 것은 아니다.

때문에 자유로운 사상적 풍토에서 建安文學은 그때까지 중국문학사에서 없었던 생기 넘치는 문학 양상을 띨 수 있었다. 특히 詩歌 방면에서 五言詩의 형성과 발전은 매우 주목할 만한 것이라 하겠으며, 비평 분야에서「文賦」・『文心雕龍』・『詩品』과 같은 시문론서의 탄생에도 한 몫의 공헌을 했다고 할 수 있다.35)

이것은 建安時期의 문학 특징이 자유롭고 다채로운 당시의 사회 사조로 인해서 생겨났다는 것을 밝힌 것이다. 이렇듯 자유롭고 다양한 사회 분위기는 여러 부문의 학술사상을 새롭게 했지만, 三曹와 建安七

---

34) 錢志熙 著,『魏晉詩歌藝術論』16・17쪽, 北京大學出版社, 1993 : 저자는 魏晉時期의 이러한 경향은 東漢時期부터 연원한다고 결론지었고, 그 연구자와 논문을 다음과 같이 들었다. 余英時『漢晉之際士之新自覺與新思潮』將魏晉時代士人群體自覺・個體自覺及新思潮追溯到東漢中晚期, 幷認爲與外叔・宦官的鬪爭是群體自覺的主要原因. 王鍾陵『中國中古詩歌史』第二編『王充的"眞美觀" - 中古文藝發展深刻的思想前孕』論述王充的美學思想對魏晉文藝的深刻影響及它的劃時代意義. 盧建榮『魏晉自然思想』"導論"云: "魏晉自然思想可以上溯至東漢開國前後的嚴遵・揚雄, 而後王充 …" 等等.

35) 鄭孟彤 著,『建安風流人物』1~7쪽, 山西人民出版社, 1989 : "刑名의 學은 漢魏가 교체될 때에 가장 널리 유행했으며, 당시 유행했던 사조 가운데 佛家도 무시할 수 없어서 역시 그때에 영향이 매우 컸다. 그리하여 建安文學은 위와 같은 사회 사조의 영향 아래에서 생겨난 것으로, 그 내면에는 여러 사조가 섞여서 생활 내용이 다채로워지고, 여러 사조의 사상이 자유롭게 발전하여서 당시 문학에 깊은 영향을 끼쳤다."

子에게 있어서 建安時期 사상의 해방이 의미하는 것은 漢代 특히 西漢代 문학의 불합리한 봉건적인 儒家 정치사상의 질곡에서 벗어났다는 것으로 보아야겠다. 그렇기 때문에 建安時期 문인들은 당시 일반인의 생활상에 주의하게 되었고, 樂府民歌를 배워 익힘으로써 우량한 전통을 펼 수 있게 되었다. 그리하여 民亂과 戰亂으로 인해 피폐해진 현실 사회의 참모습을 그들 시편을 통해서 '梗慨而多氣'한 建安文學을 실현할 수 있었다. 다음으로 三曹와 建安七子들의 사상적 연원과 그것의 근거는 무엇이었던가를 살펴보기로 한다.

가. 三曹

曹操는 建安 15년(210)·19년(214)·22년(217) 모두 세 차례「求賢令」36) 을 공포하여, "오로지 재주가 있는 이를 천거하면, 나는 그를 등용하여 쓰겠다.(唯才是擧, 吾得而用之.)"라고 했고,「求逸才令」에서도,

> 혹시 어질지 못하다거나 효성스럽지 못하더라도 나라를 다스리고 병사를 부리는 기술이 있으면, 각자 아는 이를 천거하라. 하나도 놓치지 않으리라.(或不仁不孝, 而有治國用兵之術, 其各擧所知. 勿有所遺.)37)

라고 하였다. 이것만을 보자면, 曹操가 不仁不孝한 이라도 능력만 있으면, 등용하여 쓰겠다고 하였으니, 曹操가 儒家의 도덕적인 철학 관념인 仁과 孝에 배타적이었다고 여기기 쉽다. 그러나『三國志·魏書·武帝紀』에서『魏書』의 기사를 인용하여,

> 군대를 이끌기를 30여 년이 되었지만, 손에서는 책을 놓지 않았다. 낮에는 군사 계책을 강구했고, 밤에는 儒家의 經傳을 궁구했다.(御軍三

---

36) 曹操 撰, 張溥 編,『魏武帝集』(『漢魏六朝百三名家集』제1책 649쪽)
37) 曹操 撰, 張溥 編,『魏武帝集』(『漢魏六朝百三名家集』제1책 650쪽)

十餘年, 手不捨書, 晝則講武策, 夜則思經傳.)38)

라고 한 것에서도 알 수 있듯이, 曹操가 儒家의 기본 이념에 충실했다는 것은 분명하다. 특히 그의 「短歌行」39)에서는 옛날 周公의 도를 이어 받아 세상을 다스리고자 하는 의지를 폈으며, 「建學令」에서는,

> 전쟁이 일어난 이래 15년이 되었다. 뒤늦게 태어난 이들은 仁義, 禮儀와 사양하는 풍조를 보지 못해서 나는 그것에 깊이 마음 아파한다. 그래서 郡이나 지방에 학문을 닦을 것과, 500호 이상의 縣에는 校官을 둘 것과, 그 고을에서 뛰어난 이를 뽑아서 그들을 가르칠 것을 명하노라. 그러면 아마도 先王의 법도가 무너지지 않을 것이며, 세상에 유익할 것이니라.(喪亂已來, 十有五年, 後生者不見仁義禮讓之風, 吾甚傷之. 其令郡國各修文學, 縣滿五百戶置校官, 選其鄕之俊造而敎學之, 庶幾先王之道不廢, 而有以益於天下.)40)

라고 했으니, 위의 두 글에서 曹操가 지향하는 최고 이상의 인물은 바로 周公이며, 그가 지향했던 것은 바로 儒家의 이상이 실현되는 세상이었다는 것을 알 수 있다. 周公은 周 文王의 아들이며, 武王의 동생으로서 武王을 도와 殷 王朝를 멸하고 『周禮』를 제정하여 儒家的 이상사회를 제시했던41) 인물인데, 曹操 역시 漢을 멸하고 새로운 이상사회

---

38) 陳壽 撰, 裵松之 注, 『三國志』 54쪽, 中華書局, 1982
39) 曹操 撰, 張溥 編, 『魏武帝集』(『漢魏六朝百三名家集』 제1책 676쪽) : "對酒當歌. 人生幾何. 譬如朝露. 去日苦多. 慨當以慷. 憂思難忘. 何以解憂. 唯有杜康. 靑靑子衿. 悠悠我心. 但爲君故. 沈吟至今. 呦呦鹿鳴. 食野之苹. 我有嘉賓. 鼓瑟吹笙. 明明如月. 何時可掇. 憂從中來. 不可斷絶. 越陌度阡. 枉用相存. 契闊談讌. 心念舊恩. 月明星稀. 烏鵲南飛. 繞樹三匝. 何枝可依. 山不厭高. 水不厭深. 周公吐哺. 天下歸心."
40) 曹操 撰, 張溥 編, 『魏武帝集』(『漢魏六朝百三名家集』 제1책 649쪽)
41) 王國維가 「殷周制度論」에서 長子相續, 宗法, 喪服과 같은 봉건 儒家의 제도가 周公에 의해서 제정되었다고 했지만, 근래 殷代 甲骨文의 연구에 의하면, 이러한 제도는 이미 殷代 말기부터 부분적으로 있었던 것임이 밝혀졌다.

를 지향할 야심이 있었던 만큼 周公은 그의 이상 목표가 되기에 충분했던 것이다.

建安年間 이전의 曹操는 儒家的 봉건관념에서 요구하는 신하의 절개를 지켰으며, 曹操가 비난받는 이유 가운데 漢朝를 찬탈했다고 했는데, 그것은 曹操에 의해서가 아니라 그의 아들 曹丕에 의해서 이루어졌으며, 曹操가 法治를 중시하기는 했지만, 原始儒家에서도 法治를 중시한 만큼 그것이 曹操가 儒家를 반대한 것을 의미하는 것은 아니라는 것 등에서 曹操는 결코 儒家의 반역자가 아니었다는 것을 알 수 있다. 다만 原始儒家가 兩漢代를 거치면서 漢魏가 교체되는 時期에 曹操는 法家·道家·墨家 등의 사상적 영향을 받았을 뿐이며, 曹操는 어디까지나 儒家的인 성향에 근본하고 있다.[42]

曹操의 위와 같은 儒家的 성향은 그의 시편에서도 잘 나타나 있다. 「度關山」에서,

天地間,　　세상에서
人爲貴.　　사람이 가장 귀한 것이로다.
立君牧民,　군주를 받들고, 백성을 다스리는 것이,
爲之軌則.　그것의 법도인 것이다.
……
世歎伯夷,　세상에서 伯夷를 칭찬하여서,
欲以厲俗.　모두들 백성들에게 권한다.
侈惡之大,　사치는 죄 가운데 가장 큰 것이며,
儉爲共德.　검소는 모두의 덕인 것이다.
許由推讓,　許由가 임금 자리 사양한 것에,
豈有訟曲.　어찌 옳다 그르다 시비하는가.
兼愛尙同,　두루 아끼며, 모두 함께 할 것이니,
疎者爲戚.　사이가 먼 이까지도 가까이 해야 한다.[43]

---

42) 孫明君 著,「曹操與儒學」,『文史哲』1993年 2期

라고 하였는데, 이 편의 내용은 曹操의 정치사상을 밝힌 것이다. 시에
서는 임금의 자리에 오른 이는 마땅히 근검절약하며, 법을 잘 지키며,
백성을 아낄 줄 알아야 하지, 백성들을 함부로 부려먹고 괴롭혀서는
안 된다는 것이다. 이것은 바로 儒家에서 말하는 통치자의 가장 기본
적인 덕목을 노래한 것이다. 또 「對酒」에서,

對酒歌,	술을 들고 노래하는데,
太平時,	태평한 시절이라,
吏不呼門.	관리가 다그치는 일이 없다.
王者賢且明,	임금께서 어질고 총명하시며,
宰相股肱,	신하들은 임금의 팔다리가 되어,
皆忠良.	모두 충직하고 훌륭하다.
咸禮讓,	모두 예의와 겸양을 갖추어서,
民無所爭訟.	백성들은 소송하는 일이 없다.
三年耕有九年儲,	3년 농사지으니 9년 먹을 것이 쌓이어,
倉穀滿盈,	곡식 창고가 그득하여,
斑白不負戴.	머리 희끗희끗한 이들 고향 떠나는 이 없다.
雨澤如此,	비 내리는 것이 은혜로운 보살핌과도 같아,
百穀用成.	온갖 곡식이 잘 익는다.
却走馬,	전장을 달리던 말들을 들여와서
以糞其土田.	밭 갈고 농사하는 데에 쓴다.
爵公侯伯子男,	公侯伯子男의 벼슬을 주니,
咸愛其民,	모두들 그들의 백성을 아끼어서,
以黜陟幽明.	공적에 따라 승진시키고 퇴진시킨다.
子養有若父與兄,	아들은 그의 부모와 형을 부양하고,
犯禮法,	예법을 위반하면,
輕重隨其刑.	가볍고 무거움에 따라 형벌을 준다.
路無拾遺之私.	길에서는 남의 물건을 함부로 줍지 않으니,

---

43) 曹操 撰, 張溥 編, 『魏武帝集』(『漢魏六朝百三名家集』 제1책 675쪽)

```
囹圄空虛.           감옥은 텅 비었다.
冬節不斷,          겨울에도 여전해,
人耄耋,            사람들이 늙어서는,
皆得以壽終.        모두 제 수명을 다하고
恩澤廣及草木昆蟲. 은혜가 풀 나무 곤충에까지 미친다.44)
```

라고 하였다. 여기에서도 儒家의 이상 세계를 그렸다고 할 수 있다. 曹操 자신이 이루고자 했던 세계라고 볼 수 있겠다. 이것은 曹操가 살았던 漢 末期에 전쟁으로 피폐해진 상황에서 호족들은 농민들의 토지를 함부로 빼앗고 백성을 마음대로 부려먹던 현실에 통탄하고 지은 것이다. 이렇듯 曹操의 사상적인 바탕은 정치적인 측면에서나 시 창작의 태도에서도 儒家 사상에 근거하고 있다.

曹丕는 曹操의 둘째아들로서 曹操의 嫡統을 계승하는 입장이라서 儒家的인 군주의 전형을 보여준 인물이라고 할 수 있다.45) 그는 『典論·自序』에서,

어려서부터 詩와 論을 암송하였다. 커서는 각기 五經·四部·歷史·漢代의 諸子와 百家의 말들을 두루 섭렵하여서, 살피지 않은 것이 없다.(少誦詩論, 及長而備歷五經四部史漢諸子百家之言, 靡不畢覽.)46)

라고 한 것처럼, 여러 학문과 사상적 경험이 풍부하다고 할 수 있으니, 曹丕 역시 曹操와 마찬가지로 기본적으로 儒家 사상에 근본하였다고 보아야 한다.

曹植의 경우도 「贈丁翼」에서,

---

44) 曹操 撰, 張溥 編, 『魏武帝集』(『漢魏六朝百三名家集』 제1책 675쪽)
45) 鄭孟彤 著, 『建安風流人物』 67쪽, 山西人民出版社, 1989 : 郭沫若曰 "曹丕是一位舊式明君的典型."
46) 曹丕 撰, 張溥 編, 『魏文帝集』 卷1(『漢魏六朝百三名家集』 제1책 734쪽)

......
君子義休偹, 군자는 義를 밝게 갖추었고,
小人德無儲. 소인은 德이 쌓이지 않았다.
積善有餘慶, 善을 쌓으면 축하할 만한 것이니,
榮枯立可須. 영광과 쇠락은 한 순간에 엇갈린다.
滔蕩固大節. 크고 대단하게 큰 절개를 굳게 지키느라,
時俗多所拘. 세상의 인심이 구속받는 것이 많기도 하다
君子通大道, 군자는 큰 도리에 통하면 되는 것이거늘,
無願爲世儒. 俗世의 儒者는 되고자 하지 않는다.[47]

라고 하였는데, 이 시의 대상인 丁翼(丁廙라고도 부름)는 丁儀의 동생으로서 당시 젊고 박학다식한 것으로 유명하였는데, 그러한 丁廙에게 曹植이 친한 벗으로서 연회의 즐거움을 노래하면서 그에게 세상에서 흔히 말하는 世儒는 되지 말 것을 권면하는 것이 주된 취지이다. 그래서 언뜻 보기에 曹植이 儒家에 반대하거나 등한시했다고 여길 수도 있겠으나, 그것은 당시 儒家들이 갖고 있던 폐단에 빠지지 않겠다고 한 것이지, 결코 反儒家를 제창한 것은 아니다.

이로서 三曹의 사상적 기반은 儒家에 있으며 그들의 儒家的인 성향은 그들 시문에 잘 나타나 있다는 것을 알 수 있다.

나. 建安七子

建安七子 가운데에서 儒家 성향이 강한 이로는 孔融이 단연 돋보인다. 孔融은 孔子의 20世孫으로서 집안이 대대로 높은 벼슬을 한 때문에 가정교육에서부터 儒家의 학설과 사람됨을 어려서부터 익혔으리라는 것은 쉽게 짐작할 수 있다.

孔融은 漢 王室에 대한 충성심으로 漢末의 혼란을 떨치고 공을 세

---

47) 曹植 撰, 張溥 編, 『陳思王集』 卷2(『漢魏六朝百三名家集』 제2책 85쪽)

워 儒家의 이상사회를 이루고자 했다. 이러한 그의 정신이 잘 나타나
있는 시편으로 「六言詩」 제1수를 들 수 있는데,

  漢家中葉道微, 漢 왕조가 중엽이 되어서는 道가 약해진데다가,
  董卓作亂乘衰. 董卓이 난리를 일으켜 더욱 쇠약해졌다.
  僭上虐下專威, 왕을 넘보고 백성을 괴롭혀 멋대로 해대니,
  萬官惶怖莫違. 뭇 관리들이 무서워 떨며 아무도 거역 못한다.
  百姓慘慘心悲. 백성들은 근심 걱정에 슬프기만 하다.
  ……48)

라고 하였으니, 이것은 建安時期 문인들이 공통적으로 갖고 있던 시대
정서였다고 할 수 있다.
 徐幹의 경우는 그의 「中論」에서,

  무릇 학자는 大義를 우선해야 하는 것이지, 물질적인 명예는 뒤로해
  야 한다. 大義가 서면 물질적인 명예는 따르는 것이다. 그러나 비천한
  儒者들이 널리 배우기는 했어도 물질적인 명예만 힘쓰고, 무기에 자세
  하고, 글자풀이에 밝고, 적절히 글귀만 잘 골라내기만 하고 그 大義가
  지향할 바는 힘쓰지 못하면서 先王의 마음을 사로잡으려 한다.(凡學者大
  義爲先, 物名爲後, 大義擧而物名從之. 然鄙儒之博學也, 務於物名, 詳於器
  械, 矜於詁訓, 摘其章句而不能通其大義之所極, 以獲先王之心.)49)

라고 하였다. 이것은 당시 문인 학자들의 학문 태도를 비난하고, 역시
儒家的인 대의명분을 중시하는 것으로, 보다 근본적으로 儒家에로 복
귀할 것을 주장하고 있는 것이다.
 즉 三曹와 建安七子는 그들이 처한 사회를 잘 이해하고 지은 시편
에서 悲凉慷慨한 建安風骨을 잘 드러냈는데, 이러한 建安風骨의 형성

---

48) 孔融 撰, 張溥 編, 『孔少府集』(『漢魏六朝百三名家集』 제1책 607쪽)
49) 兪紹初 輯校, 『建安七子集』 256쪽, 中華書局, 1989

의 사회적 배경은 劉勰이 말한 대로 '世積亂離, 風衰俗怨'이다. 그리하여 建安時期 문인들의 慷慨報國하려는 정서가 시편에 잘 나타난 것이다. 이것은 바로 그들이 儒家의 사회 교화적 功用性을 통해서 風骨이 갖는 '민중을 감화시키는 근원(化感之本源)'의 요소를 실현해 보고자 했기 때문이라고 할 수 있다.

그러므로 建安風骨의 발현도 사회 현실의 반영에서 가능했다고 할 수 있으며, 이것을 통해서 문학의 사회 功用的인 효용성이라는 목적을 수행하고자 했던 것이다. 建安時期의 문인들은 이러한 자세로 시문을 창작하였으며, 이것을 儒家的 이상사회의 실현을 위한 기초 작업이라고 여겼던 것이다.

그래서 劉勰은 「風骨」에서 風의 요소를 '化感之本源'이라 하였고, 聖人의 문장을 의식적으로 모작한 潘勖의 「九錫文」을 風骨 발현의 대표작이라고 꼽았다. 이와 같은 취지에서 「文賦」에서도

> 이 문장의 효용은 참으로 모든 만물의 이치가 이것에 연유하는 데 있다. 광대하게 萬里에 걸쳐서도 거스름이 없고, 億年에까지도 통하는 건널목이 된다. 굽어보아서는 후세에 전하며, 우러러보아서는 옛사람들의 모범을 본받는다. 文王과 武王의 업적이 추락하려 함을 문장으로써 구하고, 교화를 베풀어서 멸망되지 않게 한다.(伊玆文之爲用, 固衆理之所因, 恢萬里而無, 通億載而爲津, 俯貽則於來葉, 仰觀象乎古人, 濟文武於將墜, 宣風聲於不泯)[50]

라고 했듯이, 문학이란 그것을 통하여 모든 사물의 이치를 밝히는 것으로서 문학의 儒家的 功用性을 구현해 낼 수 있어야 한다고 했다.

阮瑀와 應瑒의 「文質論」은 본래 문화 일반에 걸친 文質의 문제를 논한 글인데, 阮瑀의 주요 논지는 "文彩는 헛된 것이고, 질박함이 실질

---

50) 陸機 著, 郭紹虞 主編, 『中國歷代文論選』 제1책 175쪽

적인 것이다.(文虛質實)"라고 하여, 화려하고 기이한 것을 따르지 말 것을 주장한 것에 반하여, 應瑒의 경우는 "질박한 것은 모자란 것이며, 文彩가 남음이 있는 것이다.(質者之不足, 文者之有餘.)"라고 하여, 文彩의 중요성을 강조했다. 그렇지만, 그들은 결국 孔子의 文質彬彬의 논지를 굳게 펴고 있다. 阮瑀는 "하늘과 땅의 도가 서로 통하여 잘못됨이 없게 된다.(兩儀通數, 固無攸失)"라고 했고, 應瑒은 분명하게 文質彬彬을 밝히지는 않았지만,

> 그러므로 사물이 나고 드는 것이 쉬이 움직이니, 세상 다스리는 도리는 한 가지가 아니며, 일월음양이 서로 바뀌듯이 文彩와 질박함이 거듭 있게 되는 것이다.(故否泰易趨, 道無攸一, 二政代序, 有文有質.)[51]

라고 하였으니, 근본적으로 儒家의 中和的인 균형을 중시하는 입장이라고 할 수 있다. 그러므로 建安時期가 '文學의 自覺期'이면서, '文藝至上時代'라고 할 수 있었던 것은 漢代의 절대 皇權時代의 봉건적인 儒家의 질곡에서 벗어나 보다 근본적이고도 이상적인 儒家思想에로 지향하고자 했던 당시 문인들에 의해 가능했던 것이라 할 수 있다.

(2) 文學 方面

가. 內容面

중국문학사에서 建安時期의 詩에 대한 평가를 처음으로 한 이는 宋代 沈約이다. 沈約이 『宋書·謝靈運傳』에서,

> 建安年間에 이르러, … 그들 風格의 근원이 어디인지를 궁구해 보면, 國風이나 「離騷」와 같지 않은 것이 없으며, 단지 각자의 취향이 다르기 때문에 지은 것이 다를 뿐이다.(至於建安, … 源其颷流所始, 莫不同祖風

---

51) 應瑒 撰, 張溥 編, 『應休璉集』(『漢魏六朝百三名家集』 제2책 170쪽)

騷, 徒以賞好異情, 故意製相詭.)52)

라고 하여, 建安詩의 연원에 대하여 『詩經』의 國風이나 「離騷」의 전통을 계승하였다고 하여 긍정적인 평가를 하고 있다.53) 이것에서 建安年間으로부터 200여 년이 지난 이때에도 建安文壇에 대한 평가가 높았었다는 것을 알 수 있다.

여기에서 沈約은 建安詩人들이 『詩經』과 『楚辭』의 전통을 이었다고 했는데, 이것은 사상 감정으로서의 내용 방면과 詩歌의 수사상 언어문자의 운용으로서의 형식 방면에 있어서 建安詩가 『詩經』과 『楚辭』에 연원한다는 것이다.54) 다만 그것들이 지금 다른 모습을 하고 있는 것은 시대가 달라진 만큼 '단지 각자의 취향이 달랐기(徒以賞好異情)' 때문이라고 했다. 시대가 달라졌으니 그들이 묘사하는 내용이나 형식도 시대에 맞게 바뀌었을 뿐이지, 그들이 지향하는 것은 같다는 것이다.

그렇다면 『詩經』과 『楚辭』가 建安詩에 어떤 계승관계를 갖고 있는지 알아보기로 한다. 그들 사이에 오랜 세월의 공백이 있는 만큼 그들의 연결 고리가 될 만한 詩體가 있었으니, 그것은 바로 漢代 樂府이며, 樂府 가운데에서도 民歌가 그들을 잇는 교량역할을 해주었다고 할 수 있다.

漢代의 樂府民歌는 民間의 생활과 감정을 주요 내용으로 하여서 당

---

52) 沈約 撰, 郭紹虞 主編, 『中國歷代文論選』 제1책 215쪽
53) 郭紹虞 編選, 富壽蓀 校點 『清詩話續編』 26쪽 : 毛先舒 『詩辯坻』 卷第2 曰 "曹子建言樂而無往悲愁, 言恩而無往悲怨, 眞小雅之再變, 離騷之緒風"
54) 鍾嶸의 『詩品』에서도 五言詩를 평론하고, 風格上 같은 부류 시인들의 연원관계를 밝히고 있다. 각 시인들을 품평하면서 '其源出於某某'라고 하는 방식으로 되어 있다. 그런데 鍾嶸은 『古詩』와 122인의 시인들의 연원으로 國風・『小雅』・『楚辭』를 들었다. 그런데 『小雅』에 연원을 둔 이는 단지 阮籍 한 사람뿐이고, 나머지는 모두 國風과 『楚辭』에 연원을 두고 있다고 했다. 시대별로 따져보면, 國風계는 『古詩』→ 曹植・劉楨 → 陸機・左思 → 謝靈運・顔延之 … 등이고, 『楚辭』계는 → 王粲・曹丕・班姬 → 嵇康・應璩・潘岳・劉琨・張華・張協・郭璞 → 陶潛 → 謝朓 → 沈約 … 등이다. 이것에서 鍾嶸 역시 시의 역사적인 연원에 있어서 沈約과 같은 입장이라는 것을 알 수 있다.

시 사회의 정서를 잘 반영하였다. 그래서 樂府民歌의 문학적 특질은 『漢書·藝文志』에서 '슬프고 즐거움에 느낌을 받아서 일에 따라서 감정을 펴는 것(感於哀樂, 緣事而發)'[55]이라고 한 것처럼, 일상생활에서 일어나는 사건에 대한 작가의 감정을 질박하게 표현한 작품이 많았다.

樂府의 시작이 언제이건 간에 樂府라는 장르가 갖는 두 가지 요소로는 문학적인 측면에서의 詩와 음악적인 측면에서의 樂[56]이라고 할 수 있다. 위의 요소를 갖춘 樂府가 정식으로 문단에 나타난 것은 漢代 武帝 때부터이다. 明代 胡應麟의『詩藪』內編 古體上 雜言條에서, "『詩經』이 곧 樂府이고, 樂府가 곧 『詩經』이다. 그것은 마치 병사가 농촌에 기거하는 것처럼 두 가지가 아닌 것이다.(詩卽樂府, 樂府卽詩, 猶兵寓農, 未嘗二也.)"[57]라고 한 것처럼,『詩經』도 일종의 樂府라고 할 수 있다. 그러한『詩經』이 문학적인 요소로서의 詩와 음악적인 요소로서의 樂을 갖춘 것이 樂府라고 할 수 있는 것이다. 그러므로『詩經』가운데 15개 國風이 담고 있는 사상 내용은 당시 남녀의 사랑, 핍박받는 일반 백성들의 고달픈 삶 그리고 행복한 삶을 추구하는 바램과 같은 내용을 진실되고 생동감 있게 담고 있는 것이다.

그런데『詩經』의 四言體가 갖는 단조로움 때문에 다양하게 발전해 있던 漢代 民間의 정서를 세세히 다 표현해 내지는 못해서 새로운 詩體가 나와야만 했다. 漢代의 樂府民歌는 그것들의 약점을 극복하여 三言·四言·五言·七言 등을 다양하게 채택하여, 틀에 얽매이지 않고

---

55) 班固 撰, 顔師古 注,『漢書』1756쪽, 中華書局, 1987
56) 羅根澤 著,『樂府文學史』1쪽, 文史哲出版社, 1981 :『荀子·樂論』에 "夫樂者 樂也, 人情之所必不免也. 故人不能無樂, 樂則必發於聲音, 形於動靜, 而人之 道, 聲音動靜性術之變盡是矣."라고 하였으니, 聲音에서 생겨난 것이 樂이며, 움직이는 것이 형상화되어 舞가 되었으니, 樂과 舞는 인성의 자연스러운 표현으로서 태초부터 사람들이 있을 때부터 함께 있게 된 것이며, 여기에 詩가 보태져서 樂府가 생겨났다고 한 것이다.
57) 胡應麟 撰,『詩藪』60쪽, 廣文書局, 1973

자유분방한 기세로 표현해 냈다. 그러므로 建安風骨이 갖는 현실주의
적 성향은 漢代 樂府에서 발전한 것이며, 漢代 樂府의 뿌리는 『詩經』
에서 찾을 수 있으며, 아울러서 建安時期에 정착된 五言詩의 형성과
발전도 樂府의 영향이 크다고 할 수 있다.

  樂府의 전성은 建安時期 즈음보다 더한 때가 없다. (東漢 말기에서
  曹氏의 魏代 초기까지) 그러므로 전적으로 樂府만의 입장에서 작품을
  분석해 보자면, 마땅히 建安時期 즈음이 전성기이다. … (樂府之盛, 莫盛
  於建安前後, (東漢之末至曹魏之初)故若完全以樂府爲立場, 分析篇章, 宜以
  建安前後全盛時期, …)58)

라고 했듯이, 建安年間은 漢代 樂府民歌의 모방을 통해서 새로이 樂府
의 전성시대를 이루었다. 이러한 樂府의 새로운 전성시대를 이끈 이는
曹操이다. 漢末의 혼란기에 새로이 정치적인 실권을 장악한 曹操는 문
단에서도 주도적인 역할을 했다. 그는 "높은 데에 오르면 늘 賦를 지
었고, 새로운 시를 지으면, 그것에 음악을 곁들여서 모두 樂章으로 만
들었다.(登高必賦, 及造新詩, 被之管絃, 皆成樂章.)"59)라고 한 것처럼, 문
단에서 그의 역할과 위치는 절대적이었는데, '음악을 곁들여서 모두
樂章으로 만들었다.'라고 한 것처럼, 曹操는 漢代 民間 음악을 매우 좋
아해서 그의 시 20여수를 모두 樂府民歌의 體例에 따라 擬聲塡詞의 형
식으로 지은 것들이다. 그래서 曹操의 詩歌는 樂府의 현실주의적인 성
향에 영향을 받아 당시 전란에 휩싸인 사회상을 반영한 것이 많다.60)
曹操의 「薤露行」에서는,

  惟漢二十世, 漢朝가 20대를 지나도록

---

58) 羅根澤 著, 『樂府文學史』 81쪽, 文史哲出版社, 1981
59) 陳壽 撰, 裵松之 注, 『三國志·魏書·武帝紀』 54쪽, 中華書局, 1982
60) 鍾惺 著, 『古詩歸』 "漢末實錄, 眞詩史也."

所任誠不良.	일을 맡았던 이들 참으로 못났다.
沐猴而冠帶,	마치 원숭이가 관을 쓴 듯,
知小而謀彊.	아는 것은 작으면서 억지를 쓴다.
猶豫不敢斷,	하는 일은 머뭇대고 과감하지 못하고,
因狩執君王.	임금을 핍박해댄다.
白虹爲貫日,	흰 무지개가 해를 꿰뚫은 듯
己亦先受殃.	나도 일찍이 재앙을 받았다.
賊臣持國柄,	도적 같은 신하가 나라 권력을 휘어잡고,
殺主滅宇京.	임금을 죽이고 수도를 망친다.
蕩覆帝基業,	임금의 功業을 뒤집고,
宗廟以燔喪.	종묘는 불타 없어졌다.
播越西遷移,	서쪽 땅으로 도망가 있는데,
號泣而且行.	울먹이며 가고 또 간다.
瞻彼洛城郭,	저 洛陽의 성곽을 바라보니,
微子爲哀傷.	微子 된 양 애달프도록 마음 아프다.61)

라고 한 것처럼, 東漢 말기 당시 조정에서 外戚·宦官·董卓으로 이어지면서 펼쳐진 그들의 전횡이 잘 나타나 있고, 「蒿里行」에서는,

關東有義士,	함곡관 동쪽에 훌륭한 인사 있어서
興兵討群凶.	병사를 일으켜 흉악한 무리를 쳤다.
初期會孟津,	孟津에서 만나 처음 약속하기로는,
乃心在咸陽.	마음으로는 咸陽 땅을 치려고 했다.
軍合力不齊,	군대를 합쳤으나, 힘은 고르지 못해
躊躇而鴈行.	주저하다가, 기러기 떼처럼 움직인다.
勢利使人爭,	상황의 이익에 좇아 사람들 서로 다투다가
嗣還自相戕.	줄곧 서로들 죽이고 있다.
淮南弟稱號,	袁術은 淮南 땅에서 황제로 자칭하고 나섰고,
刻璽於北方.	袁紹는 북쪽에서 옥새를 새겨두었다.

---

61) 曹操 撰, 張溥 編, 『魏武帝集』(『漢魏六朝百三名家集』 제1책 675쪽)

鎧甲生蟣蝨,　갑옷에는 이와 좀이 생기고,
萬姓以死亡.　만백성은 그 때문에 죽어가고,
白骨露於野,　백골이 들판에 나뒹굴고,
千里無雞鳴.　千里를 가도록 닭 우는 소리 없다.
生民百遺一,　백 사람 가운데 한 사람만 살아남았다.
念之斷人腸.　생각하니 사람 속을 끓이기만 한다.62)

라고 하였으니, 여기에서는 董卓의 난리 이후 군벌들이 득세해서 패권 다툼하는 모습이 잘 나타나 있다. 이「薤露行」과「蒿里行」은 모두 장례에서 관을 낼 때 관을 끌던 이들이 부르던 輓歌인 古樂府『相和歌辭·相和曲』의 歌辭에서 따온 것으로 曹操는 그것들의 슬픈 情調를 처참한 당시 실상에 빗대어서 잘 표현하고 있다.

曹丕의 경우, 建安時期 시가들이 갖는 慷慨한 情調의 文學的 특징과는 달리 曹丕의 시편은 대체로 婉弱하고 哀情이 어린 글귀들로 이루어진 것이 曹操와는 사뭇 다르다. 이것은 어려서부터 무엇 하나 모자람 없이 성장할 수 있었고, 文帝로 즉위하여서도 曹植과 같은 불우한 처지도 겪지 못한 때문인 것이다. 그렇지만, 그의 樂府詩「上留田行」에서는 당시 상류층과 일반 백성의 현격한 삶의 차이를 잘 묘사했고,「令詩」에서는

喪亂悠悠過紀,　전란의 어지러움이 10여 년 넘게 계속되니,
白骨從橫萬里.　시체가 세상에 뒹군다.
哀哀下民靡恃,　애처롭게도 백성들이 의지할 곳이 없으니,
吾將佐時整理.　내가 때에 적절하게 다스려 보려 한다.
復子明辟致仕.　그대 좋은 임금이 되어 훌륭한 이를 불러 쓰세요.63)

라고 하여, 오랜 동안 전쟁에 찌들어 도탄에 빠진 일반 백성들의 참상

---

62) 曹操 撰, 張溥 編,『魏武帝集』(『漢魏六朝百三名家集』제1책 675쪽)
63) 曹丕 撰, 張溥 編,『魏文帝集』卷2(『漢魏六朝百三名家集』제1책 750쪽)

도 잘 그려냈다. 이것에서 曹丕도 曹操와 마찬가지로 樂府詩가 갖는 현실주의 정신을 이해하고 자신의 시편을 통해서 그러한 심정을 잘 표현해 냈다고 할 수 있다.

曹植의 경우는, 「白馬篇」에서 曹植 자신을 '遊俠兒'에 빗대어서 자신의 애국심과 용맹성을 잘 묘사하였고, 「送應氏」에서는 처절한 심정으로 황폐한 사회 현실과 백성들에 대한 동정을 묘사하고 있다. 그런데 曹植은 시편의 내용상 曹操나 曹丕와 다른 점이 있다. 曹植도 처음에는 曹操와 마찬가지로 도탄에 빠진 세상을 구원하고자 하는 의지를 갖고 있었으나, 曹丕와 그의 아들 曹叡가 등극하고 나서 겪어야 했던 좌절로 인한 정치적인 불운이 그의 시편에 잘 나타나 있으니, 전란에 휩싸였던 사회적 환경과 개인적으로 겪었던 불우한 심정까지를 보태어서 建安風骨의 悲凉慷慨한 특징을 잘 갖추고 있는 것이 曹操나 曹丕보다 앞설 수 있었던 요인이었다.

그리하여 『詩源辯體』卷4에서 魏代 문인들의 樂府에 대한 연원을 설명하여,

    魏代의 四言 樂府詩 가운데 예를 들어서 曹操의 「短歌行」, 曹丕의 「善哉行」,[64] 曹植의 「飛龍篇」 등은 그 연원이 「采芝」나 「鴻鵠」에서 연원을

---

64) 曹丕 撰, 張溥 編, 『魏文帝集』 卷2(『漢魏六朝百三名家集』 제1책 745쪽)
    朝日樂相樂, 조정에서 서로 즐기느라,
    酣飮不知醉. 술을 마시고도 취할 줄 모른다.
    悲絃激新聲, 현에서 새로 지은 곡조 슬프게 울리고,
    長笛吐淸氣. 피리에서는 맑은 소리 길게 토해낸다.
    絃歌感人腸, 絃歌가 심금을 울려,
    四坐皆歡悅. 둘러앉은 사람들 모두 기뻐한다.
    寥寥高堂上, 높은 堂 위는 쓸쓸하고,
    凉風入我室. 차가운 바람 내 방으로 들어온다.
    持滿如不盈, 일마다 충실하지만, 늘 부족한 듯하니,
    有德者能卒. 덕이 있는 자만이 마칠 수 있다.
    君子多苦心, 임금은 늘 마음을 쓰느라,

한 것이라서 단조롭지 않고 거침이 없는 것이 바로 樂府의 본바탕이니, 『詩經』에서 찾아서는 안 된다.(魏人樂府四言, 如孟德短歌行子桓善哉行子建飛龍篇等, 其源出於采芝鴻鵠, 軼蕩自如, 正是樂府之體, 不當於風雅求之.)65)

라고 한 것처럼, 曹操와 曹植은 끊겨진 民歌에 전해지던 樂府의 餘聲을 모방하여 가사를 채워나갔다. 당시 문인들도 古樂府의 성조와 제목 등을 모방하였다. 이리하여 당시에 文人樂府를 짓는 풍조가 유행하였던 것이다.66)

이러한 풍조는 전통적으로 敍情詩를 주류로 하는 中國 詩歌67)에 漢代 樂府民歌에서부터 일종의 敍事詩가 나타나게 되는 계기가 되었다고 할 수 있다. 樂府民歌의 작자는 일반인들과 하층계급에 속한 지식인들로서 그들이 처한 사회상에 깊게 깨닫고 느낀 점을 작품으로 써냈다. 그래서 樂府民歌에서 다루고 있는 내용은 매우 폭이 넓을 뿐 아니라 대체로 일반인들의 생활을 반영한 것으로, 질박한 문자로 다양한 내용과 풍부한 감정을 가득 담고 있다.68) 이와 같은 경향은 敍情性이 강한

所愁不但一, 걱정이 하나 둘이 아니다.
慊慊下白屋, 걱정스레 백성들 집을 둘러보는 것은
吐握不可失. 누구 하나 저버릴 수 없어서이다.
衆賓飽滿歸, 많은 손님들 실컷 먹고 돌아가 버리니,
主人苦不悉. 주인은 제대로 접대 못했다고 아쉬워한다.
比翼翔雲漢, 比翼鳥 은하수로 나는데,
羅者安所羈. 그물질하는 이는 무엇을 잡을까.
沖靜得自然, 마음을 비워야 세상 이치를 깨달을 것이니,
榮華何足爲. 부귀영화는 무엇에 쓰겠는가.

65) 許學夷 著, 杜維沫 校點,『詩源辯體』75쪽
66) 蕭滌非 著,『漢魏六朝樂府文學史』123~127쪽, 長安出版社, 1976
67) 金學主 著,『中國古代文學』69쪽, 민음사, 1985 : 중국의 전통문학은 시를 중심으로 발달해 왔고, 다시 그 시는 敍情詩가 중심을 이루며, 또 그 敍情詩는 남녀간의 사랑과 관계되는 것들이 주류를 이룬다. 따라서 중국의 전통문화는 사랑의 시들이 주류를 이룬다고 말할 수 있다고 했다.

중국 詩歌의 전통에 사회 현실의 다양한 모습들을 성공적으로 반영하였으니, 漢代 樂府民歌는 중국 고전시의 흐름에 새로운 양상을 보여준 것이라고 할 수 있다.[69]

建安詩歌는 위와 같은 漢代 樂府의 '緣事而發'과 작가의 순수한 서정성이 발현된 것이라 할 수 있다. 胡應麟도 『詩藪』 內編에서 "樂府는 기질을 숭상하며, … 그 뜻을 얻는 것을 소중히 여겼다.(樂府頗尙氣. … 然樂府貴得其意.)"라고 한 것처럼, 漢代 말기의 혼란한 시대 상황 속에서 자신들의 기질을 바탕으로 시를 지었던 것이다.

이렇듯 漢代 樂府民歌는 漢代 사회 속에서 일어나는 이야기들을 진솔하게 담은 것인데, 『宋書·謝靈運傳論』은 그러한 사상 내용과 수사상의 형식이 바로 建安詩壇에도 계승되었다고 밝힌 것이다. 그런데 建安詩歌가 漢代 樂府의 현실주의적인 성향에 영향을 받았지만, 樂府가 民間人들의 생활을 반영하여 그들의 정서를 잘 표현하고 있는데 반하여 建安詩歌는 작가들이 문인과 관리들이었던 만큼 그들의 입장에서 이해한 사회현실이었다는 것이 다르다.

---

68) 劉大杰 著, 『中國文學發展史』 上卷 197~208쪽 : 여기에서는 漢代 문학의 주류이자 宮庭의 농염한 색채와 화려함을 주로 다룬 賦에 비하여, 樂府民歌는 전쟁·춥고 배고픔·고아와 병든 아낙네·일반 가정 남녀의 비극·강폭함에 대한 반항·부패한 관리에 대한 비난·사회의 어두운 모순을 지적하고 비난하는 것에 주세의식이 분명하다고 하여, 이러한 것들이 民歌의 중요한 문학사적 성취라고 했다. 한편 金庠湉의 『漢代樂府民歌 硏究』(서울대 박사학위 논문, 1993)에서는 漢代 樂府民歌 83수를 선정하여 내용별로 다음과 같이 분류했다. 愛情과 그리움(20수)·사회적 葛藤(23수)·인생무상과 享樂遊仙(15수)·勸勉과 諷刺(13수)·기타(12수).
69) 張永鑫 著, 『漢樂府硏究』 218쪽, 江蘇古籍出版社, 1992 : "漢代 樂府는 漢代 시단에 새로운 생기와 활력을 주었다. 그리하여 漢代 詩歌는 그러한 樂府로 인해서 漢代 문학에 특별한 공헌을 한 것이 된다. 樂府의 발전은 漢代 사회의 발전과 떼어놓을 수 없으며, 樂府의 사상 특징 또한 漢代 사회의 발전 특징과 상관관계가 있다. 그러므로 漢代 樂府의 사상 특징은 바로 漢代의 실제 사회생활을 반영한 것이다."

그런데 曹植은 「飛龍篇」에서,

晨遊太山,　이른 아침에 오르니,
雲霧紛窕.　구름과 안개가 짙다.
忽逢二童,　문득 두 아이를 만났는데,
顔色鮮好.　얼굴색이 환하다.
乘彼白鹿,　저 흰 사슴을 타고,
手翳芝草.　손으로는 芝草를 뜯었다.
我知眞人,　나는 眞人임을 알아보고는,
長跪問道.　오래도록 무릎 꿇고는 道를 물었다.
西登玉堂,　서쪽 玉堂에 오르니,
金樓複道.　金樓에 두 길이 나 있다.
授我仙藥,　내게 仙藥을 주면서
神皇所造.　神皇께서 만든 거란다.
敎我服食,　내게 먹어 보라 해서 먹었더니,
還精補腦.　정신이 맑게 깨는 듯하다.
壽同金石,　수명이 金石 같아
永世難老.　오래도록 함께 하여 늙지 않으리라.70)

라고 하여, 현실세계와는 거리가 먼 신선의 세계를 추구하였고, 曹植의 「洛神賦」에서는,

余從京城,　　나는 서울에서
言歸東藩.　　동쪽 땅으로 갔다.
背伊闕,　　　伊闕을 뒤로하고,
越轘轅,　　　轘轅을 넘어,
經通谷,　　　通谷을 지나서
陵景山.　　　景山을 올랐다.
日旣西傾,　　해는 이미 서쪽으로 기울고,
車殆馬煩.　　수레와 말이 지쳤다.

---

70) 曹植 撰, 張溥 編, 『陳思王集』 卷2(『漢魏六朝百三名家集』 제2책 80쪽)

爾乃稅駕乎蘅皐,   그래서 香草 나는 늪지에 안장을 풀고,
秣駟乎芝田,   상서로운 芝草 나는 들녘에서 꼴을 먹인다.
容與乎楊林,   楊林에서 유유자적하고,
流盼乎洛川.   洛水를 멀리 바라본다.
於是精移神駭,   그러다가 마음이 문득 황홀하다가,
忽焉思散.   갑자기 머리가 맑아진다.
俯則未察,   내려다보니 아무것도 없고,
仰以殊觀.   올려다보니 기이한 것이 그득하다.
……71)

라고 하였으니, 이것에서 沈約이 建安詩人들이 『詩經』이외에 『楚辭』의 전통을 이었다고 한 실례라고 할 만하다. 『詩經』이 현실주의 전통을 대표한다면, 屈原의 『楚辭』는 낭만주의 전통의 뿌리라고 할 수 있다. 그래서 「飛龍篇」과 「洛神賦」를 통해서 建安時期에 낭만주의 정신이 그득한 遊仙詩를 통해서 풍부한 상상력과 열정적인 詩心을 신화나 전설의 이야기를 빗대어서 현실 생활을 완곡하게 반영했다는 것을 알 수 있다.

나. 形式面

劉大杰은 建安詩歌의 특색이 漢代 말기에 새로이 생긴 五言의 형식을 이용해서 民歌 가운데에서 영양을 흡취하여 현실을 반영하고 작가의 속내를 폈다고 했는데, 詩文의 내용과 文彩가 모두 잘 드러나 있고, 慷慨하며 비장하고도 슬픈 정서가 많다고 했다.72) 이렇듯 建安文壇에서 새롭게 주요 시체가 된 五言詩가 과연 建安風骨을 드러내기에 적절한 詩體인가를 밝히고자 한다.73) 앞 절에서 建安詩歌는 사상과 내용

---

71) 曹植 撰, 張溥 編, 『陳思王集』 卷1(『漢魏六朝百三名家集』 제2책 16쪽)
72) 劉大杰 著, 『中國文學發展史』 上冊 252쪽, 上海古籍出版社, 1984
73) 建安時期의 문인들은 五言詩를 많이 지어서 당시의 주요한 詩體였다는 것을

면에서 漢代의 樂府民歌의 현실주의적인 성향에 연원을 두었다고 하였
으며, 그것의 수사상 연원은 五言詩에 있다고 했다. 『詩源辯體』 卷13에서,

> 高廷禮가 '五言詩가 생긴 것은 漢代에 연원을 두며, 魏代를 거쳐서
> 兩晉에까지 왕성하게 흘러와 梁代와 陳代에는 어지러이 섞여 있어서
> 『詩經』과 같은 작품이 거의 나오지 못하게 되었다.'라고 했다.(高廷禮云,
> 五言之興, 源於漢, 注於魏, 汪洋乎兩晉, 混濁乎梁陳, 大雅之音, 幾於不振.)[74]

라고 하였고, 『詩藪·內編』 古體中 五言條에서는,

> 漢代의 시는 질박한 가운데 文彩가 있고, 그런 가운데 질박함이 있어
> 서 자연스러움이 잘 어울려 있고 매끄럽지 못한 자취는 없다. 그래서
> 예나 지금이나 가장 뛰어난 것이며, 魏代의 것은 아름다우면서 對句를
> 하지 않았고, 화려하면서도 힘이 약하지 않다.(漢人詩, 質中有文, 文中有
> 質. 渾然天成, 絶無痕迹. 所以冠絶古今. 魏人贍而不俳, 華而不弱.)[75]

라고 하였고, 蕭子顯도 『南齊書·文學傳』에서 "五言詩가 뭇 작품 가운
데에서 유독 뛰어나다.(五言之制, 獨秀衆品.)"라고 한 것처럼, 建安時期
에 뚜렷하게 자리 잡은 詩體는 단연 五言詩라고 할 수 있다. 때문에
五言詩가 갖는 특성의 규명은 建安詩의 형식적인 특징을 이해하는 데
에 중요하다. 五言詩의 발생에 대해서 검토해 보자면, 자료가 부족하기
도 하고, 남아 있는 자료의 내용이 진짜인지 거짓인지에 대한 문제 때
문에 서로 다른 주장만이 무성할 뿐이다.[76]

알 수 있다. 『全漢三國晋南北朝詩』(逯欽立輯校, 中華書局, 1986)에 실린 三曹
와 建安七子 시편의 五言詩의 비율은 다음과 같다.(曹操 : 20편 중 6, 曹丕 :
43편 중 20편, 曹植 : 77편 중 59, 孔融 : 9편 중 3, 王粲 : 25편 중 15편, 劉楨
: 15편 중 15, 陳琳 : 4편 중 3, 徐幹 : 4편 중 4, 阮瑀 : 12편 중 12, 應瑒 :
6편 중 5.)
74) 許學夷 著, 杜維沫 校點, 『詩源辯體』 146쪽
75) 胡應麟 撰, 『詩藪』 84쪽, 廣文書局, 1973

이 가운데에서 처음으로 五言詩의 발생과 연원에 대해서 논의를 편
것은 劉勰이 『文心雕龍·明詩』에서,

    漢代 초기의 四言詩는, … 그러나 시인의 작품에 五言詩는 보이지 않
았다. 그리하여 李陵[77]이나 班婕妤[78]의 五言詩가 후세에 의심을 받는
이유가 여기에 있다. 내가 보기에 『詩經·召南·行露』[79]의 전편에 반은
五言句가 섞여 있는 것이 그 처음이며, 『孟子·離婁上』의 孺子의 노래
인 「滄浪歌」[80]는 전편이 五言으로 되어 있다. 「暇豫」라는 優施의 五言
의 노래[81]는 일찍이 春秋時代에 있었고, 「邪徑」이라는 五言의 동요[82]는
漢代 成帝 때 나타났다. 이처럼 여러 시대를 살피면, 증거를 얻을 수
있으니, 五言詩의 역사는 오래기도 하다. 또 『古詩』 19수 가운데 아름다운
작품 9수를 어떤 이는 枚乘의 작품이라고 한다. 「孤竹」은 傅毅가 지은
것이다.[83] 이 작품의 辭彩를 비교해 봐서 추정하니, 원래 兩漢代의 작품

---

76) 羅根澤 著, 「五言詩起源說評綠」, 『羅根澤古典文學論集』 136쪽~166쪽, 上海
古籍出版社, 1985년 : 羅根澤은 五言詩의 기원에 대하여 다음과 같이 여러
가지 설을 제시하고 자신의 의견도 함께 싣고 있다. 1. 晉 摯虞說 2. 梁 劉勰
說 3. 梁 鍾嶸說 4. 梁 任昉說 5. 梁 蕭統說 6. 唐 白居易說 7. 宋 蔡厚說 8.
宋 胡應麟說 9. 日本 木虎雄說 10. 朱偰說 11. 徐中說 12. 黃侃說 13. 李步霄說
77) 李陵이 친구인 蘇武에게 보냈다는 「與蘇武」 3수가 『文選』 권29에 있다. 제1
수는 "良時不再至, 離別在須臾, 屛營衢路側, 執手野蜘躅, 仰視浮雲馳, 奄忽互
相踰, 風波一失所, 各在天一隅, 長當從此別, 且復立斯須, 欲因晨風發, 送子以
賤軀."이다.
78) 『文選』 卷27에 「怨歌行」에서 "新裂齊紈素, 皎潔如霜雪, 裁爲合歡扇, 團團似
明月, 出入君懷袖, 動搖微風發, 常恐秋節至, 涼風奪炎熱."라고 했다.
79) 「行露」는 「召南」의 6번째 시로서 각 장은 모두 6구로 되어 있는데, 전반부
4구는 五言으로 되어 있고, 후반부 2구는 四言으로 되어 있다. 제3장을 보면,
"誰謂鼠無牙, 何以穿我墉, 誰謂女無家, 何以速我訟, 誰速我訟, 亦不女從."라
고 되어 있다.
80) "滄浪之水淸兮, 可以濯我纓, 滄浪之水濁兮, 可以濯我足."에서 '兮'자는 의미
가 없으니, 全篇이 五言으로 되어 있다고 한 것이다.
81) 『國語·晉語』 "優施乃飮里克酒, 中飮, 優施起舞曰 '暇豫之吾吾, 不如鳥烏. 人
皆集于苑, 己獨集于枯.'"
82) 班固 撰, 『漢書·五行志』에 "邪徑敗良田, 讒口亂善人. 桂樹花不實, 黃雀巢其
顚. 昔爲人所羨, 今爲人所憐."라고 한 것이 成帝 때의 童謠라고 했다.

이다. 그들 작품의 구성을 살펴보면, 솔직하면서도 천박하지 않고 사물에 딱 들어맞은 듯이 표현하고, 심정을 노래한 것이 절실하니 참으로 五言詩 가운데 최고이다.(漢初四言,… 而辭人遺翰, 莫見五言. 所以李陵班婕妤見疑於後代也. 按召南行露, 始肇半章, 孺子滄浪, 亦有全曲, 暇豫優歌, 遠見春秋, 邪徑童謠, 近在成世. 閱時取證, 則五言久矣. 又古詩佳麗, 或稱枚叔, 其孤竹一篇, 則傅毅之詞, 比采而推, 固兩漢之作也. 觀其結散文, 直而不野, 婉轉附物, 怊悵切情, 實五言之冠冕也.)[84]

라고 하여, 五言詩의 발생을 『詩經』에 연원을 두고 있다. 晉代 摯虞도 「文章流別論」에서 詩體의 형성 발전에 있어서 역시 古詩의 詩體 발전 과정을 설명하고 五言詩의 원시형태로 『詩經』을 꼽고 있다.[85]

詩의 風格 특징에 대해서 말한 이 가운데 曹丕가 『典論·論文』에서 '詩賦欲麗'라고 하였고, 陸機가 「文賦」에서 '詩緣情而綺靡'라고 하여, 詩體의 특징을 '麗'와 '綺靡'라고 하였는데, 이것은 당시 詩體 중에서 가장 비중이 있던 詩體가 五言詩라는 것을 볼 때, 이러한 평가는 바로 五言詩의 풍격 특징을 가리켜 말한 것이라고 볼 수 있다. 이후 劉勰의 『文心雕龍·明詩』에서 五言詩라고 직접 지적하여서 그것의 풍격 특징을 체계적으로 논의하기를,

　　四言은 正體로서 雅潤한 것을 기본으로 삼고, 五言은 현재 유행하는 리듬으로서 淸麗함을 으뜸으로 삼는다. 때문에 華(淸麗)와 實(雅潤)의 쓰임에 차이가 있으니, 그것의 선택은 각자의 재능에 따른다.(四言正體, 則雅潤爲本. 五言流調, 則淸麗居宗. 華實異用, 唯才所安.)[86]

---

83) 『文選』 卷29 "冉冉孤竹生, 結根泰山阿, 與君爲新婚, 冤絲附女蘿, 冤絲生有時, 夫婦會有宜, 千里遠結婚, 悠悠隔山破, …."
84) 劉勰 撰, 戶田浩曉 譯註, 『文心雕龍』 85쪽
85) 摯虞 著, 郭紹虞 主編, 『中國歷代文論選』 제1책 190쪽: "古之詩有三言四言五言六言七言九言. 古詩率以四言爲體而時有一句二句雜在四言之間. 後世演之, 遂以爲篇. … 五言者, 誰謂雀無角, 何以穿我屋之屬是也."

라고 하였으니, 여기에서 『詩經』의 기본 형식인 四言詩가 詩歌의 '正體'이며, 五言詩는 당시에 유행하는 詩體로서 四言詩의 기본 특색은 '雅潤'이며, 五言詩는 '淸麗'라고 하였다.

한편 鍾嶸은 『詩品·序』에서 四言詩와 五言詩의 특성에 대하여,

> 四言詩는 표현이 간략하고 그 뜻은 풍부한데, 『詩經』이나 『楚辭』의 四言詩를 본받은 것이라면 괜찮다. 그런데 요사이 시인들은 四言詩를 지을 때마다 그 표현이 번다하기만 하고 내용은 빈약한 것을 걱정하여, 四言詩를 배우는 이가 매우 적다. 이에 비하여 五言詩는 문학에 있어서 중추적인 자리를 차지하고 있으며, 여러 양식의 문학 작품 가운데에서도 滋味가 나는 것이다. 그러한 五言詩가 사물을 일컬어 묘사하고, 마음을 곡진히 하여 표현하는 데에 가장 적합한 것이 아니겠는가.(夫四言文約意廣, 取效風騷, 便可多得. 每苦文繁而意少, 故世罕習焉. 五言居文詞之要, 是衆作之有滋味者也. 故云會於流俗. 豈不以指事造形, 窮情寫物, 最爲詳切者耶.)[87]

라고 했으니, 鍾嶸은 五言詩가 갖는 詩體의 작용을 높이 평가하였음은 물론 『詩品』에서 五言詩만을 품평한 것만을 보더라도 鍾嶸이 가장 이상적인 詩體라고 여긴 것이 五言詩였음을 알 수 있다.

위의 인용을 요약하자면, 五言詩는 '문학에 있어서 중추적인 자리를 차지하고 있으며(居文詞之要)', '여러 양식의 문학 작품 가운데에서도 滋味가 나는 것(衆作之有滋味者)'이라서 시인의 기호에 맞으며, '사회의 事像·事物을 지적하고(指事)', '세상의 사물을 형상화하고(造形)', '마음의 구석구석을 토로하고(窮情)', '세상의 사물을 묘사하는 데(寫物)'에 가장 적합하다는 것이다. 그러나 鍾嶸이 五言詩에 대하여 이렇듯 매우 높이 평가하지만, 정작 五言詩의 특징이나 그것의 작용이 어떠한가에

---

86) 劉勰 撰, 戶田浩曉 譯註, 『文心雕龍』 97쪽
87) 鍾嶸 撰, 高木正一 譯註, 『詩品』 63쪽

대해서 명쾌히 정의하고 있지는 않다.

그러나 鍾嶸이 "四言詩는 표현이 간략하고 그 뜻은 풍부한데, 『詩經』이나 『楚辭』를 본받은 것이라면 괜찮다.(四言文約意廣, 取效風騷, 便可多得.)"라고 한 것에서 볼 때, 劉勰의 儒家 經典的인 입장에 기본적으로는 동의하면서도 四言詩의 병폐를 극복하기 위해서 당시 새로이 유행하는 시 형식인 五言詩를 긍정적으로 수용하고 있는 것은, 매우 의미 있는 문학사관이라고 할 수 있다. 이것에서 鍾嶸이 劉勰보다 진보적으로 당시 유행하는 詩體를 수용하는 태도를 가졌다고 볼 수도 있다. 그렇지만 劉勰이 近體詩 발생의 모체가 되는 聲律과 文詞의 雕琢 등의 필요를 인정한 데 반하여 鍾嶸이 그것을 반대한 것을 보면,[88] 詩歌 발전에 있어서 시대를 역행하는 면이 鍾嶸의 시문 창작 태도에 보이기도 한다.

이밖에도 『文心雕龍·章句』에서 "三字句나 五字句로 변화하는 것이 때에 따르는 적절한 수단이다.(或變之三五, 蓋應機之權節也.)"라고 하였고, 胡應麟도 『詩藪』의 內編 古體中 五言條에서 古體를 설명하면서 五言詩에 대하여 "四言詩는 변하여 五言詩가 되지 않을 수 없다.(四言不能不變而五言.)"라고 했듯이, 五言詩는 '音節流動, 聲調優美'한 것으로 말미암아 매우 빠르게 문인들이 즐겨 쓰는 주요 詩體가 되었다.[89] 즉 『詩藪』 內編 古體中 五言條에서,

　　四言詩는 간략하고 질박하여 글귀가 너무 짧아 가락을 펴다가 만다. 七言詩는 말이 많아 글귀가 번다스럽고 가락이 섞이기 쉽다. 번다함과 간략함을 적절히 절충하고, 文質의 요점을 밝힐 수 있는 것은 아마도 五言詩 만한 것이 없다.(四言簡質, 句短而調未舒. 七言浮靡, 文繁而聲易

---

88) 鍾嶸 撰, 高木正一 譯註, 『詩品』117쪽 : 序文曰 "故三曹之詞, 文或不工, 而韻入歌唱. 此重音韻之義也, 與世之言宮商異矣. 今旣不被管絃, 亦何取於聲律耶."
89) 張思緖 著, 『詩法槪述』 8쪽, 上海古籍出版社, 1988

雜. 折繁簡之衷, 居文質之要, 蓋莫尙於五言.)90)

라고 한 것처럼, 四言詩는 『詩經』의 기본 詩體이지만, 단조롭고 詩體 안에서의 변화가 어려워 경색되기 쉬워서 다양하게 변화하는 시대상을 반영하기에는 부족했던 것이다. 반면에 五言詩는 새로운 시대의 조류로서 당시 문인들에게는 그들의 감정을 서술하는 데에 가장 적절한 詩體로 자리 잡았다고 할 수 있다.

五言詩의 風格上 특징으로 劉勰은 '淸麗居宗'이라 하여 淸麗가 으뜸이라고 주장했고, 胡應麟이 五言詩를 '居文質之要'라고 하였는데, 鍾嶸은 '文詞之要'라고 하여 형식 방면에서 가장 중추적인 詩體로서 滋味를 불러일으킬 수 있다고만 했지, 五言詩의 風格上 특징이 어떠하다고 구체적으로 정의하지는 않았다. 그렇지만 모자라는 대로 五言詩의 형식과 風格上의 특징을 여러 가지 설을 종합해 볼 때, 五言詩의 형식적인 특징은 '應機之權節(『文心雕龍·章句』)', '居文詞之要(『詩品·序』)', '折繁簡之衷(『詩藪·內編』 卷2)', '音節流動, 聲調優美(『詩法槪述』)'이며, 風格上의 특징으로는 '淸麗居宗(『文心雕龍·明詩』)', '衆作之有滋味者(『詩品·序』)', '居文質之要(『詩藪·內編』 卷2)'라고 정의 내릴 수 있겠다.

위에서 劉勰·鍾嶸·胡應麟이 논의한 五言詩의 風格上의 특징을 아울러 보면, 文質의 요점에 있으면서 淸麗 또는 綺麗를 風格의 으뜸으로 하는 것으로서 滋味를 내는 것이 五言詩라고 할 수 있다.

建安詩의 風格上의 특징에 대하여 魏慶之는 『詩人玉屑』 卷13에서,

> 建安詩는 조리를 갖추었지만, 화려하지는 않으며, 질박하면서도 천박하지 않아 風調가 높고 典雅하며, 격률에 힘이 굳세다. 그 글귀는 곧으며 對句를 쓴 것이 적고, 일의 내용을 잘 표현했으면서도 綺麗하다. 『詩經』과 『楚辭』의 氣骨도 갖추어서 옛것에 가장 근접한 것이다.(建安詩辯

---

90) 胡應麟 撰, 『詩藪』 83쪽, 廣文書局, 1973

而不華, 質而不俚, 風調高雅, 格律遒壯, 其言直致而少對偶, 指事情而綺麗, 得風雅騷人之氣骨, 最爲近古者也.)91)

라고 하여, 建安詩의 형식 및 그 風格上의 특성까지 간략히 요약하고 있다. 그렇다면 建安時期에 자리를 잡았다고 하는 五言詩의 風格上 특징인 淸麗가 建安風骨과 어떤 관계가 있는지 살펴보아야겠다.

六朝時代의 文論에서 淸麗의 자구 풀이 용례를 살펴보면, 陸機가 「文賦」에서,

문장의 구상이 비단처럼 아름답게 모이고, 맑고 화려하게 빛나는 것이 마치 아름다운 비단의 빛남과 같으며, 처량한 것이 마치 거문고를 서글프게 퉁기는 것과 같다.(藻思綺合, 淸麗芊眠, 炳若縟繡, 悽若繁絃.)92)

라고 했고, 『南史·謝朓傳』에서, "謝朓는 어려서부터 배우기를 좋아하여 훌륭하다는 명성이 있었는데, 그의 문장은 맑고 화려하다.(朓少好學有美名, 文章淸麗.)"라고 했고, 『文心雕龍·定勢』에서 "章·表·奏·議와 같은 양식은 典雅에 딱 들어맞고, 賦·頌·歌·詩와 같은 양식은 맑고 아름다움을 모범으로 삼는다.(章表奏議, 則準的乎典雅, 賦頌歌詩, 則羽儀乎淸麗.)"라고 한 것처럼,93) 淸麗라 함은 '맑고 아름다운' 風格을 말한다.

한편 唐代 司空圖가 『二十四詩品』에서 '綺麗'條에서 그것의 風格 특징을 설명하기를,

神存富貴, 신선 세계가 부귀하니,
始輕黃金. 이제야 황금을 가벼이 볼 수 있다.
濃盡必枯, 문사가 지나치게 농염하면, 보잘 것이 없게 되니,
淺者屢深. 묘사하는 것이 담박한 것이 시의 맛은 오히려 깊다.

---

91) 魏慶之 著, 王重民 校勘, 『詩人玉屑』 224쪽, 世界文化社, 1984
92) 陸機 著, 郭紹虞 主編, 『中國歷代文論選』 제1책 175쪽
93) 劉勰 撰, 戶田浩曉 譯註, 『文心雕龍』 456쪽

  霧余水畔, 새벽 안개가 물가에 흩어지고,
  紅杏在林. 붉은 살구는 숲에 있다.
  月明華屋, 달빛은 화려한 집을 비추고,
  畵橋碧陰. 색이 고운 다리에는 푸른 그림자가 든다.
  金樽酒滿, 금 술잔에는 술이 가득하고,
  伴客彈琴. 함께 하는 벗은 거문고를 퉁긴다.
  取之自足, 이러기를 스스로 만족해하며,
  良殫美襟. 자신의 속내를 다 편다.94)

라고 하였으니, 綺麗는 優美한 風格에 속하며, 농염하면서도 그 흥취는 독특하여 纖穠하면서도 文彩의 결이 아름답고 細密하며 색채가 潤澤하다고 할 수 있어서 글이 맑고 자연스럽게 매우 밝은 風格을 말한다.95)
 魏慶之가 『詩人玉屑』에서 建安詩의 風格을 일컬어서 "建安詩는 … 일의 내용을 잘 표현했으면서도 綺麗하다. 『詩經』과 『楚辭』의 氣骨을 갖추었다.(建安詩 … 指事情而綺麗, 得風雅騷人之氣骨.)"라고 했던 것처럼, 建安詩에 綺麗의 風格이 있다고 하였는데, 이것은 鮮艶하고도 아름다운 것이라서 艶麗華美한 표현으로 내용을 정교하게 하는 시풍을 말하는 것이기도 하다.
 이렇듯 시의 風格에 있어서 淸麗는 본디 貶詞가 아니었다. 그러던 것이 李白의 「古風」 제1수에서,

  大雅久不作, 『詩經』의 大雅가 오래도록 지어지지 않아
  吾衰竟誰陳. 나 늙어지면 누가 말해 주리오.
  ……
  廢興雖萬變, 흥하고 폐하는 것이 만 번이나 변하였지만,
  憲章亦已淪. 지켜야 할 법도는 이미 없어졌다.
  自從建安來, 建安年間 이래로

---

94) 杜黎均 著, 『二十四詩品譯注評析』 104쪽, 北京出版社, 1988
95) 趙福壇 著, 『詩品新釋』 84~86쪽, 華城出版社, 1986

綺麗不足珍. 綺麗해져서 귀하다고 할 수 없게 되었다.96)

라고 하여 建安時期 이래의 시풍이 綺麗에 빠져서 볼 만한 것이 없다고 했으며,97) 齊梁代에 와서 綺麗의 風格이 변해 버려서 글귀를 雕琢하고 진솔한 일상생활에서 벗어나 원래 淸麗가 가지고 있던 본뜻을 잃어버렸던 것이다. 그래서 『詩源辯體』 卷4에서도,

> 建安詩는 체제가 비록 펼쳐 서술하고, 글귀는 얽어 짜지만, 끝내 典雅하고 곧음을 잃지 않았다. 齊梁代 이후에 이르러 비로소 綺麗하다고 할 수 있다. 劉楨(公幹)의 「公讌詩」에 '붓을 던지고 길게 탄식하며, 綺麗함을 잊을 수 없구나.'라고 한 것은 당시에 보았던 綺麗를 탄식해서 한 것일 뿐이다. 즉 文帝 曹丕의 시는 마음으로 느껴지는 바가 있어 綺麗함을 잊기 어렵다. 李白이 '建安 이래로 綺麗해져서 볼 만하지 않다.'라고 한 것은 대체로 『詩經』의 大雅와 같은 작품이 나오지 않고, 바른 작품이 없어져 버린 것을 걱정한 것이다. 그러므로 建安 이래로 辭賦는 綺麗하여서 이미 훌륭하다고 할 수 없게 되었다.(建安之詩, 體雖敷敍, 語雖構結, 然終不失雅正, 至齊梁以後, 方可謂綺麗也. 劉公幹公讌詩云, 投翰長歎息, 綺麗不可忘, 足歎一時所見之綺麗耳. 卽文帝詩感心動耳, 綺麗難忘也. 李太白詩自從建安來, 綺麗不足珍, 蓋傷大雅不作, 正聲微茫, 故遂言建安以來, 辭賦綺麗, 已不足珍.)98)

라고 한 것이다. 그러므로 建安文學의 특징인 '慷慨以任氣' 한 風格 특징과 맑고 아름다운 風格을 특징으로 하는 淸麗와 매우 모순되는 것처럼 보인다. 五言詩를 中國詩歌史에 자리 매김 하게 한 建安文人들의 風格은 실제로 慷慨인데, 그들이 즐겨 썼던 詩體는 淸麗를 특징으로 하는 五言詩에 그것을 담았으니 말이다. 이것으로 建安時期에 詩歌의

---

96) 『全唐詩』 卷161 1670쪽, 中華書局, 1985
97) 蔡夢弼 『草堂詩話』 卷1, "上自齊梁諸公, 下至劉夢得輩, 往往以綺麗風花累精氣. 其過在於理不勝而有餘."
98) 許學夷 著, 杜維沫 校點, 『詩源辯體』 84쪽

風格이 慷慨(勁健)에서 淸麗로 옮겨가고 있었다는 것을 알 수 있다. 建安時期가 曹操 → 曹丕 → 曹植에로 이어지면서 建安文壇의 시가 風格도 慷慨에서 淸麗로 옮겨갔다고 볼 수 있다.

우선 慷慨의 뜻풀이를 보자면, 建安文學의 慷慨한 風格은 司空圖의 『二十四詩品』에서 말한 '勁健'이라 할 수 있다. 여기에서,

行神如空, 정신이 나는 것이 하늘에서 인 것 같고,
行氣如虹. 기운을 움직이는 것이 무지개에서 인 것 같다.
巫峽千尋, 巫山의 峽谷 천 길이나 되는데,
走雲連風. 구름이 내닫고 바람이 연이어 분다.
飮眞茹强, 참됨 마시고 굳셈 지켜서
蓄素守中. 질박함을 쌓아 속내에 간직한다.
喩彼行健, 그것을 勁健함에 비유하건대,
是謂存雄. 그것을 일러 웅건함을 지녔다고 하겠다.
天地與立, 천지와 함께 서고,
神化攸同. 신령한 변화와 더부는 것이다.
期之以實, 실질을 기약하며,
御之以終. 끝까지 몰고 나가리라.[99]

라고 하였으니, 勁健은 바로 굳세고 건강한 風格을 말한다. 風格으로서의 勁健은 글귀 구성의 기세가 처음부터 끝까지 거리낌 없이 꿋꿋하게 뻗어나가는 데서 우러나는 美感을 가리키는 것이다. 시에 있어서 시인의 神氣의 운행을 天體의 운행에 비유하고 시인의 마음이 소박하고 진실함과 굳셈을 갖춘 것이 반영되어 이루어지는 것이다.[100]

즉 勁健이란 시인 안에 존재하는 정신과 외부의 풍모가 강한 생명력으로부터 나온 것으로, 쉼 없는 활동성과 끝없는 예술적 생명력을

---

99) 杜黎均 著, 『二十四詩品譯注評析』 99쪽, 北京出版社, 1988
100) 車柱環 著, 『中國詩論』 102쪽, 서울대출판부, 1989

갖추어서 천지의 조화와 함께 할 수 있는 것을 말한다.101)

그렇다면 建安風骨의 어떤 면이 淸麗의 風格을 띠었으며, 또 어떤 면이 勁健의 風格을 띠었는가? 勁健의 風格은 曹操에게서 그 모습을 찾을 수 있겠다.

曹操의「步出東西門行」의 제2수에,

> 孟冬十月,　춥디추운 시월에,
> 北風徘徊.　북풍이 머뭇댄다.
> 天氣肅淸,　하늘의 기운은 맑고 깨끗한데,
> 繁霜霏霏.　서리는 펄펄 날린다.
> 鵾雞晨鳴,　누렇고 흰 큰 새가 새벽에 울고,
> 鴻雁南飛.　기러기는 남쪽으로 날고,
> 鷙鳥潛藏,　매는 가만히 숨어 있고,
> 熊羆窟棲.　곰은 굴에 박혀 있다.
> 錢鎛停置,　농기구는 정돈되어 있고,
> 農收積場.　수확한 것은 마당에 그득하다.
> 逆旅整設,　나그네 맞는 가게는 가지런하고,
> 以通商賈.　상인들이 오간다.
> 幸甚至哉,　아하 매우 다행스럽게도
> 歌以詠志.　노래 불러 내 뜻을 펴노라.102)

라고 한 것에서, 굳센 필치로 강렬하게 표현해 낸 것이 勁健한 風格을 잘 묘사했다고 할 수 있다. 그래서 劉勰은『文心雕龍·詔策』에서 曹操의 거침없는 창작태도에 대하여, "曹操가 '勅戒를 지을 때에는 사실을 바르게 지적해서 말해야 하며, 모호한 태도를 짓지 말아야 한다.'라고 한 것은 요령을 깨달은 것이다.(魏武稱作敕戒, 當指事而語, 勿得依違,

---

101) 陳長義 著,「建安風骨與盛唐氣像的美學定格」,『社會科學研究』119~21쪽, 1994
102) 曹操 撰, 張溥 編,『魏武帝集』(『漢魏六朝百三名家集』제1책 678쪽)

曉治要矣.)"103)라고 하였으며, 鍾嶸은 『詩品』 下品에서 曹操를 품평하기를, "曹操는 옛스러운 질박함이 있고 매우 슬픔이 짙은 글귀가 많다.(曹公古直, 甚有悲凉之句.)"라고 하였듯이, 曹操 詩文의 風格은 '指事而語'를 통해서, 옛스러운 질박함이 있고 매우 슬픔이 짙은 글귀가 많았으니, 그의 勁健한 風格은 이와 같이 문학하는 태도로부터 나온 것이라고 할 수 있다.

曹操의 '古直'함에서 慷慨의 風格이 강했던 것에 비하여 曹丕의 경우는 다른 양상을 띤다. 曹丕에 대해서 劉勰이 『文心雕龍·才略』에서,

> 曹丕의 재능은 여유가 있으면서 맑고 아름답다. … 曹丕는 구상을 자세히 했지만, 志氣가 약해서 (曹植에 비해) 앞설 수는 없었으나, 樂府는 가락이 맑고 뛰어나며, 『典論』은 요점을 잘 파악하고 있다.(魏文之才, 洋洋淸綺. … 子桓慮詳而力緩, 故不竸於先鳴, 而樂府淸越, 典論辯要.)104)

라고 하였고, 鍾嶸 역시 『詩品』 中品에서 曹丕를 품평하여,

> 그 근원은 李陵에게서 나왔다. 王粲의 風格을 상당히 가지고 있다. 새롭고도 개성 있는 백여 편은 세련되지 않은 소박함이 民歌와 같다. 「西北有浮雲」과 10여 수는 특히 아름다움이 넉넉하여 즐길 만한데, 비로소 그의 공교함이 보인다.(其源出於李陵, 破有仲宣體則, 新奇百許篇, 率皆鄙直如偶語, 惟西北有浮雲十餘首, 殊美贍可翫, 始見其工矣.)105)

라고 하였다. 여기에서 曹丕가 '맑고 뛰어나며(淸越)', '세련되지 않은 소박함이 民歌와 같다.(率皆鄙直如偶語.)'라고 했으니, 이것은 曹丕의 風格이 淸淡하며, 언어가 질박하고 통속적이라는 것을 말해 주는 것이다. 그러므로 曹丕의 문학적인 風格은 질박한 언어를 써서 사회현실에

---

103) 劉勰 撰, 戶田浩曉 譯註, 『文心雕龍』 299쪽
104) 劉勰 撰, 戶田浩曉 譯註, 『文心雕龍』 636쪽
105) 鍾嶸 撰, 高木正一 譯註, 『詩品』 206~209쪽

대한 느낌을 진솔하게 표현하였다고 볼 수 있다.
특히 曹丕의 시편 가운데 이러한 曹丕의 風格을 잘 나타낸 것으로 「上留田行」을 들 수 있는데,

居世一何不同,　　세상에 사는 것이 어찌 다른가.
上留田.　　　　　위에 가서 밭이나 갈자.
富人食稻與粱,　　부자는 기름진 벼와 조를 먹고,
上留田.　　　　　위에 가서 밭이나 갈자.
貧子食糟與糠,　　가난한 이는 찌꺼기 곡식만 먹는다.
上留田.　　　　　위에 가서 밭이나 갈자.
貧賤亦何傷,　　　가난하고 부자인 것에 어찌 마음 아플까만,
上留田.　　　　　위에 가서 밭이나 갈자.
祿命懸在蒼天,　　俸祿과 운명이 하늘에 달려 있구나.
上留田.　　　　　위에 가서 밭이나 갈자.
今爾歎息將欲誰怨,　지금 너는 탄식만 하며 누구를 원망하려 하느냐.
上留田.　　　　　위에 가서 밭이나 갈자.106)

라고 한 것은, 漢代 樂府民歌와 거의 구별을 할 수 없을 정도로 닮았다. 曹丕의 詩는 이렇듯 언어는 간결하면서 口語化하여 조탁을 가하지 않은 것이 돋보인다. 그러면서도 曹丕의 시가 '여유가 있으면서 맑고 아름다우면서(洋洋淸綺)', '淸越'하다고 했으니, 曹操의 慷慨하기만 한 風格과는 다른 면이다. 한편 曹丕가 '王粲의 風格을 상당히 가지고 있다.(頗有仲宣體則)'라고 한 것에서 曹丕의 이 같은 風格은 다분히 王粲과 연원을 함께 한다는 것을 알 수 있다. 鍾嶸이 『詩品』 上品에서 王粲을 평하여,

그 근원은 李陵에서 나왔다. 근심과 슬픔에 찬 문사를 썼는데, 문장

---

106) 曹丕 撰, 張溥 編, 『魏文帝集』 卷2 (『漢魏六朝百三名家集』 제1책 746쪽)

의 세련미는 뛰어났지만, 바탕은 보잘 것 없다. 曹植과 劉楨 사이에서 다른 한 체를 세웠으니, 曹植에 비교하기에는 부족하지만, 曹丕에 비교하면 남음이 있다.(其源出於李陵, 發愀愴之詞, 文秀而質羸, 在曹劉間, 別構一體, 方陳思不足, 比魏文有餘.)[107]

라고 하였으니, 王粲의 문학적 특징은 '근심과 슬픔에 찬 문사를 썼으며(發愀愴之詞)', '문장의 세련미는 뛰어났지만, 바탕은 보잘 것 없다.(文秀而質羸)'는 것이다. 王粲의 「贈蔡子篤」에서,

翼翼飛鸞,	펄펄 나는 난새,
載飛載東.	날았다가는 동쪽으로 간다.
我友云徂,	내 친구 떠나며,
言戾舊邦.	고향으로 간다고 했다.
舫舟翩翩,	舫舟를 넘실넘실 띄워,
以泝大江.	큰 강을 거슬러 간다.
……	
瞻望東路,	멀리 동쪽 길 바라보니,
慘愴增歎.	처참하도록 슬퍼 한탄만 나온다.
率彼江流,	저 강물을 따라,
爰逝靡期.	한번 떠나더니 기약이 없다.
君子信誓,	그대는 진정 미더우시니,
不遷于時.	세상인심 따라 변치는 않으리.
及子同寮,	그대와 함께 일하며,
生死固之.	죽고 사는 것도 함께 할 텐데.
何以贈行,	어떻게 길 떠남에 붙여,
言授新詩.	새로운 시를 지어 보낼까.
中心孔悼,	마음이 참으로 슬프니,
涕淚漣洏.	눈물이 하염없이 흐른다.
嗟爾君子,	아하 그대여,

---

107) 鍾嶸 撰, 高木正一 譯註, 『詩品』 162~4쪽

如何勿思.. 어찌하여 생각지도 않으시는가요.108)

라고 하였다. 이 시는 고향으로 떠나는 친구를 보내며 지은 것이다. 앞에서 그의 문학 특징으로 '근심과 슬픔에 찬 문사(愀愴之詞)'가 많다고 했는데, '慘愴增歎', '中心孔悼, 涕淚漣洏'와 같은 글귀가 이에 해당된다고 할 수 있다. 이러한 王粲과 曹丕의 詩文 風格이 바로 曹植에게로 이어져 綺麗한 風格의 완성을 보게 된다고 할 수 있다.

曹植의 경우에는, 鍾嶸이 『詩品』 上品에서 평하기를,

　　骨氣(내용이 되는 정신)는 특히 뛰어나며, 詞彩(표현의 아름다움)는 화려한 아름다움이 그득하다. 감정은 바르면서도 격앙되기까지 하다. 文體는 세련미(文)와 질박함(質)을 갖추고 있다. 찬란함이 예나 지금까지 넘쳐흘러 누구도 따르지 못한다.(骨氣奇高, 詞彩華茂, 情兼雅怨, 體被文質, 粲溢今古, 卓爾不群.)109)

라고 하여,110) 曹植이 내용과 형식을 잘 아울러서 文質彬彬의 경계를 이루었다고 했다.111) 그러나 『詩源辯體』 卷4에서, "曹植의 樂府 五言詩 「七哀」·「種葛」·「浮萍」 이외에 「美女篇」의 聲調는 매우 그럴 듯하다. (子建樂府五言七哀, 種葛, 浮萍而外, 惟美女篇聲調爲近.)"112)라고 한 것에서, 曹植의 「美女篇」은 聲律에 치중했다는 것을 알 수 있다. 즉 建安

---

108) 王粲 撰, 張溥 編, 『王侍中集』(『漢魏六朝百三名家集』 제2책 138쪽)
109) 鍾嶸 撰, 高木正一 譯註, 『詩品』 151~3쪽
110) 沈德潛 撰, 『古詩源』 卷5 111쪽, 中華書局, 1993 : "子建詩五色相宜, 八音朗暢, 使才而不矜才, 用博而逞博."
111) 鍾嶸의 평에 근거하여 曹植에 있어서 文質의 비중을 가누라고 한다면, 역시 質보다는 文의 방면에 보다 비중이 있음에 주의해야 한다. 曹植은 그의 시편에서 '體被文質'을 실현하여 孔子나 周公과 같이 詩歌에 있어서 聖人의 경지를 열었다고 했지만, '骨氣奇高'보다는 '詞彩華茂'한 특성이 더욱 돋보인다고 할 수 있다.
112) 許學夷 著, 杜維沫 校點, 『詩源辯體』 81쪽

時期에 가장 홍성한 五言詩는 그 자체가 가지고 있는 수사상의 風格은 淸麗인데, 그것은 建安時期 초기에 있어서 曹操의 慷慨하고 古直한 風格을 담는 데에 이용되었으며, 이어서 曹丕에 의해서 '洋洋淸綺'하면서 '淸越'한 風格으로 발현되었으며, 曹植에 이르러 '骨氣奇高'를 통해서 '詞彩華茂'한 '體被文質'의 이상이 실현되었다고 할 수 있으니, 建安時期에 五言詩가 형성 발전하던 과도기적인 모습이 三曹를 통해서 발현되었다고 할 수 있다.

앞 절에서 建安詩가 사상 면에 있어서 『詩經』의 현실주의 정신을 따랐다고 하였는데, 형식면에 있어서는 『詩經』의 시체인 四言은 따르지 않고 당시 유행하던 五言詩를 써서 그들의 감정을 실었다는 것을 알 수 있다. 五言詩는 摯虞가 「文章流別論」에서, "五言으로 된 '누가 참새에 뿔이 없는데, 어찌하여서 우리 집 지붕이 뚫었다고 했던가.'라고 한 것들은 배우들이 노래 부르며 놀 때 많이 쓰던 것이다.(五言者誰 謂雀無角, 何以穿我屋之屬是也, 於俳諧倡樂多用之.)"[113]라고 한 것에서도 보듯이, 四言 위주의 『詩經』 시체를 따르지 않았다는 것은, 建安時期의 문인들이 당시 문단의 현실을 제대로 살필 줄 아는 진보적인 문학사관을 가지고 있었다는 증거이기도 하다. 그런데, 이후 五言詩의 이와 같이 우량한 전통은 陳子昻이 말한 것처럼, 齊梁代에 이르러서 "文體가 아름답고 번다하기만 하고, 興을 일으키는 것이 모두 없어졌고(彩麗竟繁, 而興寄都絶.)", 五言詩가 갖고 있던 본래의 형식 특성인 '音節流動, 聲調優美'와 風格上의 특징인 淸麗가 사라지고, 오직 彩麗만이 남게 되어서 李白이 말했듯이, "建安年間 이래로 綺麗해져서 귀하다고 할 수 없게 되었다.(自從建安來, 綺麗不足珍.)"라고 한 것이다.

---

113) 摯虞 著, 郭紹虞 主編, 『中國歷代文論選』 제1책 191쪽

제5장 建安風骨論의 發展

중국문학사에서 가장 비중 있는 文論書로는 劉勰의 『文心雕龍』을, 詩品評書로는 鍾嶸의 『詩品』을 들 수 있다. 이들 詩文論書는 建安風骨을 고찰하는 데에 있어서도 매우 중요한 자료가 된다. 왜냐하면 『文心雕龍』에서 「風骨」을 두어서 風骨에 대하여 가장 체계적이고 구체적으로 風骨의 개념을 논의하고 있기 때문이다. 그러나 「風骨」에서 風이 무엇이고, 骨이 무엇이고, 風骨이 무엇이다라는 식으로 확실한 정의를 내리지는 않았고, 때로는 서로 모순되는 논의가 있기도 하지만, 다른 어떤 詩文論書보다도 風骨의 개념에 대하여 구체적으로 정립하였다고 할 수 있다. 한편 「明詩」나 「時序」에서는 建安時期의 문학 양상에 대하여 구체적으로 기술하고 있다. 그러므로 劉勰이 建安時期의 문학 특징으로서 '建安風骨'을 직접 언급하였던 것은 아니지만, 劉勰이 말한 建安時期의 文學樣相과 風骨에 관한 논의 등을 종합해 보면, 建安風骨의 개념 역시 미루어 정의해 볼 수 있을 것이다.

鍾嶸의 『詩品』은 당시까지의 五言詩를 품평함에 있어서 '風骨' 대신 '風力'이라는 용어를 써서 '建安風力'이 詩 품평에 있어서 중요한 기준의 하나임을 밝혔다. 앞 장에서 風骨 개념의 연원과 생성을 밝힌 데 이어서 이번 장에서는 風骨論의 발전 양상을 『文心雕龍』과 『詩品』의 논의를 중심으로 살펴보고자 한다.

1. 『文心雕龍』의 風骨論

(1) 風骨 槪念의 淵源과 定義

『文心雕龍・風骨』은 風1)과 骨2)의 정의, 風骨의 효용성, 風骨 개념의 연원, 내용 방면에서의 風과 형식 방면에서의 骨의 관계, 儒家 經典의 학습을 통한 風骨의 습득이 주요 내용으로 이루어져 있다. 風骨의 개념에 대하여, "『詩經』은 6가지 법칙을 아우르고 있는데, 風이 그 첫 번째이다. 이 風이야말로 백성을 감화시키는 근원이며, 작가 감정의 적절한 표현이다.(詩總六義. 風冠其首, 斯乃化感之本源, 志氣之符契也.)"3)라고 하였는데, 이것은 내용과 형식 방면에 있어서 風의 두 가지 요소를 밝힌 것이다. 즉 風이란『詩經』의 구성 요소인 六義 가운데 첫 번째로서, 내용면에서 '독자에게 감동을 주는 근원(化感之本源)'이며, 형식면에서 작가가 '그의 감정을 작품에 표현한 것(志氣之符契)'이라고 한 것이다. 風의 이와 같은 두 요소는 모두 「毛詩序」에서 연원을 찾을 수 있다. 우선 '詩總六義. 風冠其首'라고 한 것은 「毛詩序」에서, "『詩經』에는 六義가 있는데, 첫째를 風, 둘째를 賦, 셋째를 比, 넷째를 興, 다섯째를 雅, 여섯째를 頌이라 한다.(故詩有六義焉, 一曰風. 二曰賦. 三曰比,

---

1) 다음은『文心雕龍・風骨』에서 風의 정의에 관련된 논의이다. "詩總六義. 風冠其首, 斯乃化感之本源, 志氣之符契也. 是以怊悵述情, 必始乎風." "情之含風. 猶形之包氣." "意氣駿爽, 則文風生焉." "深乎風者, 述情必顯." "捶字堅而難移, 結響凝而不滯, 此風骨之力也." "思不環周, 索莫乏氣. 則無風之驗也." "蔚爲辭宗, 迺其風力遒也." "若風骨乏采, 則鷙集翰林. 采乏風骨, 則雉竄文囿, 唯藻耀而高翔, 固文筆之鳴鳳也." "若能確乎正式, 使文明以健, 則風淸骨峻." "蔚彼風力, 嚴此骨鯁. 才峰峻立, 符采克炳."
2) 다음은『文心雕龍・風骨』에서 骨의 정의에 관련된 논의이다. "沈吟鋪辭, 莫先於骨. 故辭之待骨, 如體之樹骸." "結言端直, 則文骨成焉." "練於骨者, 析辭必精." "若瘠義肥辭, 繁雜失統, 則無骨之徵也." "昔潘勖錫魏, 思摹經典, 群才韜筆, 乃其骨髓峻也." "使文明以健, 則風淸骨峻." "蔚彼風力, 嚴此骨鯁. 才峰峻立, 符采克炳."
3) 劉勰 撰, 戶田浩曉 譯註,『文心雕龍』417쪽

四曰興, 五曰雅, 六曰頌)"4)라고 하여, 風이란『詩經』의 詩體 가운데 첫 번째라고 하였다. '化感之本源'이라 한 것 역시 「毛詩序」에서,

> 윗사람이 아랫사람을 가르쳐 깨우치고, 아랫사람이 윗사람을 諷刺하는데, 글귀를 잘 꾸며서 諷諫하면, 그것을 말하는 자는 죄가 없는 것이며, 그것을 듣는 자는 잘 깨우치게 된다. 그래서 風이라 한다.(上以風化下, 下以風刺上, 主文而譎諫, 言之者無罪, 聞之者足以戒, 故曰風.)5)

라고 하여, 風의 사회 교화적 효용성이 독자를 감동시킬 수 있다고 한 것처럼, 「風骨」에서도 역시 그러한 점에 착안하여, 風이란 '독자를 감동시키는 근본 요소'라고 했다고 볼 수 있다.

앞 장에서 風骨 가운데에서 風의 발단은『典論·論文』의 文氣論에 있다고 했는데,

> 曹學佺도 "「風骨」은 風으로서 발단을 삼은 것으로 氣를 중시하였으며, 氣는 바로 風에 속하는 것이다.(此篇以風發端, 而歸重于氣, 氣屬風也.)'라고 했고, 淸代 黃叔琳도 '氣는 風骨의 근본이다.(氣是風骨之本)'라고 했다.6)

라고 했듯이, 風骨論은「毛詩序」와 曹丕의 文氣論을 통하고 劉勰에 의해 정립된 것이다. 어떤 작품에 작가의 意氣 또는 氣力이랄 수 있는 氣의 표현이 얼마나 실현되었는가가 관건이라는 것이 文氣論의 요지인데, 여기에서 말하는 氣란 바로 風骨의 風에 해당되는 것이다. 즉 劉勰의 風에 대한 견해는「毛詩序」와 曹丕의 文氣論에서 연원하여 형성되었다고 할 수 있다.

---

4) 郭紹虞 主編,『中國歷代文論選』제1책 63쪽
5) 郭紹虞 主編,『中國歷代文論選』제1책 63쪽
6) 涂光社 著,『文心十論』38쪽, 春風文藝出版社, 1986

다음으로 '氣志之符契'라고 한 것도 「毛詩序」에서 "시는 뜻이 드러나는 것이다. 마음에 있을 때에는 뜻이지만, 말이 되어 나오면 시가 된다.(詩者, 志之所之也, 在心爲志, 發言爲詩.)"라고 한 '詩言志說'에서 밝힌 것처럼, 작가 감정이 언어문자를 통해 표현된 것이 시라고 한 설에서 연원한다. 즉 독자를 감동시키기 위하여 작가가 품고 있는 사상 감정이 언어문자를 통해서 작품에 적절하게 드러나게 하는 것이 風이라는 것이다.

「風骨」에서 또 내용으로서의 風과 형식으로서의 骨의 관계를 밝히기를,

> 무릇 꿩이 아름다운 오색을 갖추고 있지만, 겨우 백 보 정도밖에 날지 못하는 것은 살집이 클 뿐이지 힘이 없기 때문이다. 매나 수리에게 색채는 별 볼 것이 없지만, 높이 날아서 하늘에까지 도달할 수 있는 것은 뼈대가 튼튼해서 기력이 강하기 때문이다. 문학에서의 재능이나 역량도 이것과 유사하다. 만약에 風과 骨이 있는데, 아름답지 못하다고 한다면, 매와 같은 문인들 사이에 든 것이다. 아름답기만 하고 風과 骨이 빠져 있다면, 꿩의 무리와 같은 문단에서 자질구레하게 되어 버린 것이다. 文彩를 휘날리면서 기력도 충실한 자야말로 문단에서 크게 소리치며 나는 봉황인 것이다.(夫翬翟備色, 而翾翥百步, 肌豊而力沈也. 鷹隼乏采, 而翰飛戾天. 骨勁而氣猛也. 文章才力, 有似於此. 若風骨乏采, 則鷙集翰林, 采乏風骨, 則雉竄文囿, 唯藻耀而高翔, 固文筆之鳴鳳也.)[7]

라고 하였는데, 여기에서는 수사적 기법만 강조된 작품을 아름답기만 한 것으로, 화려하기만 하고 힘차게 날지 못하는 꿩에 비유하였고, 색채는 보잘 것 없지만 기력이 강하여 높이 하늘을 나는 매나 수리에 비유하였고, 끝단에서는 文彩와 氣力을 모두 갖춘 것이어야 말로 이상적인 모습이 될 수 있다고 했다. 이것은 儒家에서 文質彬彬을 최고의 이

---

7) 劉勰 撰, 戶田浩曉 譯註, 『文心雕龍』 420쪽

상으로 삼는 '文質幷重論'을 말하는 것이다.

이러한 劉勰의 문학론은 내용과 형식이 잘 어우러지는 조화를 지향한다는 것을 밝힌 것이다. 즉, 내용이 형식을 압도하면, 문학이 천박하고 생동감을 잃게 되는 것이며, 형식이 내용을 압도하면, 내용은 공허해지고, 쓸데없이 화려해지기만 한다는 것이다. 그러니 文과 質이 함께 조화를 이루는 내용과 형식의 조화는 바로 儒家의 君子가 지향하는 理想的인 문학이 되게 한다는 것이다. 그러므로 「風骨」에서는 그 내용과 형식의 개념을 風과 骨로 대신하여 논리를 펴고 있다고 볼 수 있다.

그런데 『文心雕龍』에서 劉勰이 주로 논의한 것이 文보다는 質에 중점을 두고 있음을 주의해야 한다. 그것의 증거로 劉勰은 「情采」에서,

> 무릇 흰 분이나 검은 눈썹 바르는 먹은 용모를 다듬는 것인데, 눈이나 입 언저리의 아름다움은 화장하기 전의 아름다운 자태에서 나오는 것처럼 문장의 채색은 글월의 수식으로 하는데, 글월의 아름다움은 작가의 性情에 근본 하는 것이다. 그러므로 감정은 문장의 씨줄이며, 글월은 이론을 엮는 날줄이다. 씨줄이 발라야 날줄도 발라지는 것이며, 이론이 정립되고 난 후에 수사가 발휘되는 것이다. 이것이 문장을 구성하는 근본 법칙이다.(夫鉛黛所以飾容, 而盼倩生於淑姿, 文采所以飾言, 而辯麗本於情性, 故情者文之經, 辭者理之緯, 經正而後緯成, 理定而後辭暢, 此立文之本源也.)[8]

라고 하여, 여기에서는 사상 감정으로서의 情과 이것을 표현하는 수사적인 기교인 采와의 관계를 밝히고 있다. 문학이란 性情이 우선이며, 수사가 이것과 함께 해야만 한다고 한 것이다.

다시 요약하면 '이론이 정립되고 난 후에 수사가 발휘되어야 하는 것이다.(理定而後辭暢.)"라고 할 수 있는데, 劉勰은 대상을 있는 그대로 묘사하고 文彩를 다듬어 쓰는 것을 주요 특징으로 삼는 賦體의 문장에

---

[8] 劉勰 撰, 戶田浩曉 譯註, 『文心雕龍』 446쪽

까지도 質이 우선이라고 강조하는 것을 볼 때,9) 劉勰이 文보다는 質을 보다 더 중시했다고 할 수 있다. 그러므로 「風骨」에서는 아름답기만 하고 백 보도 날지 못하는 꿩보다는 뼈대가 튼튼해서 기력이 강한 매 나 수리를 더욱 인정한 것이라고 할 수 있다. 그렇지만 劉勰이 이렇듯 質을 강조한 것이 결코 文의 작용을 무시했다는 것을 의미하는 것은 아님에 주의해야 한다.

劉勰은 「風骨」의 내용 분석을 통해서 문학 작품의 창작에서 작가의 사상 감정이나 정서를 돋보이게 하는 風과 그것을 문자를 통하여 문학 작품이 되게 하는 전체적인 구성인 骨이 어떻게 조화롭게 작품에서 발현되는가가 좋은 작품이 될 수 있는 관건이라는 것을 알 수 있다. 그런데 風은 기력이 뛰어나야 하며, 骨은 바르고 정확해야 한다고 했다. 그러므로 風과 骨의 조화란 바로 작품에서의 내용과 형식의 조화를 말하는 것이다.

다음은 『文心雕龍』 가운데 「風骨」 이외에서 劉勰이 風과 骨에 관련하여 논의한 것이다. 『文心雕龍·辨騷』에서,

> 『楚辭』는 그 체제에 있어서는 夏殷周라는 이상의 시대를 모범으로 삼았지만, 그 분위기에 있어서는 어지러운 戰國時代의 風이 섞여 있기 때문에 『詩經』의 입장에서는 正道에 어긋난 것이지만, 詞賦의 입장에서는 영웅적인 존재다. 그 骨格이 서 있는 모양과 피부가 덮힌 것을 보면, 經典의 정신을 취하고는 있지만, 역시 『楚辭』의 훌륭한 문사를 짓고 있다.(楚辭者, 體憲於三代, 而風雜於戰國. 乃雅頌之博徒, 而詞賦之英傑也. 觀其骨鯁所樹, 肌膚所附, 雖取熔經意, 亦自鑄偉辭.)10)

라고 했고, 「封禪」에서는,

---

9) 「詮賦」에서는, "文雖雜而有質, 色雖糅而有儀. 此立賦之大體也."라고 했다.
10) 劉勰 撰, 戶田浩曉 譯註, 『文心雕龍』 72쪽

邯鄲淳의「受命述」은 이전 시대 작품의 가락을 모방했지만, 강한 바람도 끝 무렵에는 힘이 약하다. 단지 韻字를 엮어서 頌의 형태를 이루었을 뿐이다. 비록 문장의 결은 잘 정돈되어 있지만, 힘이 약해서 떨쳐서 날 수는 없다.(至於邯鄲受命, 攀響前聲, 風末力寡, 輯韻成頌. 雖文理順序, 而不能奮飛.)[11]

라고 했고,「章表」에서는,

表의 文體는 많은 내용을 포함하는데, 사람의 마음은 참과 거짓이 자주 바뀌기 때문에 반드시 올바른 내용으로 그 주장을 전개하고 깨끗한 文辭로 그 아름다움을 발휘해야 한다.(表體多包, 情僞屢遷, 必雅義以扇其風, 淸文以馳其麗.)[12]

라고 했고,「奏啓」에서는,

楊秉이 자연계의 이상한 현상에 대하여 자신의 신념을 갖고, 陳蕃이 상 내리는 것에 관한 조서가 너무 많은 것에 분개한 上疏는 내용에 氣骨이 풍부하다. 張衡이 史官의 엉성함을 지적한 上疏나 蔡邕이 조정에서 반드시 행해야 할 예법을 열거한 上疏는 그들이 두루 바름을 보여준다.(楊秉耿介於災異, 陳蕃憤懣於尺一, 骨鯁得焉. 張衡指摘於史職, 蔡邕銓列於朝儀, 博雅明焉.)[13]

라고 했다. 그렇다면, 劉勰의 風骨論은 建安風骨과는 어떤 관계가 있는가? 劉勰은「風骨」에서 建安時期의 문학이나 문인의 특성을 거론하여서 風骨에 대하여 체계적인 논의를 하였지만, 실제로 劉勰은 風骨과 建安時期의 문학과 어떤 구체적인 상관관계가 있다고 하지는 않았다.

---

11) 劉勰 撰, 戶田浩曉 譯註,『文心雕龍』319쪽
12) 劉勰 撰, 戶田浩曉 譯註,『文心雕龍』335쪽
13) 劉勰 撰, 戶田浩曉 譯註,『文心雕龍』340쪽

다만, 風과 骨의 정의, 風骨의 작용, 風骨의 발단, 문장의 내용으로서의 風과 형식으로서의 骨과의 관계, 風骨의 습득과 고전의 학습을 통해 風骨을 익혀야 한다는 것을 체계적으로 밝혔을 뿐이다. 그러므로 「風骨」의 논의를 통해서 알 수 있는 것은 劉勰의 風骨論이 「毛詩序」에서 그 본질 개념을 따랐으며, 曹丕 文氣論의 氣 개념을 통해서 建安年間의 문인들을 품평하여서 文氣論과 風骨論이 관계가 있다는 것을 간접적으로 시사했을 뿐이다.

게다가 劉勰이 風骨을 잘 발현한 작품으로 든 것은 潘勖의 「九錫文」과 司馬相如의 「大人賦」이다. 「九錫文」은 내용이 曹操가 魏公이 된 것을 慶賀하기 위해 지은 것이고, 「大人賦」는 『楚辭·遠遊』의 수사 기법을 빌려 풍부한 상상력을 바탕으로 신선이 자유로이 하늘과 땅을 노닌다는 내용이다. 劉勰의 견해로는 이 두 편이 '化感之本源'이며, '志氣之符契'가 있다고 한 것이다. 그러나 이것은 劉勰이 建安年間의 문학 특징으로서 「明詩」에서 '慷慨以任氣, 磊落以使才.'라고 했고, 「時序」에서 '雅好慷慨, 良由世積亂離, 風衰俗怨.'이라고 하여 建安時期의 문학 특징으로 일컬은 慷慨와 風格上 일치한다고 볼 수 없다.

그런데 이후 漢魏代의 문학특징에 대하여 일컫기를, 陳子昻이 '漢魏風骨'이라 했고, 李白이 '建安骨'이라 했고, 嚴羽가 '建安風骨'이라 한 것을 계기로 문학사에서는 三曹와 建安七子로 대표되는 建安文學의 특징을 風骨이라 여기게 되어 風骨과 建安文學을 같다고 여기게 되었고, 劉勰이 建安文學의 특징이라고 한 慷慨와 多氣가 곧 建安風骨이라 여기게 되었던 듯하다. 그러므로 지금에 와서 '建安風骨'이 곧 建安時期의 文學 특징으로 이해되고 있지만, 실제로 완전히 일치하는 것은 아니다.

(2) 風骨과 風格의 關係

「風骨」에서 "말의 구성이 바르고 곧으면, 문장의 骨은 완성되고, 의

지와 氣力이 뛰어나면, 문장의 風이 생긴다.(結言端直, 則文骨成焉. 意氣駿爽 則文風生焉.)"라고 한 것에서 '文風'이 생기고, '文骨'이 완성된다는 것은, 風이 文意에 관련된다고 할 때 작가가 드러내고자 하는 사상 감정이 나타났다는 뜻이고, 骨이 文辭에 관련된다고 할 때 작가의 文意를 제대로 드러내게 할 文辭가 완성되었다는 뜻이다. 그러므로 風骨은 현재 쓰이고 있는 風格과는 용어 개념이 다르다.

風格이란 어떤 작가의 작품에 표출되어 나오는 格調나 특징을 말하는 것이며, 風骨은 그 어떤 風格을 갖추기 위한 필요요건이라고 할 수 있다. 즉 風이나 骨은 작품이 갖는 개념이나 특징을 말하는 것이 아니라 작품의 내용과 형식에 있어서 그 작품만이 갖는 風格을 드러내 주는 일종의 '힘'을 말하므로, 어떤 작품에 風骨이 없다면 그 작품이 갖는 독특한 風格이 발휘될 수 없는 것이다. 그러므로 "風骨은 비록 風格과 매우 밀접한 관계를 가지고 있지만, 이 둘은 결국 두 개의 다른 범주인 것으로, 風骨은 風格과 다르며, 어떤 한 風格도 아닌 것이다."14)

게다가 劉勰이 언급한 風格이라는 술어는 현재 우리가 쓰고 있는 것과는 다른 의미이다.15) 『文心雕龍·議對』에서,

>   陸機의 「晉書限斷議」는 매우 날카로운 데가 있지만, 번잡한 문사를 제거하지 않으면, 文骨에 상당한 폐단이 될 것이다. 이것 역시 장점이 있어서 風格이 거기에 존재하는 것이다.(及陸機斷議, 亦有鋒穎, 而腴辭弗剪, 頗累文骨. 亦各有美, 風格存焉.)16)

라고 한 것과, 『文心雕龍·夸飾』에서, "『詩經』이나 『書經』 같이 典雅한

---

14) 寇效信 著, 「釋風骨」 93쪽, 『文學評論』 62年 6期
15) 牟世金 著, 『文心雕龍研究』 335쪽, 人民文學出版社, 1995 : "『文心雕龍』中雖曾兩用 '風格' 一詞(「議對」·「夸飾」), 但都與今天所說的'風格'毫不相干."
16) 劉勰 撰, 戶田浩曉 譯註, 『文心雕龍』 355쪽

문장도 風格을 갖추어 세상을 교화시키기 위해서는 내용을 반드시 두루 다뤄야 하겠고, 文飾도 또한 그것보다 지나쳐야 한다.(雖詩書雅言, 風格17)訓世, 事必宜廣, 文亦過焉.)"18)라고 했듯이, 劉勰이 거론한 風格이라는 용어는 오늘날의 風格의 의미로 쓴 것이 아니라 '규범의 틀'과 같은 뜻으로 쓰인 것으로 오히려 法式·標準·規格의 뜻인 '品格'의 뜻에 가깝다.

그렇다면, 오늘날 쓰는 風格의 개념에 대해서 劉勰의 견해는 어떠한가? 劉勰은 『文心雕龍·明詩』에서 詩의 정의·기원·연혁·작가 및 작품의 특성을 논평한 것을 시작으로 모두 20편19)에 걸쳐서 각기 文體를 설명하며, 그 문체마다 갖추어야 할 風格에 대하여 설명하였다. 또 「體性」에서는 文體와 작가 性格의 관계를 설명하면서 작가의 성격이 선천적인 요소에 의해서 결정되는 것이기는 하지만, 학문을 통해서 얼마든지 바꿀 수 있다고 하여서 학문 수련을 특히 강조하였다. 「體性」에서,

> 이로써 문학은 구름과 같이 여러 모양이며, 마치 파도처럼 변화무쌍한 장관을 펼친다. 그러므로 표현과 이론의 잘됨과 못됨은 어느 것도 그의 재질을 뒤바꿀 수 없다. 風趣의 강하고 약함은 작가의 氣力에 의해서 혹시라도 바꿀 수 있겠는가. 내용의 얕고 깊음이 작가의 학문적인 깊이와 어긋난다는 말을 들은 적이 없다. 文體의 典雅함과 비속함이 작가의 습관과 반대가 되는 것은 드물다. 작가는 누구나 자신의 성격에

---

17) 劉勰 著, 詹鍈 義證, 『文心雕龍義證』 1379쪽, 上海古籍出版社, 1989 : 徐復觀의 『文心雕龍正字』, 范文瀾의 注, 斯波六郎의 注 등의 자료를 밝히고, 風格의 '格'자는 '俗'자의 잘못이라고 했다. 왜냐하면, '風俗訓世'라고 해야 '풍속을 風化하고 세상을 가르친다.'는 뜻이 되어 글이 자연스럽기 때문이라고 했다. 그러나 風格이라는 뜻 역시 여기에서는 법도라는 뜻으로 풀이하면 '법도가 있어서 세상을 가르칠 만하다.'로 풀이해도 무난하겠다.
18) 劉勰 著, 詹鍈 義證, 『文心雕龍義證』 501쪽
19) 「樂府」·「詮賦」·「頌讚」·「祝盟」·「銘箴」·「誄碑」·「哀弔」·「雜文」·「諧讔」·「史傳」·「諸子」·「論說」·「詔策」·「檄移」·「封禪」·「章表」·「奏啓」·「議對」·「書記」

의해서 창작하기 때문에 각기 얼굴이 다른 것처럼 서로 다르다. 이러한 여러 종류의 모습을 총괄하면, 그것은 다음의 8가지로 귀결시킬 수 있겠다. 첫째는 典雅이고, 둘째는 遠奧이고, 셋째는 精約이고, 넷째는 顯附이고, 다섯째는 繁縟이고, 여섯째는 壯麗이고, 일곱째는 新奇이고, 여덟째는 輕靡이다.(是以筆區雲譎, 文苑波詭者矣. 故辭理庸儁, 莫能翻其才, 風趣剛柔, 寧或改其氣. 事義淺深, 未聞乖其學, 體式雅鄭, 鮮有反其習. 各師成心, 其異如面. 若總其歸塗, 則數窮八體. 一曰典雅, 二曰遠奧, 三曰精約, 四曰顯附, 五曰繁縟, 六曰壯麗, 七曰新奇, 八曰輕靡.)20)

라고 한 것처럼, 문체마다의 風格이 8가지 있다고 했다. 劉勰은 이렇듯 따로 한 편을 두어서 風格에 관한 논의를 구체적으로 펴고 있으니, 風骨이 곧 風格의 뜻으로 쓰인 것이 아니라는 것은 분명하다.

다시 말해서 風格의 원래 뜻은 風에 格이 있다는 뜻으로 오늘날의 品格에 해당되며, 『典論·論文』에서 徐幹을 평하여 '時有齊氣'라고 말한 '齊氣'의 氣가 風格을 의미한다. 氣란 곧 風骨의 風에 해당되는 개념으로 風骨에서의 風만이 風格의 의미라고 할 수 있다.

그러므로 風의 조건으로 든 것 가운데 '意氣峻爽'이 문장에서의 風格이라고 할 수 있다. 그것은 劉勰이 建安文學의 특성을 평가하면서 『文心雕龍·明詩』에서, "격앙되어서는 의기에 따른다.(慷慨以任氣)"라고 했고, 「時序」에서, "늘 慷慨한 격정을 즐겼다.(雅好慷慨)"라고 한 두 평가의 공통된 내용은 建安年間의 문학 특징이 慷慨하다는 것인데, 그렇다면 慷慨와 風을 이루는 조건인 意氣峻爽은 어떤 연관이 있는지 알아보고자 한다.

우선 慷慨의 뜻을 살펴보자면, 慷의 글자 뜻풀이는 『說文解字』에 나오지 않으며, 다만 慨의 풀이로 "忼慨也."21)라고 했는데, 이것은 激昂되어 憤激한다는 뜻이다. 즉 鬱憤의 뜻이다. 그리고 『說文解字』에서

---

20) 劉勰 撰, 戶田浩曉 譯註, 『文心雕龍』 407쪽
21) 『楚辭·九章·哀郢』 "憎慍愉之脩美兮, 好夫人之忼慨"

"慷慨는 壯士가 뜻을 얻지 못한 것이다.(慷慨。壯士不得志也.)"라고 했 듯이, 慷慨는 뜻이 굳센 壯士의 불우와 불평한 심정을 읊은 정서라 하겠다. 慷慨의 그 밖의 뜻으로는 '性格豪爽', '感嘆', '호쾌함'22) 등이 있는데, 대체로 뜻은 크지만, 그 뜻을 실현하지 못하는 현실 상황에 대하여 느끼는 울분 같은 감정을 말하는 것이다. 그러므로 '慷慨하다' 함은 자신이 처한 불우한 환경 속에서 느껴야만 하는 일종의 비장함을 함께 가지고 있다.23)

그래서 『後漢書·禰衡傳』에서, "소리와 마디가 슬프면서도 장엄하여 듣는 이는 누구나 慷慨하지 않는 이가 없다.(聲節悲壯, 聽者莫不慷慨.)"24) 라고 한 것처럼, 慷慨의 정서는 바로 '悲而壯'한 것으로, 悲哀나 悲怨 등의 정서와는 다르다. 왜냐하면, 悲哀나 悲怨은 마음이 아파 슬프다는 뜻으로 儒家의 文藝觀 가운데 『論語·八佾』에서, "'關雎」는 즐겁되 지나치게 음탕하지 않고, 슬프되 마음이 상하지는 않는다.(關雎, 樂而不淫, 哀而不傷.)"라고 한 것에서도 보듯이, 傷心이나 悲傷怨恨은 슬픔이 지나쳐 마음이 상해 바람직하지 못한 지경에까지 이르는 것을 말하므로 '悲而壯'과는 다르다.

悲壯으로부터 생겨난 慷慨는 곧 風骨의 내용상 특징으로 建安時期가 갖는 시대적 상황에서 나오는 것이다. 그래서 建安時期의 문학특징을 陳子昻은 「與東方左史虬修竹篇序」25)에서 '漢魏風骨'이라고 했고, 李白은 「宣州謝朓樓餞別校書叔雲」26)에서 '建安骨'이라고 했고, 嚴羽는

---

22) 『漢語大詞典』 제7책 712쪽, 漢語大詞典出版社, 1991
23) 李直方 著, 『漢魏六朝詩論稿』 32쪽, 龍門書店, 1967
24) 范曄 撰, 李賢 等注, 『後漢書』 2655쪽, 中華書局, 1982
25) 陳子昻 著, 郭紹虞 主編, 『中國歷代文論選』 제2책 55쪽 : "文章道弊五百年矣. 漢魏風骨, 晉宋莫傳, 然而文獻有可徵者. 僕嘗暇時觀齊梁間詩, 彩麗競繁, 而興寄都絶, 每以永歎."
26) 『全唐詩』 卷177 1809쪽, 中華書局, 1985 : "蓬萊文章建安骨, 中間小謝又淸發, 俱懷逸興壯思飛, 欲上靑天覽日月."

『滄浪詩話・詩評』[27])에서 '建安風骨'이라고 했던 것이다. 이렇듯 建安年間 문학 특징을 일컬으면서, '建安風骨'이라 할 때에는 建安文學이 갖는 風과 骨의 고유한 특징을 일컫는 것이므로 이 때에는 風格의 의미로 풀이해도 무방하다.

그러므로 風이나 骨은 작품이 갖는 개념이나 특징을 말하는 것이 아니라 독자에게 감동을 주기 위한 일종의 '힘'을 말하는 것으로, 어떤 작품에 風骨이 없다면, 그 작품이 갖는 고유한 風格이 발휘될 수 없다. 즉 어떤 작품에 建安風骨이 담겨 있다고 하는 것은 建安時期가 '世積亂離, 風衰俗怨.'한 때문에 慷慨한 詩文風이 생겨났듯이, 어떤 詩文이 風骨을 통해서 발현된 慷慨한 詩文風이라고 봐야겠다. 그러므로 風骨은 문학상의 風格이라고 할 수는 없지만, 建安風骨은 建安時期가 갖는 독특한 시대 환경으로 생겨난 그 나름의 문학 특징인 것이니, 建安風骨은 建安文學의 風格이 될 수 있다고 할 수 있다.

(3) 「風骨」의 文學 創作論

『文心雕龍・風骨』에서 風骨의 작용에 대해서 설명하기를,

> 그러므로 骨을 잘 다루는 자는 글의 분석이 매우 정밀하고, 風을 잘 이해하고 있는 이는 감정의 서술이 분명하다. 문자의 선택이 정확하고 글자 하나의 변경도 어렵고, 聲律의 구성이 안정되어 있어서 약간의 정체도 없다. 이것이 風骨의 힘이다.(故練於骨者, 析辭必精, 深乎風者, 述情必顯. 捶字堅而難移, 結響凝而不滯, 此風骨之力也.)[28]

라고 하였으니, 骨을 적절히 운용하면, '글의 분석이 정밀하며(析辭必精)', 風에 대하여 잘 이해하고 있다면, '작가가 그의 감정을 제대로 표

---

27) "黃初之後, 惟阮籍詠懷之作, 極爲高古, 有建安風骨."
28) 劉勰 撰, 戶田浩曉 譯註, 『文心雕龍』 418쪽

현할 수 있다.(述情必顯)'는 것이다. 이것은 창작에 있어서 骨과 風의 운용을 통해서 '析辭'와 '述情'이 잘 드러나게 된다면, 風骨의 힘 즉 독자에 대한 감동력이 발휘되는 것으로, 그렇게 되면 작품에 쓰인 문자를 다른 것으로 바꿀 필요가 없게 되며, 그 글이 갖는 聲律의 구성도 안정될 수 있다는 것이다. 만약에 이와 반대로 風과 骨이 결핍되었다면, 빈약한 내용에 수사만 남아 앞뒤의 줄거리를 놓치고 말 것이며, 표현된 작가의 사상 감정 역시 충분히 발현되지 못한다고 했다. 그러므로 문학 창작에 있어서 風은 작가가 사상 감정을 실현하는 도구가 되며, 骨은 風의 실현을 위한 언어 문자의 운용을 말하는 것이다.

그런데 風과 骨을 실현하기 위해서는 다음의 두 조건이 필요하다고 했는데, "말의 구성이 바르고 곧으면, 문장의 骨은 완성되고, 의지와 氣力이 뛰어나면, 문장의 風이 생긴다.(結言端直, 則文骨成焉, 意氣駿爽, 則文風生焉.)"라고 하였으니, 風은 '意氣駿爽'해야 하며, 骨은 '結言端直'해야 한다고 강조했다. 風骨의 필요 요건이라고 한 기력이 뛰어나다는 의미의 '意氣駿爽'과 그것을 엮어 표현함에 있어서 바르고 정확해야 한다는 '結言端直'에 대하여, 劉勰은 「風骨」에서 스스로 답하여,

> 예전에 潘勖이 曹操에게 써 보낸 「九錫文」은 의식적으로 성인의 문장을 모방한 것인데, 그때의 문장가들이 이것을 보고 붓을 던졌던 것은 그의 문장의 骨髓가 뛰어나서이다. 司馬相如가 仙人의 세계를 노래한 「大人賦」는 氣力이 구름을 뛰어넘어서, 그가 화려하게도 辭賦의 大家로 발돋움한 것은 그의 風力이 강해서이다. 이러한 요점을 잘 파악하면, 이것으로써 문장을 확고히 하는 것으로 삼을 수 있고, 이 방법에 혹시라도 어긋나면 애써 지은 미사여구도 헛수고가 되어 버린다.(昔潘勖錫魏, 思摹經典, 群才韜筆, 乃其骨髓峻也. 相如賦仙, 氣號凌雲, 蔚爲辭宗, 迺其風力遒也. 能鑒斯要, 可以定文, 茲術或違, 無務繁采.)[29]

---

29) 劉勰 撰, 戶田浩曉 譯註,『文心雕龍』420쪽

라고 하여, 「九錫文」과 「大人賦」를 風骨이 잘 발현된 작품이라고 들었다. 이것은 두 작품의 風과 骨 각각의 방면에서 지적한 것으로 「九錫文」30)은 사상 내용 측면인 風의 방면에서 의식적으로 聖人의 문장을 모방하여 문장의 骨髓가 뛰어나다는 것인데, 經典을 의식적으로 모방했다는 것은 글의 내용에 있어서 風格이 그러하다고 말하는 것으로, 儒家에서의 經典이란 바로 세상을 어찌 다스려야 하는가의 문제에 대한 논의를 쓴 것이라고 할 수 있다. 「九錫文」이 曹操의 공적을 慶賀하여 魏公으로 책봉하면서 내렸던 策文이라는 점에서 보더라도 曹操가 漢末의 어지러운 사회상을 바로잡느라 애쓴 공적을 옛날 성현들에게 빗대어 그렇게 말한 것이다. 예를 들면, 「九錫文」에서

> 비록 伊尹은 하늘을 감동시켰고, 周公은 온 세상에 빛났어도 당신과 비교하면 하찮은 것일 따름이요. … 지금 그대는 대단히 빛나는 덕을 갖고 내 몸을 밝게 지키고, 천명을 받들어 큰 공을 세워 온 나라를 안정되게 하고, 세상 사람들로 하여금 공을 받들고 법을 지키도록 하였소.(雖伊尹格于皇天, 周公光于四海, 方之蔑如也. … 今君稱丕顯德, 明保朕躬, 奉答天命, 導揚弘烈, 綏爰九域, 罔不率俾.)31)

라고 한 것처럼, 伊尹과 周公은 각기 혼란한 세상을 구하고자 애썼던 인물들로 劉勰이 말했던 風의 주요 요소 가운데 '化感之本源'으로서 風의 사회 교화 작용을 실현하고자 했던 작가의 정서가 잘 나타나 있는 글이다.

---

30) 원래 명칭은 「冊魏公九錫文」이며, 작가인 潘勖은 字가 元茂이며, 漢 獻帝때 尙書郞이 되었다가 승진하여, 尙書左丞에 임명되었다가 50여세에 병으로 죽었는데, 같은 시기의 衛覬나 王象과 함께 문장으로 유명했었다.(『三國志·魏書·衛覬傳』) 九錫은 천자가 공적이 있는 대신에게 내리는 9가지 물건(車馬·衣服·樂則·朱戶·納階·虎賁·宮矢·鈇鉞·秬鬯)으로 신하에 대한 최고 예우의 표시이다.
31) 李善 注, 『文選』 卷35 498쪽, 文化圖書公司, 1979

한편 骨의 방면에 있어서는 '其骨髓峻也'라고 했는데, 글자 뜻만 보면, 髓는 뼈 속에 응축된 지방을 말하며, 峻은 글이 剛健挺拔하여 엄격하다는 뜻이다. 그러므로 劉勰이 말한 骨의 조건 '結言端直'에서 '端直' 즉 바르고 엄정하다는 것과 같은 뜻이다. 劉勰은 또 『文心雕龍·詔策』에서 "潘勗의 「九錫文」은 典雅하여 남들보다 빼어나다.(潘勗九錫, 典雅逸群.)"라고 평했으니, 여기에서의 典雅라 함은 말이나 글이 典據가 있고 고상하여 천박하지 않다는 뜻으로 역시 劉勰이 말하는 風骨의 조건을 갖추었다고 해석해도 무방하다.

「九錫文」과 함께 風骨이 잘 발현된 작품으로 劉勰이 든 또 다른 한 편은 仙人의 세계를 노래한 「大人賦」[32]이다. 이 편의 風格을 '기력이 구름을 뛰어넘는다.(凌雲)'라고 하였는데, 『楚辭·遠游』의 수법을 빌려다가 풍부한 상상력을 가지고 신선이 하늘과 땅을 떠돌아다니며 자유로이 나는 모습을 과감하게 그려냈다. 이것은 風格 방면에서 보자면 風力이 강건해서 그렇다고 한 것이다. 그런데 '結言端直'해야 하는 骨의 측면에서 보자면, 허무하고 끝간 데 없는 내용을 마치 실제로 존재하는 일처럼 기술하였으니, 이 「大人賦」가 諷諫하고자 하는 의미가 분명하다고 할 수는 없다. 그러나 揚雄이 『漢書·揚雄傳』에서,

> 예전에 武帝가 神仙을 좋아하여 司馬相如가 「大人賦」를 지어서 諷諫하려 하였지만, 武帝는 오히려 더 구름을 뛰어넘을 듯한 뜻을 갖게 되었다. 부를 지어 권해보고자 했으나 그만 두지 않았음이 분명하다.(往時武帝好神仙, 相如上大人賦, 欲以風, 帝反縹縹有陵雲之志, 繇是言之, 賦勸而不止, 明矣.)[33]

---

32) 司馬遷 撰, 『史記』 3056쪽, 中華書局, 1982 : 「司馬相如傳」에 이 편의 저작 동기가 다음과 같이 나와 있다. "相如見上好僊道, 因曰上林之事, 未足美也. 尚有靡者. 臣嘗爲大人賦, 未就, 請具而奏之. 相如以爲列僊之傳居山澤間, 形容甚臞, 此非帝王之僊意也. 乃遂就大人賦." "相如旣奏大人之頌, 天子大說, 飄飄有凌雲之氣, 似游天地之間意."

라고 한 것처럼, 「大人賦」가 '陵雲之志'한 것에 굳센 風力을 담고 있다고 할 수 있는데, 이것으로 미루어 보아서 「大人賦」에서 실현했다고 하는 風은 그것의 주요 요소 가운데 '化感之本源'과는 거리가 있음을 알 수 있다. 즉, 「大人賦」는 風의 사회 교화적인 측면보다는 그것의 실현을 위한 방법상의 필요요건으로서 '縹縹陵雲'한 대범하고도 독특한 개성을 통해서 '意氣駿爽'과 '怊悵述情'을 실현하여 독자를 감동시키는 작용을 일으켰다고 봐야겠다.

가. 言語 文字의 運用

風과 骨은 작품 가운데에서 내용과 형식을 돋보이게 하는 일종의 작용이다. 風骨 가운데 骨은 '沈吟鋪辭, 莫先於骨' 즉 작가가 작품에서 風을 실현함에 있어서 그 文辭는 骨에 의존해야 한다는 것이다. 風과 骨의 운용을 통하여 작품에서의 이상적인 風格 실현을 위해서 劉勰은 형식적인 방면에서 언어문자의 운용 기법을 논의하였다. 風과 骨이 작품에서 제대로 실현되기 위한 조건으로서 劉勰은 "말의 구성이 바르고 곧으면, 문장의 骨은 완성되고, 의지와 氣力이 뛰어나면, 문장의 風이 생긴다.(結言端直, 則文骨成焉, 意氣駿爽, 則文風生焉.)"라고 했다. 風의 조건은 '意氣駿爽'이며, 骨의 조건은 '結言端直'이라는 것이다. 즉 '意氣駿爽'은 작가가 품고 있는 감정에 氣力이 뛰어나야 한다는 것이며, '結言端直'은 글월을 엮어 표현함에 있어서 바르고 정확하게 묘사해야 한다는 것이다. 이어서 이러한 조건들을 충족하지 못한다면, '文彩는 신선미를 잃게 되고(振采失鮮)', '聲律도 무력하게 된다.(負聲無力)'라고 했다.

그러므로 문학이란 작가의 쓰고자 하는 생각인 사상 감정과 문자를 통하여 대상이 되는 객관적인 사물인 사회와 자연계를 적절히 옮겨 내

---

33) 班固 撰, 顔師古 注, 『漢書』 3575쪽, 中華書局, 1987

되, 그것으로써 사물의 이치를 밝힐 수 있어야 하며, '化感之本源'인 風의 작용을 빌려서 독자를 감동시킬 수 있어야 하며, 骨의 조건으로서 '志氣之符契'하기 위해서는 그것이 바르고 곧아야 한다는 것이다.

骨, 즉 언어문자 운용의 필요조건인 '結言端直'에서의 '端直'은 「毛詩序」에서,

> 變風이 사람의 감정에서 나왔지만, 禮義에 머문 것이다. 감정에서 생겨났다는 것은 사람 천성인 것이다. 예의에 머물렀다는 것은 先王의 은혜에 의해서 그러한 것이다.(變風發乎情, 止乎禮義. 發乎情, 民之性也. 止乎禮義, 先王之澤也.)[34]

라고 말한 것처럼, 變風 역시 그 자체도 사람의 본성에서 나온 것으로 예의에 맞지 않은 것이 없으니, 역시 '端直'의 범주를 벗어나지 않았다고 했다. 劉勰은 '端直'을 중시하여, 『文心雕龍·情采』에서, "감정을 토로하기 위한 문장은 간결한 가운데 진실을 묘사하며, 문장만을 짓기 위한 문장은 수식이 지나쳐서 진실을 잃고 번잡해 진다.(爲情者要約而寫眞, 爲文者淫麗而煩濫.)"[35]라고 하여, 좋은 작품은 작가의 진실한 감정이 표현되어야 한다고 했다. 이러한 전제를 바탕으로 劉勰은 「宗經」에서 "詩는 뜻을 말하는 것을 주로 한다.(詩主言志)'라고 했고, 「體性」에서는 "감정이 움직이면 언어로 나타나고, 이치가 발현되어 글월로 나타난다.(情動而言形, 理發而文見.)"라고 했고, 「情采」에서는 "형식미와 내용미는 작가의 性情과 밀접하다.(文質附于性情)'라고 했고, 「定勢」에서는 "그림을 그리는 것은 색칠하는 것을 구상하며, 문장을 짓는 것은 性情을 발휘하는 것에 힘쓴다.(繪事圖色, 文辭盡情)"라고 하여, 작가가 글귀를 운용함에 진실되어야 한다고 하였다.

---

34) 郭紹虞 主編, 『中國歷代文論選』 제1책 63쪽
35) 劉勰 撰, 戶田浩曉 譯註, 『文心雕龍』 449쪽

이러한 논의의 발단은 일찍이 陸機가「文賦」에서 "생각과 표현하고자 하는 사물이 딱 들어맞지 않고, 글이 자신의 생각을 제대로 표현하지 못할까 늘 걱정했다.(恒患意不稱物, 文不逮意.)"36)라고 했는데, 글을 짓는 요점으로서 骨의 운용에 대하여 말한 것이다. 문학이란 대상이 되는 객관적인 사물(物)과 작가가 그것에 대하여 쓰고자 하는 생각(意)이 일치해야 하는 것이며, 이러한 작가의 생각을 글로써 적절히 옮겨 낸 것(文)이 문학이라는 생각이 陸機의 문학 본질론의 바탕을 이룬다.37) 劉勰은「神思」에서 "문장의 내용은 작가의 생각에 의해서 주어지며, 언어는 내용에 의해서 주어진다.(意授於思, 言授於意.)"38)라고 하여, 意·言·思의 관계를 설정하여 설명하고 있다. 즉 '意稱物'과 '意授於思', '文逮意'와 '言授於意'는 같은 의미이다. '文逮意'와 '言授於意'는 바로 언어문자의 운용에 관한 사항으로서 이것은 骨의 조건으로 말한 '結言端直'에서의 端과 直의 전제조건인 것이다. 다만 '意稱物'과 '意授於思'에서 物과 思의 차이는 陸機가 바깥사물과 작가간의 직접적인 感應에 주의하여 말한 것이라면 劉勰의 경우는 그러한 感應으로부터 생

---

36) 陸機 著, 郭紹虞 主編,『中國歷代文論選』제1책 170쪽
37) 陸機의 "意稱物, 文逮意"의 논의는 문학에 있어서 언어문자의 운용에 관한 논의이다. 그런데 陸機 이전에 전혀 없었다고 할 수는 없으니,『左傳·襄公 25年』에 "志有之, 言以足志, 文以足言, 不言, 誰知其志, 言之無文, 行而不遠"이라고 하여, 문학에서 文彩의 요소를 완전히 배척하지 않았다고 할 수 있지만, 이것은 儒家詩論에 있어서 문학의 사회적 공용성이라는 대원칙의 전제 아래에서 文質幷重에 관해 논의한 것이지 순수문학적 입장에서 언어문자에 관한 운용의 문제를 언급했다고 볼 수는 없다. 그래서 陸機의 이와 같은 논의의 직접적인 영향은『尙書·堯典』에 "詩言志, 歌永言, … "라고 한 것과,『毛詩·序』에 "詩者, 志之所之也, 在心爲志, 發言爲詩."라고 한 것에서 그 연원을 찾아야겠다. 그 내용은 先秦 이래의 儒家 詩論을 계승한 논의로 전통적인 儒家詩論인 '詩言志說'에서 보다 순수문학에로 발전된 모습이라고 할 수 있다. 즉 陸機에게는 문학이란 대상에 대한 작가 감정의 표현(詩言志「意稱物」)뿐만 아니라 그러한 작가 감정을 언어문자로써 제대로 옮겨 낼 수 있어야 한다(文逮意)는 것까지 언급한 것이므로 매우 의미 있는 논의인 것이다.
38) 劉勰 撰, 戶田浩曉 譯註,『文心雕龍』396쪽

겨난 작가의 구상과 같은 것을 일컫는 것으로 둘 다 의미는 같다고 할 수 있다.

이것에 보태어서 劉勰은「鎔裁」에서,

> 처음 시작하여서는 쓰고자 하는 감정에 근거하여 적절한 문체를 결정하고, 그 다음에는 내용을 참작하여 적절한 소재를 선택하고, 마지막으로 적절한 언어로써 요점을 든다.(履端於始, 則設情以位體, 擧正於中, 則酌事以取類, 歸餘於終, 則撮辭以擧要.)39)

라고 하였고,「物色」에서는 "작가의 감정은 바깥사물에 따라 변하고, 글은 그 감정에 따라 드러난다.(情以物遷, 辭以情發.)"40)라고 하여, 情·事·辭와 情·物·辭의 연관관계를 밝혀서 문학이란 작가의 감응(情이나 意)과 문학 대상으로서의 사물(物), 그리고 그것들을 언어문자(文·辭)로써 연계시켜 글을 완성시키는 것이라 했다. 그러므로「風骨」에서 骨의 조건으로 '結言端直'은 바로 端直하게 글월을 엮는 데에 있어서 外物에 대한 작가의 감응(情意)을 어떻게 해야 하는가를 거듭 언급한 것이라고 할 수 있다.

그리고 '使文明以健'41)이라고 한 것은, 骨의 조건으로는 '結言端直'과 그것의 운용 방법으로서 '析辭必精' '捶字堅而難移' '若瘠義肥辭, 繁雜失統' '辭奇而不黷' '辭尙體要' '使文明以健'의 '精'·'堅'·'體要'·'明健'을 들었으며, 그 가운데 '肥辭'·'繁雜'·'奇'는 경계해야 한다고 했다. 이것은 骨이 '明'과 '健'의 특성을 통해서 文意는 밝고, 文辭는 튼튼해야만이 훌륭한 글이 된다는 것을 밝힌 것이기도 하다.

---

39) 劉勰 撰, 戶田浩曉 譯註,『文心雕龍』456쪽
40) 劉勰 撰, 戶田浩曉 譯註,『文心雕龍』618쪽
41)『周易』同卦 象曰 "文明以健. 中正而應. 君子正也. 唯君子爲能通天下志."

나. 風骨의 學習法

劉勰은 儒家의 전통적인 문학론에 근거하면서 내용과 형식으로서의 風과 骨의 조화를 중시했다. 「風骨」에서

> 經書를 모범으로 하고, 諸子의 책이나 史書의 수법을 배우고, 감정의 변화를 잘 통찰하고, 그것에 적합한 문체를 잘 변별해 낸 데다 참신한 내용을 그 안에 품고서 새로운 文辭를 짜낼 수 있다. 문학 양식의 기본을 잘 이해하고 있으므로 내용이 참신하고 혼란스럽지도 않고, 변화의 모습을 잘 이해하고 있으므로, 문사가 기이한데도 너저분하지 않다. 만약에 骨과 文彩가 원만하지 못하고, 風과 文辭가 아직 충분히 닦여지지 않았더라도 고전의 규범을 소홀히 하고, 신기한 문장을 써댄다면, 비록 교묘한 구상을 얻었다 하더라도 실패가 많게 될 것이다. 어찌 저들은 다만 신기한 문자를 엮어서 헛되이 괴상하게 만들어서는 문학의 모범이라 여기는가.(若夫鎔鑄經典之範, 翔集子史之術, 洞曉情變, 曲昭文體, 然後能孚甲新意, 雕畫奇辭. 昭體故意新而不亂, 曉變故辭奇而不黷. 若骨采未圓, 風辭未練, 而跨略舊規, 馳騖新作, 雖獲巧意, 危敗亦多. 豈空結奇字, 紕繆而成經矣.)[42]

라고 하였으니, 이것은 風骨의 습득과 儒家 經典의 학습에 대해 언급한 것인데, '風이 맑고, 骨이 드높은(風淸骨峻)' 경계에 도달하기 위해서는 첫째, '鎔鑄經典之範, 翔集子史之術.' 즉 風骨의 습득은 儒家의 經典과 集子史書의 학습을 통해서 이룰 수 있다고 했고, 둘째로는 '洞曉情變' 즉 사람들의 사상 감정의 변화를 잘 살펴야 한다고 했고, 셋째로는 '曲昭文體' 여러 같지 않은 文體의 기교를 잘 파악하고 있어야 한다고 했다. 劉勰이 이 세 가지 조건은 문학 창작을 위해서 쌓아야 하는 필수 요건이 儒家經典의 학습을 통해서 이루어져야 한다는 것이다.[43]

---

42) 劉勰 撰, 戶田浩曉 譯註, 『文心雕龍』 432쪽

儒家的 文藝觀은 劉勰에게서 확고하며 체계적이다. 劉勰은 『文心雕龍』 가운데 「原道」에서는 세상의 理法인 聖人의 道에서 문장의 연원을 찾아야 한다고 했으며, 「徵聖」에서는 周公이나 孔子와 같은 聖人에서 문장의 규범을 찾아야 한다고 했으며, 「宗經」에서는 五經이 모든 문장의 근본이라고 하였다. 더욱이 위의 세 편을 『文心雕龍』의 맨 앞부분에 두어 劉勰은 자신의 儒家的 文藝觀을 더욱 강조하고 있다. 그리고 「序志」에서는 『文心雕龍』의 저작목적을 밝히면서 「原道」·「徵聖」·「宗經」 세 편의 내용을 한 마디로 집약하여, "『文心雕龍』을 지음에 있어서 (문학의 본질을) 道에 근본하고, 성인을 스승으로 삼고, 經典을 바탕으로 삼는다.(蓋文心之作也, 本乎道, 師乎聖, 體乎經)"44)라고 하여, 劉勰은 매우 구체적으로 儒家的 文藝論에 충실함을 밝혔다고 할 수 있다.45) 이것은 마치 孔子가 治國의 중요한 수단인 禮樂이 붕괴된 시대에 살았던 때문에 周王朝의 부흥을 자신의 임무로 여기고, 詩를 논할 때 정치 및 사회적 功用性과 禮樂을 강조했던 것과도 통한다고 할 수 있다.

이렇듯 劉勰이 儒家的 문예관에 충실한 듯하지만, 한편 「風骨」에서,

---

43) 「樂府」에서 "雖摹詔夏."라고 했고, 「哀弔」에서는 "結言摹詩"라고 했다.
44) 劉勰 撰, 戶田浩曉 譯註, 『文心雕龍』 679쪽 : 「徵聖」에서도, " … , 此政化貴文之徵也, … , 此事績貴文之徵也, … , 此修身貴文之徵也.)"라고 하여, 劉勰이 儒家에 사상적으로 충실함을 밝히고 있다. 이러한 劉勰의 입장은 순수문학이 발흥했던 당시의 문학경향에서 볼 때 先秦時代 이래의 전통적인 儒家詩論에로 후퇴한 점이 없지 않지만, 그가 살던 齊梁時代의 정치상황을 고려해 보면 나름대로 이유는 있다. 劉勰은 宋齊梁 三代를 살았는데, 宋代는 王弼이나 何晏이 老莊사상을 가지고 儒家의 經典인 『易經』을 해석하고, 『易』·『老子』·『莊子』를 '三玄'이라고 중시하는 등 玄學이 극성했다. 그러나 劉宋이 儒家의 禮制를 나라 다스리는 방편으로 삼았던 것으로 보아 당시의 儒家的 성향 역시 무시할 수 없다.
45) 劉勰 撰, 戶田浩曉 譯註, 『文心雕龍』 677쪽 : 「序志」에서도, "汎議文意, 往往間出, 并未能振葉以尋根, 觀瀾而索源. 不述先哲之誥, 無益後生之慮."라고 했다.

그러나 문장을 짓는 방법은 여러 가지라서 각자가 좋아하는 방향으
로 나아가는 것이다. 이 道에 밝은 사람도 이것을 다른 이에게 전해줄
수 없는 것이며, 배운 자도 남에게 가르쳐 줄 수 없다.(然文術多門, 各適
所好. 明者弗授, 學者不師.)46)

라고 한 것은, 문학 본질론에 있어서 儒家的 文藝觀에 바탕을 둔 劉勰
이 그것의 실현을 위해 방법론을 말한 것인데, 여기에서는 오히려 道
家的 文藝論의 방법론을 따르고 있다. 즉 말로는 작가의 뜻을 다할 수
없다는 것은 문학에서 언어 문자의 작용을 부정하는 것이다. 그래서
"말은 뜻에 달려 있으며, 뜻을 얻으면 말은 잊는다.(言者所以在意, 得意
而忘言.)"47)라고 한 것과 같이, 언어문자의 운용에 있어서는 道家의 文
藝觀을 엿볼 수 있다.48)

그리고 劉勰이 儒家思想에 철저한 만큼 '文質彬彬'이라 하여 내용과
형식의 이상적인 어우러짐을 강조한 듯하면서도, 글이란 文飾보다도
그것의 내용을 전달하는 기능을 보다 중시했다. 왜냐하면 『論語·衛靈
公』에서 "글이란 뜻을 전달하기만 하면 그만이다.(辭達而已.)"라고 한
것처럼 孔子는 기본적으로는 문학의 내용에 비중을 두고 있었다고 할
수 있다. 이렇듯 劉勰은 문학에 있어서 내용과 형식의 조화를 중시했
지만, 내용에 보다 비중을 두고 있으므로 風骨 가운데 骨보다는 風의

---

46) 劉勰 撰, 戶田浩曉 譯註, 『文心雕龍』 432쪽
47) 이것은 원래 詩歌의 風格을 평할 때 쓰는 용어로서, 시는 "不落言詮"(『滄浪
詩話·詩辨』)라는 뜻으로, 시의 風格이란 "不着一字, 盡得風流"(『二十四詩品』)
한 것을 최고로 삼는 의미로 발전한다.
48) 한편 『文心雕龍·原道』에서의 道에 대한 해석도 분분하여 어떤 이는 老莊의
道 혹은 佛家의 道라고 하기도 한다. 黃侃은 『文心雕龍札記』에서 "案彦和之
意, 以爲文章本由自然生, 故篇中數言自然, 一則曰心生而言立, 言立而文明, 自
然之道也. … 此與後世言文以載道者截然不同.'라고 하였다. 즉 劉勰은 儒家
의 道를 宣揚하는 것을 목적으로 삼았던 것이 아니며, 단지 문장을 짓기 위
한 수단이었던 것이라고 했다. 그러므로 이러한 劉勰의 '自然之道'는 반드시
儒家의 道만은 아니며 오히려 老莊의 道에 가깝다고 할 수 있다.

운용에 더욱 치중하였다고 할 수 있으며, 風의 운용은 儒家 經典의 학습을 통해서 가능하다고 한 것이다.

그런데 「風骨」에서,

> 종합하여 말하자면, 감정은 氣力과 잘 어울리고, 文辭는 體와 어우러져 함께 한다. 文이 밝고 튼튼하다면, 珪璋 구슬처럼 귀하다. 성대한 저 風力, 엄정한 이 뼈대. 재주의 봉우리가 우뚝 솟아 있고, 文彩의 화려함이 매우 빛난다.(贊曰, 情與氣偕, 辭共體幷. 文明以健, 珪璋乃騁. 蔚彼風力, 嚴此骨鯁. 才峰峻立, 符采克炳.)49)

라고 했듯이, 劉勰이 風과 骨의 비중에 있어서 무엇을 더 강조했다는 것보다는, 역시 風과 骨의 조화를 강조하였지만, 『文心雕龍』의 전체 성향과 「風骨」에서 특히 儒家 經典의 학습을 강조한 것을 미루어 보면, 劉勰은 文辭의 운용을 가리키는 骨보다 文意를 일컫는 風에 보다 주의하고 있다고 할 수 있다.

(4) 三曹와 七子의 風骨에 대한 評

앞 절에서 「風骨」의 내용분석을 통해서 風骨의 정의와 연원·효용성 등을 살펴보았고, 風骨의 개념이 建安文壇의 특징이라고 한 慷慨와 어떤 관계가 있는지를 검토해 보았다. 이 절에서는 위의 논의에 바탕을 두어 劉勰이 『文心雕龍』 각 편에서 建安文壇에서 활동했던 문인들에 대한 비평의 내용은 建安風骨과 어떤 상관관계가 있는지를 살펴보고자 한다.

劉勰은 문학과 시대의 관계가 긴밀하게 연계되어 있음을 인식했다. 그리하여 建安文學의 특징에 대하여, 시의 정의·기원과 연혁 그리고 작가 작품의 논평을 주로 한 「明詩」에서는 "격앙되어서는 의기에 따랐고, 자질구레한 것에는 대범하게 개의치 않고 재주를 펼쳤다.(慷慨以任

---

49) 劉勰 撰, 戶田浩曉 譯註, 『文心雕龍』 424쪽

氣, 磊落以使才.)"라고 했으며, 시대의 순서에 따라서 여러 문학 양식의 내용과 형식도 그 시대의 정치·경제·학술·사상·풍속 등의 여러 문화적인 요소와 밀접히 연계되어서 전개한다는 견해를 밝힌 「時序」에서는 "모두들 마음에 깊은 시름이 있어 내내 붓에 의지해 풀었다. 그러므로 격앙된 기질이 다분하다.(幷志深而筆長. 故梗槪而多氣也.)"라고 하였다. 그리하여 建安文學의 특징을 한마디로 '慷慨多氣'라고 했으며, 이것이 곧 建安風骨의 주요 특징이다.

建安時期에 활약했던 三曹와 建安七子는 비슷한 환경에서 작품 활동을 했다고 할 수 있으니, 비슷한 문학특징을 가지고 있을 것이라고 짐작할 수 있다. 그러나 劉勰이 『文心雕龍·體性』에서 風格이란 작가마다의 선천적인 개성에 의해서 결정되어서, "각자 스승 삼는 것이 있어서 마음을 정하였으니, 그들이 각각 면모가 다른 것은 서로 얼굴이 다른 것과 같다.(各師成心, 其異如面.)"라고 하여, 작가마다 서로 다른 風格을 나타내고 있음을 인정하고 있는 것처럼, 그들에게 공통점이 있는 만큼 서로 다른 점도 갖고 있으리라 여겼던 것이다.

다음은 『文心雕龍』 본문 가운데에서 建安年間 문인들의 작품에 대한 風格이나 그들의 문학론에 대한 평이다.

* 曹操[50]

① 曹操가 "勅戒를 지을 때에는 사실을 바르게 지적해서 말해야 하며, 모호한 태도를 짓지 말아야 한다."라고 한 것은 정치의 요점을 깨달은 것이다.(「詔策」 "魏武稱作敕戒, 當指事而語, 勿得依違, 曉治要矣.")[51]

② 예전에 曹操는 賦를 짓는 것에 대하여 "같은 운을 거듭하는 것을 꺼리며, 운을 바꾸는 것을 잘한다."라고 했다.(「章句」 "昔魏武論賦, 嫌於積韻, 而善於資代.")[52]

---

50) 劉勰 撰, 戶田浩曉 譯註, 『文心雕龍』 300쪽 : 이 두 단락의 출처는 未詳이다.
51) 劉勰 撰, 戶田浩曉 譯註, 『文心雕龍』 296쪽
52) 劉勰 撰, 戶田浩曉 譯註, 『文心雕龍』 475쪽

위 두 단락은 曹操의 창작 태도에 있어서 骨의 운용에 관해 언급한 것이다. 첫 번째로 '사실을 바르게 지적해서 말해야 한다.(當指事而語.)" 라고 한 것은, 「風骨」에서 지적한 대로 骨의 운용은 '말의 구성이 바르고 곧아야 문장의 骨이 완성된다.(結言端直 則文骨成焉.)"라고 한 것처럼, 글의 운용이란 있는 사실에 입각하여 바르게 지적하여 말하되 진실되어야 한다는 것이다. 특히 '當指事'는 창작에서 骨의 운용에 관한 입장이기도 하지만, 風의 방면에서 그의 시편이 慷慨한 풍격을 띠게 한 원인이 되기도 한다. 이러한 시 창작의 태도로 인하여 鍾嶸이 曹操의 시편에 대하여 "상당히 슬픔이 짙은 글귀가 많다.(頗有悲涼之句.)"라고 한 것은, 그의 시가 漢末의 전란과 그것 때문에 생긴 백성의 고통을 적절히 잘 반영하였기 때문이다.

그리고 "같은 운을 거듭하는 것을 꺼리며, 운을 바꾸는 것을 잘한다.(嫌於積韻, 而善於資代.)"라고 한 것은, 「風骨」에서,

> 만약에 수식이 풍부한 문장도 風과 骨이 확실하지 않으면, 애써 지은 文彩도 신선미를 잃고, 聲律도 무력하게 될 뿐이다. … 문자의 선택이 정확하고 글자 하나 바꾸기도 어렵고, 聲律의 구성이 안정되어 있어서 약간의 정체도 없다. 이것이 風骨의 힘이다.(若豊藻克贍, 風骨不飛, 則振采失鮮, 負聲無力. … 捶字堅而難移, 結響凝而不滯, 此風骨之力也.)[53]

라고 했듯이, 劉勰은 기본적으로 '尙用' '尙質'의 문학관을 가지고 있었으면서도 형식과 수사상의 聲律도 강구하였다는 것도 밝힌 대목이다.

* 曹丕
① 曹丕나 曹植의 경우에는 핵심을 잘 파악하고 면밀했다.(「諧讔」 "至魏文陳思, 約而密之.")[54]

---

53) 劉勰 撰, 戶田浩曉 譯註, 『文心雕龍』 418쪽
54) 劉勰 撰, 戶田浩曉 譯註, 『文心雕龍』 223쪽

② 曹丕가 "문장에는 작가의 기질이 중요하다. 기질이 맑은지 탁한지는 타고난 것이어서 애써서 어쩔 수 있는 것이 아니다."라고 했다.(「風骨」 "魏文稱, 文以氣爲主. 氣之淸濁有體, 不可力强而致.")55)
③ 曹丕는 구상을 자세히 했지만, 志氣가 약해서 (曹植에 비해) 앞설 수는 없었으나, 樂府는 가락이 뛰어나고 맑으며, 『典論』은 요점을 잘 파악하고 있다.(「才略」 "子桓慮詳而力緩, 故不競於先鳴, 而樂府淸越, 典論辯要.")56)

曹丕에 관한 비평 중에서 주목할 만한 것은 그의 문학적 특징을 "구상을 자세히 했지만, 志氣가 약하다.(慮詳而力緩.)"라고 한 점이다. 이 때문에 曹植에 비하자면, 미치지 못해서 先聲을 내지 못했다고 하였으니, 劉勰은 風의 실현이란 측면에서 曹丕와 曹植의 氣力을 이렇게 비교한 것이다.

그러므로 曹丕가 曹操에 이어서 建安文壇의 실질적인 영수였으면서도 建安文學의 대표가 될 수 없었던 이유라고 할 수 있다. 그의 시편이 대체로 '氣力이 약하다.(力緩)'라고 했는데, 그의 대표작 「燕歌行」57)

---

55) 劉勰 撰, 戶田浩曉 譯註, 『文心雕龍』 420쪽
56) 劉勰 撰, 戶田浩曉 譯註, 『文心雕龍』 636쪽
57) 曹丕 撰, 張溥 編, 『魏文帝集』 卷2(『漢魏六朝百三名家集』 제1책 744쪽) :
秋風蕭瑟天氣涼,　가을 바람은 쌀쌀해지고 날씨 차가워지니,
草木搖落露爲霜.　풀과 나무 시들어 이슬은 서리되어 내린다.
群燕辭歸雁南翔,　제비 떼는 돌아가고 기러기는 남으로 날아가니,
念君客遊多思腸.　타향을 떠도는 님 생각에 마음만 애태운다.
慊慊思歸戀故鄕,　애태우며 돌아올 날 생각하며, 고향을 그릴 텐데.
君何淹留寄他方.　님은 어이하여 타향에 오래 머물러 계시는 걸까.
賤妾煢煢守空房,　이 내 몸은 외로이 빈 방만 지키고 있자니,
憂來思君不敢忘.　시름 깊어 그대 생각 한시도 잊을 수 없으니,
不覺淚下沾衣裳.　나도 모르게 눈물 흘러내려 옷자락을 적신다.
援琴鳴絃發淸商.　거문고 가져다가 줄 퉁겨 淸商曲 울려보지만,
短歌微吟不能長.　노래마다 짧고 음조는 가냘퍼 오래가지 못하는구나.
明月皎皎照我牀,　밝은 달은 휘영청 내 침상을 비추고,
星漢西流夜未央.　은하수는 서쪽으로 기울었지만 밤은 아직 새지 않았다.

에서는 멀리 떠나간 남편에 대한 애절한 속내를 폈으며, 「雜詩」58)에서는 고향을 떠나 외로움에 지친 나그네를 그리고 있고, 「寡婦」59)에서는

  牽牛織女遙相望, 견우 직녀는 멀리 서로 바라만 볼 뿐,
  爾獨何辜限河梁. 그대들만 무슨 죄로 은하수 사이에 두고 헤어져 있는가.
58) 曹丕 撰, 張溥 編, 『魏文帝集』 卷2(『漢魏六朝百三名家集』 제1책 749쪽) :
  漫漫秋夜長, 길고 긴 가을 밤 길기도 해,
  烈烈北風涼. 매서운 북풍 차다.
  展轉不能寐, 뒤척이며 잠 못 이루어
  披衣起彷徨. 옷 걸치고 나와 서성거린다.
  彷徨忽已久, 서성이다 문득 밤이 깊어
  白露沾我裳. 흰 이슬 내 옷 적신다.
  俯視淸水波, 맑은 물결을 굽어보고는
  仰看明月光. 밝은 달을 쳐다본다.
  天漢回西流, 은하수는 서쪽으로 돌아 흐르는데,
  三五正縱橫. 心星과 柳星이 때마침 흩어진다.
  草蟲鳴何飛, 풀벌레 울음소리 어찌 이리도 구슬픈가.
  孤雁獨南翔. 외로운 기러기가 홀로 남으로 날아간다.
  鬱鬱多悲思, 답답한 내 마음 서글프기만 하고,
  綿綿思故鄕. 고향 생각이 끊이지 않는다.
  願飛安得翼, 날아가고 싶지만, 어찌 날개 얻을 수 있는가.
  欲濟河無梁. 강을 건너고 싶지만 다리는 없다.
  向風長歎息, 바람 따라 길게 탄식하니
  斷絶我中腸. 애간장을 끊는 듯하다.
  ……
59) 曹丕 撰, 張溥 編, 『魏文帝集』 卷2(『漢魏六朝百三名家集』 제1책 750쪽) :
  霜露紛兮交下, 서리와 이슬이 어지러이 번갈아 내리고,
  木葉落兮淒淒. 나뭇잎이 떨어지니 쓸쓸하기도 하다.
  候鴈叫兮雲中, 기러기 구름 속에서 울고,
  歸燕翩兮徘徊. 돌아가는 제비 홀쩍 날며 서성인다.
  妾心感兮惆悵, 내 마음 서글프기만 한데,
  白日急兮西頹. 석양은 서쪽으로 급히 넘어간다.
  守長夜兮思君, 그대 생각에 긴 밤 지새우다가
  魂一夕兮九乖. 혼이 한 순간에 흩어지는 듯.
  悵延佇兮仰視, 서글픔에 서성이며 올려보니,
  星月隨兮天廻. 별과 달은 서로 따르며 돌고 있다.
  徒引領兮入房, 헛되이 옷깃 여미고 방에 들어가

남편을 잃은 애절한 심정을 읊는 등 建安風骨의 형성 요인 가운데 전란으로 인한 사회의 비참한 현실에 대한 반영보다는 대체로 남녀 이별의 애틋한 정서를 노래한 것이 많다. 이러한 면에서 曹丕의 시편 역시 형식의 다양성이나 언어의 통속성 그리고 民歌的인 요소를 활용했다는 측면에서는 시가 발전에 매우 의의가 있는 것이지만, 建安風骨의 발현이라는 측면에서는 미흡하다고 할 수 있다.

* 曹植

① 曹植도 "세상의 작가들 중에는 어떤 이는 잡다한 것을 널리 모아다가 문장을 번잡하게 하기를 좋아하고, 게다가 문장의 내용을 깊이 할 수 있다고 잘못 알고 있는 자가 있고, 또 어떤 이는 분석적인 글귀를 써서 미세한 표현을 좋아하는 이도 있으니, 이것은 익힌 것이 서로 같지 않고, 힘쓰는 것이 각기 달라서이다."라고 했다.(「定勢」"陳思亦云, 世之作者, 或好煩文博採, 深沈其旨者, 或好離言辨白, 分毫析釐者. 所習不同, 所務各異.")60)

② 그러므로 曹植이 "揚雄이나 司馬相如의 작품은 취지가 깊어서 독자는 유식한 선생이 아니면, 그 글귀를 알 수가 없었으며, 널리 배우지 않으면, 그 이치를 이해할 수 없다."라고 했다. 이것은 그들과 독자간의 재능이 현격히 차이가 나며, 또 그들이 쓴 문자의 뜻이 애매함을 말한다.(「練字」"故陳思稱, 揚馬之作, 趣幽旨深, 讀者非師傳, 不能析其辭, 非博學, 不能綜其理, 豈直才懸, 抑亦字隱.")61)

③ 曹植의 「野田黃雀行」이나 劉楨의 「亭亭山上松」은 風格이 剛健하고, 才力이 강하여, 모두 諷諭가 뛰어나다.(「隱秀」"陳思之黃雀, 公幹之靑松, 格剛才勁, 而幷長於諷諭.")62)

竊自憐兮孤棲. 남 몰래 외로움 달래본다.
願從君兮終沒, 그대 따라 생을 마치고 싶을 뿐인데,
愁何可兮久懷. 걱정은 어찌하여 이리도 오래 계속되나.

60) 劉勰 撰, 戶田浩曉 譯註, 『文心雕龍』 439쪽
61) 劉勰 撰, 戶田浩曉 譯註, 『文心雕龍』 523쪽
62) 劉勰 撰, 戶田浩曉 譯註, 『文心雕龍』 541쪽

④ 曹植은 구상이 면밀하고, 재능이 뛰어나, 그의 시는 아름다우며 上奏文은 탁월하다.(「才略」 "然子建思捷而才儁, 詩麗而表逸.")63)

⑤ 平子(張衡)는 雅함을 얻었고, 叔夜(嵇康)은 潤함을 머금었고, 茂先(張華)은 淸함이 응축되어 있고, 景陽(張協)은 麗함을 발휘했다. 이 네 가지 장점을 모두 갖춘 이는 子建(曹植)과 仲宣(王粲)이며, 太沖(左思)과 公幹(劉楨)은 美麗한 방면에만 치우쳐 있다.(「明詩」 "平子得其雅, 叔夜含其潤, 茂先凝其淸, 景陽振其麗. 兼善則子建仲宣, 偏美則太冲公幹.")64)

曹植에 관한 평은 한마디로 風과 骨의 두 방면에 있어서 모두 매우 뛰어나다는 것이다. 曹植은 風에 있어서 '格剛才勁'하고, '表逸'하여서 風格이 강건하다고 했고, 骨에 있어서는 '煩文博採, 深沈其旨'하다거나 '好離言辨句, 分毫析釐'와 같은 것은 劉勰이 말한 骨의 조건 가운데 '結言端直'해야 할 骨의 운용에 어긋나는 태도라 하여 꺼렸다고 할 수 있다. 그리고 그의 「野田黃雀行」은 風格의 剛健 뿐만 아니라 諷諭에도 뛰어나다 했으니, 원래 「毛詩序」에서 말했던 詩歌의 작용 가운데 風을 통해서 시가의 美刺와 諷諫의 사회적인 功能作用에 충실함을 알 수 있다.

이 단락은 구체적으로 曹植에게는 「野田黃雀行」과 劉楨에게는 「亭亭山上松」 두 작품이 "風格이 강건하고, 才力이 강하여, 모두 諷諭에 있어서 우수하다.(格剛才勁, 而幷長於諷諭.)"라고 품평한 것이 매우 주목된다. 曹植의 「野田黃雀行」65)에서 소년이 그물에 걸린 참새를 칼로

---

63) 劉勰 撰, 戶田浩曉 譯註, 『文心雕龍』 636쪽
64) 劉勰 撰, 戶田浩曉 譯註, 『文心雕龍』 97쪽
65) 曹植 撰, 張溥 編, 『陳思王集』 卷2(『漢魏六朝百三名家集』 제2책 73쪽)
高樹多悲風.   높다란 나무에 슬픈 바람만 많고,
海水揚其波.   바닷물은 물결친다.
利劍不在掌.   날카로운 칼 손에 쥐지 못해
結友何須多.   벗 맺은 이 어찌 많을 수 있나.
不見籬間雀.   바구니 속 참새 보지 못했는가.
見鷂自投羅.   장끼가 그물로 몸을 던지는 것이 보인다.

찢고 구해준다는 고사를 통해서 자신 때문에 죽어야만 했던 벗 丁儀·丁廙 형제와 그의 가족들에 대한 슬픔과 사정이 이러한데도 아무것도 하지 못하는 자신의 무능함에 대한 한스러움이 거꾸로 소년에게 실어져서 자신이 갈구하던 장면을 시편에서나마 구현해보고자 한 것으로 그러한 상황에서의 諷諭가 매우 독특하며 뛰어나다고 할 수 있다.

「毛詩序」에서 風의 요소 가운데 사회적인 공용성을 지적했었는데[66] 이 편에서는 자신의 측근들에게 가해졌던 핍박에 대한 개인적인 불평과 불우의 서러움을 노래하고 있는 것이어서 「毛詩序」에서와는 입장이 다르다. 그러므로 '世積亂離'로 인한 慷慨한 詩文風을 建安風骨이라 했던 것이 曹植의 시편에 '格剛才勁'과 諷諭의 배경 원인이 사회로부터가 아니라 개인에게로 옮겨와 있었음을 알 수 있다.

* 王粲

① 王粲의 賦는 면밀하면서 쓸 때에는 반드시 힘이 있다.(「詮賦」 "及仲宣靡密, 發端必遒.")[67]

② 王粲의 「去伐論」은 … 모두 자기 사상을 주체로 삼아 독특한 견해를 세웠고, 문장은 정밀하여 議論文의 걸작이다.(「論說」 "仲宣之去伐, … 幷師心獨見, 鋒穎精密, 蓋論之英也.")[68]

③ 王粲은 넘치는 재능을 가졌고, 민첩하고 주도면밀하다. 그의 문장은 상당히 좋은 점을 갖추었으며, 표현에도 결점이 없다. 詩나 賦를 들자면, 七子 가운데에서 으뜸이라 할 만하구나.(「才略」 "仲宣溢才, 捷而能密. 文

羅家得雀喜. 그물 놓은 이 참새를 잡고 기뻐하지만,
少年見雀悲, 소년은 참새를 보니 슬프다.
拔劍捎羅網 칼을 빼들어 그물을 끊으니,
黃雀得飛飛 참새 훨훨 날아가게 되었다.
飛飛摩蒼天 훨훨 날아 푸른 하늘에 닿아서는
來下謝少年. 내려와 소년에게 고마워한다.

66) "風, 風也, 教也. 風以動之, 教以化之."
67) 劉勰 撰, 戶田浩曉 譯註, 『文心雕龍』 123쪽
68) 劉勰 撰, 戶田浩曉 譯註, 『文心雕龍』 271쪽

多兼善, 辭少瑕累. 摘其詩賦, 則七子之冠冕乎.")69)
④ 王粲은 성급하지만, 그 때문에 영리하며 날카로운 재주가 돋보인다.
(「體性」"仲宣躁銳, 故穎出而才果.")70)

　王粲에 대해서 劉勰은 '七子 가운데에 으뜸(七子之冠冕)'이라 했고, '문장은 상당히 좋은 점을 갖추었다.(文多兼善)'라고 평했다. 劉勰은 王粲의 각 문체에 대해서「詮賦」에서는 '靡密하다.'라고 했고,「論說」에서는 '鋒穎精密'하다고 했고,「才略」에서는 '捷而能密'하다고 했는데, 이것들의 공통된 요지는 王粲의 風格이 '密'하다는 것이다. '密'하다 함은 嚴密·精密의 뜻이니, 작품에 있어서 특히 수사적인 측면에 주의해서 말한 것이다. 그러므로 王粲은 風보다는 骨의 방면이 돋보인다는 것을 밝혔음을 알 수 있다. 그래서 그를 평하면서 靡密한 가운데에서 언제나 힘이 있다고 한 것은 그의 문학적 구성이 정밀하다는 것이며, 그것은 그의 才性이 예민하기 때문이다.
　劉勰이「風骨」에서 "문자의 선택이 정확하여 글자 하나의 변경도 어렵고, 聲律의 구성이 안정되어 있어서 약간의 정체도 없다.(捶字堅而難移, 結響凝而不滯.)"라고 한 것처럼, 王粲은 劉勰이 말한 骨의 개념에 가장 충실하다고 할 수 있다. 그러므로 그가 建安七子의 으뜸이 된다는 평을 받을 수 있었던 것이다.

* 孔融
① 孔融의 작품은 蔡邕의 作風을 흠모하여「張儉의 碑」와「陳其의 碑」두 비문은 표현이 상세하고도 文彩가 뛰어나서 蔡邕을 이을 만한 자이다.(「誄碑」"孔融所創, 有慕伯喈. 張陳兩文, 辨給足采, 亦其亞也.")71)
② 孔融이 禰衡을 추천하는 表에는 意氣가 넘치고 文彩가 약동한다.(「章

---

69) 劉勰 撰, 戶田浩曉 譯註,『文心雕龍』637쪽
70) 劉勰 撰, 戶田浩曉 譯註,『文心雕龍』411쪽
71) 劉勰 撰, 戶田浩曉 譯註,『文心雕龍』185쪽

表」"至於文擧之薦禰衡, 氣揚采飛."")72)
③ 그러므로 (曹丕가) 孔融을 논하기를 타고난 기질이 뛰어나다고 했다.
(「風骨」"故其論孔融, 則云體氣高妙.")73)
④ 劉楨도 이르기를, "孔融은 탁월하여 참으로 보통사람과는 다른 기질을 가지고 있으며, 그의 문학성은 아마 누구도 겨룰 수 없을 것이다."라고 했다.(「風骨」"公幹亦云, 孔氏卓卓, 信含異氣, 筆墨之性, 殆不可勝.")74)
⑤ 孔融은 산문을 짓는 데에 기질이 대단하다.(「才略」"孔融氣盛於爲筆.")75)

孔融의 문학 특징으로 "표현이 상세하고도 文彩가 뛰어나다.(辨給足采)"라고 한 것이나, "文彩가 약동한다.(彩飛)"라고 한 것은, 수사 방면에서의 특징을 말한 것이다. 내용 방면 즉 風의 발현에 있어서는 "의기가 넘친다.(氣揚)", "타고난 기질이 뛰어나다.(體氣高妙)", "참으로 보통 사람과는 다른 기질을 가지고 있다.(信含異氣)", "산문을 짓는 데에 기질이 대단하다.(氣盛於爲筆.)"라고 한 것에서 알 수 있듯이, '氣'가 강하다는 것으로 일관되어 있다. 그러므로 앞에서 王粲이 骨의 방면에 주력하여 성취를 얻었다면, 孔融은 氣 즉 風의 방면에 주력했다는 것을 알 수 있다.

이러한 특징은 孔融의 성격상 기질과 매우 밀접한 관계가 있다. 그의 격정적인 창작 태도가 문장에 옮겨져 '氣가 대단한(氣盛)' 특색을 이루었다고 봐야 한다.76)

* 陳琳
① 陳琳이 豫州의 劉備에게 보낸 檄文은 굳세면서도 뼈대가 있다.(「檄移」

---

72) 劉勰 撰, 戶田浩曉 譯註, 『文心雕龍』 331쪽
73) 劉勰 撰, 戶田浩曉 譯註, 『文心雕龍』 420쪽
74) 劉勰 撰, 戶田浩曉 譯註, 『文心雕龍』 420쪽
75) 劉勰 撰, 戶田浩曉 譯註, 『文心雕龍』 631쪽
76) 吳雲 主編, 『建安七子集校註』 5쪽, 天津古籍出版社, 1991

"陳琳之檄豫州, 壯有骨鯁."")77)

② 陳琳의 작품은 굳세다고 일컬어졌으니, 그것이 가장 두드러진다.("章表" "孔璋稱健, 則其標也."")78)

陳琳의 檄文은 '壯有骨鯁' 즉 강건한 정서와 文辭의 端正을 갖췄다고 했다. 그러한 가운데 '骨鯁' 즉 骨力이 있다고 하였으니, 이러한 특징을 孔融에 비교하자면, 孔融이 氣의 방면에 특히 주의하여 風의 발현에 힘썼던 것과 정반대의 모습이라고 할 수 있다. 劉勰이 「風骨」의 贊에서 "성대한 저 風力, 엄정한 이 뼈대(蔚彼風力, 嚴此骨鯁.)"라고 했듯이, 여기에서의 骨鯁은 바로 '骨力의 강건함'이라고 할 수 있으니, 陳琳은 骨의 측면에서 특히 주의했다는 것을 알 수 있다.

* 徐幹
① 徐幹의 賦는 박학하여 널리 통하고, 때로 뛰어난 색채가 보여서 … 魏晉時期 賦의 으뜸이다.("詮賦" "偉長博通, 時逢壯采, … 亦魏晉之賦首也."")79)
② 徐幹을 평하여 "때때로 齊나라 風格이 있다."라고 했다.("「風骨」 "論徐幹, 則云時有齊氣."")80)
③ 徐幹은 賦나 論으로 아름다움을 발휘했다.("才略" "徐幹以賦論標美."")81)

이것에서 徐幹은 骨의 방면에 힘썼다는 것을 알 수 있다. 그래서 그의 賦를 일컬어서 '壯采'라 하여 색채가 뛰어나다고 했고, 典雅보다는 외향적인 화려함을 추구한 '齊氣'가 있다고 했다. 그의 이러한 면모는 「室思」82)에 잘 나타나 있다. 이 시의 주제는 閨情을 다룬 것으로 멀리

---

77) 劉勰 撰, 戶田浩曉 譯註, 『文心雕龍』 307쪽
78) 劉勰 撰, 戶田浩曉 譯註, 『文心雕龍』 332쪽
79) 劉勰 撰, 戶田浩曉 譯註, 『文心雕龍』 123쪽
80) 劉勰 撰, 戶田浩曉 譯註, 『文心雕龍』 420쪽
81) 劉勰 撰, 戶田浩曉 譯註, 『文心雕龍』 637쪽

타향으로 떠난 님을 그린 것인데, 감정이 진지하여 감동이 더하고, 음절이 자연스럽고 매끄럽다는 평을 받는다.

* 應瑒
① 應瑒은 다채로운 구상을 잘 종합했다.(「時序」 "德璉綜其斐然之思.")83)
② 應瑒은 학문이 뛰어나서 문장 수식을 잘했다.(「才略」 "應瑒學優以得文.")84)
③ 應瑒의 「文論」은 겉보기에는 화려하지만, 내용은 소략하다.(「序志」 "應論華而疏略.")85)

應瑒은 "다채로운 구상을 잘 종합했으며(綜其斐然之思)", '得文'이라 한 것에서 骨의 방면에 보다 주의했다는 것을 알 수 있다. 그래서 曹丕가 『典論・論文』에서 "應瑒은 조화로워서 기질이 굳세지 않다.(應瑒和而不壯.)"라고 하였으며, 『詩源辯體』 卷4에서 "應瑒은 구상을 하는 것이 아득하여 지리한 데로 빠졌다.(應瑒巧思逶迤, 失之靡靡)"86)라고 했던 것이다. 그러나 현재 남아 있는 應瑒의 시는 현재 보이는 것이 6수

---

82) 逯欽立 輯校, 『先秦漢魏晉南北朝詩』 漢詩 卷3 376쪽, 中華書局, 1986 :
　沈陰結愁憂,　 깊은 어두움 쓸쓸함과 합한 듯,
　愁憂爲誰興.　 쓸쓸함 누구 때문에 생겼나.
　念與君生別,　 그대와 생이별한 걸 생각해 보니,
　各在天一方.　 각자 하늘 끝 한 쪽에 있다.
　良會未有期,　 좋은 시절의 만남은 기약이 없으니,
　中心摧且傷.　 속마음은 꺾이고 다치기만 했다.
　不聊憂飱食,　 아무 생각 없이 물 말은 밥을 걱정하고,
　慊慊常飢空.　 허전한 것이 늘 배고픈 듯하다.
　端坐而無爲,　 단정히 앉아서는 아무 일 않으니,
　髣髴君容光　 마치 그대의 멋진 용모 보는 듯하다.
　……
83) 劉勰 撰, 戶田浩曉 譯註, 『文心雕龍』 620쪽
84) 劉勰 撰, 戶田浩曉 譯註, 『文心雕龍』 637쪽
85) 劉勰 撰, 戶田浩曉 譯註, 『文心雕龍』 677쪽
86) 許學夷 著, 杜維沫 校點, 『詩源辯體』 83쪽

인데, 이들 시는 각각 다른 風格을 나타내고 있다. 예를 들면, 「別詩」87)에서는 고향에 돌아가지 못하는 마음을 애절하게 폈으면서도, 「侍五官中郞將建章臺集詩」88)에서는 화려한 색채의 辭藻가 돋보이는데, 『詩源

---

87). 應瑒 撰, 張溥 編, 『應德璉集』(『漢魏六朝百三名家集』 제2책 173쪽)
    朝雲浮四海, 아침 구름 온 바다에 떴다가는,
    日暮歸故山. 저녁이 되어서는 옛 산으로 돌아간다.
    行役懷舊士, 전쟁 나가서는 옛 사람 그리워하다가,
    悲思不能言. 슬픈 생각에 아무 말 못한다.
    悠悠涉千里, 아득히 천 리나 갔으니,
    未知何時旋. 언제 돌아올 줄도 모른다.
    浩浩長河水, 까마득한 長江의 물결,
    九折東北流. 아홉 구비에 굽이쳐서 동북쪽으로 흐른다.
    晨夜赴滄海, 내내 검은 바다로 흘러가서,
    海流亦何抽. 바닷물도 이리저리 흘러간다.
    遠適萬里道, 멀리 만 리 길 떠가버리니,
    歸來未有由. 돌아올 아무런 기미도 없다.
    臨河累太息, 강에 서서 길게 탄식하니,
    五內懷傷憂. 속마음 슬픈 걱정만 가득하다.

88). 應瑒 撰, 張溥 編, 『應德璉集』(『漢魏六朝百三名家集』 제2책 172쪽) :
    朝雁鳴雲中, 아침에 기러기 구름 속에서 우는데,
    音響一何哀. 소리가 하도 슬펐다.
    問子游何鄕, 그에게 어데 가서 노느냐고 물었더니,
    戢翼正徘徊. 날개 접고는 바로 빙빙 돈다.
    言我塞門來, 말하기를 나는 寒門에서 와서,
    將就衡陽栖. 장차 衡陽에 가서 지낼 거라고 한다.
    往春翔北土, 봄이 다 가니 북쪽 지방으로 날아가서,
    今冬客南淮. 이번 겨울에는 나그네 되어 南淮로 가련다.
    遠行蒙霜雪, 멀리 떠나 서리나 눈을 뒤집어 써,
    毛羽日摧頹. 털과 깃이 날로 달아 빠진다.
    常恐傷肌骨, 살과 뼈 다쳐서,
    身隕沈黃泥. 몸이 누런 진흙에 빠져 버릴까 늘 두렵다.
    簡珠墜沙石, 큰 옥이 모래무지에 빠졌으니,
    何能中自諧. 어찌 그 속에서 내 마음 편할 수 있나.
    欲因雲雨會, 구름이 비를 만나는 기회를 틈타서,
    濯翼陵高梯. 깃을 가다듬어 높은 사다리 뛰어오르련다.
    良遇不可値, 참으로 좋은 시절 만나지 못했으니,

『辯體』卷4에서 이것을 평하여,

　　應瑒의 五言詩「侍五官中郎將建章臺集詩」는 才思가 특히 뛰어나 주제 내용이 궁핍하지 않다. 그래서 지리하다고 할 수 없다.(應瑒五言建章臺詩, 才思逸發而情態不窮, 然未可謂靡.)"89)

라고 했듯이, 劉勰이 말한 骨의 방면의 '得文'과는 서로 다른 평가를 받았다고 할 수 있으니, 아마도 나중에 없어졌을 그의 시편들에는 혹시 그런 방면이 발현되었는지도 모르겠다.

* 劉楨
① 劉楨의 牋과 記는 문장이 화려하면서도 風敎에 유익하다.(「書記」 "公幹牋記, 麗而規益.")90)
② 劉楨은 기질이 편협해서 글귀는 굳세지만, 정서가 불안하다.(「體性」 "公幹氣褊, 故言壯而情駭.")91)
③ 劉楨을 평하자면, "사람됨이 훌륭한 기질을 가졌다."라고 한다.(「風骨」 "論劉楨, 則云有逸氣.")92)

伸眉路何偕.　신이 나서 달리는 길은 어떻게 함께 갈까.
公子敬愛客　公子는 손님을 공경하고 아끼느라,
樂飮不知疲.　즐기며 마시는데도 피곤한 줄 모른다.
和顏旣已暢,　온화한 얼굴 환히 펴며,
乃肯顧細微.　자질구레한 일도 기꺼이 살핀다.
贈詩見存慰,　시를 보내 위로의 뜻을 보이니,
小子非所宜.　하찮은 나는 마땅치 않다.
且爲極歡情,　즐거운 마음 다하였으니,
不醉其無歸.　취하지 않고는 돌아가지 않는다.
凡百敬爾位　모두들 자기의 자리를 공경하여서,
以副饑渴懷.　公子께서 애타게 훌륭한 이 찾는 것에 부응하라.

89) 許學夷 著, 杜維沫 校點, 『詩源辯體』 83쪽
90) 劉勰 撰, 戶田浩曉 譯註, 『文心雕龍』 376쪽
91) 劉勰 撰, 戶田浩曉 譯註, 『文心雕龍』 411쪽
92) 劉勰 撰, 戶田浩曉 譯註, 『文心雕龍』 420쪽

④ 劉楨은 "문장의 표현이나 가락에는 강함이 중요하다. 글귀를 써서 표현을 다하여 기세에 남음이 있는 문장이 세상에서 으뜸일 뿐인데, 이것은 쉽지 않다."라고 했는데, 劉楨의 이 말은 작가가 氣力을 갖는 문제를 말한 것이다.(「定勢」"劉楨云, 文之體勢貴强. 使其辭已盡, 而勢有餘, 天下一人耳. 不可得也. 公幹所談, 頗亦兼氣. 然文之任勢, 勢有剛柔, 不必壯言慷慨, 乃稱勢也.")93)
⑤ 曹植의 「野田黃雀行」이나 劉楨의 「亭亭山上松」은 風格이 강건하고, 才力이 강하여, 모두 諷諭에 있어서 우수하다.(「隱秀」"陳思之黃雀, 公幹之靑松, 格剛才勁, 而幷長於諷諭.")94)
⑥ 劉楨은 성품이 고상하고, 文彩를 교묘히 이루었다.(「才略」"劉楨情高以會采.")95)

劉楨에 대한 평가 가운데 '氣褊'·'逸氣'·'文之體勢貴强'·'格剛才勁'·情高 등은 한마디로 기질이 강하다는 것으로 風의 방면에 주력했다는 것이다. 이러한 그의 면모는 「亭亭山上松」에 잘 나타나 있다고 할 수 있다. 이 시는 劉楨의 대표작인 「贈從弟詩」三首의 둘째 구 첫 부분이다.

汎汎東流水,　두둥실 물이 동쪽으로 흐르는데,
磷磷水中石.　물 속의 돌은 반짝인다.
蘋藻生其涯,　물풀이 물가에 나 있고,
華葉紛擾溺.　꽃이 어지러이 우아한 자태를 띤다.
采之薦宗廟,　캐어다가 종묘에 바치니,
可以羞嘉客.　좋은 손님께도 바칠 수 있다.
豈無園中葵,　어찌 정원에 해바라기 없이,
懿此山深澤.　깊은 윤기 낸다고 아름다워 할 수 있나.
亭亭山上松,　높고 곧은 산 위에 소나무 있고,
瑟瑟谷中風.　계곡에는 바람 소리 거세기도 하다.

---

93) 劉勰 撰, 戶田浩曉 譯註, 『文心雕龍』 439쪽
94) 劉勰 撰, 戶田浩曉 譯註, 『文心雕龍』 541쪽
95) 劉勰 撰, 戶田浩曉 譯註, 『文心雕龍』 637쪽

風聲一何盛,	바람 소리 거세기도 한데,
松枝一何勁.	소나무 가지 역시 굳세다.
冰霜正慘悽,	얼음 서리 참으로 매서워,
終歲常端正.	해가 다 가도록 늘 단정하다.
豈不罹凝寒,	어찌 혹독한 추위 지내지 않은 채로,
松栢有本性.	소나무와 잣나무가 본성을 가졌다 하나.
鳳凰集南岳,	봉황이 南岳에 모여서는,
徘徊孤竹根.	외로운 대나무 뿌리 주위를 돈다.
於心有不厭,	마음에는 꺼리는 것이 없는 듯,
奮翅凌紫氛.	날개 짓하며 자색 기운을 날아오른다.
豈不常勤苦,	어찌 늘 애써 힘쓰지 않고서
羞與黃雀群.	참새 무리와 함께 하는 것만 부끄러워하나.
何時當來儀,	어느 때나 날아와서,
將須聖明君.	훌륭한 임금을 모셔보려나.96)

 이 시의 전개 방식은 '托物言志'의 수법을 써서 첫 수는 蘋藻, 둘째 수는 松, 셋째 수는 鳳凰을 빗대었다. 자기 堂弟의 고결한 품덕을 칭찬하면서 "높고 곧은 산 위의 소나무 있고, 계곡에는 바람 소리 거세기도 하다.(亭亭山上松. 琴瑟谷中風)"라고 하였으니, 높고도 뛰어난 모습을 묘사하여서, 鍾嶸이 "기운이 굳세고 독특한 개성을 즐겨 강인한 기상이 넘친다.(眞骨凌霜, 高風跨俗.)"라고 말한 대로, 그의 기질이 잘 나타나 있다. 이 시를 통해서 劉楨이 風의 방면에 주의했다는 것을 알 수 있다. 그래서 '氣褊', '有逸氣', '體勢貴强'하다고 한 것이다. 그의 「亭亭山上松」은 특히 曹植의 「野田黃作行」과 함께 '格剛才勁'하다고 하였으며, 게다가 諷諭가 뛰어나며 화려하고도 風敎에 유익하다고 했다. 그리고 風格이 고상하고 文彩를 교묘히 이루었다고 했으니, 역시 骨 방면에서도 일정한 수준을 이루었음을 알 수 있다.

---

96) 劉楨 撰, 張溥 編, 『劉公幹集』(『漢魏六朝百三名家集』 제2책 161쪽)

2. 鍾嶸『詩品』의 建安風力論

劉勰이 風骨에 대하여 처음으로 체계적이며 구체적으로 논의를 하였다면, 風骨 개념을 가지고 詩歌 창작의 이론과 비평에 구체적으로 응용한 것은 鍾嶸의『詩品』에서이다. 鍾嶸은 兩漢代에서 梁代까지 古詩와 122인의 시인을 품평하였는데, 建安時期의 문학을 매우 중시해서 그 가운데 建安時期의 주요시인 9명[97]이 들어있다.

그런데 鍾嶸은『詩品』에서 風骨이라는 용어를 쓴 것이 아니라 '風力'이라 했으니, 鍾嶸에게는 '風骨論'이 아니라 '風力論'이라 해야 옳겠다. 즉 鍾嶸의 風力論은 劉勰의 風骨論과 완전히 일치하는 것은 아니지만, 鍾嶸 역시 風力의 개념을『詩品』에서 그것의 연원·정의 및 작용 등에 대해서 밝히고 있다. 鍾嶸은『詩品·序』에서 風力이라는 용어를 모두 세 번 썼는데, "建安의 風力이 사라졌다.(建安風力盡矣.)"라고 한 것에서는 風力의 연원과 정의를, "風力으로써 그것의 근간으로 하고, 丹彩로써 그것을 다듬는다.(幹之以風力, 潤之以丹彩.)"라고 한 것에서의 風力은 문학적 작용에 대하여, "左思의 風力에 들어맞는다.(協左思風力.)"라고 한 것에서는 風力의 風格上 특징에 대하여 논의하였다고 할 수 있다.

(1) 風力의 槪念과 淵源

鍾嶸은『詩品·序』에서 風力에 대하여 이르기를,

> 永嘉年間에는 黃老思想을 존중하여 점점 虛無의 談論을 숭상하게 되었다. 이때의 작품들은 이론적인 내용이 문학적 표현보다 지나쳐서 밋밋하여 맛이 적다. 江左時代에는 淸談의 여파가 그때까지 전해져서 孫

---

97) 上品에는 曹植·劉楨·王粲이, 中品에는 曹丕가, 下品에는 曹操·曹叡·徐幹·班彪·阮瑀가 들어 있다.

綽・許詢・桓溫・庾亮 같은 이들의 시가 모두 평이하여 마치 「道德論」 같아서 建安의 風力이 사라졌다.(永嘉時, 貴黃老, 稍尙虛談, 於時篇什, 理過其辭, 淡乎寡味, 爰及江表, 微波尙傳, 孫綽許詢桓庾諸公詩, 皆平典似道德論, 建安風力盡矣.)98)

라고 하였으니, 이것은 建安風力의 개념을 간접적으로 정의한 것이라고 할 수 있다. 永嘉年間(西晉末 懷帝의 年號. 307~313)의 문학 특징을 말하면서 이 時期에는 玄言詩가 득세하여 建安風力이 모두 사라져 버렸다고 했다. 이것에서 鍾嶸은 建安風骨의 風格上 특징이 永嘉年間 이전까지 계속되었다는 것을 말한 것이니, 현재 흔히 문학사에서 魏代까지를 建安文學의 시기 범주로 보는 견해보다 훨씬 확대해서 보았다는 것을 알 수 있다.

실제로 永嘉年間 이전에 魏 廢帝 曹芳의 正始年間(240~248)에 何晏과 王弼을 중심으로 老莊의 道家 사상이 이미 성행했었고, 永嘉年間에는 널리 퍼져 있었다. 이 두 사람의 談論에서 시작된 淸談 즉 高踏的인 철학논의가 西晉 말기를 風靡하게 되었던 것이다. 이 虛無의 담론 즉 淸談은 形而上學的인 老莊의 철학 담론을 말하는데, 이런 사조가 永嘉年間 시가의 주류를 이루게 되었다. 理 즉 詩歌 내용의 철학성이 문학성을 압도하게 된 나머지 '이론적인 내용이 문학적 표현보다 지나치게(理過其辭)' 되었고, 道家的인 담백함 때문에 문학적인 風味를 잃게 되었다. 永嘉年間의 淸談이 阮籍・嵇康 등의 竹林七賢에게 이어졌고, 東晉代에 와서는 形而上學的인 玄學으로 발전하였다.

鍾嶸은 江左時代99)의 시편들이 平典하여 「道德論」과 같다고 했다. '平典'은 평이하여 문학이 주는 감동이 없다는 뜻이다. 그리하여 시가

---

98) 鍾嶸 撰, 高木正一 譯註, 『詩品』 51쪽
99) 내란과 五胡十六國의 난리에 의해 西晉이 망하고, 江左 즉 揚子江의 하류지역인 健康(지금의 南京)에 도읍을 옮겨서 명맥을 유지한 東晉을 말함. 이후 11대 약 100여 년간 계속되었다.

마치 道家의 철학론을 펴는 도구로 전락하게 되어 시가 갖는 본령을 상실하게 되었다. 永嘉年間과 江左時代를 거치면서 鍾嶸은 시에 建安 風力[100]이 사라졌다고 했다. 이것은 建安風力이란 바로 이론적인 내용이 문학적인 표현보다 지나쳐서 밋밋하여 맛이 적은 것과 반대되는 개념이라고 간접적으로 밝힌 것이 된다.

위와 같은 鍾嶸의 風力論은 曹丕의 文氣論이 발단이 되어 劉勰이 風骨論을 폈던 것처럼, 또 다른 측면에서 曹丕의 氣 개념을 계승하였다고 할 수 있다. 劉永濟는 風力을 설명하기를,

> 曹丕가 『典論·論文』에서 '글은 氣를 위주로 한다.'라고 했고, 또 「與吳質書」에서는 '公幹이 뛰어난 기질을 가지고 있다.'라고 했고, 裵子野의 「雕蟲論」에는 '曹植과 劉楨은 그의 風力이 대단하다.'라고 했다. 여기에서 魏文帝 曹丕가 말한 氣는 바로 風力이다.(魏文帝典論論文曰, 文以氣爲主. 又與吳質書曰, 公幹有逸氣. 裵子野雕蟲論曰, 曹劉偉其風力. 是魏文所謂氣, 卽風力也.)[101]

라고 하였으니, 曹丕의 文氣論이 鍾嶸의 風力論의 연원이 된다는 것을 밝힌 것이다. 鍾嶸은 『詩品·序』에서,

> 氣가 사물에 움직임을 주고, 사물이 사람에게 움직임을 준다. 그러므로 性情이 꿈틀대어 노래와 춤으로 나타난다. (詩歌는) 天地人을 모두 아름답게 비추고, 세상의 만물을 화려하게 한다. 때문에 영묘한 신들에게 제사를 올릴 수 있게 하고, 보이지 않는 세계의 귀신에게도 잘 아뢸 수 있다. 세상을 움직이고 귀신을 감동시키는 것에는 詩보다 더 적절한 것이 없다.(氣之動物, 物之感人, 故搖蕩性情, 形諸舞詠. 照燭三才, 暉麗萬有, 靈祇待之以致饗, 幽微藉之以昭告. 動天地, 感鬼神, 莫近於詩).[102]

---

100) 『梁書·鍾嶸傳』에는 '風'자만 있고 '力'자가 없다.
101) 劉永濟 校釋, 『文心雕龍校釋』 108쪽, 中華書局, 1980
102) 鍾嶸 撰, 高木正一 譯註, 『詩品』 31쪽

라고 하여, 氣라고 하는 것이 작가에게 느낌을 갖게 하여 창작을 하게 하는 중요한 동기가 된다고 했다. 이것은 曹丕가 후천적으로는 어쩌지 못하는 선천적인 氣가 작품에 어찌 발현되는가를 중시하였고, 劉勰은 曹丕의 견해보다 한 발 더 나아가 후천적인 학습을 통해서 선천적인 氣도 바꿀 수 있다고 하여, 창작에서의 진보적인 입장을 갖은 데 비해서 鍾嶸은 曹丕와 劉勰에 비해서 객관적인 창작 태도를 가졌다고 할 수 있다. 즉 鍾嶸은 氣란 자연 만물을 조성하는 어떤 특정하지 않은 기운 같은 것으로서 그것이 작가에게 어떻게 감동시키는가가 작품의 風格을 결정하는 중요한 관건이며, 氣와 작가의 매개체는 자연 만물103)과 사회 현실의 즐겁고 슬픈 온갖 상황들에 깊은 영향을 끼친다고 했다.

즉, 曹丕의 文氣論에서의 氣는 원래 타고나는 것으로 그것에 의해 작가의 성격과 風格이 결정된다고 한 것에 비해 鍾嶸의 氣는 자연만물과 사회 현상을 통해서 작가에게 영향을 준다고 하여, 曹丕의 氣論에 비하여 보다 객관적이다.

(2) 建安風力의 作用

鍾嶸은 『詩品』의 서문에서 風力의 두 번째 용례를 설명하기를,

詩는 이 三義를 확충해서 잘 헤아려 그것을 잘 활용한다. 風力으로써 그것의 근간으로 하고, 丹彩로써 그것을 다듬으면, 그것을 감상하는 이에게 무한한 맛을 느끼게 하며, 듣는 이를 감동케 한다. 이것이 시의 지극함이다.(宏斯三義, 酌而用之. 幹之以風力, 潤之以丹彩, 使味之者無極, 聞之者動心, 是詩之至也.)104)

---

103) 창작에 있어서 자연풍물이 작가의 감정에 끼치는 작용이 매우 중요하다고 한 것에 대해서 劉勰도 『文心雕龍・物色』에서 "春秋代序, 陰陽慘舒, 物色之動, 心亦搖焉."라고 하여 자세히 논의하고 있다.

라고 하였다. 三義는 興比賦을 가리키는데,[105] 이것은 수사상의 수법을
말한다. 여기에서의 '風力'은 기세가 강한 생명력이며, '丹彩'는 세련된
표현력을 말한다. 風力을 내용상 근간으로 하고, 丹彩를 수사상의 세련
된 표현으로 한 것이야말로 이상적인 詩가 된다는 것이다. 그러므로
風力과 丹彩가 어떻게 조화되었는가가 鍾嶸의 審美理想과 비평의 기준
이 된다고 할 수 있다. 이것은 바로『詩品』본문에서 曹植을 품평하기
를, "내용이 되는 정신이 매우 뛰어나며, 표현의 아름다움이 화려하고
도 그득하다.(骨氣奇高, 詞彩華茂.)"라고 한 시가 최고라고 했던 것과
일치한다. 儒家 詩論의 이상인 文質彬彬의 실현을 말한 것이기도 하다.

또 여기에서 "그것을 감상하는 이에게 무한한 맛을 느끼게 하며, 듣
는 이를 감동케 한다. 이것이 시의 지극함이다.(使味之者無極, 聞之者動
心, 是詩之至也.)"라고 한 것은, 風力에 사회적인 교화 작용도 가지고
있다는 것이다. 이러한 風力의 작용에 대하여 鍾嶸은『詩品』上品에서
左思를 평하여,

　　　(詩語는) 典雅하고도 哀怨의 감정이 녹아 있으면서 상당히 정밀하고
　　맺고 끊김이 있으며, 극진한 諷諭의 뜻이 있다.(文典以怨, 頗爲精切, 得
　　諷諭之致.)[106]

라고 한 것에서도 알 수 있듯이, 風力에 諷諭의 뜻이 담겨 있다고 하
였다. 이것은 劉勰이『文心雕龍·風骨』에서 '風은 독자를 감화시키는
근원이며(化感之本源)',「毛詩序」에서 "윗사람이 아랫사람을 가르쳐 깨
우치고, 아랫사람이 윗사람을 풍자한다. … 그래서 風이라 한다.(上以風

---

104) 鍾嶸 撰, 高木正一 譯註,『詩品』70쪽
105) 鍾嶸 撰, 高木正一 譯註,『詩品』67쪽 : 序文에서는 이것을 풀이하여, "故詩
　　有三義焉, 一曰興. 二曰比, 三曰賦. 文已盡而意有餘興也. 因物喩志比也. 直
　　書其事, 寓言寫物賦也."라고 했다.
106) 鍾嶸 撰, 高木正一 譯註,『詩品』187쪽

化下, 下以風刺上, … 故曰風.)"라고 한 것에서의 風이 諷刺나 諷諫의 뜻을 갖는다고 하였으니, 역시 鍾嶸 風力論의 연원을「毛詩序」와『文心雕龍・風骨』에서 찾을 수 있다.

이렇듯 鍾嶸은 風力의 諷諫 작용을 통해서 '詩之至'를 이룬다고 했다. 그리고 그것의 境界를 滋味라고 했다.107) 즉 鍾嶸은 味의 개념을 시의 審美 특징으로 삼았던 것이다. 이러한 鍾嶸의 '滋味說'은 이전에 있었던 味에 관한 의론들에 근거하여 味를 일종의 심미 표준으로 삼아서 비교적 계통적으로 논술한 시가 감상론이라고 할 수 있다.108)

鍾嶸이 滋味를 통해서 '詩之至'를 이룬다고 했는데, 이러한 과정에서 風力은 작가의 사상 감정에 생명력을 불어넣어 주는 작용을 한다고 했다. 반면에 劉勰은『文心雕龍・風骨』에서 風骨의 작용을 논하면서,109) '글귀를 잘 분석하고(析辭)', '작가 감정을 서술하는(述情)' 것을 骨과 風의 이해와 운용을 통해서 작가의 목적을 달성할 수 있다고 했다. 劉勰은 風骨을 통해서, 鍾嶸은 風力을 통해서 문학적 境界와 작용을 얻을 수 있다고 한 것이다. 劉勰이「風骨」에서 "감정을 서술하는 데에는 반드시 風에서 할 것이며, 고심해서 글월로 표현하는 것에는 骨이 우선이다.(怊悵述情, 必始乎風. 沈吟鋪辭, 莫先於骨.)"라고 한 것에서는 風이 文意에 관련되고, 骨이 文辭에 관련된 것으로 이해할 수 있는데, 여기에서 "風과 骨이 있는데 아름답지 못하다면, … 아름답기만 하고 風과 骨이 빠져 있다면, … (若風骨乏采, … 采乏風骨, …)"라고 한 것에서

---

107) "五言居文詞之要, 是衆作之有滋味者也."
108) 蔡鍾翔 等著,『中國文學理論史』제1책 307~313쪽, 北京大學, 1987
109) 劉勰 撰, 戶田浩曉 譯註,『文心雕龍』418쪽: "故練於骨者, 析辭必精, 深乎風者, 述情必顯. 捶字堅而難移, 結響凝而不滯, 此風骨之力也. 若瘠義肥辭, 繁雜失統, 則無骨之徵也. 思不環周, 索莫乏氣, 則無風之驗也. … 夫翬翟備色, 而翾翥百步, 肌豊而力沈也. 鷹隼乏采, 而翰飛戾天, 骨勁而氣猛也. 文章才力, 有似於此. 若風骨乏采, 則鷙集翰林, 采乏風骨, 則雉竄文囿, 唯藻耀而高翔, 固文筆之鳴鳳也."

도, 風骨이 文意 방면에 관련되어 작용하는 것으로 이해할 수 있겠다.
그리고 鍾嶸은 '幹之以風力, 潤之以丹彩'라고 하였으니, 여기에서 風力
은 단지 내용 방면에만 관련하여 말한 것이 분명하다.

그런데 劉勰과 鍾嶸에게 있어서 견해가 다른 것은 風骨과 聲律에
관한 문제이다. 劉勰은 "聲律의 구성이 안정되어 있어서 약간의 정체
도 없다.(結響凝而不滯.)"라고 하여, 風骨의 작용을 통해서 聲律이 안정
되어 막힘이 없도록 한다고 하였고,「風骨」의 다른 단락에서도,

> 만약에 수식이 풍부한 문장도 風骨이 제대로 발현되지 않으면, 文彩
> 가 잘 드러난 문장도 신선미를 잃고, 聲律도 무력하게 될 뿐이다.(若豊
> 藻克瞻, 風骨不飛, 則振采失鮮, 負聲無力.)110)

라고 한 것처럼, 劉勰은 문장에서의 聲律에 대하여 긍정적인 태도를
가지고 있지만, 鍾嶸은 聲律에 대해서는 매우 부정적인 입장이라는 것
이 그들의 차이이다. 鍾嶸은 "지금은 시가 음악에 실려 불려지지도 않
는데 왜 음악의 기교인 聲律을 따를 필요가 있겠는가!(今旣被管絃, 亦
何取於聲律耶!)"라고 하여, 인위적인 聲律說에 반대하였고,111) "작가의
심정을 읊고 노래하는 것에 있어서 典故를 쓰는 것을 어찌 귀하게 여
길 수 있겠는가.(至乎吟詠情性, 亦何貴乎用事.)"라고 하여, 用事와 典故
의 사용도 반대하였다.112) 鍾嶸은 대신에 滋味와 같은 詩 境界에 이르

---

110) 劉勰 撰, 戶田浩曉 譯註,『文心雕龍』418쪽
111) 鍾嶸 撰, 高木正一 譯註,『詩品』115쪽 :『詩品・序』曰 "昔曹劉殆文章之聖,
陸謝爲體貳之才. 銳精硏思, 千百年中, 而不聞宮商之辨, 四聲之論, 或謂前達
偶然不見, 豈其然乎. 嘗試言之, 古曰詩頌, 皆被之金竹, 故非調五音無以諧會.
若置酒高堂上, 明月照高樓, 爲韻之首. 故三祖之詞, 文或不工, 而韻入歌唱.
此重音韻之義也. 與世之言宮商異矣. 今旣被管絃, 亦何取於聲律耶"
112) 鍾嶸 撰, 高木正一 譯註,『詩品』96쪽: 序曰 "若乃經國文符, 應資博古, 撰德
駁奏, 宜窮往烈, 至乎吟詠情性, 亦何貴乎用事 … 遂乃句無虛語, 語無虛字, 拘
攣補衲, 蠹文已甚."

는 방법으로 '直尋'을 제시했다.113) 直尋이란 吟詠性情을 주요 임무로 하는 詩歌는 用事를 취하지 않고 대상을 눈에 보이는 대로 옮기되 典故나 史實을 빌려다 쓰지도 않는 것이어야 한다는 주장이다. 즉 直尋을 통해야만 바람직한 詩歌가 이루어질 수 있다는 것이다. 이렇듯 시가 창작에 있어서 작가가 보고 느낀 구체적인 사물을 직접 반영해야 한다는 直尋은 '形似'의 개념과도 유사하다.

形似 혹은 巧似는 자구의 의미로 보면 예술 작품에 사물을 가장 닮게 묘사해 내는 것을 가리키지만, 形似는 경물을 단지 닮게 묘사하거나 어떤 부분에 국한하여서 막연하게 표현하는 것이 아니라 대상에 대한 선명한 관찰을 통해서 그것을 분명하게 인식하여 표현하는 것이며, 形象을 풀·나무에 새겨 넣듯이 명료하게 하는 것이다.114) 이와 같은 鍾嶸의 수사상의 태도는 劉勰이 「風骨」에서 말한 "말의 구성이 바르고 곧으면, 문장의 骨은 완성된다.(結言端直, 文骨成焉.)"라고 한 것과, 또 같은 편에서

> 『周書』에서 '말은 文體의 요점을 중시하며, 이상한 것을 좋아하지 않는다.'라고 한 것은, 문장이 常道에서 벗어나는 것을 막자는 것이다.(周書云, 辭尙體要, 弗惟好異. 蓋防文濫也.)115)

라고 한 것과 통한다. 그런데 劉勰에 반해서 鍾嶸이 당시에 가장 유행했던 五言詩만을 가려서 품평을 시도한 것에서 보면, 鍾嶸도 새로운 詩體의 발전을 긍정적으로 수용한 것이라고 볼 수 있어서 진보적인 문

---

113) 鍾嶸 撰, 高木正一 譯註, 『詩品』 98쪽 : 序曰 "思君如流水, 卽是卽目, 高臺多悲風. 亦惟所見. 淸晨登隴首, 羌無故實, 明月照積雪, 詎出經史. 觀古今勝語, 多非補仮, 皆由直尋."
114) 船律富彦 著, 「梁代文學에 現れた形似說について」 80~95쪽, 『東洋文學研究』 15號, 早稻田大學
115) 劉勰 撰, 戶田浩曉 譯註, 『文心雕龍』 423쪽

학사관을 가졌다고 할 수 있는데, 鍾嶸이 시의 형식적인 측면에 새로운 활력을 주기도 한 聲律을 반대한 것은 시대 발전의 추세를 거부한 측면이 있다. 그래서 中村武夫는 鍾嶸이 인위적인 聲律에 반대한 것에 대하여 鍾嶸이 시에 있어서 음률이 갖는 작용 의의를 몰랐기 때문이라고 한 郭紹虞의 말116)을 인용하여 鍾嶸을 반박하였다.117)

(3) 建安風力의 風格上 特徵

鍾嶸은 風力의 세 번째 용례에 대하여 『詩品』 中品에서 陶淵明을 평하기를,

> 그의 연원은 應璩에게서 나왔고, 또 左思의 風力에 들어맞는다. 文體는 간략하면서 깨끗하여 거의 군더더기 말이 없다. 진정으로 古雅함에 뜻을 두어 글귀가 여유롭고 타당함이 있다. 그의 글을 볼 때마다 그 사람의 덕됨을 생각케 한다. 세상에서는 그의 질박하고 곧음에 감탄한다. (其源出於應璩, 又協左思風力. 文體省靜, 殆無長語, 篤意眞古, 辭興婉愜. 每觀其文, 想其人德, 世歎其質直.)118)

라고 하여, 陶淵明의 시가 "左思의 風力에 들어맞는다.(又協左思風力.)"

---

116) 郭紹虞 著, 『中國文學批評史』 141~157쪽, 文史哲出版社, 1982 : 永明體의 音節을 '人爲的音節'이라고 전제하고, 그것이 眞味를 증가시키는 경우도 있다고 설명했다.
117) 中村武夫 著, 『中國畵論展開』 129~138쪽, 中山文華堂, 1965 : 中村武夫는 시의 음률 정형을 시의 창작에 있어서 구속이 되어 眞美를 해칠 수도 있지만, 반대로 그것 때문에 새로운 眞美를 개척할 수 있다는 것이다. 첫째로 작가의 시적인 발상을 리듬에 실어서 보다 더 쉽게 드러낼 수 있으며, 둘째로, 음률이라는 새로운 감정표현의 수단이 더해짐으로써 그것의 성과가 보다 증대되며, 내용도 풍부해지는 것이라고 주장하고, 鍾嶸이 主情主義와 自然主義를 지나치게 강조한 나머지 새로운 音律 효과를 부정하고 文藝의 새로운 발전에 역행하려 했다고 지적했다.
118) 鍾嶸 撰, 高木正一 譯註, 『詩品』 252쪽

라고 하였다. 風力이란 작품 안에 있어서 감동을 주는 생명력 같은 시 정신을 가리킨다고 할 수 있는데, 陶淵明 시의 風格에 左思의 風力이 있다고 했다. 흔히 陶淵明을 평할 때 "平淡함이 자연스러움에서 나왔다.(平淡出自然.)"라고 했는데,[119] 여기에서는 鍾嶸이 陶淵明에게 左思의 風力이 있다고 하였다. 그것은 陶淵明의 「詠荊軻」가 左思의 「詠史」의 제6수의 風格과 딱 들어맞기 때문에 그런 평을 한 것이다. 陶淵明은 「詠荊軻」에서,

燕丹善養士, 燕나라 태자 丹은 용사를 키웠는데,
志在報强嬴. 그 뜻은 강성한 秦을 치기 위한 것이었다.
招集百夫良, 수많은 남정네를 불러 모았지만,
歲暮得荊軻. 해가 다 갈 무렵에야 荊軻를 얻을 수 있었다.
君子死知己, 남자는 자기를 알아주는 이를 위해 죽는 법,
提劍出燕京. 검을 매만지며 燕의 수도를 떠난다.
素驥鳴廣陌, 흰 말 너른 들에서 우니,
慷慨送我行. 慷慨한 마음으로 나를 떠나보낸 듯하다.
雄髮指危冠, 높은 관이 우뚝 선 듯,
猛氣衝長纓. 용맹한 기운이 긴 갓끈에까지 가득하다.
……[120]

라고 하였고, 左思의 「詠史」 제6수도 역시 荊軻에 대하여 읊은 것인데,

荊軻飮燕市, 荊軻가 燕땅 거리에서 술을 마시고,
酒酣氣益震. 술기운이 오르자, 기세가 더욱 뻗친다.

---

[119] 許學夷 著, 杜維沫 校點,『詩源辯體』99쪽 : 卷6曰 "靖節詩, 初讀之覺甚平易, 及其下筆, 不得一語彷佛, 乃是其才高趣遠使然, 初非琢磨所至也. 王元美云, 淵明託旨沖淡, 造語有極工者, 乃大入思來, 琢之使無痕跡耳. 此唐人淘洗造詣之功, 非所以論漢魏晉人, 尤非所以論靖節也. 朱子云, 淵明詩, 平淡出於自然. 斯得之矣."
[120] 陶潛 撰, 張溥編,『陶彭澤集』(『漢魏六朝百三名家集』 제3책 261쪽)

哀歌和漸離,	高漸離의 연주에 맞춰서 슬픈 노래 부르는 것이,
謂若傍無人.	마치 곁에 아무도 없는 듯하다.
雖無壯士節,	비록 壯士의 절개는 없다지만,
與世亦殊倫.	세상 사람들과는 역시 다름이 있다.
高眄邈四海,	눈을 높이 치켜떠서 사방 바다를 멀리 바라보는데,
豪右何足陳.	그 호탕함 무어라고 말로 다 할 수 없다.
貴者雖自貴,	높은 자리에 있는 이는 스스로 귀하다고 하지만,
視之若埃塵.	그를 티끌 대하듯 한다.
賤者雖自賤,	천한 사람은 스스로 낮다고 하지만,
重之若千鈞.	그를 보기를 천 鈞이나 되는 듯 중히 여긴다.121)

라고 했다. 위의 두 시는 모두 燕의 太子 丹을 위해서 목숨을 돌보지 않고, 秦始皇을 죽이러 떠나는 荊軻의 비장한 마음을 표현하여 慷慨悲凉하고, 氣勢가 왕성하여 강한 감동을 주기에 충분하여서 陶淵明에게 左思의 風力이 있다고 한 것이다.

이밖에 陶淵明의 「擬古」 제9수도 風力이 담겨 있다고 할 수 있다. 전편을 통해서 문벌 귀족사회의 부조리한 모습을 폭로하고, 역사적인 사실들을 인용하여서 현실세계에서의 불만을 토로하는 내용이다. 筆力이 굳세고, 氣勢가 충만한 것이 建安風骨을 계승했다고 할 만하다. 이것들에서 陶淵明의 늠름한 시정신과 생명력이 돋보이는데, 이것을 鍾嶸은 風力이 있다고 평한 것이다.

또 이것은 陶淵明 뿐만 아니라 左思의 시에도 建安風骨이 담겨 있다고 밝힌 것이기도 하다. 鍾嶸은 『詩品』 上品에서 左思에 대하여,

> 그의 근원은 公幹(劉楨)에게서 나왔다. 詩語는 典雅하고도 哀怨의 감정이 녹아 있으면서 상당히 정밀하고 맺고 끊김이 있어서 諷諭의 뜻이 있다. 陸機의 시에 비해서는 거칠지만, 潘岳의 시보다는 깊이가 있다.

---

121) 逯欽立 輯, 『先秦漢魏晉南北朝詩』 晉詩 卷7 733쪽, 中華書局, 1986

謝靈運은 일찍이 '太冲(左思)의 시와 安仁(潘岳)의 시는 예나 지금이나 비교하기 어렵다.'라고 했다.(其源出於公幹, 文典以怨, 頗爲精切, 得諷諭之致, 雖野於陸機. 而深於潘岳, 謝康樂嘗言, 左太冲詩, 潘安仁詩, 古今難比.)122)

라고 하여, 左思가 風格에 있어서 劉楨의 뒤를 이었다고 했고, 앞에서 陶淵明이 '應璩에게서 나왔다.(其源出於應璩.)'라고 했으니, 劉楨의 계보가 應璩 → 左思 → 陶淵明으로 이어진다는 것을 밝힌 것이다. 이것은 劉勰이 『文心雕龍·明詩』에서 雅·潤·淸·麗 4가지 風格에 대하여,

  平子(張衡)은 雅함을 얻었고, 叔夜(嵇康)은 潤함을 머금었고, 茂先(張華)은 淸함이 응축되어 있고, 景陽(張協)은 麗함을 발휘했다. 이 네 가지 장점을 모두 갖춘 이는 子建(曹植)과 仲宣(王粲)이며, 太冲(左思)과 公幹(劉楨)은 한 방면에만 치우쳐 있다.(平子得其雅, 叔夜含其潤, 茂先凝其淸, 景陽振其麗. 兼善則子建仲宣, 偏美則太冲公幹.)123)

라고 하여, 劉楨과 左思가 둘 다 '한 가지 방면에만 뛰어나다(偏美)'라고 했다. 이 偏美에 대해서 劉勰은 「隱秀」에서 "劉楨의 「亭亭山上松」은 風格이 강건하고, 才力이 강하여, 모두 諷諭가 뛰어나다.(公幹之靑松, 格剛才勁, 而幷長於諷諭.)"라고 한 것을, 鍾嶸은 "상당히 정밀하고 맺고 끊김이 있어서 지극한 諷諭의 뜻이 있다.(頗爲精切, 得諷諭之致.)"라고 한 것이다. 이렇듯 劉勰과 鍾嶸의 평은 서로 같다고 할 수 있는데, 특히 "詩語는 典雅하고도 哀怨의 감정이 있다.(文典以怨.)"라고 하여서 鍾嶸이 左思 시의 風格에 '怨함'이 있다고 한 것은 劉勰의 입장과 조금 다르다. 左思는 「詠史」 8수 가운데 제5수에,

  皓天舒白日, 맑은 하늘에는 환한 해가 걸려 있고,

---

122) 鍾嶸 撰, 高木正一 譯註, 『詩品』 187쪽
123) 劉勰 撰, 戶田浩曉 譯註, 『文心雕龍』 97쪽

靈景耀神州.	그 신비한 빛은 도읍을 비추고 있다.
列宅紫宮裏,	저택이 자주색 궁궐 가운데 줄지어 있고,
飛宇若雲浮.	집들이 솟아 있는 것이 구름이 떠다니는 것 같다.
峨峨高門內,	높디높은 문 안에는
藹藹皆王侯.	성대하게도 모두들 왕족들이다.
自非攀龍客,	고귀한 분께 빌붙는 자가 아니라면,
何爲欻來游.	무슨 이유로 황급히 여기까지 오겠나.
被褐出閶闔,	거친 옷 입고 閶闔을 나서서
高步追許由.	고고하게 許由의 길을 따르리라.
振衣千仞岡,	천리나 되는 산에서 옷깃의 먼지나 털며,
濯足萬里流.	만 리나 흘러가는 물에 발을 씻으리라.124)

라고 했다. 여기에서는 문벌귀족들의 허황한 삶에 반대하여, 관직을 버리고, 속세의 사람들이 모여 사는 도읍을 떠난 許由의 길을 따르겠다는 내용이다. 이렇듯 筆力이 굳세고 기세가 충만하면서 고고한 삶을 누리고자 하는 적극적인 사상내용과 慷慨한 정서를 담고 있다. 여기에서 慷慨는 바로 建安風骨의 風格上 특징인데, 鍾嶸은 이것을 怨이라고 했던 것이다. 그러므로 鍾嶸은 慷慨한 風格의 建安風骨이 左思에게 와서는 怨의 감정으로 바뀌었다고 본 것이다.

이러한 慷慨나 怨情이 시편에 들어 있다고 한 이는 上品의 阮籍과 中品의 劉琨과 郭璞이다. 鍾嶸이 『詩品』 上品에서 阮籍을 평하여,

「詠懷」는 읽는 이의 마음을 陶冶시킬 수 있어서 깊은 뜻을 드러내게 할 수 있다. 말은 귀나 눈에서 나오지만, 그 뜻은 세상 끝까지 간다. 웅대함이 風雅에 딱 들어맞고, 사람들에게 하찮은 것은 잊게 하고, 스스로 멀고 큰 뜻에 다다르게 하며, 상당히 感慨한 文辭가 많다. 그 뜻이 깊고도 잘 퍼져서 그 귀결된 뜻을 파악하기 어렵다.(詠懷之作, 可以陶性靈, 發幽思, 言在耳目之內, 情寄八荒之表, 洋洋乎會於風雅, 傳人忘其鄙近, 自

---

124) 逯欽立 輯校, 『先秦漢魏晉南北朝詩』 晉詩 卷7 733쪽

致遠大, 頗多感慨之詞, 厥旨淵放, 歸趣難求.)125)

라고 하였고, 그의 「詠懷」 제1수에서,

    夜中不能寐, 한밤이 되어도 잠이 오지 않아,
    起坐彈鳴琴. 자리에서 일어나 거문고를 퉁겨 울린다.
    薄帷鑑明月, 얇은 휘장에 밝은 달이 비치고,
    淸風吹我襟. 맑은 바람 내 옷깃에 스민다.
    孤鴻號外野, 외로운 기러기 들녘에서 울고,
    翔鳥鳴北林. 날던 새 북쪽 숲에서 운다.
    徘徊將何見, 이리저리 노닐다가 아무것도 보이지 않아,
    憂思獨傷心. 걱정스런 생각에 마음만 상한다.126)

라고 하였으니, 이 시는 가을밤에 나랏일 걱정에 잠 못 이루며, 서성이며 불안한 심정을 노래한 것이다. 그런데 그 불안함은 자신과 같이 능력이 있는 이가 조정에서 쓰이지 않고 멀리 쫓겨 나와 있고, 권세를 누리는 신하가 제멋대로 정치를 하는 시국 때문에 생겨난 것이다.

또 鍾嶸은 『詩品』 中品에서 劉琨에 대해서,

    劉琨은 王粲에게서 연원한다. 애달픈 시어를 잘 지으면서 밝고 굳센 기운이 있다. 劉琨은 훌륭한 재주를 가졌고, 불우한 시대에 걸려들어서 피폐하고 혼란된 모습을 잘 그려 感慨하고 怨恨스러운 글귀가 많다.(其源出於王粲, 善爲凄戾之詞, 自有淸拔之氣. 琨旣體良才, 又罹厄運, 故善敍喪亂, 多感恨之詞.)127)

라고 하였고, 그의 「扶風歌」에서,

---

125) 鍾嶸 撰, 高木正一 譯註, 『詩品』 186쪽
126) 阮籍 撰, 張溥 編, 『阮步兵集』(『漢魏六朝百三名家集』 제2책 220쪽)
127) 鍾嶸 撰, 高木正一 譯註, 『詩品』 234쪽

朝發廣莫門,	아침에 廣莫門을 나서
暮宿丹水山.	저녁에 丹水山에서 머문다.
左手彎繁弱,	왼손에는 繁弱弓128)을 꼬고,
右手揮龍淵.	오른손에는 龍淵劍129)을 휘두른다.
顧瞻望宮闕,	돌이켜 궁궐을 바라보고,
俯仰御飛軒.	머리 숙였다가 들어서는 날래게 수레를 몬다.
據鞍長歎息,	안장에 기대어 길게 탄식하며,
淚下如流泉.	눈물을 흘리는 것이 샘솟듯 한다.
繫馬長松下,	큰 소나무 아래에 말을 매어두고,
廢鞍高岳頭.	높은 언덕에 안장을 내려놓고 쉰다.
烈烈悲風起,	맹렬하게 슬픈 바람이 몰아치고,
冷冷澗水流.	콸콸 계곡 물이 흐른다.
揮手長相謝,	손을 흔들어 멀리 인사하고,
哽咽不能言.	목이 메어 말을 하지 못한다.
浮雲爲我結,	뜬구름 나를 위해 엉킨 듯,
歸鳥爲我旋	날아가던 새 나를 위해 맴도는 듯하다.
去家日已遠,	집 떠난 지 벌써 오래 되었건만,
安知存與亡.	어찌 살았는지 죽었는지 알까.
慷慨窮林中,	깊은 숲에서 울분을 삭이며,
抱膝獨摧藏.	무릎을 끌어 안고 홀로 마음 아파한다.
…… 130)	

라고 하였으니, 이 시에서는 북쪽으로 전쟁에 나가 있으면서 겪는 고통스러움을 노래한 것으로 걱정스러운 마음에 어쩌지도 못하는 작자의 심정을 애달프게 표현하고 있어서 '애달픈 시어를 잘 지으면서 밝고 굳센 기운이 있고(善爲悽戾之詞)', '感慨하고 怨恨에 찬 글귀가 많다.(多

---

128) 夏의 諸侯였던 封父가 사용했던 큰 활.
129) 楚에서 만들어졌던 名劍으로, 소나 말도 단번에 베고, 기러기나 수리도 칠 수 있다는 칼.
130) 逯欽立 輯校,『先秦漢魏晉南北朝詩』晉詩 卷11 849쪽

感恨之詞'라고 한 것이다.

또 鍾嶸은 『詩品』 中品에서 郭璞에 대해서,

> 단지 「遊仙詩」는 글귀에 慷慨한 것이 많아 玄學의 宗志에 어긋난 것이 많다. 그의 시 가운데 '奈何虎豹姿' 나 '戢翼棲榛梗'은 이미 자신이 세상에서 쓰이지 못한 것을 읊은 것이지 뭇 신선들의 경지는 아니다.(但遊仙之作, 詞多慷慨, 乖遠玄宗, 其云奈何虎豹姿, 又云戢翼棲榛梗, 乃是坎壈詠懷, 非列僊之趣也.)131)

라고 했는데, 그의 「遊仙詩」 제1수에서,

京華游俠窟,　천자의 고을은 놀고먹는 놈들이 사는 곳이지만,
山林隱遯棲.　산 속이야말로 隱者가 숨어 살 곳이다.
朱門何足榮,　붉은 칠한 높은 문에서 무엇이 그리 영광스러운가.
未若託蓬萊.　蓬萊山에 의탁하는 것만 못한 것이로다.
臨源挹淸波,　샘에 서서 맑은 물결 일으키고,
陵岡掇丹荑.　높은 언덕에 올라 丹芝 풀을 뜯는다.
靈谿可潛盤,　靈谿에서도 몰래 즐길 수 있는데,
安事登雲梯.　어째서 구름사다리에 오르려고만 하는가.
漆園有傲吏,　漆園에는 오만한 관리가 있었고,132)
萊氏有逸妻.　萊氏에게는 뜻이 큰 아내가 있었다.133)
進則保龍見,　나아가서는 中正의 미덕을 보존하여야 하고,
退爲觸藩羝.　물러나서는 울타리에 뿔이 걸리는 양이 되지 말아야지.
高蹈風塵外,　고고하게 세상 먼지 멀리하고,
長揖謝夷齊.　伯夷 叔齊 같은 이에게 고마워 인사할 뿐이다.134)

---

131) 鍾嶸 撰, 高木正一 譯註,『詩品』240쪽
132) 莊子가 蒙땅 漆園의 관리로 있었을 때 楚의 威王이 초빙하였지만, 莊子는 거절하였다는 고사가 있음.
133) 逸妻는 老萊子의 처를 말함. 老萊子가 농부였을 때 楚王이 초빙하자 그의 아내는 老萊子에게 어지러운 때에 관직에 나아가는 것은 속박 받는 것이라고 하고 농기구를 버리고 떠나버렸다는 고사가 있음.(「列女傳」)

라고 하였다. 이 시는 遊仙을 추구하는 것 같지만, 隱逸을 꾀하는 것이 주제이다. 그런데 그의 隱逸하고자 하는 심정이 생기게 된 이유는 "천자의 고을은 놀고먹는 놈들이 사는 곳이지만, 산 속이야말로 隱者가 숨어 살 곳이다.(京華遊俠窟, 山林隱遯棲)"라고 한 것처럼, 부조리한 사회상으로 인해서 은일하고자 하는 것이다. 그러므로 鍾嶸이 평한 대로 '글귀에 慷慨한 것이 많게(辭多慷慨)' 된 것이다.

鍾嶸의 風力論은 대체로 劉勰의 建安의 風骨論에 대한 입장을 따르고 있다. 鍾嶸은 風力을 詩 品評의 술어로 써서 陶淵明을 평하여서 "左思의 風力이 있다.(協左思風力.)"라고 했고, 左思가 "詩語는 典雅하고도 哀怨의 감정이 녹아 있으면서 상당히 정밀하고 맺고 끊김이 있어서 지극한 諷諭의 뜻이 있다.(文典以怨, 頗爲精切, 得諷諭之致)"라고 하였으니, 陶淵明과 左思의 風力이 서로 같다고 할 수 있다. 阮籍은 "상당히 感慨한 文辭가 많다.(頗多感慨之詞.)"라고 했고, 劉琨은 "애달픈 시어를 잘 지었고(善爲悽戾之詞)", "感慨하고 怨恨의 글귀가 많다.(多感恨之詞)"라고 했고, 郭璞은 "글귀에 慷慨가 많다.(辭多慷慨)"라고 하였다.

이러한 양상은 劉勰이 『文心雕龍』에서 建安文學의 특징을 '雅好慷慨'라고 논한 것과 일치한다. 또 이러한 風格 형성의 배경을 劉琨의 評에서 "피폐하고 혼란스런 모습을 잘 그렸다.(善敍喪亂.)"라고 한 것과 같이, 사회 현실에 기인한다고 한 것도 劉勰이 말한 "참으로 세상에 난리가 거듭된 데에서 기인한다.(良由世積亂離.)"라고 한 것과도 일치한다.

이것으로 보아 建安時期의 문학 특징인 建安風骨이 陶淵明 → 左思 → 阮籍 → 劉琨 → 郭璞에게로 이어졌음을 알 수 있다. 다만 左思·阮籍·郭璞 등의 시편에서 현실 정치에 대한 불만이 표출되어 있는 것이 建安時期 문학 특징이 형성된 배경이 전란으로 인한 사회적인 피폐

---

134) 逯欽立 輯校, 『先秦漢魏晉南北朝詩』 晉詩 卷11 865쪽

에서 발생한 것인데 반해 그들은 개인적인 원한의 감정을 표출한 것에 보다 비중을 두고 있는 것이 다르다.

(4) 三曹와 七子의 風力에 대한 評

이 절에서는 鍾嶸이『詩品』본문에서 建安時期의 시인들을 품평한 내용을 검토함으로써 建安風力이 鍾嶸이 취한 품평기준과 어떤 관계가 있는지를 알아보고자 한다.『詩品』에 建安時期의 문인으로, 上品에는 曹植·劉楨·王粲이 들어 있으며, 中品에는 曹丕가 들어 있으며, 下品에는 曹操·曹叡·徐幹·班彪·阮瑀가 들어 있다. 그들 각각의 평가는 다음과 같다.

　　* 曹植(上品)
　　그 근원은 國風에서 나왔다. 骨氣(내용이 되는 정신)가 특히 뛰어나며 詞彩(표현의 아름다움)는 화려한 아름다움이 그득하다. 감정은 바르면서도 격앙되기까지 하다. 文體는 세련미(文)와 질박함(質)을 갖추고 있다. 찬란함이 예나 지금까지 넘쳐흘러 누구도 따르지 못한다. 아하, 曹植의 문장은 人倫에 있어서 周公과 孔子에, 물고기와 새에 있어서 용과 봉황에, 음악에 있어서 거문고와 생황에, 女工이 수놓은 희고 검은 자수와 검고 푸른 자수에 비유된다. 붓을 잡고 먹을 묻혀 글을 지으려 하는 이에게, 작품을 끌어안고 흠모케 하며, 나머지 빛이라도 비추어 스스로 밝혀 보고자 한다. 그러므로 孔子의 門下를 시 방면에 비유하자면, 劉楨이 堂에 올랐다면, 曹植은 거실에 든 것이고, 張協(景陽)·潘岳·陸機는 스스로 곁채에 자리할 만하다.(其源出於國風, 骨氣奇高, 詞彩華茂, 情兼雅怨, 體被文質, 粲溢今古, 卓爾不群, 嗟乎陳思之於文章也, 譬人倫之有周孔, 鱗羽之有龍鳳, 音樂之有琴笙, 女工之有黼黻, 俾爾懷鉛吮墨者, 抱篇章而景慕, 映餘輝以白燭, 故孔氏之門, 如用詩, 則公幹升堂, 思王入室, 景陽潘陸, 自可坐於廊廡之間矣.)135)

---

135) 鍾嶸 撰, 高木正一 譯註,『詩品』50쪽

* 劉楨(上品)

그 근원은 古詩에서 나왔다. 기운이 굳세고 독특한 개성(奇)을 즐겨 글귀마다 강인한 기상이 넘쳐흐른다. 진정한 骨力이 서리를 능가하며, 고매한 風格이 속세를 벗어났다. 다만 내용의 기운이 표현의 기교보다 지나쳐서 수사 기교의 매끄러움이 부족하다. 그러나 曹植 다음으로는 劉楨이 독보적인 존재라 할 만하다.(其源出於古詩, 仗氣愛奇, 動多振絶, 眞骨凌霜, 高風跨俗, 但氣過其文, 雕潤恨少, 然自陳思已下, 楨稱獨步.)136)

* 王粲(上品)

그 근원은 李陵에서 나왔다. 근심과 슬픔에 찬 文辭를 썼는데, 문장의 세련미는 뛰어났지만, 바탕은 보잘 것 없다. 曹植과 劉楨 사이에서 다른 한 체를 세웠으니, 曹植에 비교하기에는 부족하지만, 曹丕에 비교하면 남음이 있다.(其源出於李陵, 發愀愴之詞, 文秀而質羸, 在曹劉間, 別構一體, 方陳思不足, 比魏文有餘.)137)

* 曹丕(中品)

그 근원은 李陵에게서 나왔다. 王粲의 風格을 상당히 가지고 있다. 새롭고도 개성 있는 백여 편은 세련되지 않은 소박함이 民歌와 같다. 「西北有浮雲」과 10여수는 특히 아름다움이 넉넉하여 즐길 만한데, 비로소 그의 공교함이 보인다. 그렇지 않으면 어떻게 여러 뛰어난 문인들을 뽑아 평가하고, 그 동생 曹植에 필적하겠는가.(其源出於李陵, 頗有仲宣體則, 新奇百許篇, 率皆鄙直如偶語, 惟西北有浮雲十餘首, 殊美贍可翫, 始見其工矣. 不然, 何以銓衡群彦, 對揚厥弟者邪.)138)

* 曹操(下品)

曹操는 옛스러운 질박함이 있고 매우 슬픔이 짙은 글귀가 많다.(曹公古直, 甚有悲凉之句.)139)

---

136) 鍾嶸 撰, 高木正一 譯註, 『詩品』 157쪽
137) 鍾嶸 撰, 高木正一 譯註, 『詩品』 162쪽
138) 鍾嶸 撰, 高木正一 譯註, 『詩品』 205쪽
139) 鍾嶸 撰, 高木正一 譯註, 『詩品』 305쪽

* 曹叡(下品)

曹叡는 曹丕만 못하지만, 역시 三祖라 일컬을 만하다.(叡不如丕, 亦稱三祖.)140)

* 徐幹·班彪(下品)

白馬王 曹叡와 陳思王 曹植은 글로 응대하였고, 徐幹(偉長)은 劉楨(公幹)과 글을 주고받았는데, 비록 풀 줄거리로 종을 치는 것과 같다고 할 만 하지만, 역시 여유로우면서 우아하다고 할 수는 있다.(白馬與陳思答贈, 偉長與公幹往復, 雖曰以莛扣鐘, 亦能閑雅矣.)141)

* 阮瑀(下品)

阮瑀와 堅石七君의 시는 가락이 고르면서도 옛 체제를 잃지 않았고, 대체로는 비슷하지만, 두 嵇씨가 약간 뛰어나다.(元瑜堅石七君詩, 幷平典不失古體, 大檢似, 而二嵇微優矣.)142)

이렇듯 鍾嶸이 든 建安時期 시인 曹植·劉楨·王粲·曹丕·曹操 등을 품평한 것을 검토하는 것은 鍾嶸의 시 문학관을 알아보는 기준이 되므로 매우 의미 있다고 할 수 있다. 이것을 근거로 建安時期 시인의 詩歌 風格과 建安風力이 어떤 관계가 있는지도 평가할 수 있겠다.

위의 품평을 종합해 보면, 鍾嶸이 上品으로 평가한 이로 曹植·劉楨·王粲과 中品인 曹丕의 연원을 다음과 같이 파악할 수 있다.

* 國風 → 古詩(上品) → 劉楨(上品)
　　　　　└ 曹植(上品)
* 楚辭 → 李陵(上品) → 王粲(上品)
　　　　　└ 曹丕(中品)

---

140) 鍾嶸 撰, 高木正一 譯註, 『詩品』 309쪽
141) 鍾嶸 撰, 高木正一 譯註, 『詩品』 310쪽
142) 鍾嶸 撰, 高木正一 譯註, 『詩品』 314쪽

鍾嶸이 위에서 든 國風과 『楚辭』 두 연원 이외에 小雅의 계열이 하나 더 있는데, 小雅에 연원을 둔 이로는 左思 한 명만을 거론했다. 그러니 鍾嶸이 詩歌의 발전 과정에 있어서 『詩經』의 國風과 小雅 그리고 『楚辭』에 큰 비중을 두고 있다는 것을 알 수 있다. 특히 鍾嶸이 詩歌에 있어서 聖人이라고까지 한 曹植은 「與楊德祖書」에서,

> 무릇 길거리의 말이나 얘깃거리도 꼭 취할 만한 것이 있다. 擊轅의 노래도 마땅히 『詩經』에 맞기 때문이다. 비천한 신분의 남자 생각도 함부로 버릴 수 없는 것이다. 辭賦는 하찮은 것이라서 참으로 大義를 펼쳐 미래까지 보여주기에 충분하지 못하다.(夫街談巷說, 必有可采. 擊轅之歌, 有應風雅. 匹夫之思, 未易輕棄也. 辭賦小道. 固未足以揄揚大義, 彰示來世也.)[143]

라고 하였으니, 漢代에 가장 유행한 辭賦에 대해서는 매우 낮게 평가한 반면에 민간에서 유행하고 있는 詩歌에 대해서는 버릴 것이 없다고 하였다. 이것은 曹植의 詩歌 창작에 『詩經』의 國風이 갖는 民間詩歌의 전통 즉 "배고픈 이는 먹을 것을 노래하고, 일하는 이는 그의 일을 노래한다.(飢者歌其食, 勞者歌其事.)"라고 하여, 사회의 처참하고 원망스러운 현실을 반영하는 시대정신을 중시했음을 알 수 있다. 이러한 시가 창작 태도는 자신의 정치적으로 불우한 처지를 빗대어 표현하기에도 적당했던 것이다.[144] 그리고 鍾嶸이 曹植을 '建安之杰'이라고 한 것 이

---

143) 曹植 撰, 張溥 編, 『陳思王集』 卷1(『漢魏六朝百三名家集』 제2책 39쪽)
144) 周建忠 著, 「曹植對屈賦繼承與創新的動態過程」, 『江西社會科學』 1987 : 鍾嶸은 曹植의 詩歌가 國風을 연원한다고 했지만, 曹植의 賦는 屈原賦의 정신을 계승하고 있다고 했다. 그 첫 예로 曹植의 「蟬賦」에서는 음식이나 복장 등을 이용해서 자기의 품성이나 순결함을 빗대어 표현하였고, 둘째로 「閑居賦」·「鸚鵡賦」에서는 자신의 사상적인 품덕을 바탕으로 세상을 걱정하고 일깨우려 했고, 셋째로는 자기 수양의 최고 목적은 임금에 충성하고 나라에 보답하려는 데에 있다는 마음이 모두 屈原의 賦에서 기인하는 정신이라고 했다.

외에 '太康之英'이라 한 陸機나 '元嘉之雄'이라 한 謝靈運이 모두 이러한 시 전통에 대하여 曹植에게서 연원하고 있다고 했으니, 그의 曹植에 대한 높은 평가를 짐작할 수 있다.

鍾嶸이 曹植을 그토록 극찬한 내용을 요약하자면, 曹植의 시는 "骨氣가 뛰어나며 詞彩는 화려한 아름다움이 그득하다. 감정은 바르면서도 격앙되기까지 하다. 文體는 세련미와 질박함을 갖추고 있다.(骨氣奇高, 詞彩華茂. 情兼雅怨, 體被文質.)"는 것이다. 즉 '骨氣奇高'의 '骨氣'는 작품의 내용이 되는 정신을 말하는 것으로, 그것이 '奇高'145)하다고 한 것은 작품에 자신만의 독특한 생명력이 넘친다는 뜻이다. 그러므로 이것이 建安文壇을 대표하는 曹植이 갖는 문학 특징으로서 建安風力이 되는 것이다. 또 이것은 風骨의 '風'에 해당된다. 그리고 '詞彩華茂'의 '詞彩'는 표현에 있어서 아름다움이며, 그것이 '華茂하다'고 한 것은 시의 수식이 한껏 화려하다는 것으로 수사상의 화려함은 바로 風骨의 骨을 일컫는다고 할 수 있다.

게다가 鍾嶸은 曹植이 "감정은 바르면서도 격앙되기까지 하다.(情兼雅怨.)"라고 말해서 작품에 나타난 감정이 '雅'와 '怨'을 함께 갖추고 있다고 했다. 雅는 '올바른 감정'으로서 中正을 잃지 않은 상태를 말하며, 怨은 감정이 지나쳐서 中正의 상태를 벗어난 것을 말한다. 이것은 「毛詩序」에서 "變風은 작가의 마음으로부터 나온 것으로, 禮義에는 벗어나지 않았다.(變風發乎情, 止乎禮義)"라고 하여, 怨이 中正의 상태를 벗어나 있더라도 禮義의 범주에는 머물러야 한다고 했지만, 이것에서

---

145) '奇'는 보통 貶詞로 쓰인다. 그러한 예문으로는 『文心雕龍』의 「史傳」에 "愛奇反經之尤."라고 한 것과 "然俗皆愛奇, 莫顧實理."라고 했고, 「序志」에 "辭人愛奇, 言貴浮詭."라고 하였고, 「風骨」에서는 "豈空結奇字, 緋緲而成經矣." 라는 등 대체로 '奇'라 평가하는 것은 부정적인 뜻으로 쓰였지만, 역시 『文心雕龍·隱秀』에서는 "深淺而各奇, 穠纖而俱妙."라고 했고, 또 "雕畵奇辭, 昭體故意新而不亂, 曉變故辭奇而不黷."라고 밝힌 것처럼, 여기에서 鍾嶸은 '奇'를 문학에서의 독창성이나 작가 개성과 같은 의미로 썼다.

순수 문학에로의 인식이 비로소 생겼다고도 할 수 있다.

즉 문학 작품이 中正의 雅한 틀에서 벗어나지 못하면, 그것은 經學이 되는 것이지 문학일 수는 없다는 것이다. 그래서 鍾嶸은 문학에 있어서 '怨'의 감정에 주의하여, 外物에 감응하여서 怨의 감정이 발현된 詩가 가장 이상적인 것이라고 했다.

怨의 감정이란 본래 儒家에서 주목한 것인데,146) 孔安國이 "怨은 윗사람의 정치를 諷刺하는 것이다.(怨, 刺上政也.)"라고 해설했듯이, 악독한 정치에 대한 怨을 말한 것이다. 그러므로 建安風骨의 개념 가운데 「毛詩序」에서 "윗사람은 아랫사람을 가르쳐 깨우치고, 아랫사람은 윗사람을 諷刺한다.(上以風化下, 下以風刺上.)"라고 한 風의 功用性이 鍾嶸은 怨의 감정을 통해서 발현된다고 한 것이다. 그렇지만『論語·陽貨』에서, "시는 원한을 펼 수 있다.(詩, 可以怨.)"라고 하여, 怨의 감정을 시의 사회 功用的인 작용의 하나로 설명하여서 문학에서의 '怨'한 감정이 시의 창작에 중요하다고 했다. 「毛詩序」에서는, 治世와 亂世의 음악 차이를 일컬어서,

> 감정이 소리로 나타나고, 소리가 가다듬어지면, 音樂이 되는 것이다. 잘 다스려지는 세상의 음악은 편안하며 즐거우니, 그것은 정치가 온화해서이고, 어지러운 세상의 음악은 원망하며 분노하니, 그것은 정치가 어그러져서이고, 망한 나라의 음악은 애절하고 생각이 많으니, 그 백성들이 괴로워서이다.(情發於聲, 聲成文謂之音. 治世之音安以樂, 其政和. 亂世之音怨以怒, 其政乖, 亡國之音哀以思, 其民困.)147)

라고 하여, '편안하고 즐거우며(安以樂)', '원망하고 분노하는(怨以怒)' 것으로 구분하여 설명하고 있으며,『禮記·樂記』에서도,

---

146)『論語·公冶長』에 "匿怨而友其人, 左丘明恥之, 丘亦恥之."라고 했고,『論語·堯曰』에서는 "擇可勞而勞之, 又誰怨."라고 했다.
147) 郭紹虞 主編,『中國歷代文論選』제1책 63쪽

음악은 소리에서 생겨나는 것으로 그 근본은 사람의 마음이 사물에 느낌을 받는 데에 있다. 그러므로 그 슬픈 마음으로 느끼는 것은 그 소리가 애절하고 슬퍼서 다급한 것이고, 즐거운 마음으로 느끼는 것은 그 소리가 기꺼워서 느긋한 것이고, 기쁜 마음으로 느끼는 것은 그 소리가 확 퍼져 나가서이고, 성난 마음으로 느끼는 것은 그 소리가 거칠어서이다. 공경하는 마음으로 느끼는 것은 그 소리가 바르고 곧아서이고, 아끼는 마음으로 느끼는 것은 그 소리가 온화하고 부드러워서이다. 이 여섯 가지는 원래부터 그러한 것이 아니라, 외부 사물에 느낌을 받아서 움직이는 것이다.(樂者, 音之所由生也, 其本在人心之感於物也. 是故其哀心感者, 其聲噍以殺, 其樂心感者, 其聲嘽以緩, 其喜心感者, 其聲發以散, 其怒心感者, 其聲粗以厲, 其敬心感者, 其聲直以廉, 其愛心感者, 其聲和以柔. 六者非性也, 感於物而後動.)148)

라고 하여, 음악의 感應說을 펴면서 감상하는 자의 마음이 즐겁고 슬프고 기쁜 것과 같은 여섯 가지 감정 상태 가운데 슬픈 감정을 들고 있다. 이러한 정신은 司馬遷의 '發憤著書' 정신과도 통하는 것으로, 『史記·自序』에서, "대체로 성현들은 울분이 솟구쳐서 짓게 된다.(大抵聖賢發憤之爲作也)"라고 하였으니, 이것은 작가의 哀怨한 심정이 가슴에 쌓여 좋은 작품에 발현될 수 있다는 것이다.149) 이로부터 劉勰은 『文心雕龍·才略』에서,

敬通(馮衍)은 원래 議論을 좋아했지만, 태평한 시대에 태어나서도 뜻을 얻지 못했다. 「顯志賦」를 지어 자신의 심경을 폈는데, 이것은 마치 조개가 병을 얻어서야 진주를 머금을 수 있는 것과 같다.(敬通雅好辭說, 而坎壈盛世, 顯志自序, 亦蚌病成珠矣.)150)

---

148) 孫希旦 撰, 『禮記集解』 976쪽, 中華書局, 1995
149) 傅錫壬 譯註, 『楚辭讀本』 143쪽, 三民書局, 1984 : 『九辯』에서도 "坎廩兮貧士失職而志不平"라고 한 것이 있다.
150) 劉勰 撰, 戶田浩曉 譯註, 『文心雕龍』 630쪽

라고 하여, 좋은 작품은 작가 자신의 고통을 통해서 이루어질 수 있는 것이라고 했으며, 또 「情采」에서는,

> 대개 『詩經』의 風雅가 만들어진 것은 울분이 작가의 마음에 쌓였기 때문에 그 감정을 노래하여 爲政者를 諷刺한 것이다. 이것이 감정을 토로하기 위해서 글을 짓는 것이다. 그렇지만 다른 작가들은 마음에 울분이 쌓이지도 않았으면서 억지로 문장을 꾸미는데, 이것은 글을 짓기 위해서 감정을 만들어 내는 것이다.(蓋風雅之興, 志思蓄憤, 而吟詠情性, 以諷其上. 此爲情而造文也. 諸子之徒, 心非鬱陶, 苟馳夸飾, 鬻聲釣世. 此爲文而造情也.)151)

라고 하여, 진실된 글이 되기 위해서는 작가 자신의 마음으로부터 우러나오는 진실된 감정의 발현이 중요하다고 했다. 특히 『詩經』에서 '志思蓄憤'이 창작에 중요한 계기가 된다고 하였으니, 여기에서는 일종의 哀怨의 감정으로서 '憤'을 중시한 것이다.

> 孔子는 仁의 前提 아래에서 사람의 정감 표현의 합리성을 긍정하였으며, 동시에 詩는 바로 사람의 정감을 표현하는 중요한 수단이라고 여긴 것이다. 사람들이 각기 사회생활을 하는 가운데에서 人道에 어그러졌을 때 怨의 정감은 합리적인 것이며, 시를 통하여 나타난 怨의 감정 역시 합리적인 것이다. 결국 孔子는 시(예술)란 人道에 어긋나는 것에 대한 불평과 불만의 감정을 충분히 펼 수 있는 것이며, 또한 그래야만 된다고 여겼던 것이다.152)

建安年間에는 '哀怨頑艶'한 것이 審美情趣를 가지고 있으며, 창작상에 있어서도 '雅好慷慨'한 哀情의 표현을 중시했다.153) 이러한 怨의 발

---

151) 劉勰 撰, 戶田浩曉 譯註, 『文心雕龍』 449쪽
152) 劉綱紀·李澤厚 著, 『中國美學史』 제1책 146~152쪽, 谷風出版社, 1987
153) 張國星 著, 「慷慨·哀美·人-也說建安詩風」, 『文學遺産』 1987年 6期

현에 대하여, 劉勰은 『文心雕龍·時序』에서, "내란이 계속되어서 사람들은 헤어지는 슬픔을 겪고, 風俗이 쇠미해지고, 일반인들에게 불만이 쌓였기 때문이다.(良由世積亂離, 風衰俗怨.)"라고 하였다. 난리로 처참해진 사회 환경 아래에서 사람들이 서로 원망을 하게 되었고, 그 때문에 생각이 깊어지게 되어 글을 쓰게 되었으며, 그 글에는 慷慨한 기운이 많아지게 되었다는 것이다. 그래서 이 慷慨가 建安文學의 風格 특징으로서 建安風骨의 주요 특성이 될 수 있는 것이다. 한편 鍾嶸은 『詩品·序』에서,

즐거운 모임에서 시를 써서 어울려 놓고, 무리를 떠날 때에도 시를 지어서 원망한다. … 시는 무리와 함께 할 수 있고, 개인의 원한을 펼 수 있으니, 어렵고 비천한 이에게 편안하게 해주고, 어려운 처지에서는 근심을 없게 해주는 것에 시만한 것이 없다.(嘉會寄詩以親, 離群託詩以怨, … 詩可以群, 可以怨, 使窮賤易安, 幽居靡悶, 莫尙於詩矣.)154)

라고 하였다. 여기에서 "즐거운 모임에서 시를 써서 어울려 논다.(嘉會寄詩以親.)"는 '可以群'에 관한 것이고, "무리를 떠날 때에도 시를 지어서 원망한다.(離群託詩以怨.)"는 '可以怨'에 관한 것이다. 즉 鍾嶸에 있어서는 '嘉會'와 '離群'이 시가 창작에 있어서 중요한 동기가 된다는 것을 밝힌 것이다.

그런데 鍾嶸은 『詩品·序』에서 '嘉會'와 '離群'에 관한 예를 들어서,

楚나라 신하가 국경을 넘고, 漢나라 첩이 궁궐을 떠나고 … 다시 한 번 눈길을 보내니 나라가 위태롭게 되었다는 것들.(至於楚臣去境, 漢妾辭宮, … 再盼傾國.)155)

---

154) 鍾嶸 撰, 高木正一 譯註, 『詩品』 72쪽
155) 鍾嶸 撰, 高木正一 譯註, 『詩品』 74쪽

라고 하여 작가에게 시를 짓게 하는 사례를 들었는데, 여기에는 '嘉會'에 관한 것 즉 '可以親'한 즐거운 일은 없고, 모두 '離群'에 관한 것 즉 '可以怨'한 원망스러운 일만이 있는 것을 보아도 鍾嶸의 관심은 '詩可以親'보다는 '詩可以怨'에 있다는 것을 알 수 있다.

'離群'에 의해 생긴 怨의 표현은 사회생활에서 유발된 것이며, 이것의 작용은 "세상을 움직이고, 귀신을 감동시키며(動天地, 感鬼神.)", "궁벽하고 천한 사람을 편안하게 하고, 처박혀 있는 사람을 더 이상 답답하게 하지 않는다.(使窮賤易安, 幽居靡悶.)"라고 하였다. 이것은 詩歌의 사회 교화적인 효용을 말하는 것뿐만 아니라 詩歌의 정신적인 효용을 강조한 것이기도 하다.

어째서 '離群'의 상황이 생기게 되는 것인가? 그것은 본인이 재주와 능력은 있지만, 그의 능력을 제대로 펼 수가 없는 상황에서 어쩌지 못하는 그들의 처지에 대한 결과로서 '세상을 등져야(離群)' 하는 상황이 생기게 되는 것이며, 그 離群으로부터 '怨한 感傷'이 생겨난다고 鍾嶸은 여겼다.

이렇듯 不遇한 경우를 당한 이로는 建安時期 문인 가운데 단연 曹植을 들 수 있다. 曹植은 建安時期에 가장 뛰어난 재능과 이상을 가지고 있었으면서도 그의 형 曹조에 밀려 제대로 자신의 뜻을 펴보지 못하고 말았다. 그러므로 그의 感傷的인 정서는 曹操나 建安七子가 가지고 있었던 것과는 다르다. 그래서 曹조가 등극하기 전의 초기작으로 「送應氏」에서는 전란에 휩싸인 사회 현실을 바라보면서 자신이 그 어두운 현실을 바로 잡아보겠다는 격앙된 의지가 강력하게 표출되어 있고, 曹조가 재위하던 중에는 이전의 자신감을 상실해 있다가, 曹조가 죽고 그의 아들 曹叡가 등극하고 나서 지은 「求自試表」에서는 조카인 曹叡에게 자신을 등용해 줄 것을 간청하지만, 결국 뜻을 이루지 못해서 느껴야만 하는 感傷이 완곡하게 나타나 있다.

그러므로 劉勰이 建安時期의 문학이 慷慨한 風格을 갖게 된 이유의 배경으로 시대의 사회적인 상황에 기인한다고 한 반면에 鍾嶸은 개인적인 측면을 보다 강조하고 있다고 할 수 있다. 그렇다고 해서 鍾嶸이 사회적인 측면을 무시한 것은 아니며, 鍾嶸이 말한 개인적인 感傷의 원인도 역시 사회 환경에서 오는 것이다. 이러한 배경에서 작가가 겪는 개인적인 '怨'의 감정에 鍾嶸은 보다 치중하고 있다고 할 수 있다.

曹操의 경우에는 그의 慷慨한 정서가 그가 나라를 경영하는 데에 있어서 생겨난 것으로 曹植과 달리 '治國平天下'에 관련된 내용이 주류이다. 曹조는 자신의 개인적인 感傷의 정서를 잘 표현해 냈는데, 曹조는 힘의 방면에서는 曹操에 미치지 못했고, '詞彩華茂'한 방면에서는 曹植보다 못했지만, 鍾嶸이 평한 것처럼, 대체로 風格에 있어서 '여리고 아름다워서(纖婉淸麗)', 慷慨나 怨의 정서와는 차이가 있다.

실제로 鍾嶸이 『詩品』 본문에서 哀怨과 유사한 술어로 悽怨・雅怨・愀怨・愀悵・感慨・悽戾・淸怨・悲惊 등을 써서 작가마다의 風格을 논하였다. 上品 12개조 가운데에서 6개조(古詩・李陵・班婕妤・曹植・阮籍・左思),156) 中品 21개조 가운데에서는 5개조(徐淑・劉琨・郭璞・郭泰機・沈約),157) 下品 27개조 가운데에서 2개조(曹操・毛伯成)158)에서 鍾嶸은 그들이 哀怨한 風格을 가지고 있다고 했다. 이처럼 『詩品』의 59개조 가운데에 15개조에서 怨에 관련된 술어로서 비평을 하고 있는데, 上品일수록 怨의 감정이 얼마나 잘 抒發했는가가 보다 높은

---

156) 鍾嶸 撰, 高木正一 譯註, 『詩品』: 古詩 "雖多哀怨, 頗爲總雜"(137쪽), 李陵 "文多凄愴, 怨者之流"(144쪽), 班婕妤 "怨深文綺"(148쪽), 曹植 "情兼雅怨"(152쪽), 阮籍 "頗多感慨之詞"(171쪽), 左思 "文典以怨"(187쪽)
157) 鍾嶸 撰, 高木正一 譯註, 『詩品』: 徐淑 "文亦悽怨"(202쪽), 劉琨 "善爲悽戾之詞"(234쪽), 郭璞 "詞多慷慨"(240쪽), 郭泰機 "孤怨宜恨"(246쪽), 沈約 "長於淸怨"(293쪽)
158) 鍾嶸 撰, 高木正一 譯註, 『詩品』: 曹操 "甚有悲凉之句"(308쪽), 毛伯成 "亦多惆悵"(362쪽)

비중을 차지하고 있는 것을 알 수 있으니, 鍾嶸이 시에 있어서 怨한 감정의 抒發 문제에 얼마나 주의했는지를 알 수 있다. 이렇듯 建安文學에서 '感節'·'釋愁'·'苦思'·'怨歌'·'離友'·'敍愁'·'七哀'·'傷夭' 등을 다룬 내용이 詩·文·賦에 특히 많이 나타나 있다.159)

그런데 이러한 鍾嶸의 입장에는 다음과 같이 당시의 문단 상황과는 다른 경향이 있다.

> 鍾嶸의 이러한 입장에 주의해야 할 점은 당시의 일반적인 경향과 사뭇 차이가 있는 것으로 六朝時代의 詩情이 私的인 怨情에 치우쳐 있는 데 비하여 鍾嶸은 怨의 감정이 개인적인 비극에서부터 생긴다는 것을 인정하면서도 『詩經』에서의 현실비판과 연관된 감정의 역할을 怨情의 관념으로서 파악하고 있다.160)

게다가 曹植의 '體被文質'은 文體에 있어서 잘 가꾸어진 文辭의 아름다움과 생명력이 넘치는 질박함을 조화롭게 갖추고 있다고 하는 文質彬彬의 경지를 말하는 것이니, 더 이상의 호평은 있을 수 없을 듯하다. 이것에서도 鍾嶸이 이상으로 삼는 문학의 典範은 바로 曹植이라는 것을 알 수 있다. 그러므로 '建安風力'이라 함은 바로 曹植의 그러한 詩文風을 말한 것이라고도 할 수 있겠다. 이것은 風과 骨의 조화를 이상으로 한 慷慨한 詩文風을 일컫는 建安風骨의 특성을 집대성한 것이라고도 할 수 있다.

다음으로 曹植과 함께 上品에 놓여진 劉楨 시의 특징을 "기운이 굳세고 독특한 개성(奇)을 즐겨 글귀마다 강인한 기상이 넘쳐흐른다. 진

---

159) 成其聖 著,「感傷-建安文學的內在心象」74쪽,『天津師大學報』87年 6期.
毛炳生 著,『曹子建詩的詩經淵源硏究』86쪽, 文史哲出版社. 1985 : 曹植의 五言詩 53수 가운데 怨을 들어낸 것이 37수로서 전체 69.81%를 차지한다고 했다.
160) 林田愼之助 著,『中國中世文學評論史』356쪽, 創文社. 1979

정한 骨力이 서리를 능가하며, 고매한 風格이 속세를 벗어났다.(仗氣愛奇, 動多振絶, 眞骨凌霜, 高風跨俗.)"라고 했다. '仗氣'라고 한 것은 내용이 되는 정신이 강인하다는 뜻이고, '愛奇'라고 한 것은 中正의 道를 벗어난 것까지 용인한 것이라고도 이해할 수 있다. 즉 문학이 작가마다의 독창적 개성을 살려 내지 못한다면 그것은 문학의 생명력을 잃은 것이라고 인식했다는 것을 알 수 있다.

아울러서 '眞骨凌霜, 高風跨俗'은 劉楨의 성품을 반영한 것이기도 하다. 謝靈運의 『擬魏太子鄴中集詩』 서문에서 "뛰어나게 남들보다 재능이 돋보여서 글에는 기운이 가장 충만하다. 상당히 奇特함을 이루어냈다. (卓犖偏人而文最有氣. 所得頗經奇.)"161)라고 했고, 曹丕의 「與吳質書」162)에서 말한 것처럼, 劉楨은 성품이 워낙 剛毅한 사람으로 언젠가는 연회석상에서 曹丕가 袁紹에게서 빼앗은 부인 甄氏를 무시하는 바람에 예의를 모른다고 하여 관직을 박탈당하고 결국 曹操에게 처형당했다.

이렇듯 劉楨은 그의 성품에서도 나타나듯이 시의 風格도 '眞骨凌霜'하다. 그로 인하여 '氣過其文'하고, 雕潤이 모자란 것이 흠이 된다고 했다. 즉 내용이 되는 정신적인 생명력이 뛰어난데, 반하여 그것을 표현해 내기 위한 수사상 기교의 雕潤이 부족하다는 것이다. 이런 劉楨의 특징은 曹植에 비교하자면, 曹植이 내용 면에서 '骨氣奇高'하고, 형식면에서 '詞彩華茂'한 文質彬彬의 경지인 것에 비해 骨氣奇高한 측면은 '仗氣愛奇'하여 필적할 수 있지만, '詞彩華茂'에는 따르지 못했다고 할 수 있다.

이에 반해서 王粲의 평은, 謝靈運의 『擬魏太子鄴中集詩』 서문에서, "王粲의 집은 본래 秦川으로 귀한 집안 자손이었으나, 난을 만나 떠돌아다니느라 자신이 상처받아 정감이 많다.(家本秦川, 貴公子孫, 遭亂流

---

161) 謝靈運 撰, 張溥 編, 『謝康樂集』 卷2(『漢魏六朝百三名家集』 제3책 379쪽)
162) 曹丕 撰, 張溥 編, 『魏文帝集』 卷1(『漢魏六朝百三名家集』 제1책 727쪽) : 曹丕 「與吳質書」 曰, "公幹有逸氣, 但未遒耳."

寓, 自傷情多.)"163)라고 하여, 난리를 만나 떠돌아 다녀야 했던 생활환경으로부터 '자신이 상처받아 정이 많게(自傷情多)' 된 것처럼, '근심과 슬픔에 찬 글(愀愴之詞)'을 잘 지었다고 했지만, 내용적인 측면에서 보자면, '質羸'하여 내용이 박약하다고 했다. 이러한 평가는 曹丕가「與吳質書」에서 王粲에 대하여, "유독 辭賦에 뛰어났으나, 아쉽게도 문장의 기운이 약해서 그의 글을 치켜세우기 부족하다.(獨自善於辭賦, 惜其體弱, 不足起其文.)"164)라고 한 것과 일치한다. 鍾嶸이 본 '質羸'과 曹丕가 본 '體弱'은 같은 뜻으로 이해할 수 있겠다.

아울러서 王粲의 이러한 특징은 曹植에 비유하자면, 曹植의 '詞彩華茂'에는 비길 수 있지만, '骨氣奇高'함에는 미치지 못한다는 것이다. 그러므로 劉楨과 王粲의 문학 특징은 확연히 구분 지어진다. '氣過其文, 雕潤恨少'하다 하여 내용 방면의 강인한 생동감이 돋보인 劉楨과 '文秀而質羸'하다 하여 형식 방면의 수사적인 표현이 돋보인 王粲은 대비의 대상이 될 수 있겠다.

즉, 劉楨의 장점을 王粲은 단점으로 갖고 있고, 王粲의 장점을 劉楨은 단점으로 갖고 있는 것이다. 그런데 鍾嶸은 "그러나 曹植 다음으로는 劉楨이 독보적인 존재라고 할 만하다.(然自陳思已下, 楨稱獨步.)"라고 했고, "曹植과 劉楨이 아마도 문장에 있어서 성인일 것이다.(曹劉殆文章之聖.)"라고 하여, 王粲보다 劉楨에게 좀더 많은 점수를 주고 있다.165) 그러니 鍾嶸이 말한 내용과 형식의 이상적인 조화를 최고로 하는 가운데에도 劉楨과 王粲을 비교하여 劉楨을 내세운 것으로 보아서 鍾嶸이 말한 風力이 강인한 생명력으로서 내용 방면에 보다 중점을 두

---

163) 謝靈運 撰, 張溥 編, 『謝康樂集』 卷2(『漢魏六朝百三名家集』 제3책 379쪽)
164) 曹丕 撰, 張溥 編, 『魏文帝集』 卷1(『漢魏六朝百三名家集』 제1책 727쪽)
165) 『先秦漢魏晉南北朝詩』에 실린 詩 가운데 王粲은 25수 중 15수가, 劉楨은 15수가 모두 五言詩로서, 鍾嶸이 이상적인 시체라고 여긴 五言詩를 전적으로 지었던 劉楨에 대하여 보다 높은 평가를 했으리라고 여겨진다.

었던 것임을 알 수 있다. 그러므로 鍾嶸이 당시에 새롭게 유행한 五言詩를 중심으로 시품평서인『詩品』을 낸 것에서 그가 진보적인 문학사관을 가지고 있었다고 할 수 있으면서도 文辭 방면에 '文秀'의 성취를 이룬 王粲보다 劉楨을 보다 높이 평가한 것이라 할 수 있다. 거꾸로 儒家的 文藝觀에 鍾嶸보다 확고했던 劉勰은『文心雕龍・才略』에서 建安七子 가운데 王粲을 평하여 '七子之冠冕'이라고 하여 王粲을 으뜸이라 여겼으니, 이러한 劉勰의 입장도 역시 鍾嶸과 마찬가지로 모순되는 측면이 있다고 할 수 있다. 그렇지만, 王粲이 曹植과 劉楨에는 못 미치지만 그 자신만의 독특한 文風을 이루었음을 인정해 주었다.166)

다음으로 上品으로 든 曹植・劉楨・王粲 이외에 中品으로 든 曹丕에 대한 평의 비교도 살펴보고자 한다. 우선 國風에 연원을 둔 曹植과 劉楨을 높이 평가한 鍾嶸의 입장에서는『楚辭』에 연원한 李陵에게 연원했다고 한 曹丕에 대한 평가가 曹植・劉楨・王粲에 못 미치는 것은 당연하겠다. 그런데 "새롭고도 개성 있는 백여 편은 세련되지 않은 소박함이 民歌와 같다.(新奇百許篇, 率皆鄙直如偶語.)"라고 하여 曹植의 詩歌 100편이 民歌的인 요소가 다분하여 세련되지 않고 질박한 맛이 난다고 하였고, "그렇지 않으면, 어떻게 여러 뛰어난 문인들을 뽑아 평가하고, 그 동생 曹植에 필적하겠는가.(不然, 何以銓衡群彦, 對揚厥弟者邪.)"라고 하여, 曹植에 필적할 만하다고 했으니, 鍾嶸 나름대로 曹丕에 대한 평가가 매우 높음을 알 수 있다.167)

특히 鍾嶸은 曹丕의 잘된 시로서「雜詩」第二首를 들었는데,

　　　西北有浮雲, 서북 녘에 뜬구름,

---

166) 序文에서 "故知陳思爲建安之傑, 公幹仲宣爲輔."라고 했고, 본문에서는 "在曹劉間, 別構一體, 方陳思不足, 比魏文有餘."라고 했다.
167)『文心雕龍・才略』에서도, "遂令文帝以位尊減才, 思王勢窘益價. 未爲篤論也."라고 하여, 曹植과 曹丕의 평가가 제대로 이루어지지 않았다고 하였다.

  亭亭如車蓋.　높이 솟은 것이 수레 덮개 같다.
  惜哉時不遇,　애처롭구나. 지금은 불우하게도
  適與飄風會.　마침 회오리바람을 만났다.
  吹我東南行,　동남쪽으로 나를 몰아쳐,
  行行至吳會.　吳會까지 이르렀다.
  吳會非我鄕,　吳會는 내 고향이 아니니,
  安得久留滯.　어찌 오래 머물 수 있겠는가.
  棄置勿復陳,　에라 다시 말을 말자,
  客子常畏人.　나그네는 늘 사람이 두렵다.[168]

라고 하였으니, 이것이 "「西北有浮雲」과 10여 수는 특히 아름다움이 넉넉하여 즐길 만한데, 비로소 그의 공교함이 보인다.(惟西北有浮雲十餘首, 殊美瞻可翫, 始見其工矣.)"라고 했으며, 劉勰이 『文心雕龍·才略』에서는 曹丕를 평하기를,

  子桓(曹丕)은 구상을 자세히 했지만, 志氣가 약해서 (曹植에 비해) 앞으로 나설 수는 없었으나, 樂府는 가락이 뛰어나고 맑으며, 『典論』은 요점을 잘 파악하고 있다.(子桓慮詳而力緩, 故不競於先鳴, 而樂府淸越, 典論辯要.)[169]

라고 한 것처럼, 曹丕가 시가 風格의 氣力에 있어서는 曹植에는 미치지 않는다고 했다. 때문에 曹丕는 建安文壇에서 문단의 領袖는 될 수 있지만, 대표는 될 수 없는 것이다. 이와 같이 劉勰이 『文心雕龍』의 「時序」와 「明詩」에서 建安時期 문학의 특징을 논했고, 「風骨」에서 風骨의 개념 정의와 작용 그리고 학습법 등을 통해서 建安風骨이란 建安時期의 전란으로 인한 처참한 사회현실이 慷慨한 情調로 드러난 문학 특징이라고 할 수 있는데, 鍾嶸은 風骨 가운데 風의 방면에 주의하여 風力

---

168) 曹丕 撰, 張溥 編, 『魏文帝集』 卷2(『漢魏六朝百三名家集』 제1책 750쪽)
169) 劉勰 撰, 戶田浩曉 譯註, 『文心雕龍』 636쪽

論의 정의와 작용 및 용례를 들어서 자신의 詩 品評의 잣대로 삼았다고 할 수 있다. 그래서 鍾嶸은 曹植을 "骨氣奇高, 詞彩華茂, 情兼雅怨, 體被文質."하다 하여, 자신의 시론에 있어서 최고로 삼았고, 劉楨은 "氣過其文, 雕潤恨小."하다고 하여, 그 다음으로 삼았다. 그리고 鍾嶸의 風力論과 劉勰의 風骨論의 차이는, 劉勰이 '世積亂離, 風衰俗怨' 즉 사회로부터 그 원인이 제공되어서 慷慨한 風格이 발현된다고 했는데, 鍾嶸은 '離群'해야 하는 개인적인 怨情에서 風力論이 기인한 것이 그들의 차이라고 할 수 있다.

제6장 建安風骨論의 變遷 樣相

 梁代 劉勰에 의해서 風骨 개념이 정립되고 같은 시대의 鍾嶸에 의해서 처음으로 詩 品評이 시도된 이래, 詩歌는 齊梁代를 거치면서 형식미에 치중하고 내용이 공허한 詩風이 만연하게 되었다. 唐代에 이르러서 陳子昻은 '漢魏風骨'을 내세워 建安文學의 剛健한 詩風을 다시 불러일으키고자 했는데, 이 전통은 唐詩 특유의 雄建한 풍격으로 계승되었다. 그것을 시 창작에 실현한 이로는 唐代 李白과 金代 元好問을 들 수 있다. 그리하여 建安時期와 唐代 특히 盛唐의 시기는 시대적인 배경이 확연히 달랐지만, 그들 詩歌에 나타난 문학 특징은 매우 유사하여 建安風骨에 대비하여 '盛唐風骨'이라 했다. 이렇듯 建安風骨은 중국 시가에 있어서 최고의 전성기를 구가했던 唐代에서도 주요한 詩歌 風格 가운데 하나로 자리 매김 되어 있다.
 이 장에서는 初唐代에 建安風骨의 제창자였던 陳子昻과 그 실현자였던 李白에게 있어서 風骨 개념에 대한 그들의 이해는 어떠하였으며, 또 天寶年間에 盛唐詩의 비평을 시도한 殷璠의『河嶽英靈集』에는 建安風骨의 개념이 어떻게 응용되었으며, 이른바 建安風骨이라는 용어를 처음으로 쓴 宋代 嚴羽의『滄浪詩話』에서 어떠한 이해를 바탕으로 建安風骨이라는 용어를 썼으며, 그 작용은 무엇이라고 했는지를 살펴보고자 한다. 그리고 金代 元好問의『論詩絶句』에 나타난 建安風骨에 관한 논의는 무엇인지, 明代에 풍미했던 前後七子의 復古主義와 楊愼이나 淸代 沈德潛이 주장했던 格調說과 風骨이 어떤 관계가 있으며, 그들의 詩文論과 建安風骨이 서로 어떤 상관관계가 있는지 그리고 당시 詩文評에 '建安風骨'이 어찌 활용되었는지를 살펴보고자 한다.

1. 唐代

(1) 陳子昻의 漢魏風骨論

唐代 陳子昻은 建安文學의 風格을 포괄해야 한다는 의미에서 '漢魏風骨'을 제창했다. 陳子昻은 자신의 시가 이론의 강령을 밝혔다고 할 수 있는 「與東方左史虯修竹篇序」에서,

> 문장의 법도가 스러진 지 오백 년이 되었다. 漢魏代의 風骨이 晉宋代를 지나며 전해지지 않게 되었다. 그러나 문헌으로 살펴볼 수 있다. 나는 일찍이 시간을 내어 齊梁代의 시를 본 적이 있는데, 文彩가 아름답고 번다하기만 하고, 興을 일으키는 것이 모두 없어졌다. 매번 탄식하며, 옛 사람들을 생각하건대, 늘 제자리를 벗어난 듯 비틀비틀 어색하고 보잘 것이 없다. 風이나 雅 같은 것들은 지어지지 않아 걱정스러울 따름이다. 어제 공의 「詠孤桐篇」을 보니, 세 가지를 알 수 있었다. 骨氣가 단정하고 기세가 날 듯하며, 음의 가락이 갑자기 꺾이기도 하고, 광채가 뛰어나게 세련된 듯하여, 금속을 치는 듯한 아름다움이 있다. 마음을 써서 본 것을 꾸며 쓸 때에는 깊숙이 잠겨 있는 속내를 펼쳐 보였다. 正始年間의 시풍을 꾀한 것은 아니지만, 다시 여기에서 보게 되었으니, 建安年間의 작가들에게 보이면, 기뻐할 것이다.(文章道弊五百年矣. 漢魏風骨, 晉宋莫傳, 然而文獻有可徵者. 僕嘗暇時觀齊梁間詩, 彩麗競繁, 而興寄都絶, 每以永歎. 思古人, 常恐逶迤頹靡, 風雅不作, 以耿耿也. 一昨於解三處見明公詠孤桐篇, 骨氣端翔, 音情頓挫, 光英朗練, 有金石聲. 遂用洗心飾視, 發揮幽鬱. 不圖正始之音, 復覩於茲, 可使建安作者相視而笑.)[1]

---

1) 陳子昻 著, 郭紹虞 主編, 『中國歷代文論選』 제2책 55쪽

라고 하였다. 陳子昂이 위와 같이 말한 요지는 시 창작에 있어서 '風骨'과 '興寄'를 제창하기 위한 것이었다. 여기에서 陳子昂이 말한 風骨은 견실한 내용과 생명력을 갖춘 언어의 조화로운 통일을 말하며, 興寄는 '託物起興'과 '因物喩志'의 표현방식을 말한다. 陳子昂은 이 風骨과 興寄를 통해서 형식적 수사에 치중하고 내용이 공허하여 현실을 외면하는 불건전한 齊梁代 시풍을 버리고 晉宋 이래 전해지지 않는 漢魏風骨을 다시 일으켜 보고자 한 것이다. 이 漢魏風骨은 바로 漢魏代 詩歌의 문학적 특성으로서 陳子昂은 漢魏風骨에 대하여 "骨氣가 단정하고 기세가 날 듯하며, 음의 가락이 갑자기 꺾이기도 하고, 광채가 뛰어나게 세련된 듯하여, 금속을 치는 듯한 아름다움이 있다.(骨氣端翔, 音情頓挫, 光英朗練, 有金石聲.)"라고 했다. '骨氣端翔'은 詩歌 내용에 있어서 剛健하고 端直한 기세가 충만한 風의 모습이고, '音情頓挫, 光英朗練, 有金石聲.'은 수사상의 예술적인 효과를 말한 것으로 骨의 운용에 대해서 구체적으로 논의를 편 것이다. 이것은 劉勰이 『文心雕龍·風骨』에서 말했던 風과 骨의 특성 가운데 특히 風의 개념을 계승하여 밝힌 것이라 할 수 있다. 『文心雕龍·風骨』에서 劉勰은 風을 실현하기 위한 조건으로 風은 '意氣駿爽'해야 하며, 骨은 '結言端直'해야 함을 강조했다. 風骨의 필요 요건이라고 한 기력이 뛰어나다는 의미의 '意氣駿爽'은 '骨氣端翔'과 통하는 것이지만, '音情頓挫, 光英朗練, 有金石聲.'이라고 한 것은, 劉勰이 수사상에 있어서 '端直' 즉 글월을 엮어 표현함에 있어서 발라야 한다는 조건으로 말한 '結言端直'과는 입장이 다르다. 『文心雕龍·風骨』에서 聲律 문제에 대하여

문자의 선택이 정확하고 글자 하나의 변경도 어렵고, 聲律의 구성이 안정되어 있어서 약간의 정체도 없다. 이것이 風骨의 힘이다. … 만약에 수식이 풍부한 문장도 風과 骨이 확실하지 않으면, 애써 지은 文彩도 신선미를 잃고, 聲律도 무력하게 될 뿐이다.(捶字堅而難移, 結響凝而不

滯, 此風骨之力也. … 若豐藻克贍, 風骨不飛, 則振采失鮮, 負聲無力.)[2]

라고 하여, 聲律은 風骨의 운용에 의해 결정되는 것임을 거듭 밝혔다. 陳子昻은 이에 반하여 표현이 바르고 정확함보다는 齊梁代 이후 크게 발전한 詩歌의 音律的인 측면에 치중하여 '音情'과 같은 聲律의 세련미에 주의하였다. 陳子昻은 風骨의 개념을 통해서 수사상의 형식미에 치우쳐 있던 당시 문단의 폐단을 고쳐보고자 風骨論을 폈다고 할 수 있는데, 이것에서 陳子昻이 수사상의 音律美를 어느 만큼은 인정했다고 할 수 있다. 이것은 아마도 陳子昻의 시대에는 이미 시가의 수사상 音律美가 정착되어 있었던 시대였기 때문일 것이다.

그러므로 郭紹虞는 陳子昻이 말한 漢魏風骨이 곧 建安風力이라 하여 漢末魏初의 문학 특징을 한데 아울렀다고 인식하였지만,[3] 建安과 正始年間의 詩文風이 완전히 같지 않은 만큼 漢魏風骨도 建安風力과 완전히 같다고 할 수는 없다. 또 陳子昻이 '漢魏風骨'이라 하여서 漢代와 魏代를 구분 지은 것이나 "正始年間의 시풍을 꾀한 것은 아니지만, 다시 여기에서 보게 되었으니, 建安年間의 작가들에게 보이면, 기뻐할 것이다.(不圖正始之音, 復覩於玆, 可使建安作者相視而笑.)"라고 하여서 正始年間과 建安年間을 구분 지어서 언급한 것에서도 陳子昻의 문학사관은 漢代와 魏代를 구분하였으며, 漢代와 魏代의 문학 특징이 완전히 같지는 않음을 밝힌 것이라고 할 수 있다. 이러한 측면에서 劉勰도 『文心雕龍·明詩』에서 建安年間 이후의 문학 특징을 설명하여,

  正始年間에는 道家思想이 드러났고, 시에는 神仙의 정신이 섞이게 되었다. 何晏의 무리들은 대개 천박하고 낮은 수준이었지만, 다만 嵇康만

---

2) 劉勰 撰, 戶田浩曉 譯註, 『文心雕龍』 418쪽
3) 郭紹虞 主編, 『中國歷代文論選』 제2책 55쪽 : "這裏所說的漢魏風骨, 卽鍾嶸 『詩品·序』 所說的建安風力"

이 뜻이 맑고 뛰어났다. 阮籍의 뜻은 멀고도 깊어서 당시에 내세울 만했다. 應璩의 「白一詩」는 우뚝 서서 두려울 줄 몰랐으며, 글은 婉曲하고 뜻은 곧았으니, 역시 魏代의 遺風을 이어받은 것이다. 晉代의 뭇 인재들은 점점 가볍고 綺麗함에 빠져 들어갔다. 張載·左思·潘岳·潘尼·陸機·陸雲 등은 어깨를 나란히 시단에 자리하였는데, 辭彩는 正始年間보다 번다하였고, 氣力은 建安年間보다 약했다. 그래서 어떤 이는 文辭를 분석적으로 한 것을 교묘하다고 했고, 어떤 이는 유행을 따른 것을 스스로 아름답다고 했으니, 이것이 그 시대 문단의 대략이다.(正始明道, 詩雜仙心. 何晏之徒, 率多浮淺. 唯嵇志淸峻, 阮旨遙深. 故能標焉. 若乃應璩百一, 獨立不懼, 辭譎義貞, 亦魏之遺直也. 晉世群才, 稍入輕綺. 張左潘陸, 比肩詩衢. 采縟於正始, 力柔於建安, 或析文以爲妙, 或流靡以自姸. 此其大略也.)[4]

라고 하였으니, 여기에서도 建安文學과 正始文學이 본질적으로 서로 계승과 발전의 관계가 있기는 하지만, 반드시 같지는 않다고 했다. 그러나 역시 建安文學과 正始文學의 양상은 서로 다르지만, 이 두 시대의 사회가 建安年間은 민란과 전란의 시기였으며, 正始年間은 정치적 암흑기였으니, 문인들이 그러한 상황을 비판하고 괴로워하는 심정을 토로했다는 점에 있어서 建安年間과 正始年間의 사회적 환경이 어느 정도 공통되기도 하다. 그래서 劉勰은 建安文學의 문학적 風格을 한마디로 '梗慨而多氣'라고 했고, 正始文學의 문학적 風格을 '使氣而命詩'라고 했던 것이다. 그러므로 陳子昂은 建安年間의 문학 특징을 '漢代風骨'로, 正始年間의 문학특징을 '魏代風骨'로 보았다고 할 수 있으며, 이것을 병칭한 漢魏風骨은 漢代風骨과 魏代風骨을 아울러서 말한 것이다.

正始年間(240~249)은 魏 3대 황제인 曹芳의 시기이다. 이때의 대표적인 문인으로 鍾嶸의 『詩品』에서는 上品에 阮籍, 中品에 嵇康과 應璩, 下品에 傅玄을 들었다. 이 중에서도 宋代 嚴羽가 『滄浪詩話·詩體』에

---

4) 劉勰 撰, 戶田浩曉 譯註, 『文心雕龍』 86쪽

서 '正始體'에 대하여 스스로 注하기를, "魏의 年號이다. 嵇康과 阮籍 및 여러 문인들의 시이다.(魏年號. 嵇阮諸公之詩.)"5)라고 한 것처럼, 正始年間에는 阮籍과 嵇康이 대표이다. 그러므로 阮籍과 嵇康의 문학특징을 살펴보면 陳子昻이 이해하고 있는 魏代風骨의 양상을 이해할 수 있겠다. 嵇康과 阮籍은 竹林七賢으로서 老莊思想을 숭상하고, 淸談을 즐겼지만, 사회 현실에 깊은 관심을 가진 이들이었다. 그래서 그들의 詩歌는 建安時期의 '慷慨任氣. 磊落使才'한 풍조를 계승하여서 사회 현실에서 느끼는 悲怨의 감상을 그들의 시편에 잘 폈다. 그래서 鍾嶸도 『詩品』上品에서 阮籍에 대하여,

　　阮籍의 연원은 小雅에서 나왔고, 교묘하게 수식하는 공을 들이지 않았으니, 그의 「詠懷詩」는 性靈을 잘 닦아 속내 깊숙한 생각을 잘 표현했다. 시구는 귀나 눈에 남아 있지만, 그 뜻은 무한한 세계로 뻗어 있다. 넘실넘실 『詩經』의 뜻과 어울려서 사람들로 하여금 비루함을 잊게 한다. 원대한 곳에 스스로 이르러서는 感慨한 글귀가 많이 있어서 그 뜻이 깊게 번져 나갔으니, 그것이 닿는 정취는 알기 어렵다.(其源出於小雅, 無雕蟲之功. 而詠懷之作, 可以陶性靈, 發幽思. 言在耳目之內, 情寄八荒之表, 洋洋乎會於風雅, 使人忘其鄙近, 自致遠大, 頗多感慨之詞, 厥旨淵放, 歸趣難求.)6)

라고 한 것처럼, 阮籍은 正始年間의 대표시인이며, 그의 「詠懷詩」는 正始年間의 대표작으로서 그것은 『詩經』의 현실주의적인 전통을 이었으며, '感慨之詞'를 통해서 "性靈을 잘 닦아 속내 깊숙한 생각을 잘 표현한다.(陶性靈, 發幽思.)"라고 했다.

　그래서 『詩源辯體』卷4에서 阮籍의 「詠懷詩」를 평하여,

---

5) 嚴羽 著, 郭紹虞 校釋, 『滄浪詩話校釋』 52쪽
6) 鍾嶸 撰, 高木正一 譯註, 『詩品』 166쪽

阮籍의 五言詩「詠懷」82수는 대체로 興과 比에 들어맞는다. 체제는 비록 비교적 古體이지만, 대체로 뜻을 드러내어 시를 지었다. 그러므로 자취를 남기는 것을 면하지는 못했다. 그밖에 뜻을 의탁한 것이 매우 심오해서 보는 이들은 그 뜻을 다 헤아릴 수 없다. 鍾嶸은 그래서 '그 말은 바로 귀와 눈앞에 있지만, 그 뜻은 무한히 뻗어 있다.'라고 하였는데, 옳은 의견이다. 顔延年은 '阮籍은 어지러운 조정을 섬기느라 늘 재난을 만날까 걱정했다. 그래서 이에 느낌을 적는 것이 비록 뜻이 譏刺에 있고, 글에 숨기는 것이 많아서 百代가 지나더라도 그 내용을 헤아리기 어렵다.'라고 했다. 나는 30여 편을 실어서 그 대강을 삼고자 한다.(嗣宗五言詠懷八十二首, 中多興比, 體雖近古, 然多以意見爲詩, 故不免有跡. 其他託旨太深, 觀者不能盡通其意, 鍾嶸謂其言在耳目之內, 情寄八荒之表, 是也. 顔延年云, 阮公身事亂朝, 常恐遇禍, 因茲詠懷, 雖志在譏刺, 而文多隱避, 百代之下, 難以情測也. 予所錄三十篇, 則庶幾焉.)[7]

라고 하였는데,「詠懷」의 창작 목적이 사물에 의탁해서 '譏刺'를 하는 것에 있다는 것과 그로 인해서 '言在耳目之內, 情寄八荒之表'라고 한 것은 바로 劉勰이『文心雕龍・風骨』에서 정의한 風骨의 실현을 말한 것이다. '譏刺'는 곧 諷諫을 말하는 것으로 '독자를 감동시키는 근본 요소(斯感之本源)'로서「毛詩序」에서부터 가졌던 風의 개념을 계승하였던 것이다. 그리고 글 뜻이 八荒의 밖까지 뻗을 수 있다는 것은 바로 風骨이 갖는 굳센 생명력 때문에 가능한 것이다. 이와 같은 특성은 바로 建安年間의 문학 특징을 그대로 계승한 것이다. 즉 陳子昂은 建安文學의 전통을 회복시켜서 骨氣가 바르고 날 듯한 기세의 시를 지어야 한다고 한 것이다. 그리하여 그의 시풍은 강건하고 질박하며, 굳센 기운이 있어서 初唐時期에 만연했던 齊梁風의 시문을 씻고 새로운 詩文風을 이끌고자 했다.

이러한 陳子昂의 시가 창작 태도는 그의「感遇詩」38수에도 잘 나

---

7) 許學夷 著, 杜維沫 校點,『詩源辯體』85・6쪽

타나 있다. 제7수에,

    白日每不歸, 밝은 해 매번 돌아오지 않아,
    靑陽時暮矣. 푸른 봄볕 늘 어스름하다.
    茫茫吾何思, 아득하구나 이 내 생각,
    林臥觀無始. 숲에 누웠으니 끝이 보이지 않는다.
    衆芳委時晦, 뭇 향내 사라져 늘 어둡고,
    鶗鴂鳴悲耳. 두견새는 슬피 울기만 한다.
    鴻荒古已頹, 아주 오래 전 이미 흐트러졌으니,
    誰識巢居子. 누가 둥지에 사는 이 알까.[8]

라고 하였는데, 여기에서 "밝은 해 매번 돌아오지 않아, 푸른 봄볕 늘 어스름하다.(白日每不歸, 靑陽時暮矣.)"라고 한 것처럼, 밝게 묘사해야 할 白日이나 靑陽을 어둡게 묘사함으로써 지금 자신의 불우한 처지를 빗대어 표현하였다. 이렇듯「感遇詩」는 당시 사회체제에 대한 비판을 목적으로 하고 있다. 그래서 唐代 皎然은『詩式』에서, "陳子昂의「感遇」는 그 연원이 阮瑀의「詠懷」에서 비롯되었다.(子昂感遇, 其源出阮公詠懷.)"[9]라고 하였다. 이들 논의는 阮籍의「詠懷」가 사회 현실에 대한 마음의 感慨를 간접적으로 비유해서 묘사한 것이 많아서 그러한 것이며, 그들의 계승관계를 말해주는 것이기도 하다.

  그래서 陳子昂과 建安文學과의 상관관계에 대하여『詩源辯體』卷13에서

    그러므로 劉須溪가 '陳子昂은 音律에는 주의하지 않았고, 유독 번잡한 시어는 잘라 버렸고, 은근하게 빗대어 축약된 것이 있어서 建安時期 이래 스스로 자신의 시체를 이루었다. 비록 크게 대단하지는 않았지만,

---

8)『全唐詩』卷83, 890쪽, 中華書局, 1985
9) 皎然 著, 周維德 校注,『詩式校注』70쪽, 浙江古籍出版社, 1993

> 금옥과 같으면서도 질박한 아름다움이 있다.'라고 했다. … 陳子昻의 五言과 近體詩는 음률이 비록 제대로 이루어지지는 않았지만, 시어가 매우 굳세다.(故劉須溪曰, 子昻於音節猶不甚近, 獨刊落凡(繁)語, 存之隱約, 在建安後自成一家, 雖未極暢達, 如金如玉, 槪有其質矣. … 子昻五言近體, 律雖未成, 而語甚雄偉.)10)

라고 하였으니, 建安風骨의 문학적 특성이 正始年間의 阮籍에게, 그리고 唐代의 陳子昻에게서 발현되었다는 것을 말해주는 것이다. 이렇듯 建安時期의 문학특징은 初唐의 陳子昻으로부터 일깨워져서 盛唐과 中唐詩人들에게까지 이어졌으니, 阮籍의 「詠懷詩」를 계승한 陳子昻의 「感遇詩」는 李白의 「古風詩」 59수의 전범이 되기도 했다. 李白의 「古風詩」는 豊田穰의 『唐詩研究』(養德社, 1948년)에서 자세히 검증하였듯이, 陳子昻의 「感遇詩」를 따라 지은 것으로 그의 여러 시구가 많이 인용되어 쓰였다.11)

> 다시 말해서 李白의 「古詩」가 갖는 風格은 阮籍의 「詠懷」와 陳子昻의 「感遇」와 일맥상통하는 것으로, 李白이 阮籍이나 陳子昻보다 뛰어난 것은 그가 '현실사회를 지적해 말하고 자신의 처지에 마음 아파하는(指言時事, 感傷己遭.)' 실질적인 뜻과 의의를 독자들이 더 잘 느낄 수 있는 데에 있다.12)

그러므로 正始年間의 시는 建安年間의 시를 계승하였고, 太康年間에로 발전해 가는 과정으로서 魏晉詩歌에 있어서 징검다리가 되었다고 할 수 있다. 이것이 齊梁代를 거치면서 형식에 편중되고 내용이 공허한 詩風이 만연하게 되었고, 陳子昻은 漢代 建安年間과 魏代 正始年間에 걸쳐서 나타났던 문학특징을 漢魏風骨이라 했으며, 이것은 「毛詩序」

---

10) 許學夷 著, 杜維沫 校點, 『詩源辯體』 卷13 144쪽
11) 鈴木修次 著, 『唐代詩人論』 上卷 60쪽, 鳳出版社, 1973
12) 胡國瑞 著, 「試論"風骨"在盛唐詩歌中的體現」 74쪽, 『武漢大學學報』 85年 5期

나 曹丕의 文氣論 이래 劉勰과 鍾嶸에게서 발전했던 風骨論을 계승한 것이다. 陳子昻은 이에 建安時期의 剛健한 시 정신으로 다시 불러일으키고자 했던 것이다. 이 전통은 唐詩 특히 盛唐時期에 특유의 웅건한 風格으로 계승되었으니, 陳子昻이 그 개척자라고 할 수 있는 것이다.

(2) 高適과 李白의 建安骨論

陳子昻이 제창한 漢魏風骨을 시가 창작에서 일정한 준칙으로 삼은 이는 高適이다. 高適은 자신이 주창한 詩文風에 대하여 陳子昻처럼 漢魏風骨이 어떠하다는 식으로 거론하지는 않았다. 高適은 「宋中別周梁李三子」에서,

曾是不得意, 일찍이 뜻을 얻지 못해,
適來兼別離. 때마침 왔다가는 다시 헤어진다.
如何一尊酒, 한 잔 술로 어찌하나,
翻作滿堂悲. 온통 집안이 슬픔뿐이다.
周子負高價, 周선생 높은 재주 가졌고,
梁生多逸詞. 梁선생에게는 좋은 글귀가 많다.
周旋梁宋間, 梁代와 宋代의 시를 두루 살펴보니까,
感激建安時. 建安年間의 시에 가슴이 벅차다.
……13)

라고 하였는데, 여기에서 不遇와 不平한 감회를 토로한 내용이 建安時期의 시대 상황에서 建安文人이 느꼈던 시의 風格과 닮았다고 할 수 있다. 그래서 『河嶽英靈集』에서 高適의 시를 평하여,

(高適의) 성격은 겁이 없어서 하찮은 법도는 개의치 않고, 일반의 과거시험에는 참여하는 것을 수치스럽게 여겨 자취를 감추고 널리 돌아다

---

13) 『全唐詩』 卷211 2198쪽

넜는데, 재주와 명성이 대단했다. 高適의 시는 가슴이 담긴 말이 많고, 建安風의 氣骨도 갖추고 있다. 그래서 조정이나 일반인들에게 그의 글이 많이 읽혔다.(常侍性拓落, 不拘小節, 恥預常科, 隱迹博徒, 才名自遠. 然適詩多胸臆語, 兼有氣骨. 故朝野通賞其文.)14)

라고 하였듯이, 高適의 시대가 建安時期의 상황과 성격이 사뭇 다르지만, 高適의 시에서는 建安時期의 시편이 갖는 風格을 많이 느낄 수 있다. 또 그의 「塞上」에서,

東出盧龍塞,　동쪽으로 盧龍塞로 나가 보니,
浩然客思孤.　탁 트인 것이 나그네 외롭다.
亭堠列萬里,　관망대는 만 리나 늘어서 있고,
漢兵猶備胡.　漢의 군사는 여전히 오랑캐를 대비한다.
邊塵漲北溟,　변방의 먼지는 북녘 바다를 가득 메우고,
虜騎正南驅.　오랑캐 기병은 바로 남쪽으로 밀려올 듯하다.
轉鬪豈長策,　싸우는 것은 좋은 계책이 아니며,
和親非遠圖.　화친도 장기적인 도모는 될 수 없다.
惟昔李將軍,　예전에 李 將軍께서
按節出皇都.　말고삐를 잡고 이 수도를 나서서는,
總戎掃大漠,　군대를 이끌고 이 막막한 곳을 토벌하시어,
一戰擒單于.　단번에 오랑캐 우두머리 사로잡으셨다.
常懷感激心,　늘 감격하는 마음이 있어서
願效縱橫謨.　그의 뛰어난 계책을 본받고자 하지만,
倚劍欲誰語,　칼을 잡고 누구와 얘기나 해보나,
關河空鬱紆.　이 변방의 큰 강에서 괜스레 마음만 답답하다.15)

라고 하였으니, 여기에서는 변방을 지키는 병사의 생활과 감상을 매우

---

14) 殷璠 撰,『河嶽英靈集』38쪽(『欽定四庫全書』제1332책, 驪江出版社, 1988)
15)『全唐詩』卷211 2190쪽

풍부하게 담고 있다.『全唐詩』卷211에서 高適을 평하여,

> 뜻을 펴지 못해 黃河 서쪽을 여기저기 떠다녔다. … 처음 시 짓기를 배움에 氣質로서 스스로 높은 수준으로 높였다. 한편 한편 읽어보아 남의 말 하기 좋아하는 이들이 서로 전하며 읊었다. 開元과 天寶年間 이래 시인 가운데 뛰어난 이는 高適뿐이다.(不得志, 去游河右, … 始學爲詩, 以氣質自高. 每吟一篇. 已爲好事者傳誦. 開寶以來, 詩人之達者, 惟適而已.)16)

라고 한 것처럼, 高適의 시는 強健한 필치로 자신의 불우한 처지와 감회를 慷慨하게 그려내고 있는데, 이것은 建安風骨의 발현이라 할 수 있다. 이렇듯 高適에게 따로 風骨論이 있다고 할 수는 없지만, 그의 시편에는 建安風骨의 風格 특징이 잘 드러나 있다.

이러한 측면에서 唐代에 建安時期의 문학 특징과 風骨을 함께 거론한 이는 李白이라고 봐야 한다.

> 李白의 盛唐文學은 建安文學과 분명히 서로 시대가 다르다. 盛唐은 모범적으로 잘 다스려지던 시대이고, 建安은 전형적인 전쟁의 시대이다. 그러나 두 시대는 기막히게 비슷한 면을 가지고 있다. 그것은 情과 志의 결합으로서 … 盛唐時代 문학이 표현하는 情志는 建安文學에 비하여 더욱 열렬하고 보편적이며, 보다 포괄적으로 '梗槪多氣'한 建安風骨을 포함하고 있으며, '緣情綺靡'한 六朝의 성률도 포함하고 있다. … 문학상에서 盛唐의 氣象은 바로 建安과 六朝文學의 결합에서 나왔다.17)

이것은 中國詩歌史에 있어서 盛唐詩의 기상이 내용면에 있어서는 建安年間의 시에, 형식면에 있어서는 六朝時代 詩歌에 의해 결합 형성되었다는 것이다. 그 가운데 李白은 六朝 이래 詩歌가 수사 방면에 있

---

16)『全唐詩』卷211 2189쪽
17) 林繼中 著,「魏晉風度與盛唐氣像的轉換」117쪽,『人文雜誌』, 1995年 2期

어서 浮艶과 聲律의 구속은 興寄에 방해가 된다고 하여 반대하였지만, 내용적인 측면에서는 建安風骨을 거론하여 작품에 드러내었다고 할 수 있다.

李白은 「宣州謝朓樓餞別校書叔雲」에서,

蓬萊文章建安骨,	蓬萊의 문장은 建安年間의 風骨을 가지고 있고,
中間小謝又淸發.	그 가운데 謝朓18)의 것은 맑은 기운이 드러난다.
俱懷逸興壯思飛,	모두 세상으로 뻗을 기운이 힘껏 뿜는 듯하여,
欲上靑天覽日月.	푸른 하늘에 올라 해와 달 보고자 한다.
抽刀斷水水更流,	칼을 뽑아 물을 베어도 물은 여전히 흐르고,
擧杯銷愁愁更愁.	잔을 들고 시름을 잊으려 해도 시름은 여전하다.
人生在世不稱意,	사람이 나서 살지만, 세상살이 뜻대로 되지 않아
明朝散髮弄扁舟.	내일 아침 머리 풀어헤친 채 조각배나 몰까 한다.19)

라고 하였는데, 이 시는 李白 자신의 不遇와 不平을 노래한 시이다. 後漢代에 궁중의 도서관인 東觀에 秘籍을 많이 소장하여서 道家의 蓬萊山이라 했고, 그 안의 문장들이 建安年間의 문학특징인 建安風骨을 담고 있다고 하였고, 이것은 바로 建安年間의 문인들이 어지러운 시대 상황으로 말미암아 당한 불우 때문에 느꼈던 慷慨함과 자신이 당시 처해 있는 상황이 비슷하기 때문이기도 하겠다. 그래서 "모두 세상으로 뻗을 기운이 힘껏 뿜는 듯하여(俱懷逸興壯思飛)"라고 한 것이고, 그러한 회한을 풀 수 없기 때문에 누각에 올라 밝은 달을 바라보며 칼을 빼어들고 물을 바라보다가 술도 마셔보지만, 세상일이 뜻대로 되지 않는다고 했다. 그리고 여기에서 建安骨의 주요특징이 '逸興壯思飛'한 기

---

18) 靑木正兒 著, 『李白-漢詩大系』 제8책 200쪽, 集英社, 1983 : 小謝는 원래 宋代의 謝靈運에 대비해서 그의 親族 동생인 謝惠連을 일컫는 것이 일반적인데, 여기에서는 謝朓를 가리킨다.
19) 『全唐詩』 卷177 1809쪽

세의 강건함을 말하는 것으로 劉勰이 『文心雕龍・風骨』에서 建安時期 문학의 특징으로 '磊落以使才, 慷慨以任氣'라고 한 것과 통한다고 할 수 있다.

그리고 李白은 「古風」제1수에서,

    大雅久不作,　『詩經』의 大雅가 오래도록 지어지지 않아
    吾衰竟誰陳.　나 늙어지면 누가 말해 주리오.
    王風委蔓草,　왕실이 기운 우거진 풀에 널려 있고,
    戰國多荊榛　싸우는 나라마다 가시나무 그득하다.
    ……
    正聲何微茫,　올바른 시편은 다 사라지고,
    哀怨起騷人.　슬프고 원망됨 屈原 같은 이 일깨운다.
    ……
    廢興雖萬變,　흥하고 폐하는 것이 만 번이나 변하였지만,
    憲章亦已淪.　지켜야 할 법도는 이미 없어졌다.
    自從建安來,　建安年間 이래로
    綺麗不足珍.　綺麗해져서 귀하다고 할 수 없게 되었다.
    ……[20]

라고 하였는데, 여기에서 李白은 자신의 문학적 이상을 밝혔다고 할 수 있다. 즉 내용적인 측면에서는 "『詩經』의 大雅가 오래도록 지어지지 않아, 나 늙어지면 누가 말해 주리오(大雅久不傳, 吾衰竟誰陳.)"라고 하여, 『詩經』에로의 復古를 시도하였으며, 형식적인 측면에서는 "建安年間 이래로, 綺麗해져서 귀하다고 할 수 없게 되었다.(自從建安來, 綺麗不足珍.)"라고 하여 建安年間 이래의 시들이 綺麗해져서 볼 것이 없다고 했다. 그러므로 李白은 형식면에서 建安年間의 시체를, 내용면에서는 『詩經』을 이상으로 삼았다는 것을 알 수 있다. 李白은 여기에서

---

[20] 『全唐詩』 卷161 1670쪽

자신의 復古思想의 최고 이상으로 '大雅' '正聲' '王風'이라고 한 『詩經』
과, "自從建安來, 綺麗不足珍."라고 하여 建安年間의 문학 특징으로 風
骨의 부활을 꾀하였던 것이다. 『本事詩·高逸』에서도 李白의 復古性向에
대하여,

　　　梁代와 陳代 이래 시가 부염하고 천박하기가 극에 달했다. 沈約이 거
　　기에다가 聲律을 좋아해서 더 그러하였다. 장차 옛날의 법도로 돌아가
　　려 하는데 내가 아니면, 누가 그 일을 해낼 수 있겠는가.(梁陳以來, 艷薄
　　斯極, 沈休文又尙以聲律, 將復古道, 非我而誰與.)21)

라고 하였다. 그리고 "蓬萊文章建安骨, 中間小謝又淸發."라고 한 것에
서 李白은 建安風骨의 風格上 특징으로 '淸發'을 꼽았다. 이 淸發은 바
로 내용적인 측면에서의 허위나 형식적인 측면에서의 수사적인 綺麗를
말하는 것이 아니라 현실 생활에서 느끼는 감회를 소박하고 간결한 언
어로 표현해 낸 것을 말하는 것으로 역시 建安風骨의 정신이 담겨 있
다고 할 수 있다. 그런데 李白은 建安年間에서보다는 建安年間 이후의
시인들에게서 그의 이상을 찾으려고 했다. 그의 「金陵城西樓月下吟」에
서,

　　　金陵夜寂凉風發,　金陵의 밤은 적막하고 쌀쌀한 바람이 부는데,
　　　獨上高樓望吳越.　홀로 높은 누각에 올라 吳越땅을 바라본다.
　　　白雲映水搖空城,　흰 구름이 물에 비치어 빈 성을 흔드는 듯한데,
　　　白露垂珠滴秋月.　흰 이슬이 방울 져 가을 달을 적신다.
　　　月下沈吟久不歸,　달 아래에서 오래도록 읊고는 돌아갈 줄 몰라,
　　　古來相接眼中稀.　오래 전부터 서로 만난 것은 얼마 안 된다.
　　　解道澄江淨如練,　맑은 강 비단 같다고 읊으니,

---

21) 孟棨 等撰, 李學穎 標點, 『本事詩·續本事詩·本事詞』 17쪽, 上海古籍出版社, 1991

令人長憶謝玄暉. 사람들에게 더욱 謝朓를 그립게 한다.22)

라고 한 것에서도 알 수 있듯이, 李白은 謝朓에 대하여 매우 높이 평가하고 있다. 李白은 謝朓가 '淸發'하다고 하였는데, 이 '淸發'은 바로 謝朓가 『南史・王筠傳』에서 "좋은 시는 두리둥실 아름다운 것이 구슬과도 같은 것이다.(好詩圓美流轉如彈丸)"라고 한 것처럼, 聲律이 조화롭게 드러난 것을 말한다고 할 수 있다. 즉 謝朓는 부염하기만 했던 齊梁詩에서 벗어나 律詩의 새로운 모범을 보여 唐代 시단에 매우 큰 영향을 끼쳤으므로, 『滄浪詩話・詩評』에서도, "謝朓의 시는 그의 모든 詩篇이 唐詩와 닮았으니, 그의 시집을 보면 그것을 알 것이다.(謝朓之詩, 已有全篇似唐人者. 當觀其集方知之)"23)라고 평했다고 할 수 있다. 그리고 李白이 시가의 내용 방면에의 복고를 주장하였으면서도 새로운 시체를 긍정적으로 받아들이는 태도로 南朝의 謝朓를 높이 평가했던 것이니, 매우 진보적인 면모라고 할 수 있다. 이것이 陳子昻의 문학관과 다른 면모이다.

(3) 殷璠의 『河嶽英靈集』

天寶年間에 建安風骨의 개념을 가지고 시편을 비평한 이는 殷璠이다. 殷璠의 『河嶽英靈集』은 盛唐詩 일부를 수록한 책인데, 여기에서 殷璠은 같은 시대 시인들의 시를 비평하였다. 그 序文에서,

> 무릇 글에는 神來・氣來・情來가 있으며, 雅體・野體・鄙體・俗體가 있다. 틀을 짜는 이는 여러 체를 자세히 살핀 다음에 그 결과를 상세히 해야 만이 그 잘잘못을 정하여 그 얻을 것과 버릴 것을 논할 수 있다. 曹植과 劉楨의 시에는 직설적인 것이 많아서 글귀에 대구를 쓰는 것이

---

22) 『全唐詩』卷166 1720쪽
23) 嚴羽 著, 郭紹虞 校釋, 『滄浪詩話校釋』158쪽

적고, 어느 것은 다섯 자가 모두 側聲이거나 어느 것은 열 글자가 모두 평성으로 내내 쓰고 있다. … 蕭氏 이래로 더욱 문장을 수식하는 기풍이 생겼다. 武德年間 초기에도 그 기운이 여전히 남아 있었다. 貞觀年間 말에서야 그것의 격조가 점차 고양되었고, 景雲年間에는 상당히 수준 높게 되었다. 開元年間 이래 聲律과 風骨이 비로소 갖추어졌다.(夫文有神來氣來情來, 有雅體野體鄙體俗體. 編紀者能審鑑諸體, 委詳所來, 方可定其優劣, 論其取捨. 至如曹劉詩多直, 語少切對, 或五字幷側, 或十字俱平, 而逸駕終存. … 自蕭氏以還, 尤增矯飾. 武德初, 微波尙在. 貞觀末, 標格漸高. 景雲中, 頗通遠調. 開元十五年後, 聲律風骨始備矣.)[24]

라고 했다. 위에서 神來・氣來・情來는 문학 창작에 있어서 내용 방면에서 갖추어야 할 조건을 말한 것이고, 雅體・野體・鄙體・俗體는 神來・氣來・情來가 작품 가운데에서 어떻게 발현되었는가에 따라 생겨난 風格의 文體를 말하는 것이다. 이 중 氣來는 風骨에서 風을 말하는 것으로 작가의 사상 감정이 작품 가운데에 드러나 독자에게 감동을 주어야 하는 역량으로 曹丕의 文氣論에서 말한 才性이나 風格과는 다르다.

특히 "開元年間 15년 이래 聲律과 風骨이 비로소 갖추어졌다.(開元十五年後, 聲律風骨始備矣.)"라고 한 것에서 殷璠은 聲律과 風骨의 관계를 중시했다. 聲律에 대해서는 論曰에서,

옛날에 伶倫[25]이 音律을 만들었다. 아마도 이것이 문장의 근본이다. 그러므로 氣는 음률로 해서 생기게 하며, 節奏는 음률을 빌려다가 밝히는 것이다. 그래야만 음률을 얻어서 맑게 된다. 문학에 들어서서 음률을 몰라서는 안 된다. … 氣骨로 말하자면 建安年間의 것이 전해져야 하고, 音律로 말하자면, 太康年間에는 미치지 못한다.(昔伶倫造律, 蓋爲文章之本也. 是以氣因律而生, 節仮律而明, 才得律而淸焉. 寧預於詞場, 不可不知音律焉. … 言氣骨則建安爲傳, 論宮商則太康不逮.)[26]

---

24) 殷璠 撰 『河嶽英靈集』 21쪽 (『欽定四庫全書』 제1332책)
25) 黃帝의 신하로서 嶰谷의 대나무로 樂律을 만들었다고 함.

라고 했다. 이것은 음률을 통해야만 작가의 사상 감정을 표현할 수 있는 氣와 수사 방면의 기교인 節奏가 제대로 드러나게 된다는 것이다. 즉 내용과 형식의 적절한 조화를 음률로 이룰 수 있다는 말이다.

그리고 "氣骨로 말하자면 建安年間과 같아야 하고, 音律로 말하자면, 太康年間에는 미치지 못한다.(言氣骨則建安爲傳, 論宮商則太康不逮.)"라고 한 것처럼, 建安文學의 氣骨과 太康年間의 聲律이 취할 바가 있다고 했다. 이것들의 운용을 통해서 이상적인 창작을 이루어 내야 한다고 한 것에서도, 殷璠은 風骨論에 있어서 建安風骨의 개념에 충실함을 알 수 있다. 이렇듯 氣와 聲律의 겸비가 바로 殷璠 시론의 주요 특징이다. 殷璠이 風骨의 개념을 가지고 비평을 한 내용은 다음과 같다.

殷璠은 劉愼虛를 평하여,

> 劉愼虛의 시는 맑고 그윽하여 흥취가 멀리까지 간다. 구상을 애써서 하여 글귀가 기이하다. 문득 좋은 말이 떠올려서는 같이 있는 이들을 놀라게 한다. 요사이 東南 지방에 시 잘하는 이들 십여 명이 있으나, 聲律이 지나치게 고와서 그에게서 나온 이는 없다. 오직 氣骨이 다른 이만 못하다.(愼虛詩, 淸幽興遠, 思苦語奇. 忽有所得, 便驚衆聽. 頃東南高唱者數十人, 然聲律宛態, 無出其右. 唯氣骨不逮諸公.)[27]

라고 했고, 陶翰을 평하여,

> 역대로 글 하는 이에게서 시와 문장을 모두 잘하는 이가 드물다. 오늘날 陶翰은 참으로 나면서부터 그것들을 겸했다고 할 만하다. 매우 興

---

26) 傅璇琮・李珍華 撰, 『河嶽英靈集硏究』 119쪽, 中華書局, 1992
27) 殷璠 撰, 『河嶽英靈集』 29쪽 (『欽定四庫全書』 제1332책) : 예로 든 시는 다음과 같이 모두 11수이다. 「海上詩送薛文學歸海東」・「送東林廉上人還廬山」・「送韓平兼寄郭微」・「寄閻防」・「暮秋揚子江寄孟浩然」・「寄江滔求孟六遺文」・「潯陽陶氏別業」・「登廬山峰頂寺」・「尋東溪還湖中作」・「越中問海客」・「江南曲」

象이 다분한데다가 風骨까지도 갖추었다.(歷代詞人, 詩筆雙美者鮮矣. 今陶生實謂兼之, 旣多興象, 復備風骨.)28)

라고 했고, 崔顥를 평하여,

崔顥는 어려서부터 시를 지었는데, (그 뜻이 가볍고 색채가 농후하여서) 경박한 허물에 빠진 것이 많다. 늘그막에는 그가 갖고 있던 문체가 확 바뀌어서 風骨이 뛰어나다. 변방의 담장만 보더라도 전장의 여로를 다 말할 수 있다.(顥年少爲詩, (屬意浮艶), 多陷輕薄, 晩節忽變常體, 風骨凜然. 一窺塞垣, 說盡戎旅.)29)

라고 했고, 薛據를 평하여,

薛據의 사람됨은 곧고 氣魄이 있는데, 그의 글 또한 그러하다. 일찍이 출세하지 못한 것에 마음 아파하여 「古興詩」를 지어, '구슬을 던져 보이면 의심받을까 두렵고, 보옥을 갖고 있으나 눈물만 짓는다. 방도가 있으나 임금은 써주지 않고, 공을 이룰 수 있으나 어찌 보여줄 수 있나.'라고 했는데, 이것에는 원망과 울분이 사뭇 깊다.(據爲人骨鯁, 有氣魄, 其文亦爾. 自傷不早達, 因著古興詩云, 投珠恐見疑, 抱玉但垂泣. 道在君不擧, 功成嘆何及. 怨憤頗深.)30)

---

28) 殷璠 撰,『河嶽英靈集』33쪽 (『欽定四庫全書』제1332책) : 예로 든 시는 다음 11수이다. 「古塞下曲」·「燕歌行」·「贈鄭員外」·「望太華贈盧司倉」·「晩出伊闕寄河南裴中丞」·「贈房侍御」·「經殺子谷」·「乘湖至漁浦作」·「宿大竺寺」·「早過臨淮」·「出蕭關懷古」

29) 殷璠 撰,『河嶽英靈集』42쪽 (『欽定四庫全書』제1332책) : 예로 든 시는 다음과 같이 11수이다.「贈王威古」·「古遊俠呈軍中諸將」·「送單于裴都護」·「江南曲」·「贈懷一上人」·「結定襄嶽效陶體」·「遼西」·「孟門行」·「霍將軍篇」·「雁門胡人歌」·「黃鶴樓」

30) 殷璠 撰,『河嶽英靈集』44쪽 (『欽定四庫全書』제1332책) : 예로 든 시는 다음의 10수이다.「古興」·「初去郡齋書情」·「落第後口號」·「題丹陽陶司馬廳」·「冬夜寓居寄儲太祝」·「懷哉行」·「泊鎭澤口」·「西陵口觀海」·「登秦望山」·「山青門往南山下別業」

라고 했고, 王昌齡을 평하여,

> 元嘉年間 이래로 400년 동안 曹植·劉楨·陸機·謝靈運을 거치면서 風骨이 갑자기 끊어졌다. 요사이 太原의 王昌齡과 魯國의 儲光羲가 상당히 그들의 뒤를 따랐다고 할 수 있다. 그리고 두 뛰어난 인사들의 氣質은 같지만, 文體는 서로 달라 王昌齡이 조금 더 성가가 뛰어나다고 하겠다.(元嘉以還, 四百年內, 曹劉陸謝, 風骨頓盡. 頃有太原王昌齡, 魯國儲光羲, 頗從厥迹. 且兩賢氣同體別, 而王稍聲峻.)[31]

라고 하였다. 建安風骨이란 '世積亂離, 風衰俗怨'한 사회현실 배경에서 建安文人들의 慷慨한 정서가 드러난 것인데, "변방의 담장만 보더라도 전장의 여로를 다 말할 수 있다.(一窺塞垣, 說盡戎旅.)"라고 한 것처럼, 盛唐의 시기는 建安時期의 내란 대신에 변방에서의 전장 상황을 통해서 建安風骨의 風格 특징을 발현했다는 것을 알 수 있다. 뿐만 아니라 薛據의 경우 "薛據의 사람됨은 곧고 氣魄이 있는데, 그의 글 또한 그러하다.(據爲人骨鯁, 有氣魄. 其文亦爾.)"라고 하여 개인적인 성품으로부터 그러한 시풍을 갖게 되었다고 하였던 것이 다른 이들과 다르다.

殷璠은 建安風骨과 같이 내용과 감정이 있고, 웅건한 포부가 있고, 시대성이 있게 되면 독자에 대한 강한 감동력을 갖는다고 했다. 이러한 建安時期의 시풍을 띤 시를 읽을 때마다 일종의 힘을 느끼게 하여주며, 이 힘은 주로 시인의 '憂國傷民' '慷慨任氣'의 정서와 江山·城郭·人事의 결합을 통해서 곡진하게 표현된다고 여겼던 것이다.

---

31) 殷璠 撰『河嶽英靈集』51쪽 (『欽定四庫全書』제1332책) : 예로 든 시는 다음 16수이다. 「詠史」·「觀江淮名山圖」·「香積寺禮拜萬廻平等二聖僧塔」·「齋心」·「綏氏尉沈興宗置酒南溪留贈」·「江上聞笛」·「東京府縣諸公與纂母潛李頎相送至白馬寺宿」·「趙十四見尋」·「少年行」·「聽人流水調子」·「長歌行」·「城傍曲」·「望臨洮」·「長信秋」·「鄭縣陶大公館中贈馮六元二」·「從軍行」

2. 宋代 － 嚴羽의 『滄浪詩話』

建安風骨이라는 말을 처음으로 쓴 이는 宋代에 嚴羽가 그의 詩話集인 『滄浪詩話』에서이다. 嚴羽는 『滄浪詩話·詩體』에서, "시기로써 구분하여 말해보자면, 建安體·黃初體·正始體·太康體·元嘉體·永明體·齊梁體·南北朝體·唐初體 …가 있다.(以時而論, 則有建安體黃初體正始體太康體元嘉體永明體齊梁體南北朝體唐初體…)"32)라고 하여, 각 시대별로 詩體를 규정하면서 建安年間의 詩體를 '建安體'라고 하였으며, 建安風骨의 風格上 특징이랄 수 있는 두 개의 요소로서 '氣象'과 '高古'를 들었다. '氣象'에 대해서는 『滄浪詩話·詩評』에서,

> 漢魏代의 古詩는 氣象이 섞여 있어서 글귀를 가지고 꼽기가 어렵다. 晉代 이래로 비로소 잘 꾸며진 시구가 생겨났다. 예를 들면, 陶淵明의 '동쪽 울타리 아래에서 국화를 캐며, 가만히 남쪽 산을 바라본다.'거나 謝靈運의 '못 당에 봄풀이 났다.'라고 한 것 같은 것들이 그것이다. 謝靈運이 陶淵明에 미치지 못하는 것은, 謝靈運의 시가 너무 정밀한데 비해 陶淵明의 시는 질박하고 자연스럽다는 것뿐이다. … 建安時代의 작품들의 관건은 모두 氣象에 달려 있어서 가지를 따라 잎으로 갈 수가 없듯이 미세한 것에는 힘쓰지 않았다. 謝靈運의 시는 이미 처음부터 끝까지 對句로 완성하여서 建安時代의 것만 못하다.(漢魏古詩, 氣象混沌, 難以句摘. 晉以還方有佳句, 如淵明採菊東籬下, 悠然見南山. 謝靈運池塘生春草之類. 謝所以不及陶者, 康樂之詩精工, 淵明之詩質而自然耳. … 建安之作, 全在氣象, 不可尋枝摘葉. 靈運之詩, 已是徹首尾成對句矣, 是以不及建安也.)33)

라고 하여, 漢魏代의 古詩에는 氣象이 섞여 있다고 하였는데, 이 氣象은 建安風骨의 주요한 특징이며, 晉代 이래의 잘 꾸며진 '佳句'와는 다른 것이라고 보았다. 즉 建安年間 시편들에는 氣象이 있어서 다른 시

---

32) 嚴羽 著, 郭紹虞 校釋, 『滄浪詩話校釋』 52쪽
33) 嚴羽 著, 郭紹虞 校釋, 『滄浪詩話校釋』 151·158쪽

대의 시편들과는 다르다고 했다.

'高古'에 대해서는, 『滄浪詩話·詩評』에서, "黃初年間의 초기에 阮籍의 「詠懷」만이 매우 高古하여서 建安風骨이 있다.(黃初之後, 惟阮籍詠懷之作, 極爲高古, 有建安風骨.)"34)라고 하였다. '氣象'과 '高古'는 嚴羽가 시를 논함에 있어서 주요한 각론이다. 嚴羽는 『滄浪詩話·詩辨』에서,

> 詩法에는 다섯 가지가 있는데, 體制·格力·氣象·興趣·音節이다. 詩品에는 아홉 가지가 있는데, 高·古·深·遠·長·雄渾·飄逸·悲壯·凄婉이다.(詩之法有五, 曰體制, 曰格力, 曰氣象, 曰興趣, 曰音節. 詩之品有九, 曰高, 曰古, 曰深, 曰遠, 曰長, 曰雄渾, 曰飄逸, 曰悲壯, 曰凄婉.)35)

라고 하였으니, 嚴羽가 말한 建安風骨論의 주요 특징으로 詩法으로서 氣象과 詩品으로서 高古를 중시했다는 것을 알 수 있다. 특히 氣象은 "마치 사람의 용모와 같아서 반드시 장중해야 한다.(氣象如人之儀容, 必須莊重.)"라고 한 것처럼,36) 이 氣象이 곧 문학 風格上 특징이라고 할 때 劉勰이 말한 風骨의 風과 같은 의미라고 할 수 있다. 氣象과 高古 이외에도 詩品 가운데 雄渾·飄逸·悲壯·悽婉의 風格은 劉勰이 『文心雕龍』에서 밝힌 建安風骨의 문학 특징을 일컬은 것인데, '雄渾'은 「風骨」에서,

> 그러므로 마음의 움직임을 문장에 표현할 때에는 氣力을 충실하게 갖추는 데에 힘써야 한다. 강건한 기력이 내부에 가득하고, 문장도 비로

---

34) 嚴羽 著, 郭紹虞 校釋, 『滄浪詩話校釋』 155쪽
35) 嚴羽 著, 郭紹虞 校釋, 『滄浪詩話校釋』 7쪽
36) 嚴羽 著, 郭紹虞 校釋, 『滄浪詩話校釋』 7쪽: "此蓋以詩章與人體相爲比擬, 一有所闕, 則倚魁不全. 體製如人之體幹, 必須佼壯, 格力如人之筋骨, 必須勁健, 氣象如人之儀容, 必須莊重, 興趣如人之精神, 必須活潑, 音節如人之言語, 必須淸朗. 五者旣備, 然後可以爲人. 亦惟備五者之長, 而後可以爲詩. 近取諸身, 遠取諸物, 而詩道成焉."

소 새로운 빛을 내는 것이다. 風과 骨이 문장에 있어서의 역할은 마치 나는 매가 날개짓 하는 것과 같다.(是以綴慮裁篇, 務盈守氣, 剛健旣實, 輝光乃新, 其爲文用, 譬征鳥之使翼也.)37)

라고 한 것과 통하며, '飄逸'도 역시 「風骨」에서,

　　司馬相如가 仙人의 세계를 노래한 「大人賦」는 氣力이 구름을 뛰어넘어서, 그는 화려하게도 辭賦의 大家로 발돋움한 것은 그의 風力이 강해서이다.(相如賦仙, 氣號凌雲, 蔚爲辭宗, 迺其風力遒也.)38)

라고 한 것과 통하며, 悲壯은 「明詩」에서 "격앙되어서는 의기에 따라 노래 부르고, 자질구레한 것에는 대범하게 개의치 않고 자신의 재주를 뽐냈다.(慷慨以任氣, 磊落以使才.)"라고 한 것과 통하며, 凄婉은 「明詩」에서 "슬픈 감정을 서술하는 데에는 반드시 風에서 시작할 것이다.(怊悵述情, 必始乎風.)"라고 한 것과 통하는 것이다. 이렇듯 嚴羽가 말한 詩品의 대다수는 劉勰이 『文心雕龍』에서 밝힌 建安文學과 風骨의 특징들을 거듭 밝힌 것이라는 것을 알 수 있다. 그런데 『滄浪詩話·詩評』에서 顧況을 평하여, "顧況의 시는 元稹이나 白居易보다 우위에 있으며, 盛唐風骨을 약간 갖추고 있다.(顧況詩多在元白之上, 稍有盛唐風骨處.)"39)라고 하였다. 여기에서 嚴羽는 建安風骨과 盛唐風骨은 서로 다르다는 것을 분명히 명시하였다. 즉 阮籍의 「詠懷」는 '建安風骨'이 있다고 했고, 顧況은 '盛唐風骨'이 있다고 했던 것이다. 嚴羽는 阮籍과 顧況의 시편은 『文心雕龍』에서 밝힌 風骨의 요소로서 '高古'가 가장 잘 발현된 것으로 꼽았다. 이것을 통해서 建安과 盛唐의 風骨이 성격상 서로 다르다는 것을 밝힌 것이기도 하다.

---

37) 劉勰 撰, 戶田浩曉 譯註, 『文心雕龍』 418쪽
38) 劉勰 撰, 戶田浩曉 譯註, 『文心雕龍』 420쪽
39) 嚴羽 撰, 郭紹虞 校釋, 『滄浪詩話校釋』 161쪽

阮籍의「詠懷」에서, 阮籍은 司馬氏에게 협력하는 것에는 반대하지만,
그렇다고 해서 嵇康처럼 속세를 등지지도 벼슬을 벗어버리지도 못한
채 술과 淸談으로 지내는 소극적인 반항을 폈으니, 이「詠懷」에서는
感慨가 깊고, 格調가 뛰어나 그의 대표작이라고 할 수 있다.「詠懷」40)
는 모두 80여 수로서 현실 사회에 대한 자신의 감개를 담은 것 이외에
도 현실정치의 혹독함에 대한 두려움이나 전쟁의 잔인하고 비정함에
마음 아파하는 것도 있다. 그리고「詠懷」제58수에,

危冠切浮雲,　높다란 관을 써서 뜬구름 가르고,
長劍出天外.　긴 칼로 베어 하늘 밖까지 나간다.
細故何足慮,　하찮은 일 무슨 걱정거리가 되나,
高度跨一世.　높이 날아 한 세상 뛰어넘는다.
非子爲我御,　非子(人名)가 나를 위해 수레 모니,
逍遙遊荒裔.　까마득히 멀리 노닐 수 있다.
顧謝西王母,　西王母께 하직인사 드리고,
吾將從此逝.　나는 장차 이 길을 따라 떠나리.
豈與蓬戶士,　어찌 은거한 선비와 함께
彈琴誦言誓.　經典의 말씀만 외워대겠는가.41)

라고 한 것에서와 같이 때로는 미인의 향내에 흠뻑 젖거나 신선의 법
도를 찾아다니는 색채가 가득한 曲盡한 비유가 돋보이기도 한다. 그래
서 序文에서, "비록 뜻은 꼬집고 풍자하는 데에 있지만, 글귀는 隱遁과
회피하는 색채가 많아서, 百代가 지나도록 그 내용을 알기 어렵다.(雖
志在譏刺, 而文多隱避, 百代之下, 難以情測.)"42)라고 한 것처럼, 阮籍의

---

40) 이 시는 阮籍이 '非一時一事所作'으로서『晉書·阮籍傳』에 "作詠懷詩八十余
篇, 爲世所重."라고 하였는데, 현재 남아 있는 것은 明代 馮惟訥이 편집한『古
詩紀』에는 五言의「詠懷詩」가 82수가 있고, 逯欽立의『先秦漢魏晉南北朝詩』
에는 따로 四言詩 13수가 있는데 역시「詠懷詩」라고 했다.
41) 阮籍 撰, 張溥 編,『阮步兵集』(『漢魏六朝百三名家集』제2책 228쪽)

시편에는 낭만적인 색채가 그득하다. 『文心雕龍·風骨』에서 風骨을 잘 실현한 작품을 매에 비유하여 높이 날아서 하늘에까지 도달할 수 있는 것은 뼈대가 튼튼해서 기력이 강하기 때문이라고 했으며, 그러한 風骨을 잘 발현한 작품으로 司馬相如의 「大人賦」를 꼽았다. 「大人賦」의 風力이 "飄飄有淩雲之氣, 似游天地之間矣."라고 하였는데, 이렇듯 풍부한 상상력을 바탕으로 하늘과 땅을 자유로이 넘나드는 낭만적 색채가 阮籍에게도 다분하다고 할 수 있다.

이에 비해서 顧況은 시가의 정치적인 교화 작용도 중시하여, 「悲歌」의 序에서,

난리를 다스리는 방도와 先王의 은혜가 일어나는 것에는 진실로 시가의 교화를 벗어나서 어찌 헛되이 文彩의 아름다움으로 하겠는가. 그리하여 노래를 지어 그것을 슬퍼한다.(理亂之所經, 王化之所興, 信無逃於聲敎, 豈徒文彩之麗耶. 遂作歌以悲之.)43)

라고 하였으니, 顧況은 전통적인 儒家의 詩敎精神에 충실하다는 것을 알 수 있다. 「囝」44)에서는,

囝生閩方, 아들이 閩지방에서 태어났는데,
閩吏得之, 閩 땅의 관리가 데리고 갔다.
乃絶其陽. 아이의 생식기를 잘라
爲臧爲獲, 집안의 노예로 삼고,
致金滿屋. 돈을 집안 가득 쌓아두었다.
爲髡爲鉗, 머리털을 자르고, 이마에 인두질하여 노예 표시하고는
如視草木. 풀이나 나무 보듯 한다.

---

42) 阮籍 撰, 張溥 編, 『阮步兵集』(『漢魏六朝百三名家集』 제2책 220쪽)
43) 『全唐詩』 卷265 2942쪽, 中華書局, 1985
44) 이 시는 『上古之什補亡訓傳十三章』 가운데 11章으로서 顧況이 스스로 주하기를 "閩俗呼子爲囝, 父爲郎罷."라고 하였다.

天道無知,　하늘의 도리는 아시는지,
　　我罹其毒.　내가 이런 고초를 만났다는 것을.
　　神道無知,　하늘의 도리는 아시는지,
　　彼受其福.　저들이 내 복을 가져갔다는 것을.
　　郎罷別囝,　아비는 아들을 떠나보내고는
　　吾悔生汝.　아들 낳은 것을 후회한다.
　　及汝旣生,　네가 태어났을 때에,
　　人勸不擧.　사람들은 거두지 말라고 권했다.
　　不從人言,　사람들의 말을 따르지 않아
　　果獲是苦.　결국 이런 시련을 당하는구나.
　　囝別郎罷,　아들이 아비를 떠나서는,
　　心摧血下.　마음이 아파 피를 흘리며,
　　隔地絶天,　저 멀리 멀리 헤어져
　　及至黃泉,　이곳 黃泉에까지 이르렀으니,
　　不得在郎罷前.　아비의 앞에는 오지도 못하였다.45)

라고 하였다. 이 시는 당시 閩지방에서 아이를 약탈하여 자신의 개인 노예로 삼아 배를 불리는 악덕 관리를 고발한 내용이다. 이 시는 「憫農」으로 시작해서 「怨奢」로 끝을 맺는 連作詩의 형식이다. 형식상으로는 『詩經』의 四言體를 모방하여 썼으며, 『詩經』처럼 매 편마다 小序를 달아서 白居易의 新樂府가 '首章標其目'한 것의 선례가 되어 新樂府에 일정한 영향을 끼쳤다고 할 수 있다. 이 시를 沈德潛이 『唐詩別裁集』에서 평하기를,

　　閩땅의 아이도 역시 사람의 자식인데, 무슨 죄로 이런 혹독한 일을 당해야만 하는가. 이런 일을 당해서 솔직하게 쓴 것이니 듣는 자들은 경계로 삼을 만한 것이다.(閩童亦人子, 何罪而遭此毒耶. 卽事直書, 聞者足戒.)46)

---

45) 『全唐詩』 卷264 2930쪽, 中華書局, 1985

라고 하였다. 이 시는 바로 『文心雕龍・風骨』에서 말한 風骨이 갖추어야 할 조건 가운데 諷諭와 諷諫를 갖추었다고 할 수 있다.

그리고 顧況의 「龍宮操」에서,

```
龍宮月明光參差,    용궁에 달이 밝아 빛이 어지러운데,
精衛銜石東飛時.    날랜 호위병 돌을 물고는 동쪽으로 날듯 뛰어간다.
鮫人織綃採藕絲,    人魚가 비단을 짜고 연뿌리 실에 무늬 메기는데,
翻江倒海傾吳蜀.    강이 뒤집히듯 흘러 바다에 이르고 吳와 蜀에 닿네.
漢女江妃杳相續,    江漢의 神女 아득히 이어져 있고,
龍王宮中水不足.    용왕의 궁중에는 물이 모자라다네.[47]
```

라고 한 것이나,「古離別」에서,

```
西江上,              서쪽 강에는
風動麻姑嫁時浪.      바람이 불어 麻姑가 시집 갈 때처럼 파도친다.
西山爲水水爲塵,      서산이 물이 되고 그 물이 먼지 되듯이,
不是人間離別人.      세상에서 사람들이 헤어지는 것과는 다르네.[48]
```

라고 한 것에서도 보듯이, 상상력이 대담하고 특이한 낭만적 색채가 짙다. 그러므로 嚴羽는 阮籍과 顧況의 시편이『文心雕龍』에서 밝힌 風骨의 요소를 가장 잘 발현한 이로 꼽은 것으로, 阮籍에게는 '高古'한 성격의 建安風骨이 남겨 있고, 高況에게는 盛唐時代의 風骨이 잘 나타나 있다고 하였으니, 嚴羽는 建安과 盛唐의 風骨을 나누어서 밝힘으로써 建安風骨과 盛唐風骨의 양상이 다르다는 것을 밝혔다.

---

46) 沈德潛 選注『唐詩別裁集』上卷 255쪽, 上海古籍出版社, 1976
47)『全唐詩』卷265 2941쪽, 中華書局, 1985
48)『全唐詩』卷265 2940쪽

3. 金元代 - 元好問의 『論詩絶句』

金代에 이르러 자신의 시문집에 建安文學을 직접 언급하여 자신의 시문 창작에 활용하여 쓴 이로는 元好問(1190~1257)을 들 수 있다. 元好問은 詩文에 뛰어나 당시 문단의 영수로서 영향력이 매우 컸으며, 이후까지도 그의 작품이 널리 읽혔다.[49]

특히 그의 『遺山先生文集』 卷11에 실린 『論詩絶句』는 杜甫의 뒤를 이어 絶句의 형식을 운용하여 역대의 시인들을 평론한 詩歌理論의 저작으로서 그의 시가이론의 변모를 엿볼 수 있는 중요한 단서이기도 하다. 이 30수 가운데 제1수에서는,

漢謠魏什久紛紜, 漢魏代 이래로 詩歌가 어지러이 나왔으나,
正體無人與細論. 風雅의 바른 전통을 함께 논한 이가 없었다.
誰是詩中疎鑿手, 누가 시의 바른 길로 이끌 것인가,
暫敎涇渭各淸渾. 잠시 涇水와 渭水가 섞이듯 淸濁을 분별하겠다.[50]

라고 하여, '正體' 즉 『詩經』 風雅의 전통이 끊어져 버린 것에 대한 아쉬움에서 漢魏代 이후 시가를 평가해 보겠다는 취지를 말한 것으로, 그가 『論詩絶句』를 짓게 된 연유를 밝힌 것이다.

그리고 제2·3수에서,

曹劉坐嘯虎生風, 曹植과 劉楨이 앉아 소리내니 호랑이가 바람 모는 듯,
四海無人角兩雄. 세상에 이 두 영웅과 다툴 이 없다.
可惜幷州劉越石, 애석하게도, 幷州의 劉越石[51]이여,

---

49) 郝經 著, 『遺山先生墓銘』 "當德陵之末, 獨爾詩鳴, 上薄風雅, 中規李杜, 粹然一出于正, 直配蘇黃氏."
50) 劉澤 著, 『元好問論詩三十首集說』 11쪽, 山西人民出版社, 1992
51) 劉琨. 270년~317년. 字가 越石으로 西晉 말기의 시인. 鍾嶸은 『詩品』에서는 "善爲淒戾之詞, 自有淸拔之氣"라고 했고, 劉勰은 『文心雕龍·才略』에서 "雅

不敎憤槩建安中.　建安의 때에 삿대 놓고 노래하지 못하게 하였다.

鄴下風流在晉多,　鄴下의 風流는 晉代에 많이 남아,
壯懷猶見缺壺歌.　悲壯한 감회가 여전히「缺壺歌」52)에서 보인다.
風雲若恨張華少,　風雲이 張華보다는 약해 아쉽지만,
溫李新聲奈爾何.　溫庭筠과 李商隱의 새로운 노래들은 어찌하나.53)

라고 하였고, 그의「自題中州集候五首」제1수에서도,

鄴下曹劉氣儘豪,　鄴下 문단 曹植과 劉楨의 그 기세가 오직 크기만 하며,
江東諸謝韻尤高.　江東 晉땅의 謝安·謝石·謝玄 등의 詩韻은 높기만 하다.
若從華實評詩品,　내용과 형식을 가지고 시를 품등하자면,
未便吳儂得錦袍.　吳땅 사람들 비단 포대기를 얻은 것보다 못하다.54)

라고 하였으니, 元好問이 建安文學의 문학특징인 建安風骨을 그의 시문 창작과 이론에 제창했던 것은 분명하다. 게다가『論詩絶句』제8수에서,

沈宋橫馳翰墨場,　沈佺期와 宋之問은 문단을 휘저었는데,
風流初不廢齊梁.　그들 풍류는 처음부터 齊梁의 것을 버리지 않았다.
論功若准平吳例,　吳나라 평정한 예에 따라 공을 논하자면,
合著黃金鑄子昻.　황금의 陳子昻을 빚어 만들어야 하리라.55)

라고 하였던 것은, 陳子昻이 六朝時代의 浮靡한 시문풍에 만연된 初唐

壯而多風"이라 했듯이, 그의 시는 '慷慨激昂'하여서 사람들에게 悲壯한 감동을 준다.
52)『晉書·王敦傳』에 王敦이 정권에 야심이 있어서 술만 마시고 나면 불렀다는 魏武帝의 樂府詩 "老驥伏櫪, 志在千里, 烈士暮年, 壯心不已."이다.
53) 劉澤 著,『元好問論詩三十首集說』19·29쪽
54) 姚奠中 主編,『元好問全集』上卷 398쪽, 山西人民出版社, 1990
55) 劉澤 著,『元好問論詩三十首集說』72쪽, 山西人民出版社, 1992

의 문단을 바로 잡고자 하여, '興寄'와 '風骨'을 갖추어서 淸新하고도 自然스러운 '漢魏風骨'을 제창했던 것을 높이 평가했다고 할 수 있다. 여기에서 元好問의 시문 이론이 이른바 玄言詩·山水詩·宮體詩나 齊梁體·永明體와 같이 내용이 공허하여, 詞彩의 조탁에만 힘쓰는 것에 반대하고,『詩經』·建安文學·陳子昻 등을 계승하여 자신의 독특한 詩文風을 창조하고자 했다는 것을 알 수 있다. 즉 元好問은 시가에 있어서 수사상의 조탁에 힘쓰는 것은 반대하며, '風雲'이나 '壯懷'와 같은 豪放剛健한 시풍을 중시하여, 建安時期 이래의 시가 전통을 다시 일으켜 보고자 했음을 알 수 있다. 그리하여 元好問의 시가는 金元이 교체하는 시기의 혼란한 사회 속에서 고초를 당하는 백성들의 정서를 솔직하고 강건한 필치로 잘 그려냈다.

趙翼은『甌北詩話』卷8에서 元好問 시가 이론의 형성배경에 대하여,

그는 북방에서 나고 자라서, 천부적으로 호방한 영웅적 기질이 다분하다. 또 金나라가 망하여 종묘사직이 폐허가 되었기 때문에 생긴 감상이 慷慨하고도 슬픈 노래로 지어졌던 것으로, 애써서 시가를 공교하게 했던 것은 아니다. 이것은 원래 그가 태어나 자란 지리적이며, 시기적인 원인 때문이었다.(蓋生長雲朔, 其天稟本多豪健英傑之氣, 又値金源亡國, 以宗社邱墟之感發爲慷慨悲歌, 有不求而自工者, 此固地爲之也, 時爲地也)56)

라고 하여, 그가 북방에서 태어나 성장했고, 게다가 조국이 망하게 된 때문에 그의 시가 風格이 '豪健英傑'하게 되었다고 했는데, 이러한 그의 시문 風格은 建安文學의 특징과도 매우 닮았다. 漢魏 교체기였던 建安時期의 문학 풍토가 '世積亂離, 風衰俗怨'했다고 할 수 있는데, 이러한 사회 배경 속에서 사회와 백성들의 고통을 慷慨 또는 怨의 정서

---

56) 趙翼 著,『古今詩話叢編·甌北詩話』205쪽, 廣文書局, 1980

로 잘 나타냈던 것이 金代의 元好問에 의해서 재현되었다고 할 수 있다.
 이밖에도 元好問은 『楊叔能小亨集』에서,

> 시나 문장은 언어의 다른 명칭일 뿐이다. 기술하여 가는 것은 '文'이고, 마음을 읊어내는 것은 '詩'이니, 그것이 언어로 되어 있다는 것은 마찬가지이다. … 마음에 느끼는 것이 있어서 말로 들어 나는데, 말은 곁에서 생겨나고 멀리까지 미치는 것으로 같은 소리로 응대하며, 같은 기질을 찾게 된다. 비록 소심한 남자나 비천한 여인네·벼슬 잃은 신하·서자 같은 이의 감흥은 모두 人倫을 두터이 하고, 교화를 널리 펴게 한다. … 아첨하여 해치고 미워하거나 불공평한 기운을 스스로 덮지 못하여 다그치면 더욱 깊어질 것이며, 원망만 하면 그 말이 늘어지게만 된다. (詩與文特言語之別稱耳. 有所記述之謂文, 吟咏情性之謂詩, 其爲言語則一也. … 情動于中而形于言, 言發乎邇而見乎遠, 同聲相應, 同氣相求, 雖小夫賤婦孤臣孼子之感諷, 皆可以厚人倫·美敎化, 無他道也. … 至于傷讒疾惡, 不平之氣不能自掩, 責之愈深, 其旨愈婉, 怨之愈深, 其辭愈緩.)[57]

라고 하였고, 「陶然集詩序」에서는,

> 詩歌의 극치는 세상을 움직이고, 귀신을 감동시킨다는 것이다. 그러므로 그것이 스승들에게 전해지고, 경전에 바탕을 두어서 진실된 힘이 오래 되면, 되돌릴 수 없게 된다.(詩之極致可以動天地·感鬼神, 故傳之師·本之經·眞積之力久而有不能復古者.)[58]

라고 하였으니, 이것에서 元好問의 시론은 「毛詩序」에서 시가 발생의 연원으로 '言志·歌咏'의 설과 詩歌의 실용적인 효용성을 '正得失, 動天地, 感鬼神, 莫近於詩.'라고 한 것에서 그 연원을 찾을 수 있겠다. 이러한 전통의 계승은 建安文學의 文學 특징으로서 建安風骨의 개념 가

---

57) 姚奠中 主編, 『元好問全集』 下卷 37쪽, 山西人民出版社, 1990
58) 姚奠中 主編, 『元好問全集』 下卷 44쪽

운데 風의 두 요소라고 劉勰이 밝힌 '志氣之符契'와 '化感之本源'과도 그 맥을 같이 한다고 할 수 있다. 결국 元好問은 金元 교체의 난세를 살면서 詩歌에 사회 현실과 그로 인해 생겨난 悲憤한 정서를 적극적으로 담아내려고 하였으니, 이러한 그의 태도와 시대 환경은 모두 建安文學의 계승에서 가능했다고 할 수 있다.

4. 明代 - 楊愼의 『升庵詩話』

明初에는 儒家의 시론이 풍미하였는데, 이러한 儒家 시론의 주요 인물은 宋濂과 方孝孺이다. 특히 개국공신인 宋濂은 '載道宗經'을 주장하여 시는 반드시 孔孟의 道를 펴야한다고 했다. 이들 시론의 宗旨를 宋濂이 「答章秀才論詩書」에서,

> 『詩經』은 물론이거니와, 漢代를 말하자면, 蘇子卿과 李少卿이 문인 가운데 으뜸이 아니겠는가? 이 두 사람이 지은 것을 보면, 매우 세세하고 처절하여 참으로 『詩經』의 國風과 『楚辭』를 바탕으로 한 것이다. 이 두 사람이 죽고 나서는 그들을 이은 이가 매우 드물었다. 建安과 黃初 年間에 이르러서야 曹植의 부자가 나와서 문명을 떨쳤으며, 劉楨과 王粲이 힘껏 그들을 좇아서 두 날개가 되었다.(三百篇勿論已, 姑以漢言之, 蘇子卿李少卿非作者之首乎, 觀二子之所著, 紆曲凄惋, 實宗國風與楚人之辭. 二子旣沒, 繼者絶少. 下逮建安黃初, 曹子建父子, 起而振之. 劉公幹王仲宣力從而輔翼之)[59]

라고 했고, 方孝孺가 「詩習齋詩集序」에서,

> 시라는 것은 글 가운데에서 음을 띤 것이다. 그러므로 작가의 마음을 읊어서 위 아래로 펴는 것이다. 『詩經』이 시의 근본이다.(詩者, 文之成音者也, 所以道情志而施諸上下也. 三百篇, 詩之本也.)[60]

라고 했고, 또 「讀朱子感興詩」에서는,

> 『詩經』이후에는 詩라는 것이 없다. 있기는 있지만, 시의 도리를 갖추지는 못했으니, 비록 없다고 해도 괜찮을 것이다.(三百篇後無詩矣. 有

---

59) 蔡景康 編選, 『明代文論選』 7쪽, 人民文學出版社, 1993 : 「樗散雜言序」에서도 "詩至於三百篇而止爾."라고 했다.
60) 蔡景康 編選, 『明代文論選』 66쪽

之, 而不得詩之道, 雖謂之無亦可也.)61)

라고 하였으니, 이상적인 시는 『詩經』이며, 教化的 효용성의 실현을 목적으로 해야 한다고 했다. 이와 같은 宋濂과 方孝孺의 시론은 전형적인 儒家的 시론의 제창이라고 할 수 있는데, 이것은 明代 초기가 혼란한 元末의 시대상을 겪어야만 했던 때문에 吟風弄月식의 詩文을 반대하여, 시문을 통해서 儒家的 이상사회를 실현해 보고자 했던 사회 배경에서 이러한 주장을 폈다고 할 수 있다. 이러한 사회적 배경은 建安時期와 매우 닮은 것이니, 建安風骨과 같은 建安時期 문학의 고유한 문학 특징과도 관계가 있다고 할 수 있다. 그리고 建安風骨이 문학적인 연원을 『詩經』과 『楚辭』에 두었으며, 사상적으로는 儒家的 教化의 실현을 지향했던 것과 통한다고 할 수 있다.

이렇듯 明代 문단은 처음부터 復古의 정신이 강했다. 弘治(1488~1505)・正德年間(1506~1524)에는 前七子의 대표격인 李夢陽・何景明이 "문장은 반드시 秦漢代로 해야 하며, 시는 盛唐으로 해야 한다.(文必秦漢, 詩必盛唐.)"라는 기치를 내세웠다. 이에 많은 이들이 호응하여 문학의 復古運動이 한창 일었다. 그런데 위의 논의에서 시가는 盛唐의 것을 모범으로 삼는다고 하였으니, 建安文學과는 거리가 있는 듯하지만, 前七子는 당시 臺閣體의 文風이 萎弱한 폐단을 復古 즉 秦漢의 文과 盛唐의 詩로 대체하고자 했던 것인데, 앞 절에서 盛唐風骨과 建安風骨이 서로 통한다고 했듯이, 建安風骨의 '意氣駿爽'한 특성도 간접적이나마 그들에게 復古의 대상이었다고 할 수 있다. 따라서 明代에 많은 詩話集에서 옛 시문에 관심을 갖게 되었으며, 建安文壇의 문인과 작품에 대한 평가도 시도되었다. 특히 何景明은 「海叟集序」에서,

그러므로 何景明은 歌行과 近體詩를 배웠는데, 두 사람에게서 주로

---

61) 蔡景康 編選, 『明代文論選』 73쪽

배웠고, 唐初와 盛唐의 여러 문인들에 미쳤으나, 古體詩는 반드시 漢魏代의 것에서 찾으려 했다.(故景明學歌行近體, 有取於二家, 旁及唐初盛唐諸人, 而古作必從漢魏求之.)62)

라고 했고, 「明月篇序」에서는,

> 漢魏代의 시는 참으로 『詩經』의 뒤를 이었다. … 漢魏代의 작품 중에 뜻이 임금과 신하, 친구 사이에 관련 된 것은 글귀가 반드시 부부의 관계에 의탁하여서 답답함을 풀고 자신의 심정을 풀어 갔으니, 그 뜻이 매우 심오하다.(漢魏固承三百篇之後. … 漢魏作者義關君臣朋友, 辭必託諸夫婦, 以宣鬱而達情焉, 其旨遠矣.)63)

라고 하였으니,64) 이들이 建安文學에 대하여 새로운 견해를 언급하지는 않았지만, 前七子가 주장한 復古의 기준이 盛唐에만 두지 않고 漢魏代의 시까지를 모범으로 삼으려 했다는 것을 알 수 있다.

그런데 嘉靖年間(1522~1566)에 李攀龍·王世貞 등의 後七子에게 이어져서는 '詩必盛唐'이라는 復古精神이 더욱 거세져서 시는 盛唐의 것에만 국한하여 中唐 이후의 시는 아예 부정해 버리는 등 復古의 폐단이 매우 컸으며, 더욱이 이전과 같이 風骨의 개념을 정립한다던지 風骨의 개념을 가지고 체계 있게 비평을 시도한 것이 아니라 대개는 어떤 문인이나 작품에 대한 단편적인 논평에 그쳐버린 것이 대부분이다.

이렇듯 前後七子가 唐詩에만 얽매인 復古主義가 만연한 문단 상황에서 楊愼(1488~1539)은 그의 『升庵詩話』卷4에서,

---

62) 蔡景康 編選, 『明代文論選』 116쪽
63) 蔡景康 編選, 『明代文論選』 119쪽
64) 蔡景康 編選, 『明代文論選』 118쪽 : 『漢魏詩集序』에서도 "漢興不尙文, 而詩有古風. 豈非風氣規模, 獨有樸略宏遠者哉? 繼漢作者, 於魏爲盛, 然其風斯衰矣."라고 했다.

시를 배우는 이는 언제나 唐詩만을 언급할 때에 좋다고만 하지 唐代
시인 가운데 매우 수준이 떨어지는 이가 있다는 것은 생각지도 않는다.
薛峰이나 戎昱같은 이는 盛唐 중에서도 晚唐의 시를 지은이들이다.(學詩
者動輒言唐詩, 便以爲好, 不思唐人有極惡劣者, 如薛逢戎昱, 乃盛唐之晚
唐.)65)

라고 했듯이, 楊愼은 시를 논함에 있어서 漢魏六朝 그리고 盛唐때의
시들 가운데 각 시대마다 각각의 작가와 작품에서 본받을 것과 버릴
것이 있다고 했으며, 楊愼은 오랜 동안 폄적되어 변방을 떠돌면서 느
꼈던 울분의 정서가 깊기 때문에 그의 시에는 변경에 사는 백성들의
고통스러운 생활이 잘 나타나 있다. 그의 「海口行」에서,

板錨才動舟已覆, 판자로 된 가래가 움직이자 배가 뒤집어질 지경이고,
海丁百十寃號聲. 바다의 남정네들 수백 명이 죽겠다고 아우성이다.
利末鐳銖害已大, 저울이 제멋대로 라서 입는 피해가 막심해,
民命詎比魚鰲輕. 백성들의 목숨이 어째서 물고기나 자라만도 못하나.
……66)

라고 한 것처럼, 호족들이 벌이는 전횡 때문에 고통 받는 백성들의 삶
이 잘 묘사되었으니, 이러한 시는 당시로서는 매우 독특한 면모라고
할 수 있다. 위와 같이 楊愼이 폄적으로 인하여 처했던 울분의 상황과
그로 인해 경험했던 사회적인 배경은 마치 建安時期에 전란과 민란으
로 고통 받던 당시 사회 현실을 시인들이 慷慨한 필치로 그려냈던 상
황과 일치하기도 한다. 그리고 楊愼은 『升庵詩話』에서 建安時期 문학
에 대하여 몇몇 논의를 편 것 이외에67) 『文心雕龍』을 매우 좋아하기도

---

65) 丁福保 輯, 『歷代詩話續編』 700쪽, 中華書局, 1983
66) 王文才 選注, 『楊愼詩選』 50쪽, 四川人民出版社, 1981
67) 丁福保 輯, 『歷代詩話續編』 中卷, 中華書局, 1983 : "魏人野戰如鷹揚, 吳人水
    戰如龍驤." (卷5 725쪽) / "魏武帝如幽燕老將, 氣韻沈雄. 曹子建如三河少年,

하였다.68) 그러므로 楊愼은『文心雕龍』에서 밝힌 風骨論의 영향을 어느 만큼은 받았으리라 짐작된다. 楊愼은 그것의 증거로 風과 骨에 대하여,

  左氏가 여인의 모습에 대하여 논하여 '아름답고도 고와야 한다. 아름다운 것은 骨과 같으며, 고운 것은 風과 같다. 문장이 風과 骨을 다 갖추어야 하는 것은 마치 연인이 아름다우면서도 고운 두 가지를 다 갖추어야 하는 것과 같다.'라고 했다.(左氏論女色曰, 美而艶, 美猶骨, 艶猶風也. 文章風骨兼个, 如女色美艶兩致矣.)69)

라고 하여, 骨을 미인의 겉의 아름다움에, 風을 미인이 갖추어야 할 내부의 아름다움에 비유하였으니, 風과 骨을 내용과 형식의 美로 보았다. 이것은 楊愼이 風骨論을 활용하여 구체적으로 문학론을 편 것이라고 할 수는 없는 것이지만, 이러한 견해는『文心雕龍』에서 내용으로서의 風과 형식으로서의 骨을 말한 劉勰의 견해를 따른 것이라 할 수 있다.
  이밖에도 明代에서 風骨에 관해 새로운 견해를 내놓은 이로는 梅慶生을 들 수 있다.70) 그는『文心雕龍·風骨』에서

  정통의 방법에 확실할 수 있고, 문장을 분명하게 하고, 웅건하게 만들 수 있다면, 風은 맑고 骨은 강해서 작품은 아름다운 광채를 발하게 될 것이다.(若能確乎正式, 使文明以健, 則風淸骨峻, 篇體光華.)71)

風流自賞."(卷8 790쪽) / "魏晉以來高風絶塵亦少衰矣."(卷12 888쪽) / "劉公幹贈從弟詩, 有國風餘法."(卷13 900쪽)
68) 詹鍈義 義證,『文心雕龍義證』18쪽, 上海古籍出版社, 1989 : "顧起元序說, 升菴先生酷嗜其(指文心雕龍)文, 咀嗻菁藻, 爰以五色之管, 標擧勝義. 讀者快焉."
69) 涂光社 著,『文心十論』38쪽, 春風文藝出版社, 1986
70) 詹鍈義 義證,『文心雕龍義證』18쪽 : "萬曆 37년(1609)에 南昌에서『文心雕龍音注本』을 출간했다."
71) 劉勰 撰, 戶田浩曉 譯註,『文心雕龍』423쪽

라고 한 것에서, '使文明以健'을 설명하기를, "明은 風이고, 健은 骨이다. 시에는 格과 調가 있는 것이니, 格은 骨과 같고, 調는 風과 같다. (明, 卽風也. 健卽骨也. 詩有格有調, 格猶骨也. 調猶風也.)"72)라고 했다. 즉 작품의 내용이 되는 風은 調이며, 형식이 되는 骨은 格이라고 했다. 그런데 李夢陽은 「潛虯山人記」에서,

> 시에는 7가지 어려움이 있는데, 格은 높아야 하고, 調는 뛰어나야 하고, 氣는 느긋해야 하고, 句는 잘 조화되어야 하고, 音은 원만해야 하고, 思는 깊어야 하고, 情으로써 그것들을 잘 드러내서 이 7가지가 다 갖추어져진 다음에 시가 잘 드러나는 것이다.(詩有七難, 格高, 調逸, 氣舒, 句渾, 音圓, 思沖, 情以發之, 七者備而後詩昌也.)73)

라고 하여, 格調의 格은 표현의 격식이며, 調는 詩語의 音調라 하여, 시의 외형적인 격식을 음률이라고 했다.

胡應麟도『詩藪·內編』卷5에서 "시를 짓는 데 있어서 커다란 요점은 두 가지 단서로서, 體格聲調와 興象風神일 뿐이다.(作詩大要不過二端, 體格聲調, 興象風神而已.)"라고 하였는데, '體格聲調'는 詩歌의 체제와 구성이나 음률이고, '興象風神'은 시가의 정신적인 內涵을 가리킨다. 즉 胡應麟은 형식으로서의 '體格聲調'와 내용으로서의 '興象風神'을 나누어서 설명하였다고 할 수 있다. 그러므로 李夢陽이나 胡應麟은 格과 調를 함께 아울러서 시가의 형식적인 구성으로 보았으니, 이것에서 格을 骨이라 하고, 調를 風이라 한 梅慶生과 논지가 서로 다르다는 것을 알 수 있다.

---

72) 詹鍈義 義證,『文心雕龍義證』1072쪽, 上海古籍出版社, 1989
73) 蔡景康 編選,『明代文論選』111쪽, 人民文學出版社, 1993

5. 淸代 － 沈德潛의 『說詩晬語』

淸代에 이르러서 建安文學에 대한 태도는 비교적 긍정적이었다. 특히 王夫之는 『薑齋詩話』 卷上에서,

> 漢魏 이래로 比興은 『詩經』의 風雅와도 통할 만하다. … 經典을 해석하는 학자는 漢魏唐宋의 옳고 그름을 합리적으로 따지지 않으면, 나무에 지켜 서서 그물로 토끼를 잡으려는 것이 아니겠는가.(漢魏以還之比興, 可上通于風雅 … 釋經之儒, 不證合于漢魏唐宋之正變, 抑爲守株之兎罝.)74)

라고 한 것처럼, 建安年間을 포함한 漢魏代에 있었던 經學 뿐 아니라 詩文까지도 참고할 필요가 있다고 했다.

明代 楊愼·梅慶生·李夢陽·胡應麟 등이 風骨과 格調의 상관관계에 관한 견해를 낸데 이어, 淸代에 이르러 格調說은 沈德潛에 의해 구체적으로 계승되었다. 沈德潛은 특히 문학의 원류에 대하여 중시하였고, 형식으로서 格調를 강조했다. 『說詩晬語』 卷上에서,

> 五言古詩 가운데 장편은 서술하는 데에 어려움이 있으니, 서술하는 가운데 오르고 내리는 기복이 있으면, 길더라도 산만하지 않게 된다. 단편은 요점을 취하기가 어려운 것이니, 요점을 취하는 가운데, 함축되어 뜻이 무궁하면 짧더라도 다급하지 않다.(五言古, 長篇難于鋪敍, 鋪敍中有峰巒起伏, 則長而不漫, 短篇難于收斂, 收斂中能含蘊無窮, 則短而不促.)75)

라고 하였으니, 이것은 사상 감정을 표현하는 모범적인 격식으로서의 格을 일컬은 것이며, 또 "시는 聲調를 써야 하는 것이니, 그것의 미묘함은 音調가 오르고 떨어지는 사이에 달려 있다.(詩以聲爲用者也, 其微

---

74) 丁仲祜 編訂, 『淸詩話』 7쪽, 藝文印書館 1984
75) 丁仲祜 編訂, 『淸詩話』 649쪽

妙在抑揚抗墜之間.)"76)라고 하였으니, 여기에서 調는 詩語의 音調를 말한다. 그러므로 格調란 시를 구성하는 외형적인 형식과 音律을 말하는 것이다.77) 그러므로 沈德潛의 格調說은 明代 李夢陽과 胡應麟의 格調說을 따랐다고 할 수 있으며, 明代 楊愼이나 梅慶生처럼 格調와 風骨의 관계를 연계시켜서 새로운 견해를 내지는 않았다. 다만 그의 『說詩晬語』에서 建安文學과 風骨에 관련된 몇몇 논의가 있을 뿐이다.78) 그렇지만, 그의 門下生인 王昶이 『湖海詩傳』 卷8에서 沈德潛에 대하여,

> (沈德潛은) 유독 예나 지금의 시편들을 종합하였으니, 어느 하나에 의탁하여 이룬 것은 아니다. 漢魏代에 근원을 삼고, 盛唐代에 법을 삼았으니, 杜甫 선생을 가장 으뜸으로 하고 다음으로 韓愈를 … (沈氏, 獨綜今古, 無藉而成. 本源漢魏, 效法盛唐, 先宗老杜, 次及昌黎 …)79)

라고 한 것처럼,80) 建安文學이 포함된 漢魏代의 시를 매우 중시하였다는 것을 알 수 있다. 이렇듯 沈德潛의 格調說은 詩歌의 형식 방면에 주의하였다고 할 수 있지만, 내용 방면에 있어서는 다음과 같은 논지를 폈다.

『說詩晬語』 卷上에서 "작가의 흉금을 담고 있으며, 학식이 담겨 있다면, 이것이 가장 진정한 시가 된다.(有第一等襟抱, 第一等學識, 斯有

---

76) 丁仲祜 編訂,『淸詩話』640쪽
77) 언어문자의 운용에 관해서 또 "古人不廢煉字法, 然以意勝而不以字勝, 故能平字見奇, 常字見險, 陳字見新, 朴字見色. 近人挾以勝者, 難字而已."라고 한 대목도 있다.
78) 丁仲祜 編訂,『淸詩話』, 藝文印書館 1984 : 『說詩晬語』卷上 "漢魏詩只是一氣轉旋."(652쪽), 卷下 "西江派黃魯直太生, 陳無已太直, 皆學杜而未嚌其肉者. 然神理未浹, 風骨獨存."(670쪽), "高季迪出入於漢魏六朝唐宋諸家, 特才調過人, 步磩未化."(673쪽), "曹子建棄婦篇, 筆妙何減長門."(686쪽)
79) 吳宏一 著,『淸代詩學初探』211쪽, 牧童出版社, 1977
80) 또『湖海詩傳』卷2에 "蘇州沈德潛獨持格調說, 崇奉盛唐而排斥宋詩, … 以漢魏盛唐倡于吳下."라고 한 것도 있다.

第一等眞詩.)"81)라고 한 것에서, 眞詩가 되기 위한 조건으로 胸襟과 學識을 꼽았는데, 胸襟이란 작가의 진솔한 사상 감정을 말하며, 沈德潛이 『淸詩別裁集』卷18에서 "지극한 감정을 버려서는 시가 될 수 없다.(舍至情無以成詩.)"82)라고 하여, 거짓 없는 至情의 표현을 통해서 객관적인 현실이 반영되어야 하며, 또 "감정이 담겨 있지 않은 언어로 남들의 감정을 감동시키는 것은 어렵다.(以無情之語而欲動人之情, 難矣.)"라고 하였으니, 이것은 劉勰이 風의 요소 가운데 작가의 사상 감정을 정확하게 표현해 준다고 한 '志氣之附契'와도 통한다.

다음으로 學識은 胸襟과 마찬가지로 儒家的 文藝論의 범주를 벗어나지 않는다고 할 수 있는데, 劉勰이 風骨의 학습법을 언급하면서 儒家 經典의 학습을 통해야 한다고 하여 매우 구체적인데 반해 沈德潛은 그것의 학습 교재를 딱히 무엇이라는 식으로 말하지는 않았다. 또 다만 『說詩晬語』卷上에서,

글이나 시를 지을 때에는 반드시 몸을 높은 곳에 두어서 시각을 널리 열어놔야 한다. 원류를 따라 오르고 내리기 때문에 마음속에서 확연해 진다. 자잘한 파도나 물결을 따르지는 말아야 한다.(作文作詩, 必置身高處, 放開眼界, 原流升降之故, 瞭然于中, 自無隨波逐流之弊.)83)

라고 한 것처럼, 자연스럽고 대범한 학습 태도를 중시했으며, 「盛唐庭蜀游詩集序」에서,

대개 산에 오르고 물을 보며, 예나 지금을 두루 살피며, 고향을 떠나 그리워하는 마음이나, 세월이 흐르는 것에 대한 감흥 그리고 난꽃의 아름다움 … 같은 모든 것들이 기쁘게도 하고 놀랍게도 하여 시로 그것이

---

81) 丁仲祜 編訂, 『淸詩話』 640쪽
82) 沈德潛 等編, 『淸詩別裁集』 707쪽, 上海古籍出版社, 1984
83) 丁仲祜 編訂, 『淸詩話』 641쪽

드러나게 하는 것이다. … 이것은 강이나 산 같은 자연물의 도움으로
사람의 마음을 격발시키는 것이다.(凡登山臨水, 俯仰古今, 去國懷鄕之思,
歲月變遷之感, 以及蘭之秀, … 一切可喜可愕俱于詩焉發之, … 是江山之
助果足以激發人之性靈者也.)84)

라고 하여, '江山之助' 즉 자연과 사회 현실이 시인으로 하여금 창작케
하는 요소라는 점을 특히 중시했다.85) 이것은 建安時期 문인들이 '世
積亂離, 風衰俗怨'한 사회 현실이 그들의 시문에 발현되었던 것과 통
하는 것이다. 그러나 사회 현실에 대한 단순한 반영에 그치는 것이 아
니라 劉勰이 지적했던 風의 요소 가운데 '化感之本源'처럼 사회적인
감화를 할 수 있으며, '怊悵述情'이라 한 것처럼 개인적인 슬픔의 감정
을 펼 수 있어야 한다고 했다. 이것에 대해서 沈德潛도 『說詩晬語』卷
上에서 "溫柔敦厚가 시의 최고 법도이다."라고 한 것처럼, 沈德潛의 溫
柔敦厚한 儒家의 시론은 사회교화를 중시한 建安風骨의 사상적 연원과
뿌리를 같이 한다고 할 수 있다. 또, 『說詩晬語』卷上에서,

시라고 하는 것은 性情을 다스릴 수 있고, 사물의 순서를 매길 수 있
고, 귀신도 감동시킬 수 있고, 온 나라에 가르침을 베풀어서 제후들에게
응대할 수 있어서 쓰임이 이처럼 중하다.(詩之爲道, 可以理性情, 善倫物,
感鬼神, 設敎邦國, 應對諸侯, 用如此其重也.)86)

라고 한 것과, "詩라고 하는 것은 본래 六籍의 하나로서 세상의 왕이
이것으로써 백성들의 모습을 살피고, 잘잘못을 따져보는 것이지, 요염
한 감정을 불러일으키는 것은 아니다.(詩本六籍之一, 王者以之觀民風,
考得失, 非爲艶情發也.)"87)라고 한 것과, 「施覺菴考功詩序」에서 "시라고

---

84) 王英志 著, 『淸人詩論硏究』 159쪽, 江蘇古籍出版社, 1986
85) 이것은 中國 古代 文論 가운데에서도 중요한 논점인데, 「文賦」・『文心雕
龍・物色』・『詩品・序』에서도 이와 같은 논의를 일찍이 폈다.
86) 丁仲祜 編訂, 『淸詩話』 637쪽

하는 것은 하찮은 말로도 諷諭를 이루어 내는 것이다.(詩之爲道也, 微言通風諭)"라고 하였으니,88) 이것은 시란 사회 현실을 반영하는 것으로, 道를 담아 사회를 교화하는 것이라고 했다.

실제로 沈德潛은 第一等의 眞詩를 지은이들로 屈原89)·陶淵明90)·左思91) 등을 들었다. 이들의 공통점이라면, 모두 사회적으로나 개인적인 불평과 불우를 겪어 그들 작품에 잘 발현해 낸 이들이다. 이것은 바로 劉勰은 '慷慨', 鍾嶸은 '怨情'이 작품에 잘 발현되었는가가 관건이라고 한 입장을 따른 것이라고 할 수 있다.

이렇듯 沈德潛은 형식으로서의 '格調'와 내용으로서의 '詩敎'를 중시했는데, 그것이 風骨에 연원했다고 직접 거론한 것은 아니지만, '格調說'이 明代 이후 風骨說과 얼마간의 연관 속에서 나왔으며, 그들 간에는 간접적이나마 유사한 관점이 있다고 할 수 있다.

한편 風骨의 개념을 시 비평의 주요 기준으로 삼은 이로는 翁方綱과 毛先舒를 들 수 있겠다. 翁方綱은 그의 『石洲詩話』 卷1에서 "國風과 「離騷」는 漢魏代 시인들이 본받는 것이다.(風騷, 則漢魏之師也.)"92)라고 했고, 卷2에서는 "… 이것은 참으로 漢魏六朝代의 깊은 뜻을 깨달은 것이다.(…此眞悟徹漢魏六朝之底蘊者也.)"93)라고 한 것처럼, 翁方綱은 漢魏代의 시문 風格에 대하여 기본적으로 긍정하는 태도를 가지고 있으면서, 『石洲詩話』에서 여러 차례 風骨 또는 氣骨과 같은 개념

---

87) 丁仲祜 編訂, 『淸詩話』 683쪽
88) 吳宏一 著, 『淸代詩論初探』 216쪽, 牧童出版社, 1977
89) 『說詩晬語』 卷上 " … 如土膏旣厚, 春雷一動, 萬物發生. 古來可語此者, 屈大夫以下, 數人而已."
90) 『說詩晬語』 卷上 "陶公以名臣之後, 際易代之時, 欲言難言, 時時寄託, 不獨咏荊軻一章也. 六朝第一流人物, 其詩自能曠世獨立."
91) 『說詩晬語』 卷上 "左太冲拔出于衆流之中, 胸次高曠而筆力足以達之. 自應盡掩諸家."
92) 郭紹虞編選, 富壽蓀 校點 『淸詩話續編』 1381쪽, 上海古籍出版社, 1983
93) 郭紹虞編選, 富壽蓀 校點 『淸詩話續編』 1394쪽

을 통해서 시편을 평하였다.94)

이외에도 보다 구체적으로 風骨의 개념을 통해서 시 비평을 시도한 이는 毛先舒의 『詩辯坻』에서이다. 『詩辯坻』 卷第1에서,

> 시는 … 아름다운 것을 펴서 교훈이 되게 하며, 나쁜 것을 諷諫하여서 경계를 삼도록 해야 한다. 위로는 바르고 그름을 밝힐 수 있으며, 아래로도 원망과 탓함을 곡진하게 하여 꺼리는 것이 없도록 해야 한다. 그러므로 글의 뜻을 미묘하게 하고, 유사한 뜻으로 깊게 하며, 風力으로 근간을 삼으며, 음률로 박자를 조절하며, 잘 살핌으로써 바탕을 다지며, 文彩로써 아름답게 하는 것이다.(維詩 … 陳美以爲訓, 諷惡以爲戒, 上旣足以彰知貞淫, 而下亦得婉寓怨譏, 而亡所諱. 故迺微之以詞指, 深之以義類, 幹之以風力, 調之以匏弦, 質之以撿括, 文之以丹彩.)95)

라고 하여, 시의 儒家的인 교화 작용을 중시하였으니, 이것은 風骨이 갖는 특성 가운데 '化感之本源'의 다른 표현이라고 할 수 있으며, 또 같은 편에서,

> 시는 風骨을 위주로 해야 할 것이니, 오로지 文彩만을 쓰면 안 될 것이다. 다만 약간의 색채를 써서 새로운 변화만을 보태면 되는 것이다.
> (詩主風骨, 不尙文彩, 第設色欲稍增新變耳.)96)

---

94) 郭紹虞編選, 富壽蓀 校點 『淸詩話續編』:"入唐之初, 永興鉅鹿竝起, 鉅鹿骨氣尤高."(1364쪽), "獨至陳伯玉, 聿兀英奇, 風骨峻上."(1365쪽) "齊梁遺音在唐初者, 長篇則煩而易濫. 短篇則婉而多風. 如崔國輔五言小樂府是也."(1367쪽)(이상 卷1), "韓君平'鳴磬夕陽盡, 捲簾秋色來', 已漸開晚唐之調. … 而骨力漸靡, 則不可强爲也."(1386쪽), "韓致堯香奩之體, 遡自玉臺. 雖風骨不至玉溪生."(1397쪽)(이상 卷2), "小畜集五言學杜, 七言學白, 然皆一望平弱, 雖云獨開有宋風氣, 但於其間接引而已."(1401쪽)(卷3), "山谷於五古, … 特其氣骨高耳."(1426쪽)(卷4)
95) 郭紹虞編選, 富壽蓀 校點, 『淸詩話續編』 6쪽
96) 郭紹虞編選, 富壽蓀 校點, 『淸詩話續編』 9쪽

라고 하여, 詩는 風骨을 주로 해야 한다고 하였고, 역대 시를 평가할 때, 風骨을 갖추었는가를 평가의 주요 기준으로 삼았다. 毛先舒는 『詩辯坻』卷第2에서,

「却東西門行」은 독특한 骨氣가 뛰어나고 넘치는 기운이 충만하니, 이것은 曹操의 시편 가운데 가장 뛰어난 것이다.(却東西門行, 奇骨駿氣, 跌宕流轉, 此曹公之絶唱也.)97)

라고 하여, 曹操를 氣骨이 뛰어나다고 하였으며, 특히 曹植에 대해서는 "曹植만이 그의 신묘함을 이루었으니, 더욱 귀신같은 경지를 볼 수 있다.(子建獨得其妙, 而更見神詣.)"라고 하여 최고로 쳤다. 毛先舒는 『詩辯坻』卷第2에서 구체적으로 지적하여,

曹植은 즐거움을 말하더라도 슬프지 않은 것이 없고, 은혜를 말하더라도 슬프지 않은 것이 없으니, 참으로 小雅의 변모된 모습이며, 「離騷」의 뒤를 이었다고 할 수 있다. … 曹植은 黃初年間 이후 자주 미움을 사서 여러 차례 자리를 옮겨 다녀야 했다. 그러므로 「吁嗟篇」과 「怨歌行」을 지었는데, 모두 매우 悲愴함을 갖추고 있다.(曹子建言樂而無往非愁, 言恩而無往非怨, 眞小雅之再變, 離騷之緖風 … 子建黃初以後, 頗搆嫌忌, 數遭徙國, 故作吁嗟篇, 又作怨歌行, 俱極悲愴.)98)

라고 하여, 曹植 시의 風格을 '怨'과 '悲愴'이라 하였으니, 이것은 風骨의 성격에 대하여 劉勰이 『文心雕龍·風骨』에서 '慷慨'를 지적했고, 鍾嶸이 『詩品』에서 '情兼雅怨'하다고 한 것에 비해 또 다른 해석이라고 할 수 있다. 왜냐하면 劉勰이나 鍾嶸은 風骨이 갖는 결과의 산물로서 慷慨와 雅怨을 말하였지만, 毛先舒는 그것의 원인 및 배경으로서 '悲'

---

97) 郭紹虞編選, 富壽蓀 校點, 『淸詩話續編』 26쪽
98) 郭紹虞編選, 富壽蓀 校點, 『淸詩話續編』 26쪽

로부터 '怨'과 '憎'에 이르게 된다고 하는 것까지 언급한 것이라고 할 수 있다.

　이렇듯 考證學이 흥성한 淸代에 이르러서 建安文學과 그것의 주요 특징인 建安風骨은 여러 방면에 주목되어 영향을 끼쳤다고 할 수 있으니, 沈德潛의 格調說과 일정한 연관 관계를 갖고 있다고 할 수 있으며, 翁方綱이나 毛先舒 등에게는 그들의 시문 비평에 중요한 기준이 되었다는 것을 보여주는 것이다.

後記

　建安文學은 중국문학사에 있어서 새로운 한 시대를 열어서, 당시 문인들에게 사상과 문학 정서에 새로운 바람을 불어 넣어주었을 뿐만 아니라 후대의 문단에까지도 커다란 영향을 끼쳤다. 여기에서는 建安時期 문단의 주요 작가들의 문학 양상과 그들 文學의 風格上 특징인 建安風骨을 중심으로 風骨 개념의 내원, 생성 및 발전과 변천의 양상에 주목하여 그것에 대한 논의가 중국문학사에서 어떻게 형성하여 전개되며 발전해 나아갔는가를 검토하였다.
　이 책에서는 주로 ① 建安時期 주요 작가들의 문학 성격의 규명, ② 建安文學의 定義와 分期 문제, ③ 風骨의 개념 정의 문제, ④ 建安과 風骨이 병칭된 建安風骨의 개념 정의 문제, ⑤ 建安과 風骨 그리고 建安風骨에 관한 논의가 중국문학사에서 어떻게 발전하고 변화하였는가를 주요 논제로 삼아 살펴보고자 했다.
　우선 일반적으로 문학사에서 建安文學의 정의에 있어서 시기를 나눌 때 흔히 黃巾賊과 董卓의 난을 즈음하여 曹植이 죽을 때까지를 建安時期로 확대해 보는 경향이 있다. 만약에 이러한 인식을 따른다면, 역시 建安文學의 시기 범주가 넓어지는 만큼, 문단을 주도했던 인물의 확장도 필요하다. 왜냐하면 三曹와 建安七子 이외에도 曹植이 생존했던 黃初와 太和年間에까지 활약했던 문인들 가운데 주목해야 할 문인이 매우 많았기 때문이다.

그리고 建安文壇을 주도했다고 하는 三曹와 建安七子에 관해서도, 만약에 위에서처럼 일반적인 인식에 근거하여 建安年間을 曹植이 죽을 때까지 연장해서 볼 경우 문단의 영도 집단으로서 三曹 즉 曹操·曹丕·曹植 이외에 曹操의 손자인 曹叡까지 포함시켜서 四曹가 되어야 한다. 실제로 鍾嶸의 『詩品』에서는 曹叡를 비록 下品이긴 하지만, 曹操와 함께 싣고 있으니, 그의 문학적인 재능이나 역량에는 의심의 여지가 없다. 建安七子에 대해서는, 曹丕가 『典論·論文』에서 처음으로 그들 7인을 지목하였지만, 鍾嶸의 『詩品』에서 밝히기를 建安時期에 활약한 문인 숫자가 100여 명에 달한다고 했듯이, 이들 이외의 문인 가운데 특히 曹丕의 정치적으로나 문학상의 경쟁자인 曹植의 측근으로서 楊修·丁儀·丁廙와 같은 이들은 거론치 않았으며, 심지어 그들을 처형까지 시켰으니, 아무래도 建安七子의 선정에는 曹丕의 개인적인 취향과 정치적인 의도가 짙다는 의혹을 받을 만하다. 그러므로 建安文壇을 주도했던 문인을 꼽을 때 三曹와 建安七子에만 국한 지어서는 안 된다.

다음으로 建安과 風骨이 並稱된 建安風骨의 개념 문제에 있어서, 현재 우리가 인식하는 風骨의 개념과 建安時期의 문학특징이라 할 수 있는 '慷慨'의 개념은 劉勰에 의해 처음으로 정립된 것이다. 그런데 이 시기와 문학적 특성에 부합하는 시기는 建安年間의 초기 즉 建安七子가 曹操의 휘하에 들어오기 전으로 봐야 한다고 했다. 그러므로 이러한 인식을 따른다면, 建安風骨로 특징지어지는 建安文學의 시기는 당연히 훨씬 축소되어서 黃巾賊의 난리로 사회가 혼란했던 180년대부터 建安年間 초기까지만이 建安文學의 시기라고 정의해야 한다. 그것의 증거로 劉勰의 『文心雕龍』에서나 鍾嶸의 『詩品』에서도 建安年間의 문학과 이후 黃初·正始年間의 魏代 문학은 별도로 취급하고 있으며, 唐代의 陳子昻이나 宋代 嚴羽의 『滄浪詩話』에서도 漢代와 魏代의 문학을 구분하여서 언급하고 있다. 왜냐하면 각 시대가 갖는 문학적 특징이 다른 만큼 建安體·黃初體·正始體 등 구체적으로 정의되어야 한다. 그러나 劉勰의 견해만을 따르자면, 建安年間에 있었던 문학 양상이 전란으로 인한 비참한 사회 현실에 대한 반영과 그에 따른 剛健한 詩文風으로 축소될 수 있는데, 建安文學의 집대성자인 曹植의 경우 建安年間 이후 黃初·太和年間까지 생존하기도 했고, 또 曹植의 詩文風에 형 曹丕로부터 받아야만 했던 정치적인 핍박에서부터 생겨난 개인적인 불평과 불우가 역시 잘 나타나 있는 것으로 보아 개인적인 怨情의 발현도 역시 建安風骨의 한 양상이 될 수 있으며, 曹操의 「觀滄海」와 劉楨은 「公讌詩」로부터는 이 시기에 山水詩가 태동하기 시작한 실마리를 볼 수 있기도 하다.

다음으로 建安風骨論의 전개 양상에 있어서 문학 방면에서 風骨論이 발흥하게 된 모태는 建安年間 曹丕의 '文氣論'이며, 阮瑀와 應瑒의 「文質論」이 建安風骨論과 어떤 상관관계가 있는가를 비교 검토해 보았다. 그들의 文質論이 風骨論과 직접적인 연관관계는 없지만, 문학에 있어서 대체적으로 文과 質의 조화로운 결합을 중시했다는 것은 서로 입장을 같이하고 있다는 것을 밝혔다.

梁代의 詩文論書인 『文心雕龍』과 『詩品』에서 거론한 風骨論은 建安風骨論의 발전에 중요한 역할을 했다. 왜냐하면, 建安文人들에 대한 詩文評에 있어서 風骨論의 이론적인 체계는 劉勰이 세웠으며, 그것을 비평의 심미기준으로 삼아 실제비평 작업을 했던 것은 鍾嶸이었으니, 이후 建安과 風骨에 대한 개념의 정립이 이들에게서 이루어졌다고 할 수 있다.

그런데 劉勰이 風骨 개념의 실현자로 거론한 것은 三曹나 建安七子

가운데 있었던 것이 아니라, 오히려 潘岳의 「九錫文」과 司馬相如의 「大人賦」를 예로 들었다. 鍾嶸도 上品에 둔 阮籍·左思·陶淵明 그리고 中品에 둔 劉琨과 郭璞을 품평할 때에 그들의 문학 특징에 建安風力이 어떠하다는 식으로 논의를 전개하였다. 그리고 嚴羽는 阮籍과 顧況의 시편이 『文心雕龍』에서 밝힌 風骨의 요소를 가장 잘 발현한 이로 꼽았다. 그러므로 실제로 劉勰은 風骨 개념의 연원·발생·작용·有無의 得失들을 자세하고도 체계적으로 밝히고는 있지만, 그 역시 風骨을 建安年間의 문학양상과 직접 결부시켜서 말하지는 않았다는 것에 주의해야 한다. 潘岳의 「九錫文」과 司馬相如의 「大人賦」는 建安文學의 특징으로서 劉勰이 말했던 '梗槪而多氣'한 風格과 완전히 일치하는 것이 아니다.

建安風骨이란 劉勰이 말한 風骨의 개념이 建安年間의 사회상 즉, '世積亂離, 風衰俗怨'한 배경으로 형성된 문학적 특징을 말한다고 봐야 할 것이다. 이렇듯 建安風骨의 특성은 현실사회의 부조리에 대한 감회가 시문에 옮겨진 風格의 하나가 되었으니, 劉勰은 '慷慨'라고 하였으며, 鍾嶸은 사회뿐만 아니라 개인적인 불우와 불평까지 언급하여 이것을 '怨情'의 발현이라고 했다. 즉 建安風骨이란 建安時期에 있어서 風骨의 조건으로 밝힌 요소들이 風格上의 특징으로 드러난 것이다.

위와 같은 몇몇 문제를 밝히기 위한 기초 작업으로는 風과 骨 그리고 風骨의 개념 정의가 매우 중요한 작업인데, 이제껏 그것에 관한 논의가 분분하기만 하다. 이것은 아마도 劉勰이 그의 『文心雕龍·風骨』에서 風骨과 관련된 논의를 할 때 얼마간은 일관되지 못한 논지를 폈던 이유 때문이다. 그와 관련된 예를 들자면, "감정을 서술하는 데에는 반드시 風에서 비롯되며, 고심해서 글월에 표현하기에는 骨이 우선인 것이다.(怊悵述情, 必始乎風. 沈吟鋪辭, 莫先於骨.)"라고 한 것이나, "骨에 숙련된 자는 글의 분석이 매우 정밀하고, 風을 잘 이해하고 있는 이는 감정의 서술이 분명하다.(練於骨者, 析辭必精, 深乎風者, 述情必顯.)"라고 한 것이나, "성대한 저 風力, 엄정한 이 뼈대(骨鯁). 재주의 봉우리가 우뚝 솟아 있고, 文彩의 화려함이 매우 빛난다.(蔚彼風力, 嚴此骨鯁. 才峰峻立, 符采克炳.)"라고 한 것에서는 분명히 風과 骨을 분류하여서 그 개념을 밝힌 것이므로, 黃侃이 풀이한 대로 "風은 바로 글의 뜻이고, 骨은 바로 글월이다.(風卽文意, 骨卽文辭.)"라고 이해할 수 있는데, "만약에 風과 骨에 文彩가 빠져 아름답지 못하다고 한다면, 매와 같은 문인들 사이에 든 것이다. 아름답기만 하고 風과 骨이 빠져 있다면, 꿩과 같은 문단에서 자질구레하게 되어 버린 것이다.(若風骨乏采, 則鷙集翰林, 采乏風骨, 則雉竄文囿.)"라고 한 것에서는 風과 骨을 따로 떼어서 이해한 것이 아니라 하나로 아우러진 개념으로 보았다.

한편 風骨의 개념을 시 품평에 직접 응용했다고 할 수 있는 鍾嶸은 『詩品·序』에서, "風力으로써 그것의 근간으로 하고, 丹彩로써 그것을 다듬는다.(酌而用之. 幹之以風力.)"라고 한 것처럼, 내용 방면으로서의 風力과 형식 방면으로서의 丹彩를 분명히 구분하였으니, 風骨 개념의 이해에 혼동이 없다고 할 수 있다. 그래서 이 글에서 필자는, 風은 작가의 사상이나 감정이 문학 작품 가운데에 나타나서 독자에게 감동을 일으킬 수 있도록 하는 역량인 것이며, 骨은 文辭에 작가의 사상 감정을 적절하게 표현함으로써 독자에게 감동을 줄 수 있도록 하는 구성을 가리키는 것이라 보고, 黃侃이 '風卽文意'와 '骨卽文辭'라고 풀이한 것은 風이 바로 文意이고, 骨이 바로 文辭라고 해석할 것이 아니라 風은 文意와, 骨은 文辭와 관련이 있다는 것으로 봐야 할 것이라고 잠정적인 결론을 내렸다. 이렇듯 형성된 建安風骨論은 唐代 陳子昻과 李白, 金代 元好問, 明代 前後七子 등에 이르기까지 대체로 前代에 수사적인 형식미에 빠진 문단의 교정을 위한 구호로서 거론되었다. 그래서 陳子昻의 '漢魏風骨'은 건실한 내용과 생명력을 갖춘 언어의 조화로운 통일을 추구했고, 李白의 '建安骨'은 '굳센 장사의 기운으로 뻗어 날듯(逸興壯思飛)'한 굳건한 기세를 통해서『詩經』에로의 復古를 주장했고, 金代 元好問은 詩歌에 있어서 수사상의 彫琢에 힘쓰는 것을 반대하며, '風雲'이나 '壯懷'와 같은 豪放剛健한 시풍을 중시하여, 建安時期 이래의 시가 전통을 다시 일으켜 보고자 했고, 明代 前七子는 당시 臺閣體의 文風이 萎弱한 폐단을 復古 즉 秦漢의 文과 盛唐의 詩로 대체하고자 했던 것인데, 建安風骨의 '意氣駿爽'한 기세도 간접적이나마 그들에게 復古의 대상이었다고 할 수 있다. 이것은 風骨이 갖는 작용 가운데 '志氣之附契'와 '化感之本源'의 특성 때문에 가능한 것이다. '志氣之附契'는 작가의 사상 감정이 바르게 발현되어 그것의 효과로서 '化感之本源' 즉 세상을 교화할 수 있다고 했던 것이다.

    淸代에 이르러서도 翁方綱이나 毛先舒 등에게 風骨論은 그들의 시문 비평에 중요한 기준이 되기도 했으며, 沈德潛의 格調說과 일정한 연관 관계를 갖고 있다고 할 수 있으니, 역시 建安風骨로 특징지어지는 建安文學은 중국문학사에 있어서 매시기마다 매우 중요한 영향을 끼쳤으며, 각 시대마다 建安文學이 갖는 특유의 문학 특징인 建安風骨에 관한 논의도 함께 변화 발전해 갔다고 할 수 있다.

    그러한 만큼 建安文學의 연구는 앞으로도 좀더 많은 연구자가 나와서 계속되어져야 하며 그 연구에 내 자신도 늘 함께 하고자 할 뿐이다.

【 찾아보기 】

(ㄱ)

가출북곽문 駕出北郭門 195
갈석편 碣石篇 42
감물론 感物論 174
감우시 感遇詩 337
감응설 感應說 319
강개 慷慨 116, 15, 239, 248, 26, 264, 267, 308, 321, 69
강건 剛健 96
강건준 江建俊 137, 22
강락공 康樂公 69
강재시화 薑齋詩話 369
거벌론 去伐論 146
건 囝 355
건안골 建安骨 11, 264, 268
건안육자 建安六子 117, 122
건안지걸 建安之杰 37
건안체 建安體 28, 351
건안칠자 建安七子 9, 226, 26
건안풍골 建安風骨 9, 11, 61, 264
건안풍력 建安風力 14, 298
건학령 建學令 222
격강재경 格剛才勁 104
격조설 格調說 369
경개다기 梗概多氣 148
경건 勁健 248, 249
경문제수선표 慶文帝受禪表 34

고고 高古 351
고리별 古離別 357
고시 古詩 296
고시원 古詩源 90
고아 古雅 304
고악부 古樂府 103
고적 高適 340
고직 古直 116, 251
고풍 古風 247, 344
고풍시 古風詩 339
고화품록 古畵品錄 211
고황 顧況 353
고흥시 古興詩 349
골기 骨氣 91
골법론 骨法論 211
골법용필 骨法用筆 211
공연시 公讌詩 41, 52, 89, 150, 199, 379
공영달 孔穎達 216
공융 孔融 26, 56, 117, 121, 168, 226, 288
과부 寡婦 284
과식 夸飾 265
곽무천 郭茂倩 157
곽박 郭璞 308, 311
곽사 郭汜 139
곽소우 郭紹虞 304, 334
관저 關雎 268

後記 383

관창해 觀滄海 42
교연 皎然 131, 153, 338
구북시화 甌北詩話 360
구석문 九錫文 228, 264, 270
구자시표 求自試表 322
구품중정제 九品中正制 46
구현령 求賢令 86
국풍 國風 163
굴원 屈原 163, 373
근체시 近體詩 339, 364
금릉성서루월하음 金陵城西樓月下吟 345
기 氣 167, 299
기골 氣骨 11, 77, 373
기과기문 氣過其文 151
기려 綺麗 246
기상 氣象 342, 351
기운 氣韻 211
기운생동 氣韻生動 211
기자 譏刺 337

(ㄴ)

낙신부 洛神賦 238
남위 南威 111
노수 路粹 120
노신 魯迅 9, 107
노자 老子 175
논문 論文 56, 80, 101, 141, 179
논설 論說 98, 219
논시절구 論詩絶句 358
뇌비 誄碑 97

(ㄷ)

단가행 短歌行 86, 222
단채 丹彩 149, 300
답이익서 答李翊書 172
답임치후전 答臨淄侯箋 102
답장수재논시서 答章秀才論詩書 363
당시별재집 唐詩別裁集 356
당약 唐躍 20
대각체 臺閣體 364
대인부 大人賦 264, 270
대주 對酒 224
도관산 度關山 223
도연명 陶淵明 304, 351, 373, 40
도연집시서 陶然集詩序 361
도한 陶翰 348
독주자감흥시 讀朱子感興詩 363
동탁 董卓 46, 121
두보 杜甫 90, 162, 370
둔전제 屯田制 46
등루부 登樓賦 78, 142
등지상루 登池上樓 81

(ㅁ)

만가 輓歌 234
매경생 梅慶生 367
맹자집주 孟子集註 170
명시 明詩 58, 93, 145, 218, 241, 266, 280, 307
명월편서 明月篇序 365

명제송 明帝頌 104
모선서 毛先舒 15, 373
모시서 毛詩序 96, 103, 212, 259, 274, 300, 317
모시정의 毛詩正義 216
무습 繆襲 125
무제기 武帝紀 44
묵적 墨翟 101
문개 文槪 175
문경비부론 文鏡秘府論 132
문기 文氣 174, 179
문기론 文氣論 22, 101, 167, 259, 298
문부 文賦 9, 228, 246, 275
문수질리 文秀質贏 148, 151
문심조룡 文心雕龍 93, 257
문예부흥기 文藝復興期 61
문예지상시대 文藝至上時代 10
문인상경 文人相輕 112
문장유별론 文章流別論 27, 59, 94, 242, 255
문질론 文質論 189
물색 物色 276
미녀편 美女篇 36, 116, 254
미자 美刺 96, 286
민간악부 民間樂府 162
민농 憫農 356
민택 敏澤 169

(ㅂ)

반고 班固 41, 107
반신 潘辰 19
반악 潘岳 103, 132, 306
반표 班彪 315
반훈 潘勖 228, 264
발분저서 發憤著書 319
방고시 倣古詩 54
방효유 方孝孺 363
배자야 裵子野 298
백거이 白居易 353, 356
백마편 白馬篇 36, 235
백일시 白一詩 335
변소 辨騷 262
변이무당 辯而無當 106
별시 別詩 52, 292
보출동서문행 步出東西門行 250
본사시 本事詩 345
봉선 封禪 98, 262
부경생 傅庚生 106
부량 傅亮 70, 193
부생문 傅生文 21
부풍가 扶風歌 309
부하 傅嘏 124
비가 悲歌 355
비량 悲涼 116
비룡편 飛龍篇 237
비분강개 悲憤慷慨 9
비상 非相 206
비유법 比喩法 104
비장 悲壯 353
비흥 比興 103
빙사 騁詞 5

(ㅅ)

사경 寫景 79
사공도 司空圖 246
사령운 謝靈運 40, 53, 69, 306, 325, 351
사마상여 司馬相如 100, 264
사마천 司馬遷 319
사부소도 辭賦小道 106
사언시 四言詩 243
사조 謝朓 246, 346
사채 詞彩 91
사혁 謝赫 211
사현 謝玄 69
산수시 山水詩 39, 71, 78
삼국지 三國志 44, 53, 119
삼의 三義 300
삼조 三祖 27, 113, 315
삼조 三曹 9, 113, 117
상류전행 上留田行 234, 252
상추밀한태위서 上樞密韓太尉書 172
새상 塞上 341
서간 徐幹 65, 84, 89, 129, 168, 183, 227, 267, 290, 315
서선지 徐羨之 70
서정소부 抒情小賦 79
서지 序志 105, 278
서직 舒直 20
석벽정사환호중작 石壁精舍還湖中作 71
석주시화 石洲詩話 373

선주사조루전별교서숙운 宣州謝朓樓餞別校書叔雲 268, 343
설거 薛據 349
설문해자 說文解字 167, 267
설시쉬어 說詩晬語 369
성당정촉유시집서 盛唐庭蜀游詩集序 371
성당풍골 盛唐風骨 331, 353
성률 聲律 103
세설신어 世說新語 208, 209
소미교일 小尾郊一 107
소자현 蕭子顯 240
소철 蘇轍 172
송렴 宋濂 363
송응씨 送應氏 31, 235, 322
송중별주량리삼자 宋中別周梁李三子 340
송찬 頌讚 97
순자 荀子 173, 205
승암시화 升庵詩話 363, 365
시각암고공시서 施覺菴考功詩序 372
시경 詩經 113, 186, 336, 364
시변저 詩辯坻 374
시서 時序 124, 218
시수 詩藪 114, 125, 231, 237, 240, 244, 368
시습재시집서 詩習齋詩集序 363
시식 詩式 131, 153, 338
시언지설 詩言志說 260
시오관중랑장건장대집시 侍五官中郎將建章臺集詩 198, 292

시원변체 詩源辯體 235, 240, 291, 336
시인옥설 詩人玉屑 27, 61, 162, 245
시평 詩評 346
시품 詩品 58, 93, 148, 254, 257
신사 神思 102, 275
신악부 新樂府 356
실사 室思 290
심덕잠 沈德潛 12, 90, 356, 369
심약 沈約 27, 114, 152, 229, 345

(ㅇ)

아윤 雅潤 94
아호강개 雅好慷慨 37
악기 樂記 102, 174, 175, 177, 184, 318
악론 樂論 173, 175
악부 樂府 103, 114, 230, 328
악부민가 樂府民歌 10, 221
악부시집 樂府詩集 157
야전황작행 野田黃雀行 33, 94, 95, 286
양기 養氣 172
양기설 養氣說 169
양덕주 楊德周 123
양수 楊修 102, 119, 120, 127
양숙능소형집 楊叔能小亨集 361
양신 楊愼 363, 365
양웅 揚雄 41, 272
양증화 楊增華 20

양천 楊泉 210
엄우 嚴羽 11, 28, 264, 268, 351
업성 鄴城 47
업중집 鄴中集 53, 87
업하 鄴下 31
여동방좌사규수죽편서 與東方左史虯修竹篇序 268, 332
여모서 與某書 210
여양덕조서 與楊德祖書 12, 84, 90, 99, 105, 112, 119, 316
여오질서 與吳質書 80, 88, 109, 129, 133, 168, 179, 325
연가행 燕歌行 283
연시 讌詩 52
연자 練字 99
영고동편 詠孤桐篇 332
영명체 永明體 360
영목수차 鈴木修次 21, 57
영사 詠史 307
영시 令詩 234
영형가 詠荊軻 305
영회 詠懷 309, 354
영회시 詠懷詩 336
예개 藝槪 164, 175
예형 禰衡 288
오관중랑장 五官中郞將 57, 84
오언시 五言詩 113, 240, 303, 327
오질 吳質 125
온유돈후 溫柔敦厚 12, 372
옹방강 翁方綱 15, 373
완우 阮瑀 26, 52, 67, 189, 315
완적 阮籍 297, 308, 336

後記 387

왕력견 王力堅 20
왕부지 王夫之 80, 369
왕세정 王世貞 365
왕승건 王僧虔 210
왕용호 汪涌豪 24
왕위 王巍 23
왕중선뢰 王仲宣誄 140
왕찬 王粲 26, 52, 64, 76, 77, 84,
　　　　128, 138, 253, 287, 314, 327
왕창 王昶 370
왕창령 王昌齡 350
왕필 王弼 297
왕희지 王羲之 210
용궁조 龍宮操 357
용재 鎔裁 276
용천 龍泉 111
용필론 用筆賦 210
우여오질서 又與吳質書 76, 118,
　　　　141
우유정 牛維鼎 29
우차편 吁嗟篇 375
웅혼 雄渾 133, 352
원가행 怨歌行 36, 375
원도 原道 278
원사 怨奢 356
원소 袁紹 44
원시 怨詩 195
원진 元稹 353
원호문 元好問 11, 358
위경지 魏慶之 27, 245
위기 衛覬 124
유계서 劉季緒 107, 119

유곤 劉琨 308
유국영 劉國盈 18
유람시 遊覽詩 50
유산선생문집 遺山先生文集 358
유선시 遊仙詩 311
유소 劉劭 124
유신허 劉愼虛 348
유영제 劉永濟 298
유유 劉裕 69, 72
유의 劉毅 69
유이 劉廙 124
유정 劉楨 52, 66, 76, 84, 89, 128,
　　　　168, 293, 314, 324
유중안 廖仲安 18
유표 劉表 45, 139
유협 劉勰 27, 39, 145, 257
유희재 劉熙載 164, 175
육경악 六莖樂 101
육기 陸機 39, 99, 106, 132, 246,
　　　　275, 306
육법 六法 211
육언시 六言詩 121, 226
육의 六義 104, 186, 213
은번 殷璠 11, 346
은수 隱秀 307
음마장성굴행 飲馬長城窟行 49
응거 應璩 125, 304, 335
응정 應貞 125
응창 應瑒 52, 67, 84, 106, 189
의고 擬古 306
의고시 擬古詩 54
의기준상 意氣駿爽 11

의대 議對 265
의위태자업중집시 擬魏太子鄴中集詩 52, 325
이경화 李景華 23
이릉 李陵 77, 149
이몽양 李夢陽 364, 368
이반룡 李攀龍 365
이백 李白 11, 162, 162, 264, 268, 340
이선 李善 183
이소 離騷 163
이십사시품 二十四詩品 246
이의역지 以意逆志 171
이정사경 以情寫景 81
이충 李充 105
이확 李確 139
임강 林康 61

(ㅈ)

자미 滋味 301
자제중주집후오수 自題中州集候五首 359
잠규산인기 潛虯山人記 368
잡문 雜文 97
잡시 雜詩 284, 327
잡의류 雜擬類 54
장가례 張可禮 22
장가행 長歌行 115
장구 章句 244
장유골경 壯有骨鯁 19
장표 章表 98, 110, 263

장협 張協 94, 132
장형 張衡 93
장화 張華 93
재략 才略 102, 111, 251, 319, 328
저광희 儲光羲 350
적벽대전 赤壁大戰 29, 44
전론 典論 328
전부 詮賦 142
전아 典雅 95, 129
전파 田巴 107
전후칠자 前後七子 363
정겸아원 情兼雅怨 39, 116
정경교융 情景交融 79
정세 定勢 100, 246
정시연간 正始年間 25
정시체 正始體 336
정의 丁儀 33, 120, 226
정이 丁廙 107, 119
정익 丁翼 226
정정산상송 亭亭山上松 94, 286, 295, 307
정채 情采 261, 274, 320
제기 齊氣 183
제량체 齊梁體 360
조방 曹芳 335
조비 曹丕 10, 30, 53, 63, 75, 87, 106, 167, 225, 234, 251, 282, 314
조식 曹植 30, 68, 90, 106, 225, 235, 254, 285, 313
조예 曹叡 30, 35, 114, 315
조익 趙翼 360

조조 曹操　38, 58, 83, 221, 232, 281, 314, 375
조조뢰 曹操誄　104
조책 詔策　250, 272
조충론 雕蟲論　298
조칙성 趙則誠　169
조학전 曹學佺　16, 187
종경 宗經　274, 278
종군시 從軍詩　150
종군행 從軍行　157
종기 鍾期　112
종영 鍾嶸　11, 27, 39, 75, 91, 141, 148, 243, 257
종요 鍾繇　210
좌사 左思　296, 300, 307, 316, 373
주계 奏啓　263
주공 周公　222, 91
주진보 周振甫　21
주희 朱熹　170
죽림칠현 竹林七賢　297, 336
중론 中論　129, 227
중용 中庸　215
중장통 仲長統　125
중촌무부 中村武夫　304
증백마왕표 贈白馬王彪　33
증서간시 贈徐幹詩　89, 150
증오관중랑장시 贈五官中郎將詩　150
증왕찬 贈王粲　140
증정의왕찬시 贈丁儀王粲詩　130, 152
증정익 贈丁翼　225

증제편 贈弟篇　91
증종제 贈從弟　52, 133
증채자독 贈蔡子篤　253
지언양기 知言養氣　168
지우 摯虞　27, 59, 94, 106, 242, 255
지음 知音　107
지인논세 知人論世　171
지하 指瑕　104
진림 陳琳　49, 64, 84, 107, 289
진비지 陳飛之　20
진서한단의 晉書限斷議　265
진자앙 陳子昂　11, 255, 264, 268, 332
진종범 陳鍾凡　106
징성 徵聖　278

(ㅊ)

차경서정 借景抒情　81
창랑시화 滄浪詩話　351
채옹 蔡邕　139
책위공구석문 冊魏公九錫文　19
처완 凄婉　353
천사 薦士　162
첨영 詹鍈　216
청담 淸談　40, 297, 336
청담 淸淡　76
청려 淸麗　94, 95, 242, 246, 248
청목정아 靑木正兒　10
청발 淸發　345
청시별재집 淸詩別裁集　371

청준 清峻 15
체성 體性 177, 181, 266, 274, 281
초서부 草書賦 210
최호 崔顥 349
축맹 祝盟 97
칠보시 七步詩 126
칠애 七哀 116
칠애시 七哀詩 52, 130, 131, 152
칠자 七子 117, 118

(ㅍ)

팔일 八佾 268
평담 平淡 305
평전 平典 193
표일 飄逸 353
풍간 諷諫 96, 104, 216, 286, 337
풍격론 風格論 183
풍골 風骨 296, 300, 373
풍력 風力 149, 257, 296
풍유 諷諭 94, 96, 300, 373
풍전양 豊田穰 339
풍반 馮班 28
필골론 筆骨論 210
필세론 筆勢論 210
필진도 筆陣圖 210

(ㅎ)

하경명 何景明 364
하악영령집 河嶽英靈集 340, 346

하안 何晏 297
한단 邯鄲 120
한림론 翰林論 105
한부 漢賦 79
한위풍골 漢魏風骨 11, 264, 268, 332
한유 韓愈 162, 172, 172, 370
함지 咸池 101
해구행 海口行 366
해로행 薤露行 232
해수집서 海叟集序 364
허신 許愼 167
허학이 許學夷 133, 150
현언시 玄言詩 40, 297
현지부 顯志賦 319
현학 玄學 297, 311
형사 形似 303
혜강 嵇康 93, 297, 336
호리행 蒿里行 233
호연지기 浩然之氣 173
호응린 胡應麟 114, 125, 231, 237, 244, 368
호해시전 湖海詩傳 370
홍법대사 弘法大師 132
황간 黃侃 17, 186
황숙림 黃叔琳 17, 187
황초체 黃初體 28
홍관군원 興觀群怨 96, 163
홍기 興寄 343, 360
희우시 喜雨詩 35

■ 저자소개

문승용 (文承勇)

1962년 출생
1985년 한국외국어대학교 중국어과 졸업
1999년 한국외국어대학교 중국어과 대학원 졸업(문학박사)
1987년 민족문화추진회 한문연수원 수료
1990년 한림대학교 부설 태동고전연구소 수료
현재 한국외국어대·한신대·인천대 강사, 中國 南京大學 초빙 연구원

• 논저
「鍾嶸詩論硏究」(석사논문)
「建安風骨論의 形成과 發展 硏究」(박사논문)
『中國造紙術盛衰史』(번역)
『세계문학의 산책』(공저)
『중국시의 전통과 모색』(공저)
『중국어 왕 첫걸음』
『여행 중국어』
『세상에서 가장 만만한 중국어』
『주말에 끝내는 중국어 첫걸음』

중국 시가이론의 장을 연
建安文學論 硏究

2004년 5월 17일 초판 1쇄 인쇄
2004년 5월 22일 초판 1쇄 발행

저 자 / 문 승 용
발행인 / 김 영 환
발행처 / 도서출판 다운샘

주소 / 138-857 서울 송파구 오금동 48-8
전화 / (02) 4499-172~3 팩스 / (02) 431-4151
등록 / 1993. 8. 26. 제17-111호

값 18,000 원

ISBN 89-5817-113-8 93820

ⓒ 2004 문승용